진짜 쓰는

핵심만 빠르게, 활용도 100% 예제로 제대로 배우자!

일러스트레이터

디자인 소스 제작을 위한 필수 기능부터
로고를 활용한 브랜드 디자인 실무까지!

우디(서영열) 지음

Jpub
제이펍

차례

그림으로 보는 차례 • 11
머리말 • 16
동영상 강의 시청은 롤스토리디자인연구소 • 17
이 책의 구성 • 18
알아 두면 유용한 사이트 모음 • 19

CHAPTER 01

일러스트레이터, 이것만은 알고 시작하자

LESSON 01 **기초 디자인 이론 알고 가기**   24
비트맵과 벡터 구분하기   24
모니터는 RGB, 인쇄는 CMYK   25
구성 요소에 따른 DPI, PPI 해상도   27
용도에 따라 선택하는 파일 포맷   28

LESSON 02 **일러스트레이터와의 첫 만남**   30
일러스트레이터의 역사와 활용 분야   30
홈 화면 및 새로운 작업 시작하기   32
일러스트레이터 작업 화면 살펴보기   34

LESSON 03 **툴바와 패널 살펴보기**   36
모든 툴이 모여 있는 툴바   36
일러스트레이터의 주요 패널   44
나만의 작업 영역 만들기   52
나만의 워크스페이스 저장 및 불러오기   57

CHAPTER 02

알아 두면 유용한 일러스트레이터 기본 & 꿀팁

LESSON 01 **파일 관리의 기본, 저장하기**   60
일러스트레이터의 기본 저장 기능 파악하기   60
이미지 파일로 저장하기   64

LESSON 02 **아트보드 자유자재로 다루기**   66
일러스트레이터의 기본 도화지, 아트보드   66
다양한 화면 확대/축소 방법   69

LESSON 03 **화면을 자유자재로 조절하는 View 메뉴** 72

LESSON 04 **문자를 입력하는 두 가지 방법** 79
한 번 클릭해서 문자 입력하기 79
드래그하여 문자 상자 만들기 80

LESSON 05 **도형 오브젝트 자유롭게 다루기** 82
도형 오브젝트 그린 후 선택해서 활용하기 82
라이브 코너로 오브젝트 모양 변경하기 84
오브젝트 변형에 효과적인 Offset Path 86

LESSON 06 **오브젝트 색상 변경하기** 89
면과 선 색을 변경하는 Fill & Stroke 89
기본 설정으로 그레이디언트 사용하기 93
세부 옵션으로 그레이디언트 설정 변경하기 95

LESSON 07 **오브젝트 변형 전 알아야 할 확장과 크기 옵션** 98
오브젝트 확장을 위한 Expand와 Expand Appearance 98
크기 변경에 따른 상대적인 속성 변화, Scale Strokes & Effects 101

LESSON 08 **오브젝트를 빠르게 선택하는 레이어** 103
레이어 기본 개념 파악하기 103
Layers 패널 구성 확인하기 103

LESSON 09 **일러스트레이터에서 이미지 파일 사용하기** 106
Link와 Embed로 이미지 가져오기 106
라이브 업데이트 기능으로 이미지 활용하기 109

LESSON 10 **디자인이 빨라지는 라이브러리와 단축키** 112
라이브러리 저장하고 불러오기 112
편의에 맞게 수정하는 사용자 정의 단축키 114

LESSON 11 **패키지 저장과 인쇄용 파일로 작업 마무리하기** 116
디자인 결과를 온전하게 보관하는 패키지 저장 116
디자인 출력을 위한 인쇄용 파일 만들기 119

CHAPTER
03

실무를 위한 기본기 스무고개

LESSON 01 **도형과 그레이디언트로 인스타그램 로고 만들기** 128
로고의 기본 형태 그리기 130
그레이디언트로 면 채우기 132

LESSON 02 **도형을 변형하여 둥근 별과 궤적 표현하기** 137
기본 도구로 별 모양 그린 후 변형하기 139
사각형을 변형하여 궤적 표현하기 142

LESSON 03 **도형을 조합하여 간단한 캐릭터 만들기**   145
사각형을 변형하여 머리 만들기   146
도형과 반사 도구로 몸통 만들기   148
고정점을 삭제하여 팔 만들기   152

LESSON 04 **일러스트레이터의 핵심, 펜 도구와 패스 다루기**   155
수학적으로 연결되는 패스 이해하기   156
펜 도구로 직선 및 곡선 그리고 변형하기   158
직선과 곡선이 연결된 패스 그리기   159
모퉁이점으로 연결된 2개의 곡선 그리기   160
패스에 고정점과 방향선 추가/삭제하기   161
열린 패스에서 이어 그리기   162

LESSON 05 **오브젝트를 합치거나 교차하는 패스파인더**   166
자르고 합쳐서 하트 아이콘 만들기   167
교차 영역을 제외해서 별 아이콘 만들기   169
여러 개의 오브젝트를 합쳐서 구름 아이콘 완성하기   171

LESSON 06 **일정한 간격으로 복제해서 무지개 그리기**   174
정원을 이용하여 무지개 기본 형태 만들기   175
각 오브젝트 색상 변경하여 무지개 완성하기   178

LESSON 07 **변형을 반복 실행하여 시계 만들기**   181
회전 복제를 반복해서 시간 표시 막대 만들기   182
시계 바늘 표현하여 완성하기   186

LESSON 08 **자유로운 형태의 지시선 표현하기**   188
원하는 위치에 화살표 형태로 지시선 그리기   189
문자 입력하고 모든 지시선 표시하기   194

LESSON 09 **원하는 모양을 브러시로 등록해서 활용하기**   196
산포 브러시로 등록할 벚꽃 오브젝트 그리기   196
산포 브러시로 등록하여 흩뿌리기   202

LESSON 10 **같은 모양이 반복되는 패턴 브러시 활용하기**   207
패턴 브러시로 등록할 기본 모양 만들기   208
패턴 브러시로 등록하고 패턴 그리기   210

LESSON 11 **패스를 따라 오브젝트가 펼쳐지는 아트 브러시**   215
아트 브러시로 등록할 리본 모양 만들기   215
아트 브러시로 등록하고 응용해 보기   217

LESSON 12 **면이 채워지는 물방울 브러시로 그린 일러스트**   222
이미지에서 외곽선 따라 면으로 채워진 선 그리기   223
오브젝트 색상 일괄 변경 후 이미지 파일로 저장하기   229

LESSON 13 **이미지 추적 기능으로 사진을 벡터 로고로 만들기**   231
비트맵 이미지 불러온 후 이미지 추적 실행하기   231
벡터 오브젝트로 로고 완성하기   236

LESSON 14 **라이브 페인트 통 도구로 벡터 오브젝트 채색하기** 241
비트맵 이미지를 벡터로 변환하기 241
지정한 색으로 클릭한 면 채우기 244

LESSON 15 **Recolor Artwork로 다채롭게 색상 변경하기** 248
도형과 지그재그 효과로 엠블럼 디자인하기 250
문자 입력하여 엠블럼 완성하기 253
아트워크 색상 변경 기능으로 색 조합 다양하게 변경하기 256

LESSON 16 **문자 윤곽선 만들기로 시작하는 캘리그래피** 258
문자 입력 후 리듬감이 느껴지도록 레이아웃 변경하기 258
문자를 세부적으로 변형하여 캘리그래피처럼 표현하기 260

LESSON 17 **아치, 부채꼴 등 선택한 형태로 오브젝트 왜곡하기** 264
Warp 기능으로 문자 구부리기 264
도형 오브젝트 추가하여 레이아웃 완성하기 268
오브젝트 확장 후 색상 변경하여 타이포그래피 완성하기 271

LESSON 18 **원하는 형태로 자유롭게 오브젝트 왜곡하기** 274
기준으로 사용할 조각난 하트 오브젝트 만들기 275
문자를 기준 오브젝트 모양으로 왜곡하기 278

LESSON 19 **패턴 기능으로 규칙형 패턴 만들기** 281
패턴 사용을 위한 기본 기능 파악하기 282
기하학 형태의 패턴 등록하기 287

LESSON 20 **클리핑 마스크로 패턴이 채워진 도형 만들기** 290
오브젝트에 적용할 반복되는 패턴 만들기 290
기준 오브젝트 안쪽에서만 표시되는 클리핑 마스크 적용하기 292

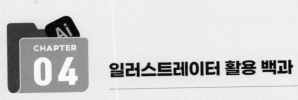

CHAPTER
04

일러스트레이터 활용 백과

LESSON 01 **비규칙적인 배치로 자연스러운 패턴 만들기** 298
패턴 등록을 위한 견본 오브젝트 디자인하기 298
패턴 등록 및 적용하기 300

LESSON 02 **심볼 분무기 기능으로 별이 가득한 밤하늘 만들기** 303
자유형 그레이디언트로 밤하늘 표현하기 303
사각형을 변형하여 별 모양을 만들고 심볼로 등록하기 306
심볼로 등록한 오브젝트를 스프레이처럼 뿌려서 배치하기 309
그래픽 스타일 등록 및 적용하기 312

LESSON 03 **도형 구성 도구로 그리드 시스템 로고 만들기** 314
도형 구성 도구 기본 사용 방법 익히기 314
그리드 시스템을 활용한 로고 만들기 318

LESSON 04 원하는 글꼴로 나만의 디지털 낙관 만들기   **321**
도형과 글꼴을 변형하여 낙관 만들기   321
아트보드 크기를 조절한 후 png 파일로 저장하기   326

LESSON 05 빈티지한 느낌의 관광지 스탬프 만들기   **329**
사진을 배경으로 사용하여 일러스트 그리기   329
일러스트를 활용하여 스탬프 형태로 배치하기   332
얼룩덜룩 빈티지 효과   333

LESSON 06 블렌드 기능으로 우표 일러스트 완성하기   **337**
블렌드 기능으로 중간 단계를 채워서 우표 틀 만들기   337
색상 혼합 기능으로 우표 일러스트 꾸미기   343

LESSON 07 블렌드 기능으로 입체 느낌의 타이포그래피 완성하기   **346**
블렌드 기능으로 입체감 표현하기   346
색상을 변경하여 입체감 극대화하기   350

LESSON 08 변형 효과로 입체 그림자 표현하기   **354**
긴 그림자 표현 후 그래픽 스타일로 등록하기   354
긴 그림자 스타일 적용하여 입체적으로 표현하기   356

LESSON 09 흐림 효과를 적용하여 네온사인처럼 표현하기   **361**
네온사인 표현을 위한 흐림 효과 적용하기   361
네온사인 스타일로 완성하고 색상을 변경하여 꾸미기   365

LESSON 10 멀티 라인 레터링 표현하기   **368**
원하는 모양으로 레터링 뼈대 만들기   368
여러 획으로 구성된 멀티 라인 레터링으로 변형하기   372

LESSON 11 마스킹 테이프 모양으로 패턴 브러시 등록하기   **376**
마스킹 테이프를 표현할 견본 디자인하기   376
패턴 브러시로 등록 및 시작과 끝 타일 변경하기   378

LESSON 12 수채화 느낌의 아트 브러시 만들기   **381**
비트맵 이미지를 활용하여 아트 브러시 등록하기   381
벡터 이미지를 활용하여 아트 브러시 등록하기   385

LESSON 13 산포 브러시로 이미지에 질감 효과 추가하기   **390**
도형 오브젝트로 알갱이 입자 표현하고 브러시로 등록하기   390
이미지에 덧칠하여 질감 표현하기   394

LESSON 14 오브젝트를 3D 오브젝트로 변경하기   **397**
새로운 3D 기능 적용하기   398
문자를 활용하여 배경 꾸미기   405

LESSON 15 디자인을 실물에 적용해 보는 목업 만들기   **409**
도형을 이용한 스마트폰 목업 만들기   409
오브젝트 마스크 기능으로 반사 효과 표현하기   413
목업을 배치할 페이지 디자인하기   417

CHAPTER 05

실무에서 진짜 쓰는 일러스트레이터 디자인

LESSON 01 **브랜딩의 시작, 로고 디자인**   424
그리드 활용하여 심볼 스케치 따라 그리기   424
도형 구성 도구를 활용하여 그리드에서 면 추출하기   428
패스를 따라 흐르는 문자 입력하기   430

LESSON 02 **로고를 활용한 깔끔한 명함 디자인**   434
꼭 필요한 정보만 담은 양면 명함 디자인하기   434
명함 제작 의뢰를 위한 인쇄용 파일 만들기   440

LESSON 03 **입간판으로 사용할 엑스 배너 디자인**   445
기본 레이아웃 디자인하기   446
심볼과 도형을 활용하여 배너 꾸미기   449

LESSON 04 **단순하지만 명료한 A4 크기 메뉴판 디자인**   452
메뉴 정보 변경을 고려한 메뉴판 템플릿 만들기   453
실제 메뉴 내용으로 변경 후 디자인을 더해서 메뉴판 완성하기   458

LESSON 05 **매장을 꾸며 줄 포스터 디자인**   464
디자인 통일성을 유지하면서 기본 오브젝트 배치하기   465
메인 오브젝트를 강조하고, 디자인 요소를 추가하여 완성하기   468

찾아보기 • 473

✎ CHAPTER 03　실무를 위한 기본기 스무고개

▲ 도형과 그레이디언트 `128쪽`

▲ 도형 변형 `137쪽`

▲ 도형 조합으로 캐릭터 만들기 `145쪽`

▲ 패스파인더 `166쪽`

▲ 일정한 간격으로 복제하기 `174쪽`

▲ 변형 반복하기 `181쪽`

▲ 자유로운 형태의 지시선 `188쪽`

▲ 모양을 브러시로 등록하기 `196쪽`

▲ 패턴 브러시 활용 `207쪽`

▲ 아트 브러시 활용 `215쪽`

▲ 물방울 브러시 활용 `222쪽`

우디네 안경가게

▲ 이미지 추적 기능으로 로고 만들기 `231쪽`

▲ 벡터 오브젝트 채색하기 `241쪽`

▲ 다채롭게 색상 변경하기 `248쪽`

▲ 문자 윤곽선 만들기 `258쪽`

▲ 오브젝트 왜곡하기 `264쪽`

▲ 원하는 형태로 오브젝트 왜곡하기 `274쪽`

▲ 규칙형 패턴 만들기 281쪽

▲ 클리핑 마스크로 패턴 도형 만들기 290쪽

✎ CHAPTER 04 일러스트레이터 활용 백과

▲ 비규칙적인 배치로 패턴 만들기 298쪽

▲ 심볼 분무기 기능 활용하기 303쪽

▲ 도형 구성 도구로 로고 만들기 314쪽

▲ 디지털 낙관 만들기 321쪽

▲ 빈티지한 느낌의 스탬프 만들기 329쪽

▲ 블렌드 기능 활용하기 337쪽

▲ 블렌드 기능으로 타이포그래피 346쪽

▲ 변형 효과로 입체 그림자 표현하기 354쪽

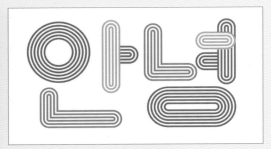

▲ 흐림 효과로 네온사인 표현하기 361쪽   ▲ 멀티 라인 레터링 표현하기 368쪽

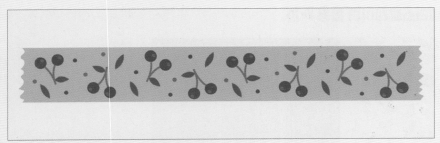

▲ 마스킹 테이프 모양으로 패턴 브러시 등록하기 376쪽

▲ 수채화 느낌의 아트 브러시 만들기 381쪽   ▲ 산포 브러시로 질감 효과 추가하기 390쪽

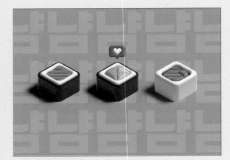

▲ 3D 오브젝트 만들기 397쪽   ▲ 목업 만들기 409쪽

▲ 브랜딩의 시작, 로고 디자인 `424쪽`

▲ 로고를 활용한 명함 디자인 `434쪽`

▲ 입간판으로 사용할 배너 디자인 `445쪽`

▲ A4 크기의 메뉴판 디자인 `452쪽`

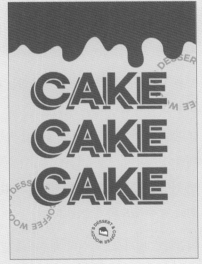

▲ 매장을 꾸며 줄 포스터 디자인 `464쪽`

안녕하세요? 포토샵과 일러스트레이터 활용법을 비롯해 디자인 실무를 소개하는 [롤스토리디자인연구소] 유튜브 채널의 디자이너 우디입니다.

디자인 관련 채널을 운영하다 보니 포토샵과 일러스트레이터 중 어떤 걸 배워야 할지에 대한 질문을 자주 받습니다. 저의 대답은 한결같습니다. **"디자이너에게 포토샵과 일러스트레이터는 마치 어머니와 아버지의 관계와 비슷합니다."** 그만큼 두 프로그램 모두 꼭 알아야 할 디자이너의 필수 소양이라는 의미입니다.

사실 저 또한 우연히 접한 한 장의 보정 사진에 이끌려 포토샵을 먼저 시작하였고, 포토샵만 알고 있으면 못할 디자인이 없을 거라고 생각했습니다. 하지만 포토샵만으로는 한계가 있음을 깨닫기까지 오래 걸리지 않았습니다. 로고 디자인과 같은 브랜딩에 재미를 느끼고 결국 일러스트레이터까지 배우게 되니 그동안의 생각이 크게 잘못됐다는 걸 깨달았습니다. 같은 흰색 화면에 그림을 그리더라도 **일러스트레이터라는 도구를 사용하면 포토샵과는 또 다른 상상력을 표현할 수 있다는 걸 말이죠.**

보통 포토샵은 유에서 유를 창조하는 반면, 일러스트레이터는 빈 아트보드부터 시작하여 무에서 유를 창조하는 작업이 많습니다. 이러한 일러스트레이터의 특징을 살려 책에서도 그저 완성된 예제를 이용하는 작업보다는 빈 아트보드에서 처음부터 만들어 보는 실습 위주로 구성했습니다. 또한, 지금까지 온/오프라인 강의를 진행하며 수없이 많이 받았던 질문에 대한 답을 담았으며, 기본기부터 고급 활용까지 체계적으로 다양한 작업을 실습해 보고, 마지막으로 **일러스트레이터의 정수라고 할 수 있는 브랜드 디자인까지 간접적으로 체험해 볼 수 있도록 하였습니다.**

지금까지 일러스트레이터 배우기를 망설였거나 주먹구구식으로 배워서 제대로 활용하지 못했다면 이번 기회에 제대로 시작해 보기를 추천합니다. 시간이 조금 걸리겠지만 [롤스토리디자인연구소] 유튜브 채널을 통해 순차적으로 동영상 강의도 업로드할 계획이니, 책을 보다가 따라 하기 어려운 부분이 있다면 채널에 방문해 주세요. **댓글이나 이메일로 문의해 주셔도 친절하게 답변해 드리겠습니다.**

그럼, 여러분도 일러스트레이터를 이용해 넓은 캔버스를 마음껏 채워 나가길 응원하겠습니다. 끝으로, 이 책이 나오기까지 도움을 주신 제이펍 출판사 관계자 여러분과 사랑하는 가족, 그리고 저에게 가르치는 즐거움을 느끼게 해 주신 독자 여러분과 유튜브 채널의 구독자 여러분에게 다시 한번 감사의 말씀을 전합니다.

2023년, 롤스토리디자인연구소
우디(서영열) 드림

동영상 강의 시청은 롤스토리디자인연구소

이 책을 통해 일러스트레이터 실력을 쌓은 후 다른 프로그램 활용법이나 다양한 응용 디자인이 궁금하다면 저자의 유튜브 채널, 롤스토리디자인연구소에 방문해 보세요. 포토샵부터 일러스트레이터, 프리미어 프로를 비롯한 다양한 디자인 튜토리얼과 실무 디자인, 포트폴리오 피드백 등 라이브 방송을 통해 풍부한 디자인 지식을 쌓을 수 있습니다.

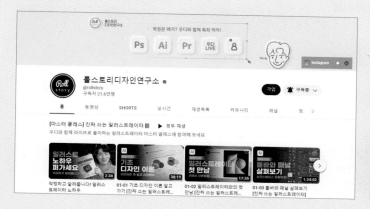

동영상 강의 바로가기
https://bit.ly/woody_masterclass

- **주요 콘텐츠:** 일러스트레이터 강좌뿐 아니라 함께 알아 놓으면 유용한 포토샵, 프리미어 프로 및 디자인 관련 강의를 꾸준하게 업로드합니다.

- **실시간 포트폴리오 피드백 라이브:** 매주 1~2회 예비 디자이너의 포트폴리오 피드백 라이브 방송을 진행합니다. 아래 형식과 유의사항을 확인한 후 여러분의 디자인 포트폴리오를 보내 주세요.

- **신청 메일:** rollstory@naver.com
- **파일 형식:** PDF
- **용량:** 100MB 이하
- **분량:** 20쪽 이상

[유의 사항]
- 첨부한 파일명에는 신청자 이름(또는 닉네임)을 포함해 주세요. 예) 서우디_포트폴리오.pdf
- 포트폴리오 피드백은 위 유튜브 채널에서 라이브(실시간 스트리밍)로 진행되며, 이후 다시 보기로 업로드됩니다.
- 다시 보기 업로드 후 구간 편집 및 삭제 등의 요청은 받지 않습니다. 신중하게 결정하시기 바랍니다.
- 포트폴리오에 포함된 개인 정보 노출에 관해서는 일절 책임지지 않습니다. 그러므로 미리 확인하여 개인 정보를 삭제하거나 임의의 텍스트로 대체 후 신청하시기를 바랍니다.
- 라이브 방송 중에는 파일명에 포함된 이름 또는 닉네임으로 지칭합니다.
- 라이브 방송에는 여러 시청자가 참여하므로 다양한 의견이 나올 수 있습니다. 라이브 중 발생하는 댓글이나 메시지로 인해 발생하는 감정적인 문제에 대해 지은이는 일체의 책임을 지지 않습니다.

지은이는 프리랜서 디자이너로 활동하면서 브랜드 디자인과 강의, 그리고 유튜브 채널 운영을 병행하고 있습니다. 이렇게 다양한 활동에서 얻은 피드백을 이 책에 고스란히 담아 냈습니다.

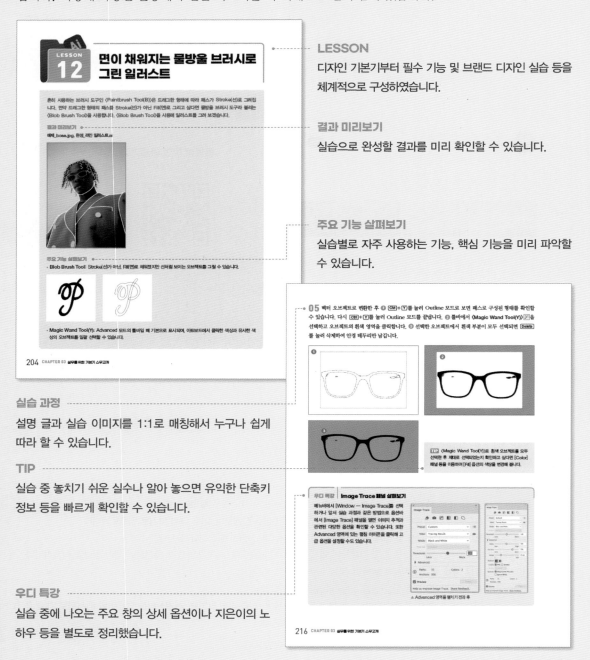

LESSON
디자인 기본기부터 필수 기능 및 브랜드 디자인 실습 등을 체계적으로 구성하였습니다.

결과 미리보기
실습으로 완성할 결과를 미리 확인할 수 있습니다.

주요 기능 살펴보기
실습별로 자주 사용하는 기능, 핵심 기능을 미리 파악할 수 있습니다.

실습 과정
설명 글과 실습 이미지를 1:1로 매칭해서 누구나 쉽게 따라 할 수 있습니다.

TIP
실습 중 놓치기 쉬운 실수나 알아 놓으면 유익한 단축키 정보 등을 빠르게 확인할 수 있습니다.

우디 특강
실습 중에 나오는 주요 창의 상세 옵션이나 지은이의 노하우 등을 별도로 정리했습니다.

디자인을 한다고 처음부터 끝까지 자신의 아이디어나 생각만을 고집할 필요는 없습니다. 우수한 디자이너들이 만들어서 제공하는 여러 디자인 소스를 활용하거나 참고하는 것도 좋은 방법입니다. 물론 상업적인 목적으로 사용하려면 저작권 문제가 발생하지 않도록 사용 가능 여부를 꼭 살펴봐야 합니다. 무료 글꼴, 디자인 소스, 참고 사이트 등 디자인 작업에 유용한 웹사이트를 소개합니다.

상업용 무료 한글 글꼴 모음, 눈누 기업 혹은 개인이 만들어 배포하는 무료 한글 글꼴을 모아 놓은 웹사이트입니다. 글꼴마다 상업용 사용 가능 여부 등 라이선스 범주를 손쉽게 확인할 수 있습니다.

https://noonnu.cc/

무료 이미지, Unsplash 상업적으로 이용할 수 있는 다양한 무료 라이선스 이미지를 구할 수 있습니다.

https://unsplash.com/

무료 이미지/벡터/영상 모음, Pixabay 상업적으로 이용할 수 있는 무료 라이선스 이미지부터 벡터 소스, 영상 클립을 구할 수 있는 웹사이트입니다. https://pixabay.com/ko/

무료 아이콘 모음, Flaticon 다양한 무료 아이콘을 구할 수 있는 웹사이트입니다. 벡터(svg) 파일은 유료로 제공하지만, png 파일은 무료로 다운로드할 수 있습니다. https://www.flaticon.com/

디자인 참고 웹사이트, Pinterest 실무자들도 많이 사용하며 디자인 레퍼런스를 찾을 때 유용합니다. https://www.pinterest.co.kr/

디자인 참고 웹사이트, Behance 어도비의 포트폴리오 웹사이트입니다. 세계 각국의 디자이너들이 작업한 다양한 디자인을 볼 수 있습니다. https://www.behance.net/

디자인 참고 웹사이트, 드리블 Behance와 비슷한 포트폴리오 웹사이트입니다. 다양한 디자이너의 디자인을 확인할 수 있습니다. https://dribbble.com/

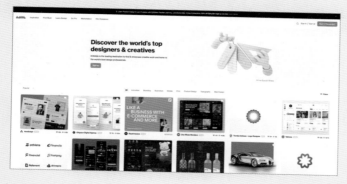

우디와 함께 독학하자, 롤스토리디자인연구소 포토샵부터 일러스트레이터, 프리미어 프로 등 다양한 디자인 튜토리얼과 실무 디자인, 포트폴리오 피드백 등 라이브 방송을 통해 디자인 지식을 독학하고 넓힐 수 있는 지은이의 유튜브 채널입니다. https://www.youtube.com/rollstory/

✎ MEMO

CHAPTER

01

일러스트레이터, 이것만은 알고 시작하자

무작정 어도비 일러스트레이터(Adobe Illustrator)를
실행하고 창작을 시작하기에 앞서, 기본적인 디자인 이론을 이해하고,
일러스트레이터에 대한 필수 지식부터
간단히 살펴보겠습니다.

기초 디자인 이론 알고 가기

디자인을 좀 하는 사람이라면 여기서 소개하는 기초 디자인 이론은 익히 알고 있는 내용일 겁니다. 하지만 디자인이 처음이라면, 그리고 일러스트레이터를 제대로 활용하려면 최소한 비트맵과 벡터의 차이는 구분할 줄 알아야 합니다. 이미 알고 있는 내용이라도 간단하게 훑어보고 넘어 가세요.

Ai 비트맵과 벡터 구분하기

컴퓨터로 작업한 이미지는 크게 두 가지 형태로 나눌 수 있습니다. 하나는 포토샵에서 주로 작업하는 비트맵(Bitmap) 방식이고, 다른 하나는 일러스트레이터에서 주로 작업하는 벡터(Vector) 방식입니다.

	비트맵(Bitmap)	벡터(Vector)
대표 프로그램	포토샵, 코렐 페인터	일러스트레이터, 오토캐드
특징	사각형 모양의 픽셀로 표현	수학 기반의 곡선과 선으로 표현
장점	각각의 픽셀을 다루기에 정교한 이미지 작업에 유리	수학 기반으로 형태가 정해지므로 크기를 확대해도 해상도가 떨어지지 않음
단점	이미지 크기를 키우면 해상도가 떨어짐	사진처럼 사실적이고 정교한 이미지를 표현하기 어려움
파일 용량	이미지 해상도에 따라 용량이 많이 늘어남	이미지 크기를 바꾸어도 파일 용량에 영향을 주지 않음
파일 포맷	jpg, png, gif 등	ai, eps, svg 등
대표 디자인 작업	사진 보정, 합성 등	로고, 패키지 디자인 등

다음 이미지는 같은 크기의 작은 원을 크게 확대했을 때 모습입니다. 왼쪽 원은 픽셀로 나타내는 비트맵 이미지입니다. 확대한 원의 경계선을 보면 작은 픽셀이 깨져 보이는 계단 현상이 나타납니다. 비트맵 이미지는 크기가 커짐에 따라 파일 용량도 커집니다. 반면 오른쪽 원은 벡터 이미지입니다. 벡터로 된 원 이미지는 주변에 표시된 4개의 고정점이 서로 수학적으로 연결되어 표현됩니다. 그래서 원을 확대해도 전혀 깨지지 않고 파일 용량도 커지지 않습니다.

▲ 비트맵 기반의 원을 포토샵에서 확대했을 때　　　　　▲ 벡터 기반의 원을 일러스트레이터에서 확대했을 때

그렇다면 회사 로고를 디자인할 때 비트맵과 벡터 중 어떤 방식으로 작업해야 할까요? 로고는 큰 현수막에 인쇄해서 사용하는 등 다양한 크기로 활용될 수 있습니다. 그러므로 비트맵보다는 벡터 방식으로 일러스트레이터를 이용해 디자인하는 것이 유리합니다.

Ai 모니터는 RGB, 인쇄는 CMYK

색상 체계는 크게 빛의 혼합인 RGB(Red, Green, Blue)와 물감의 혼합인 CMYK(Cyan, Magenta, Yellow, Black)로 나눌 수 있습니다. 디자인을 한다면 다양한 색상을 활용하는데, 색상 모드를 잘못 선택하면 원치 않은 결과물을 얻을 수 있기 때문에 어떤 색상 모드를 사용할지 알아야 합니다.

Red, Green, Blue	Cyan, Magenta, Yellow, Black
RGB	CMYK
빛의 혼합	물감의 혼합
색을 더할수록 밝아짐, 가산 혼합	색을 더할수록 어두워짐, 감산 혼합
모니터의 색상 체계	인쇄의 색상 체계

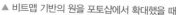

RGB와 CMYK를 쉽게 구분하자면, 내가 만드는 결과물이 모니터 등을 통해 웹에서 보여지면 'RGB 모드'를 쓰고, 종이 등에 인쇄되면 'CMYK 모드'를 써야 한다고 이해하면 됩니다. 그러므로 앞으로 일러스트레이터에서 새 아트보드를 만들 때 완성할 결과물을 어디에 사용할지에 따라 New Document 창에서 **Color Mode** 옵션을 설정하면 됩니다.

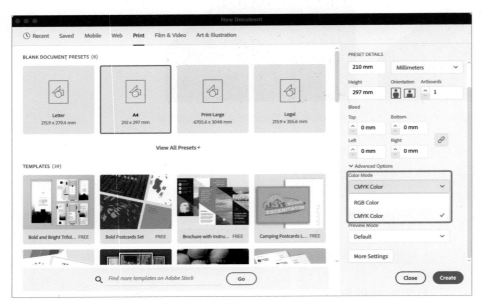

▲ 일러스트레이터의 New Document 창

> **TIP** 색상 모드를 선택하지 않고 아트보드를 만들었다면 메뉴바에서 [File – Document Color Mode]를 선택하여 변경할 수 있습니다.

참고로, 모니터처럼 빛을 다루는 RGB 색 공간은 인쇄물에서 사용하는 CMYK 색 공간보다 훨씬 더 넓은 범위를 가집니다. 이 말은 빛(RGB)이 잉크(CMYK)보다 훨씬 더 많은 색을 표현할 수 있다는 뜻입니다. 예를 들어, 모니터 화면에서는 채도가 높은 형광색도 표현할 수 있지만 인쇄물에서는 표현하기 힘듭니다.

> **TIP** 빛과 관련된 RGB 색상은 인쇄와 관련된 CMYK 색상보다 훨씬 더 많은 색을 표현할 수 있는 색 공간을 가지고 있습니다. 그리고 이보다 더 많은 색 공간을 가지고 있는 게 바로 우리의 눈입니다.

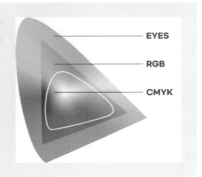

Ai 구성 요소에 따른 DPI, PPI 해상도

디자인에 조금이라도 관심이 있다면 PPI나 DPI 같은 용어를 들어본 적이 있을 겁니다. PPI와 DPI는 해상도를 나타냅니다. 그렇다면 해상도는 무엇이고, 이미지를 저장할 때 어떤 값의 해상도를 사용해야 할까요?

해상도(Resolution)란 화면에 표시되거나 인쇄할 때 이미지의 정밀도를 나타내는 지표로, 가로세로 1인치인 영역에 몇 개의 픽셀 또는 점으로 채울 것인지를 나타내는 값입니다. PPI(Pixels Per Inch)는 모니터에서 1인치(Inch)당 몇 개의 픽셀(Pixel)로 이루어졌는지 나타내는 해상도이고, DPI(Dots Per Inch)는 인쇄물에서 1인치당 몇 개의 점(Dot)으로 이루어졌는지를 나타내는 해상도입니다.

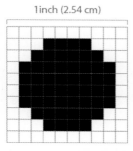

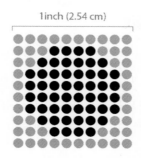

▲ 10 PPI, 1인치에 100개(10x10)의 픽셀을 채울 수 있음　　▲ 10 DPI, 1인치에 100개(10x10)의 점을 채울 수 있음

해상도가 높으면 1인치 영역 안에 픽셀 또는 점의 수가 많아지므로 더욱 정밀한 이미지를 표현할 수 있습니다. 그렇다고 무조건 높은 해상도를 사용하는 것이 능사는 아닙니다. 해상도가 높을수록 파일 크기가 커지며 컴퓨터 속도 및 작업 속도가 떨어지는 원인이 될 수 있으므로 디자인을 시작하기 전 목적에 맞는 적절한 해상도를 지정하는 것이 좋습니다. 보통 웹용 디자인이라면 최소 72 PPI, 인쇄물이라면 최소 300 DPI의 해상도를 지정해야 선명하고 깨끗한 결과물을 얻을 수 있습니다.

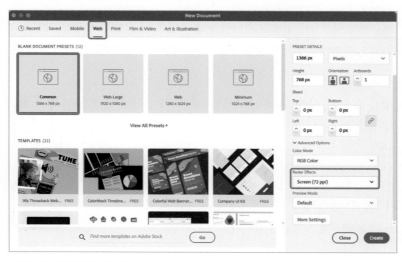

▲ [Web] 사전 설정의 기본 해상도

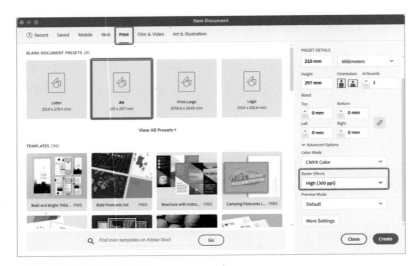

▲ [Print] 사전 설정의 기본 해상도

일러스트레이터에서 새 아트보드를 만들 때도 **[Web]** 사전 설정을 선택하면 기본 해상도가 72 PPI로 적용되어 있고, **[Print]** 사전 설정을 선택하면 기본 해상도가 300 DPI로 적용됩니다.

> **TIP** 디자인별 권장 해상도와 색상 모드는 다음과 같습니다.
> - **웹 배너/SNS용 카드 뉴스:** 해상도 72 PPI 이상, RGB 색상 모드
> - **패키지/출판:** 해상도 300 DPI 이상, CMYK 색상 모드

Ai 용도에 따라 선택하는 파일 포맷

흔히 가장 많이 접해 본 이미지 파일 포맷(확장자)은 jpg일 겁니다. jpg 포맷은 넓은 범위의 색을 지원하고 압축률이 높아 널리 이용되고 있습니다. 이외에도 일러스트레이터를 사용하면서 알아야 할 몇 가지 주요 포맷을 간단히 살펴보겠습니다.

- **ai:** 일러스트레이터의 원본을 담을 수 있는 일러스트레이터 전용 파일 포맷입니다. 일러스트레이터의 모든 정보를 저장할 수 있으므로, 이후 추가 작업 등 수정이 필요하다면 반드시 ai 포맷으로 저장해야 합니다.

- **psd:** 포토샵의 원본을 담을 수 있는 포토샵 전용 파일 포맷입니다. 포토샵에서 다루는 모든 레이어, 채널, 패스 등을 저장할 수 있으므로, 디자인 원본을 보존하여 이후 추가 작업 등 수정이 필요하다면 반드시 psd 포맷으로 저장해야 합니다.

- **jpg**: jpeg라고도 불리며, 넓은 범위의 색을 지원하고 압축률이 매우 높기에 웹에서 가장 널리 사용합니다. 손실 압축 포맷으로, 압축률을 지정하여 저장할 수 있습니다. 단, 압축률을 높이면 파일 용량은 줄어들지만 상대적으로 이미지 품질은 떨어지니 주의해야 합니다.

- **gif**: 흔히 움직이는 이미지를 만들 때 사용할 수 있는 gif 포맷은 이미지 및 문자열과 같은 정보를 저장할 수 있습니다. 이미지의 투명한 영역을 저장할 수 있다는 장점이 있지만, 최대 256개의 색상만 지원한다는 단점도 있습니다.

- **png**: jpg와 gif의 단점을 보완한 무손실 압축 그래픽 파일 포맷으로, 오늘날 웹에서 많이 사용하며 투명 영역을 저장할 수도 있습니다. 문자처럼 정교하게 표현해야 할 이미지는 png 포맷을 사용하는 게 효과적입니다. 이후 실습으로 작업한 대부분의 결과물은 png 포맷을 사용하여 저장합니다.

- **pdf**: 어도비에서 개발한 전자 문서 형식으로 문서, 글꼴, 이미지, 비디오 등을 포함할 수 있습니다. 어떤 환경에서나 동일한 결과물을 표현하려는 목적으로 개발된 포맷으로, 어떠한 운영체제나 프로그램을 사용하든 pdf 포맷으로 저장하면 저장 환경과 동일한 결과를 확인할 수 있습니다. 마치 파일을 사진으로 찍는 것과 같다고 할 수 있습니다.

LESSON 02

일러스트레이터와의 첫 만남

일러스트레이터를 처음 실행하더라도 포토샵을 써 본 적이 있다면 익숙하게 새로운 작업을 시작할 수 있을 겁니다. 그만큼 어도비의 프로그램들은 시작 화면이 유사하게 생겼습니다. 일러스트레이터의 간단한 역사와 함께 일러스트레이터를 시작할 때 알아 놓으면 유용한 환경 설정 및 화면 구성을 살펴보겠습니다.

Ai 일러스트레이터의 역사와 활용 분야

유튜브 등의 영상 플랫폼의 활성화로 지금은 프리미어 프로 사용자가 급속하게 증가했지만, 그럼에도 여전히 어도비에서 포토샵 다음으로 인지도 있는 프로그램은 일러스트레이터입니다. 일러스트레이터는 언제부터 사용했고 어떤 분야에서 사용할까요?

일러스트레이터의 변천사 어도비 일러스트레이터(Adobe Illustrator)는 1987년 어도비 시스템즈에서 개발한 벡터(Vector) 드로잉 프로그램입니다. 초기에는 Apple Macintosh에서만 사용할 수 있었지만, 벡터 방식으로 파일의 용량이 작고 모든 디자인을 다양한 크기로 조정해도 선명하게 볼 수 있는 특징 덕분에 픽토그램, CI, 도판, 캐릭터 등 많은 분야의 디자이너들에게 사랑받는 프로그램으로 자리 잡았습니다. 지금은 macOS, Windows뿐 아니라 아이패드용 일러스트레이터까지 개발되어 다양한 환경에서 사용할 수 있게 되었습니다. 어도비는 꾸준한 업데이트로 좀 더 편리하고, 효율적으로 디자인을 할 수 있게 환경을 개선하고 있습니다.

▲ 1987년부터 2022년까지의 로고 변화

일러스트레이터의 다양한 활용 분야 일러스트레이터는 다음과 같은 분야에서 다양한 결과물을 만드는 데 활용할 수 있습니다.

▲ 아이콘

▲ CI/BI

▲ 리플렛

▲ 패키지

▲ 캐릭터

▲ 명함

▲ 포스터

▲ 캘리그래피

▲ 전자책

일러스트레이터를 설치하고 처음 실행하면 홈 화면(Home Screen)이 나타납니다. 홈 화면에서는 새로운 작업을 시작할 때 사용하는 아트보드 사전 설정, 어도비에서 제공하는 튜토리얼, 최근 작업 목록 등을 확인할 수 있으므로, 어떤 항목들이 있는지 가볍게 살펴보고 넘어가는 것이 좋습니다.

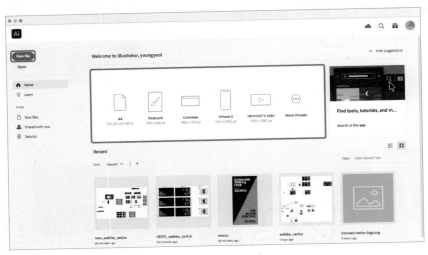

▲ 일러스트레이터의 홈 화면

일러스트레이터에서 새로운 작업, 즉 새 아트보드를 시작할 때는 홈 화면에서 용도에 따라 사전 설정을 선택해도 되지만, 흔히 홈 화면보다는 [New file] 버튼을 클릭하여 New Documents 창을 이용합니다.

우디 특강 | **홈 화면 비활성화하기**

홈 화면을 쓸 일이 없다면 메뉴바에서 [Edit – Preferences – General](macOS에서는 [Illustrator – Preferences – General]을 선택하여 'General' Preferences 창을 열고(Ctrl+K), [Show The Home Screen When No Documents Are Open]을 체크 해제합니다.

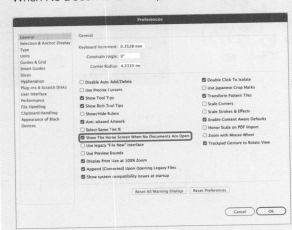

이후로는 일러스트레이터를 새로 시작하거나 현재 작업 중인 문서가 없을 때 홈 화면이 아닌 아트보드가 없는 빈 화면이 표시됩니다.

New Document 창 살펴보기 그림을 그리려면 도화지가 필요하죠? 일러스트레이터에서는 그 도화지의 역할을 하는 것이 아트보드입니다. 홈 화면에서 왼쪽 위에 있는 **[New file]** 버튼을 클릭하거나 메뉴바에서 **[File - New]**(Ctrl + N)를 선택하면, 다음과 같은 New Document 창이 열립니다. 여기서 디자인 목적에 따라 사전 설정을 선택하거나 옵션을 설정하여 새 아트보드(Artboard)를 시작합니다.

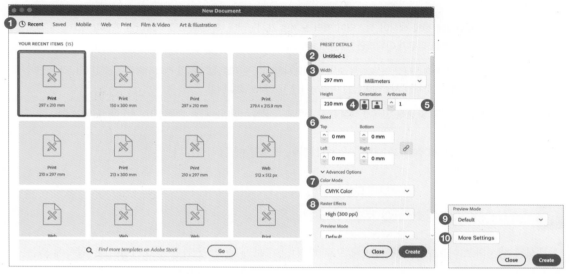

▲ 새 아트보드를 시작하는 New Document 창

New Document 창은 크게 왼쪽 사전 설정 영역과 오른쪽 세부 정보 영역으로 구분할 수 있으며, 사전 설정을 선택한 후 세부 정보를 변경할 수 있습니다.

❶ **Preset:** [Web], [Mobile], [Print] 등 목적에 따라 사전 설정 분류를 선택한 후 원하는 사전 설정을 선택합니다. 만약 A4 크기로 출력할 디자인을 만든다면 [Print] 탭에서 [A4]를 선택하고 [Create] 버튼을 클릭하여 빠르게 아트보드를 만듭니다.

❷ **Name:** 새로 만든 아트보드를 저장할 문서 이름을 지정합니다.

❸ **Width/Height:** 아트보드의 가로/세로 크기와 단위를 지정합니다.

❹ **Orientation:** 아트보드의 가로/세로 방향을 지정합니다.

❺ **Artboards:** 아트보드의 개수를 설정합니다.

❻ **Bleed:** 아트보드의 각 면을 따라 도련(재단) 위치를 지정합니다. 각 면에 따라 다른 값을 지정하려면 [링크] 아이콘을 클릭하여 연결을 해제한 후 사용합니다.

❼ **Color Mode:** 아트보드의 색상 모드를 지정합니다. 주로 인쇄용은 CMYK, 화면용은 RGB를 사용합니다.

❽ **Raster Effects:** 래스터(비트맵) 효과의 해상도를 지정합니다. 고성능 프린터로 크게 출력할 예정이라면 고해상도로 설정해야 합니다. 주로 인쇄용은 300 DPI, 화면용은 72 PPI를 최소 해상도로 사용합니다.

❾ **Preview Mode:** 미리보기 모드를 설정합니다.

옵션 값	설명
Default	아트워크에 전체 색상이 적용되어 벡터 보기로 표시됩니다. 확대/축소를 적용하면 곡선이 매끄럽게 유지됩니다. 특별한 경우가 아니라면 기본값(Default)을 사용합니다.
Pixel	아트워크가 래스터화(픽셀화)된 모양으로 표시됩니다. 실제로 결과물이 래스터화되는 것이 아니라 화면에서 래스터화된 것처럼 시뮬레이션된 미리보기가 표시되는 것입니다.
Overprint	혼합, 투명도 및 중복 인쇄가 색상 분판 출력에 어떻게 나타나는지를 대략적으로 확인할 수 있는 기능입니다.

❿ **More Settings:** 이외에 추가 세부적인 옵션 설정이 필요할 때 클릭합니다.

Ai 일러스트레이터 작업 화면 살펴보기

새 문서를 생성하고 아트보드가 열리면 앞으로 가장 많이 보게 될 작업 화면이 표시됩니다. 왼쪽에 있는 툴바와 위쪽에 있는 메뉴바, 그리고 오른쪽에 각종 패널이 배치되어 있습니다.

▲ 일러스트레이터의 기본 작업 화면

❶ **메뉴바:** 일러스트레이터의 다양한 기능들이 드롭다운 메뉴로 펼쳐집니다.

❷ **툴바:** 일러스트레이터 디자인 작업에 사용할 다양한 툴이 아이콘 형태로 모여 있습니다. 기본값은 1열이며, 앞의 이미지에서는 2열로 표시되어 있습니다.

❸ **문서 탭:** 현재 열려 있는 문서가 탭 형태로 나열되며, 각 탭을 보면 문서의 제목, 화면 비율, 색상 모드를 바로 파악할 수 있습니다.

❹ **아트보드(대지):** 일러스트레이터에서 디지털 작업을 하는 도화지 영역입니다.

❺ **패널:** 작업에 필요한 주요 정보를 담은 창입니다. [Window] 메뉴에서 원하는 패널을 선택하고 언제든 필요한 패널을 펼치거나 닫을 수 있습니다.

❻ **상태 표시줄:** 작업 중인 문서의 화면 배율, 회전 보기, 선택 중인 아트보드 및 툴 등 다양한 정보를 빠르게 확인할 수 있습니다.

우디 특강 | **작업 화면 밝기 조정하기**

메뉴바에서 [Edit – Preferences – User Interface]를 선택하여 Preferences 창을 열고 [Brightness] 옵션에서 작업 화면의 밝기를 변경할 수 있습니다. 일러스트레이터를 처음 설치하면 어두운 회색 계열의 두 번째 옵션 값으로 설정되어 있습니다. 하지만 이 책에서는 좀 더 명확한 표현을 위해 가장 밝은 색으로 변경한 후 작업했습니다. 추가로 'User Interface' Preferences 창에 있는 [UI Scaling] 옵션을 조절하여 툴바를 포함한 패널들의 기본 크기를 조정할 수도 있습니다.

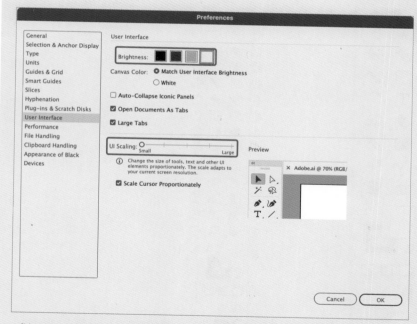

▲ 'User Interface' Preferences 창에서는 기본 작업 화면과 관련된 설정을 변경할 수 있습니다.

툴바와 패널 살펴보기

툴을 잘 다룬다고 꼭 디자인을 잘 하는 것은 아닙니다. 하지만 디자인을 하는 데 툴의 쓰임을 제대로 파악하고 있다면 좀 더 효율적으로 작업할 수 있을 것입니다. 일러스트레이터의 핵심 기능이 모여 있는 툴바와 주요 패널을 살펴보겠습니다.

Ai 모든 툴이 모여 있는 툴바

툴바는 일러스트레이터의 기능을 아이콘으로 배치해 놓은 [Tool] 패널입니다. 일러스트레이터를 실행하면 기본적으로 왼쪽에 한 줄로 표시되며, 툴바 위에 있는 [확장/축소] << 아이콘을 클릭해서 두 줄로 표시할 수 있습니다. 또한 메뉴바에서 [Window – Toolbars – Advanced]를 선택하면 일부 가려진 툴까지 모두 표시됩니다. 책에서는 Advanced 모드로, 모든 툴을 표시한 후 두 줄 보기로 사용했습니다.

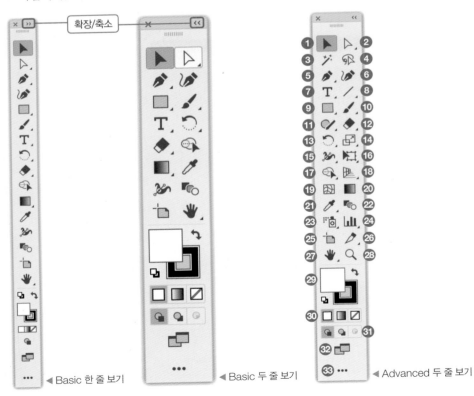

◀Basic 한 줄 보기   ◀Basic 두 줄 보기   ◀Advanced 두 줄 보기

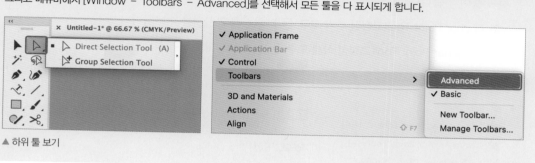

 TIP 책에서 사용하는 툴이 보이지 않는다면 아이콘 오른쪽 아래에 삼각형이 표시된 툴을 길게 눌러 하위 툴을 확인해 봅니다. 그리고 메뉴바에서 [Window – Toolbars – Advanced]를 선택해서 모든 툴을 다 표시되게 합니다.

▲ 하위 툴 보기

❶ **Selection Tool(선택 도구, [V]):** 일러스트레이터의 가장 기본 도구로, 오브젝트를 선택하고 이동할 때 사용합니다.

❷ **Direct Selection Tool(직접 선택 도구, [A]):** 오브젝트를 부분적으로 선택하거나 기준점을 선택하여 정밀한 수정을 할 수 있습니다.

- **Group Selection Tool(그룹 선택 도구):** 오브젝트를 그룹별로 선택하여 정밀한 수정을 합니다.

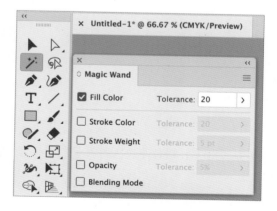

❸ **Magic Wand Tool(자동 선택 도구, [Y]):** 클릭한 곳의 속성(색상 등)이 비슷한 오브젝트를 자동 선택합니다. 아이콘을 더블 클릭하면 [Magic Wand] 패널이 열리고, 자동 선택과 관련된 세부 옵션을 설정할수 있습니다.

❹ **Lasso Tool(올가미 도구, [Q]):** 드래그하여 선택 영역을 만들고, 선택 영역 안쪽의 오브젝트를 모두 선택합니다.

❺ **Pen Tool(펜 도구, P):** 고정점(앵커 포인트)을 생성하여 직선, 곡선 등의 패스를 만듭니다. 다음과 같은 하위 툴이 있습니다.

- **Add Anchor Point Tool(고정점 추가 도구, +):** 패스에 고정점을 추가합니다.
- **Delete Anchor Point Tool(고정점 삭제 도구, –):** 패스의 고정점을 삭제합니다.
- **Anchor Point Tool(고정점 도구, Shift+C):** 직선을 곡선으로 만들거나, 곡선을 직선으로 만듭니다.

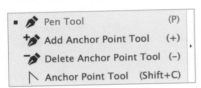

> **TIP** 〈Pen Tool〉이 선택된 상태에서 Ctrl을 누르고 있으면 〈Direct Selection Tool〉을, Alt를 누르고 있으면 〈Anchor Point Tool〉을 일시적으로 사용할 수 있습니다.

❻ **Curvature Tool(곡률 도구, Shift+~):** 자동으로 곡률이 있는 패스를 만듭니다.

❼ **Type Tool(문자 도구, T):** 기본적인 가로 방향 문자를 입력할 때 사용하며, 다음과 같은 하위 툴이 있습니다.

- **Area Type Tool(영역 문자 도구):** 영역 안에 문자를 입력합니다.
- **Type on a Path Tool(패스상의 문자 도구):** 패스를 따라 문자를 입력합니다.
- **Vertical Type Tool(세로 문자 도구):** 세로 방향으로 문자를 입력합니다.
- **Vertical Area Type Tool(세로 영역 문자 도구):** 영역 안에 세로 방향으로 문자를 입력합니다.
- **Vertical Type on a Path Tool(패스상의 세로 문자 도구):** 패스를 따라 세로 방향으로 문자를 입력합니다.
- **Touch Type Tool(문자 손질 도구, Shift+T):** 문자 하나를 개별적으로 수정합니다.

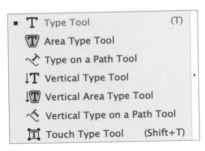

❽ **Line Segment Tool(선분 도구, \\):** 드래그하여 직선을 그립니다. 다음과 같은 하위 툴을 이용해 다양한 형태의 선이나 그리드를 그릴 수 있습니다.

- **Arc Tool(호 도구):** 드래그하여 곡선(호)을 그립니다.
- **Spiral Tool(나선형 도구):** 드래그하여 나선을 그립니다.
- **Rectangular Grid Tool(사각형 격자 도구):** 사각형 형태의 그리드(격자)를 그립니다.

- **Polar Grid Tool(극좌표 격자 도구):** 원형 극좌표 형태의 그리드를 그립니다.

❾ **Rectangle Tool(사각형 도구, Ⓜ):** 사각형을 그립니다. 다음과 같은 하위 툴을 이용하여 다양한 도형을 그릴 수 있으며, 각 툴을 선택한 후 아트보드에서 빈 곳을 클릭하면 팝업 창이 나타나 크기를 지정하여 도형을 그릴 수 있습니다.

- **Rounded Rectangle Tool(둥근 사각형 도구):** 모서리가 둥근 사각형을 그립니다.
- **Ellipse Tool(원형 도구, Ⓛ):** 원형을 그립니다.
- **Polygon Tool(다각형 도구):** 다각형을 그립니다.
- **Star Tool(별모양 도구):** 별모양을 그립니다.
- **Flare Tool(플레어 도구):** 광선 효과를 그립니다.

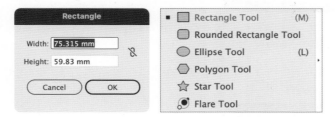

❿ **Paintbrush Tool(페인트브러시 도구, Ⓑ):** 자유롭게 드래그하면서 패스를 그립니다.

- **Blob Brush Tool(물방울 브러시 도구, Shift+Ⓑ):** 자유롭게 드래그하여 면(Fill)으로 채워진 패스를 그립니다.

> **TIP** 〈Paintbrush Tool〉을 사용하다가 Ⓘ, Ⓘ를 누르면 칠해지는 영역의 두께를 빠르게 조절할 수 있습니다.

⓫ **Shaper Tool(Shaper 도구, Shift+Ⓝ):** 드래그하여 도형을 그립니다.

- **Pencil Tool(연필 도구, Ⓝ):** 자유롭게 드래그하여 다양한 형태의 패스를 그립니다.
- **Smooth Tool(매끄럽게 도구):** 패스의 기준점을 줄여서 거친 선을 부드럽게 만듭니다.
- **Path Eraser Tool(패스 지우개 도구):** 드래그하여 연결된 패스를 지웁니다.

- **Join Tool(연결 도구):** 드래그하여 끊어진 패스를 연결합니다.

⑫ **Eraser Tool(지우개 도구, Shift+E):** 드래그하여 오브젝트를 지웁니다.

- **Scissors Tool(가위 도구, C):** 패스 위를 클릭하여 패스를 자릅니다.

- **Knife(칼 도구):** 닫힌 패스를 자유롭게 드래그하여 자릅니다.

⑬ **Rotate Tool(회전 도구, R):** 오브젝트를 회전시킵니다.

- **Reflect Tool(반사 도구, O):** 오브젝트를 반전시킵니다.

TIP 〈Rotate Tool〉이나 〈Reflect Tool〉을 쓸 때 Alt+클릭하면 회전이나 반전할 기준 위치를 바꿀 수 있습니다.

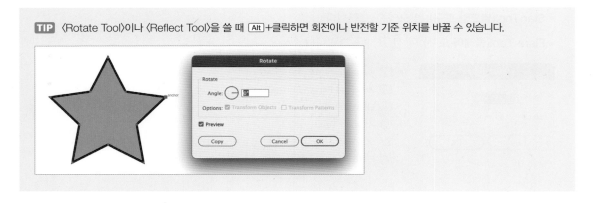

⑭ **Scale Tool(크기 조절 도구, S):** 오브젝트의 크기를 조절합니다.

- **Shear Tool(기울이기 도구):** 오브젝트를 기울기를 조절합니다.

- **Reshape Tool(모양 변경 도구):** 오브젝트의 모양을 변경합니다.

⑮ **Width Tool(폭 도구, Shift+W):** 획(선)의 폭을 조절합니다.

- **Warp Tool(변형 도구, Shift+R):** 드래그하는 방향대로 오브젝트를 변형합니다.

- **Twirl Tool(돌리기 도구):** 드래그하는 방향대로 오브젝트를 회오리 형태로 만듭니다.

- **Pucker Tool(오목 도구):** 드래그하는 방향대로 오브젝트를 오목하게 합니다.

- **Bloat Tool(볼록 도구):** 드래그하는 방향대로 오브젝트를 볼록하게 합니다.

- **Scallop Tool(조개 도구):** 드래그하는 방향대로 오브젝트를 주름진 부채꼴로 만듭니다.

- **Crystallize Tool(수정화 도구):** 드래그하는 방향대로 오브젝트를 수정처럼 뾰족하게 합니다.

- **Wrinkle Tool(주름 도구):** 드래그하는 방향대로 오브젝트에 주름을 만듭니다.

⑯ **Free Transform Tool(자유 변형 도구, E):** 오브젝트의 크기, 기울기, 회전 등을 자유롭게 조절합니다.

- **Puppet Warp Tool(퍼펫 뒤틀기 도구):** 오브젝트에 관절을 추가하여 애니메이션 형태의 움직임을 추가합니다.

⑰ **Shape Builder Tool(도형 구성 도구, Shift+M):** 오브젝트를 클릭 또는 드래그하여 합치거나 삭제하는 등 형태를 재구성합니다.

- **Live Paint Bucket(라이브 페인트 통 도구, K):** 닫힌 패스 안에 색을 적용합니다.
- **Live Paint Selection Tool(라이브 페인트 선택 도구, Shift+L):** 라이브 페인트 영역을 선택합니다.

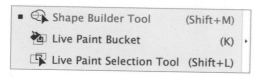

⑱ **Perspective Grid Tool(원근감 격자 도구, Shift+P):** 그리드를 보며 원근감 형태의 오브젝트를 만듭니다.

- **Perspective Selection Tool(원근감 선택 도구, Shift+V):** 원근감 오브젝트를 선택합니다.

⑲ **Mesh Tool(망 도구, U):** 오브젝트에 망을 추가하여 그레이디언트를 적용합니다.

⑳ **Gradient Tool(그레이디언트 도구, G):** 오브젝트에 그레이디언트를 적용합니다.

㉑ **Eyedropper Tool(스포이트 도구, I):** 이미지나 오브젝트에서 색을 추출합니다.

- **Measure Tool(측정 도구):** 드래그하여 좌표와 길이를 확인합니다.

㉒ **Blend Tool(블렌드 도구, W):** 두 오브젝트 사이의 단계 변화를 나타냅니다.

㉓ **Symbol Sprayer Tool(심볼 분무기 도구, Shift + S):** [Symbols] 패널에 등록된 심볼을 뿌립니다.

- **Symbol Shifter Tool(심볼 이동기 도구):** 드래그하여 심볼을 이동합니다.
- **Symbol Scruncher Tool(심볼 분쇄기 도구):** 드래그하여 심볼을 안쪽으로 모읍니다(바깥쪽으로 모으기, Alt +드래그).
- **Symbol Sizer Tool(심볼 크기 조절기 도구):** 드래그하여 심볼 크기를 크게 합니다(크기 작게, Alt +드래그).
- **Symbol Spinner Tool(심볼 회전기 도구):** 드래그하여 심볼을 회전합니다.
- **Symbol Stainer Tool(심볼 염색기 도구):** 드래그하여 심볼의 색을 변경합니다(원본 색상으로 되돌리기, Alt +드래그).
- **Symbol Screener Tool(심볼 투명기 도구):** 드래그하여 불투명도를 적용합니다(원본 불투명도로 되돌리기, Alt +드래그).
- **Symbol Styler Tool(심볼 스타일기 도구):** 드래그하여 [Graphic Styles] 패널에 등록된 스타일을 적용합니다.

㉔ **Column Graph Tool(막대 그래프 도구, J):** 세로 형태의 막대 그래프를 만듭니다.

- **Stacked Column Graph Tool(누적 막대 그래프 도구):** 누적된 세로 형태의 막대 그래프를 만듭니다.
- **Bar Graph Tool(가로 막대 그래프 도구):** 가로 형태의 막대 그래프를 만듭니다.
- **Stacked Bar Graph Tool(가로 누적 막대 그래프 도구):** 누적된 가로 형태의 막대 그래프를 만듭니다.
- **Line Graph Tool(선 그래프 도구):** 선 형태의 그래프를 만듭니다.
- **Area Graph Tool(영역 그래프 도구):** 데이터 변화를 쉽게 확인할 수 있는 영역 그래프를 만듭니다.

- **Scatter Graph Tool(산포 그래프 도구):** 산점도 그래프를 만듭니다.
- **Pie Graph Tool(파이 그래프 도구):** 파이 형태의 그래프를 만듭니다.
- **Radar Graph Tool(레이더 그래프 도구):** 방사형 그래프를 만듭니다.

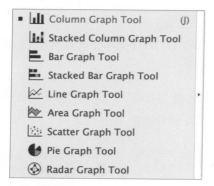

㉕ **Artboard Tool(대지 도구, Shift+O):** 아트보드를 추가, 삭제, 수정합니다.

㉖ **Slice Tool(분할 영역 도구, Shift+K):** 오브젝트를 부분적으로 분할합니다.

- **Slice Selection Tool(분할 영역 선택 도구):** 분할된 오브젝트를 선택합니다.

㉗ **Hand Tool(손 도구, H):** 드래그하여 작업 화면을 이동합니다.

- **Rotate View Tool(회전 보기 도구, Shift+H):** 드래그하여 작업 화면을 회전합니다. 툴바의 아이콘을 더블 클릭하거나 Esc를 누르면 원래 화면으로 돌아옵니다.
- **Print Tiling Tool(타일링 인쇄 도구):** 인쇄 영역을 설정합니다.

㉘ **Zoom Tool(돋보기 도구, Z):** 아트보드를 확대 및 축소합니다.

㉙ **Fill & Stroke(면 & 선, X):** 면(칠)과 선(획)의 색을 설정합니다.

- **Swap Fill and Stroke(면과 선 교체, Shift+X):** 면과 선의 색상을 서로 교체합니다.
- **Default Fill and Stroke(면과 선 초깃값, D):** 면과 선의 색상을 기본 색인 흰색과 검은색으로 바꿉니다.

㉚ **Color Mode(색 속성):** 오브젝트의 색 속성을 [Fill](단일 색, <), [Gradient](그레이디언트, >), [None](없음, \) 중 선택합니다.

㉛ **Drawing Mode(그리기 모드, Shift+D):** 오브젝트의 그리기 모드를 설정합니다.

- **Draw Normal(표준 그리기):** 기본적인 그리기 모드이며, 그린 순서대로 오브젝트가 위쪽에 배치됩니다.
- **Draw Behind(배경 그리기):** 오브젝트 뒤쪽으로 그려집니다.
- **Draw Inside(내부 그리기):** 오브젝트 안쪽으로 그려집니다.

㉜ **Change Screen Mode(화면 모드 변경, F):** 작업 화면의 패널을 숨기거나 발표자 보기 모드 등, 화면 모드를 변경합니다.

㉝ **Edit Toolbar(도구 모음 편집):** 모든 툴 목록을 확인할 수 있으며, 툴 목록에서 아직 배치되지 않은 툴을 툴바로 드래그하여 배치하거나 기존 툴 위로 드래그하여 하위 툴로 배치할 수 있습니다.

> **TIP** 자유롭게 툴 배치를 변경한 후 기본값으로 되돌리려면 툴 목록 오른쪽 위에 있는 [메뉴] 아이콘을 클릭한 후 [Reset]을 선택합니다.

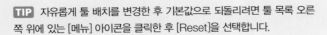 **일러스트레이터의 주요 패널**

패널은 툴 및 오브젝트를 선택했을 때 정밀하게 값을 설정하거나 정보를 확인할 수 있는 옵션 창입니다. 메뉴바에서 [Window]를 선택한 하위 메뉴를 선택해서 열고 닫을 수 있습니다. 패널마다 주요한 옵션 위주로 표시되고, 일부 옵션은 가려져 있으므로 찾는 옵션이 보이지 않는다면 패널 오른쪽 위의 [메뉴] 아이콘(삼선)을 클릭한 후 [Show Options]를 선택하여 숨겨진 옵션을 모두 표시하면 됩니다. 다양한 패널 중 자주 사용하는 주요 패널 위주로 살펴보겠습니다.

TIP 애플의 맥에서 일러스트레이터를 사용 중이라면 메뉴바에서 [Window – Application Frame]을 선택해서 체크 해제하면 작업 화면에서 각종 창과 패널 이외의 빈 공간이 가려지면서 맥의 바탕화면이 그대로 노출됩니다.

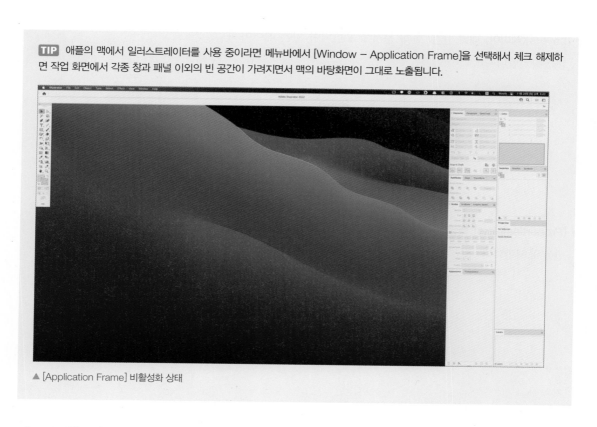

▲ [Application Frame] 비활성화 상태

- **[Control](제어) 패널:** 일러스트레이터 화면 위쪽, 메뉴바 아래쪽에 배치되는 패널로, 선택한 툴의 주요 옵션을 제어합니다.

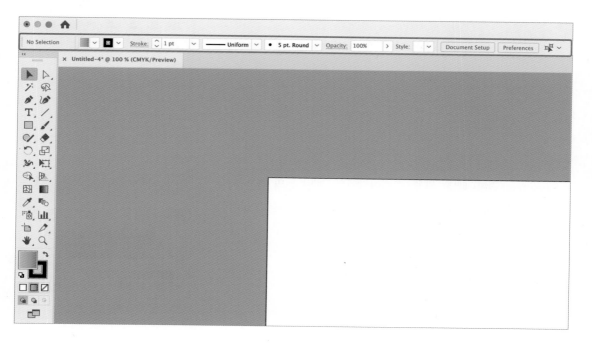

- **[Layers](레이어) 패널, F7:** 현재 문서에 포함되어 있는 레이어 구성을 확인합니다.

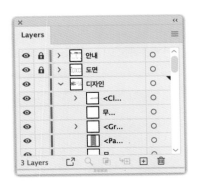

- **[Properties](속성) 패널:** 선택한 툴이나 오브젝트에 따라 관련된 옵션을 표시합니다

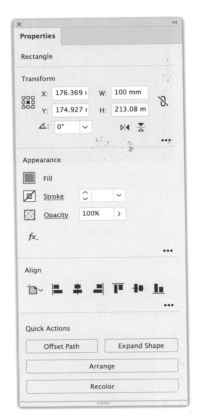

- **[Swatches](견본) 패널:** 색상, 그레이디언트, 패턴 등의 견본을 담아 두어 빠르게 적용할 수 있습니다. 미술 도구의 팔레트와 비슷한 개념입니다.

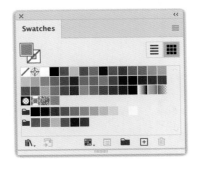

- **[Brushes](브러시) 패널, F5:** 사용할 브러시 모양을 선택할 수 있으며, 브러시를 추가하거나 저장합니다.

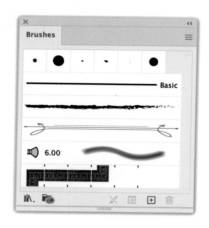

- **[Symbols](심볼) 패널, Shift+Ctrl+F11:** 사용할 심볼을 선택할 수 있으며, 심볼을 추가하거나 저장합니다.

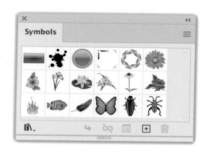

TIP [Swatches], [Brushes], [Symbols] 패널은 기본적으로 하나의 창에 3개의 패널이 탭 형태로 배치되어 있습니다. 또한 3개의 패널 모두 왼쪽 아래에 있는 책 모양의 [Libraries] 아이콘을 클릭하면 일러스트레이터에서 기본으로 제공하는 다양한 형태의 디자인 라이브러리를 추가할 수 있습니다.

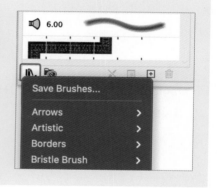

- **[Color](색상) 패널, F6:** 오브젝트의 면과 선 또는 문자의 색상을 변경합니다.

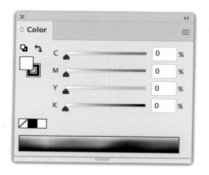

- [Color Guide](색상 안내) 패널, Shift + F3: 선택한 색상을 기준으로 만들어진 색상 가이드를 확인합니다.

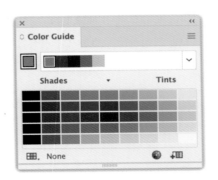

- [Character](문자) 패널, Ctrl + T: 문자를 입력할 때 글꼴, 크기, 행간, 자간 등의 모든 문자 속성을 관리합니다.

- [Paragraph](단락) 패널, Alt + Ctrl + T: 정렬 방식이나 여백 등 문자의 단락 속성을 지정합니다.

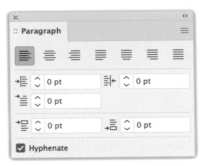

- [Pathfinder](패스파인더) 패널, Shift + Ctrl + F9: 오브젝트를 합치거나 자르는 등 패스를 변형합니다.

- [Align](정렬) 패널, Shift + F7 : 오브젝트를 기준에 따라 정렬합니다.

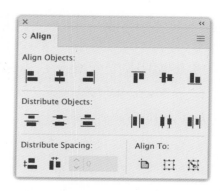

- [Transform](변형) 패널, Shift + F8 : 오브젝트의 위치, 크기, 각도, 기울기 등을 조절합니다.

- [Stroke](획) 패널, Ctrl + F10 : 획(선)의 굵기, 모서리, 정렬 기준 등의 모든 속성을 관리합니다.

- **[Gradient](그레이디언트) 패널, `Ctrl`+`F9`:** 선형, 방사형, 자유형 등 그레이디언트가 퍼지는 모양을 지정하고, 그레이디언트 색상을 관리합니다.

- **[Graphic Styles](그래픽 스타일) 패널, `Shift`+`F5`:** 오브젝트에 다양한 형태의 그래픽 스타일을 빠르게 적용할 수 있습니다.

- **[Appearance](모양) 패널, `Shift`+`F6`:** 오브젝트에 적용된 속성을 확인합니다.

- **[Transparency](투명도) 패널, `Shift`+`Ctrl`+`F10`:** 오브젝트의 혼합 모드(Blending Mode), 불투명도, 마스크를 관리합니다.

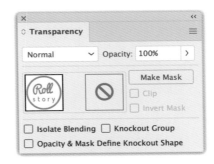

- **[3D and Materials](3D 및 재질) 패널:** 일러스트레이터 2022에서 추가된 패널로, 3D 및 재질을 적용합니다.

- **[Artboards](대지) 패널:** 문서 내 아트보드를 추가, 삭제하는 등 아트보드를 확인하고 관리합니다.

- **[Document Info](문서 정보) 패널:** 현재 문서에 사용된 스타일, 이미지, 글꼴 등의 정보를 확인합니다.

- **[Image Trace](이미지 추적) 패널:** 비트맵 이미지를 다양한 설정으로 벡터로 만듭니다.

- **[Links](연결) 패널:** 현재 문서에서 사용된 이미지를 확인하고, 연결 설정 등을 관리합니다.

Ai 나만의 작업 영역 만들기

본격적으로 일러스트레이터를 이용해서 디자인을 시작하기 전에 반드시 먼저 설정해야 하는 옵션이 있습니다. 흔히 워크스페이스(Workspace) 설정이라고 하여, 작업 효율을 높일 수 있도록 주로 사용할 패널과 툴바의 표시 여부나 위치와 같은 작업 영역을 설정하는 것입니다.

기본 워크스페이스 사용하기

기본적으로 일러스트레이터에서는 주로 사용하는 용도에 따라 몇 가지 워크스페이스 사전 설정(Preset)을 제공합니다. 일러스트레이터 가장 위에 있는 메뉴바에서 오른쪽 끝에 있는 **[Switch Workspace]** 아이콘을 클릭해 보세요. 다음과 같이 워크스페이스 목록이 나타나면 용도에 따라 원하는 메뉴를 선택합니다. 그러면 해당 작업에 자주 사용하는 패널이 열리고, 최적화된 레이아웃으로 배치됩니다.

▲ Essentials

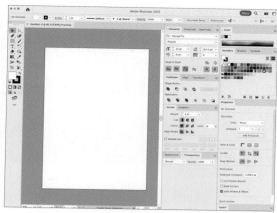

▲ Painting

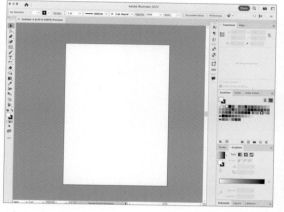

▲ Layout

▲ Typography

TIP 같은 워크스페이스를 사용하더라도 모니터의 크기 및 해상도에 따라 나타나는 작업 영역은 다를 수 있습니다. 일러스트레이터에서 기본으로 제공하는 사전 설정을 사용해 보고, 거기서 조금씩 변형하면서 나만의 최적화된 작업 영역을 만들어 보세요. 그런 다음 나만의 작업 영역을 몇 가지 저장해 놓고, 자유롭게 변경하면서 사용할 수 있습니다.

Link 워크스페이스 저장은 57쪽에서 자세히 소개합니다.

패널 배치 자유롭게 변경하기

일러스트레이터가 아직 낯설다면 일러스트레이터에서 제공하는 워크스페이스 목록 중 선택해서 사용하면 됩니다. 차차 자주 사용하는 패널이 생기고, 일러스트레이터에 익숙해지면 비로소 자유롭게 패널을 배치하면서 나만의 작업 영역을 완성합니다.

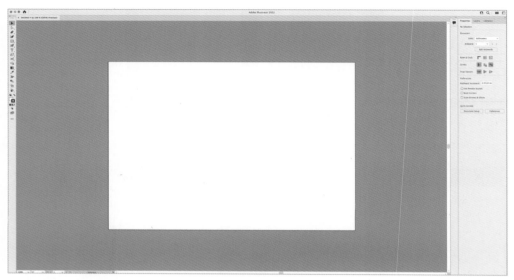

▲ 일러스트레이터의 기본 워크스페이스

▲ 저자의 워크스페이스

나만의 작업 영역을 완성하려면 우선 일러스트레이터를 실행하고 새 문서를 만들어 보세요. 그런 다음 [Window] 메뉴를 이용해 필요한 패널을 모두 펼치고, 다음 방법들을 이용해 자유롭게 배치해 보세요.

패널 접기/펼치기 각 패널은 개별 창으로 둘 수도 있고, 여러 패널을 하나의 창에서 탭 형태로 묶을 수도 있습니다. 또한 패널의 탭(이름 부분)을 더블 클릭하여 이름만 남기고 모든 옵션을 가리거나(상하 접기), 패널 오른쪽 위에 **[펼침/접기]** 아이콘을 클릭하여 현재 패널 그룹을 한 번에 모두 접을 수도 있습니다(좌우 접기).

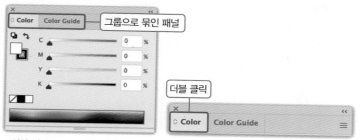

▲ 상하 접기

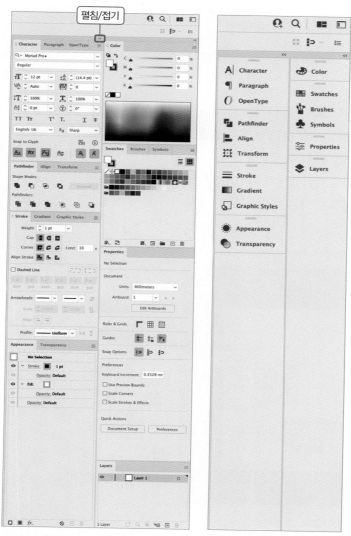

▲ 패널 그룹 좌우 접기

패널 옵션 펼치기 앞서와 같이 해당 패널 전체를 가리거나 펼치는 것이 아니라 몇 개의 특정 패널에서는 일부 옵션을 가리거나 펼쳐서 차지하는 넓이를 조절할 수 있습니다. 예를 들어 [Gradient] 패널의 기본 형태는 아래에서 왼쪽과 같으며, 패널 오른쪽 위에 있는 **[메뉴]** 아이콘을 클릭한 후 **[Show Options]**를 선택하면 해당 패널의 모든 옵션을 펼칠 수 있습니다.

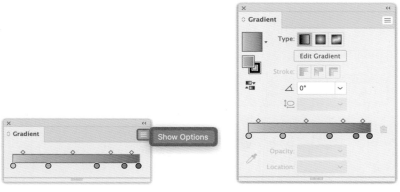

▲ 패널의 기본 상태(왼쪽)와 추가 옵션을 펼친 상태(오른쪽)

패널 이동 패널의 위치는 고정된 것이 아니므로 언제든 다른 패널과 탭 형태로 묶거나 개별 창으로 분리할 수 있습니다. 패널의 위치를 변경할 때는 패널 이름 부분(탭 부분)을 원하는 위치로 드래그합니다. 이때 다른 패널 이름으로 드래그하면 탭 형태로 묶을 수 있고, 별도의 영역으로 드래그하면 분리할 수 있습니다. 패널을 모두 개별 창으로 배치하면 작업 화면을 가려서 방해될 수 있으므로, 유사한 패널 혹은 자주 사용하는 패널끼리 탭으로 묶어서 사용하고, 사용 빈도가 적은 패널은 화면에서 숨기거나, 상하 접기로 이름만 남겨놓고 사용하는 것이 좋습니다.

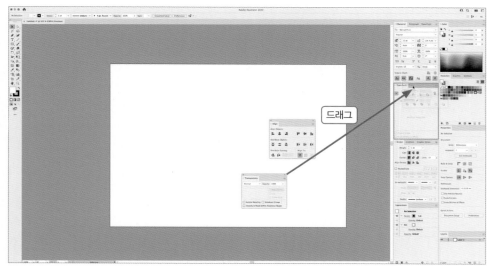

▲ 패널의 이름 부분을 드래그해서 원하는 위치에 자유롭게 배치할 수 있습니다.

사용자 편의에 맞게 패널 위치 등을 자유롭게 변경해서 워크스페이스를 정리했다면 이후 언제든 동일한 환경을 불러와서 사용할 수 있도록 저장해 놓는 것이 좋습니다.

워크스페이스 저장 현재 화면의 워크스페이스를 저장하려면 메뉴바에서 [Window – Workspace – New Workspace]를 선택합니다. New Workspace 창이 열리면 워크스페이스 이름을 입력한 후 [OK] 버튼을 클릭합니다.

저장한 워크스페이스 사용하기 워크스페이스를 저장했다면 이후 언제든 메뉴바에서 [Window – Workspace – (저장한 이름)]을 선택하여 다시 불러올 수 있습니다. 일부 패널의 위치가 변경되었다면 [Window – Workspace – Reset (저장한 이름)]을 선택해서 처음 저장한 상태로 되돌릴 수 있습니다.

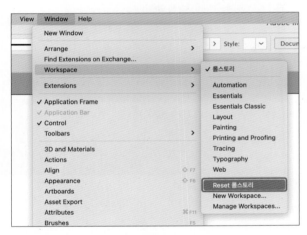

▲ 워크스페이스 처음 상태로 되돌리기

TIP 메뉴바에서 [Window – Workspace]를 선택하면 표시되는 메뉴는 메뉴바 오른쪽 끝에 있는 [Switch Workspace] 아이콘을 클릭해도 동일하게 표시됩니다.

컴퓨터를 포맷하거나 일러스트레이터를 재설치했을 때, 혹은 다른 컴퓨터에서 동일한 워크스페이스를 사용하기 위해서는 저장한 나만의 워크스페이스를 파일 형태로 저장한 후 다시 불러와야 합니다.

현재 사용 중인 일러스트레이터의 워크스페이스를 저장하려면 메뉴바에서 [Edit – My Settings – Export Settings]를 선택합니다. Export Settings 창이 열리면 저장할 경로를 지정한 후 [저장] 버튼을 클릭합니다. 지정한 위치에 파일이 저장되면 잘 보관해 놓고, 이후 메뉴바에서 [Edit – My Settings – Import Settings]를 선택해 저장한 작업 환경을 다시 불러와서 사용하면 됩니다.

알아 두면 유용한
일러스트레이터
기본 & 꿀팁

온/오프라인 강의를 진행하면서 가장 많이 받았던 질문과,
당장엔 몰라도 되지만 언젠가 꼭 유용하게 활용할 수 있는 일러스트레이터 꿀팁을 모았습니다.
어느 정도 일러스트레이터를 사용한 경험이 있다면 이번 챕터는 건너뛰고,
다음 챕터부터 진행되는 본격적인 디자인부터 시작해도 됩니다.
그러다가 언제든 보충하고 싶은 내용이 있다면 다시 돌아와
기초를 더 탄탄하게 쌓아 보세요.

LESSON 01
파일 관리의 기본, 저장하기

디자인 작업에서 가장 중요하지만, 의외로 중요하게 생각하지 않는 대표적인 기능을 꼽으라면 바로 저장하기 기능입니다. 컴퓨터가 내 마음과 다르게 언제든지 멈추거나 오류가 날 수 있으니, 수시로 저장하기를 실행해서 데이터 유실을 방지해야 합니다. 일러스트레이터의 원본인 ai 파일부터 다양한 저장 옵션을 살펴보겠습니다.

Ai 일러스트레이터의 기본 저장 기능 파악하기

일러스트레이터 2020 버전 이후로는 메뉴바에서 **[File – Save]**((Ctrl)+(S))를 선택해서 저장하거나, **[File – Save As]**를 선택해서 다른 이름으로 저장을 처음 시도하면 다음과 같이 어도비에서 제공하는 클라우드(Save to Creative Cloud)에 저장할지, 내 컴퓨터(Save on your computer)에 저장할지 선택하는 팝업 창이 열립니다.

You can do much more if you save as a cloud document ⓘ

	On your computer	Creative Cloud
Offline access	✓	✓
Cloud syncing to all your devices	✗	✓
Autosaving every change	✗	✓
Version history	✗	✓
Invite to edit	✗	✓

☐ Don't show again   Save on your computer   Save to Creative Cloud

▲ 저장 위치를 선택하는 팝업 창

> **TIP** 저장할 때마다 저장 위치를 묻는 팝업 창이 나타나서 불편하다면 맨 아래 [Don't Show Again]에 체크하세요.

- **Save to Creative Cloud:** 사용 중인 어도비 계정의 클라우드 공간에 저장합니다. 클라우드 문서는 작업 중에 자동으로 계속해서 저장되며, 수동으로 수행하는 저장 작업은 버전 기록이 유지됩니다. 일러스트레이터를 설치한 위치에 관계없이 어디서나 문서를 불러올 수 있고, aic 형식으로 저장되며, 파일 이름(탭)을 보면 앞쪽에 구름 모양의 아이콘이 표시되어 클라우드 문서임을 바로 확인할 수 있습니다.

- **Save on your computer:** 전통적인 방식으로, 파일을 내 컴퓨터의 저장 장치에 보관합니다. 이후 책에서 저장하는 작업은 모두 컴퓨터에 저장하는 것이라고 이해하면 됩니다.

▲ 클라우드에 저장하기

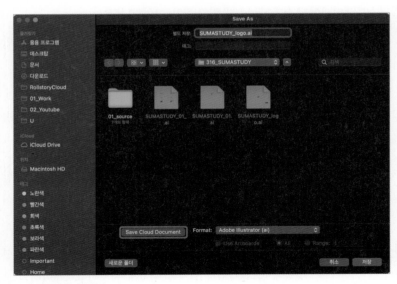

▲ 내 컴퓨터에 저장하기

위와 같이 저장 위치에 따라 서로 다른 팝업 창이 열리며, 저장 위치를 변경하려면 각각 왼쪽 아래에 표시되는 [On your computer], [Save Cloud Document] 버튼을 클릭해서 저장 위치를 전환할 수 있습니다.

파일 이름 및 형식 선택 작업 중이던 문서를 저장하기 위해 메뉴바에서 [File – Save]나 [File – Save As]를 선택한 후 컴퓨터에 저장하기를 선택했다면 Save As 창에서 다음과 같이 파일 이름과 원하는 파일 형식(Format)을 선택합니다.

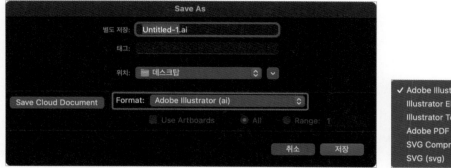
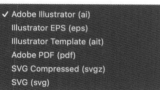

▲ 컴퓨터에 저장할 때만 파일 형식을 선택할 수 있습니다.

• **Adobe Illustrator (ai):** 일러스트레이터의 모든 구성 요소를 저장할 수 있는 벡터 형식의 일러스트레이터 원본 파일입니다.

• **Illustrator EPS (eps):** 인쇄에 많이 사용하며 벡터 그래픽과 비트맵 그래픽을 모두 포함할 수 있는 포스트스크립트 언어 기반의 파일입니다.

• **Illustrator Template (ait):** 일러스트레이터에서 사용하는 템플릿 저장용 형식입니다.

• **Adobe PDF (pdf):** 전자책, 인쇄 등에 많이 사용되며, 운영체제 및 프로그램이 다른 환경에서도 동일한 결과물로 볼 수 있는 파일입니다.

• **SVG Compressed (svgz):** svg 파일을 압축하여 저장합니다.

• **SVG (svg):** 벡터 그래픽을 일러스트레이터 프로그램뿐만 아니라 문서 편집 프로그램에서도 사용할 수 있도록 XML 기반의 웹 그래픽을 만드는 벡터 파일 형식입니다.

Save As 창에서 파일 이름과 저장 경로, 파일 형식 등을 선택한 뒤 **[저장]** 버튼을 클릭하면 옵션을 선택할 수 있는 다음 단계로 넘어갑니다. 파일 형식을 변경하지 않았다면 기본값으로 일러스트레이터의 원본 형식인 ai 파일로 저장됩니다.

일러스트레이터 저장 옵션 파일 이름과 형식을 설정한 후 **[저장]** 버튼을 클릭하면 해당 파일의 저장 옵션을 설정할 수 있는 창이 열립니다. 선택한 파일 형식에 따라 차이가 있지만 여기서는 일러스트레이터의 모든 구성 요소를 저장할 수 있는 ai 파일의 주요 저장 옵션을 살펴보겠습니다.

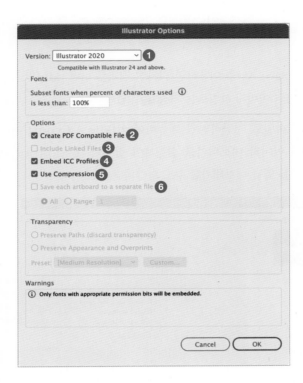

❶ **Version(버전):** 일러스트레이터 파일의 호환성을 높이기 위해 일러스트레이터의 이전 버전으로 저장할 수 있습니다. 일러스트레이터는 기본적으로 하위 버전에서 상위 버전의 파일을 불러올 수 없습니다. 외부로 파일을 전달한다면 외부에서 사용하는 일러스트레이터 버전으로 저장해야 파일 손실을 막을 수 있습니다.

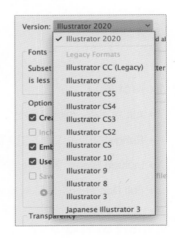

❷ **Create PDF Compatible File(PDF 호환 파일 만들기):** 문서의 PDF 출력을 일러스트레이터 파일에 저장합니다. 일러스트레이터 파일이 다른 어도비 응용 프로그램과 호환되도록 하려면 이 옵션을 선택합니다.

❸ **Include Linked Files(연결 파일 포함):** 아트워크에 연결되는 파일을 포함합니다.

❹ **Embed ICC Profiles(ICC 프로파일 포함):** 색상 관리 문서를 만듭니다.

❺ **Use Compression(압축 사용):** 일러스트레이터 파일에서 PDF 데이터를 압축합니다.

❻ **Save each artboard to a separate file(각 아트보드를 별도의 파일로 저장):** 문서 내 아트보드별 파일로 저장합니다. 아트보드가 모두 포함된 별도의 마스터 파일도 만들어집니다.

Ai 이미지 파일로 저장하기

앞에서 살펴본 일러스트레이터 기본 저장 기능(Save, Save As)을 이용하면 디자인 결과를 ai나 pdf 파일 등으로만 저장할 수 있고, 흔히 사용하는 jpg나 png 등의 이미지 파일로는 저장할 수 없습니다.

디자인 결과를 jpg나 png와 같은 고해상도 이미지 파일로 저장하려면 메뉴바에서 [File – Export – Export for Screens]([Ctrl]+[Alt]+[E])를 선택해서 이미지 내보내기를 실행해야 합니다. Export for Screens 창이 열리면 설정에 따라 여러 개의 아트보드를 일괄 내보내기할 수도 있습니다.

Select 영역

- **All:** 현재 문서에 있는 아트보드를 모두 선택합니다.
- **Range:** 일부 아트보드만 내보낼 수 있습니다.
- **Include Bleed:** 흔히 칼선이라고 하는 도련을 포함합니다.
- **Full Document:** 모든 아트보드를 하나의 아트보드로 내보냅니다.

Export to 영역

- **Location:** 내보낸 파일의 저장 위치를 지정합니다.
- **Open Location after Export:** 체크하면 내보내기 후 저장 위치의 폴더가 열립니다.
- **Create Sub-folders:** 체크하면 크기나 포맷에 따라 접두어를 붙여 하위 폴더를 생성합니다.

Export PDFs as 영역

- pdf 파일로 내보낼 때 선택할 수 있는 옵션입니다. 아트보드별로 pdf 파일을 생성할지(Multiple Files) 하나의 pdf 파일에 생성할지(Single File) 결정합니다.

Formats 영역

- **Scale:** 내보내기 크기를 지정합니다. **1x**는 원본 비율의 크기입니다. **Scale** 옵션에서 **Resolution**을 선택한 후 **300 ppi**로 설정하면 고해상도로 저장할 수 있습니다.
- **Suffix:** 출력되는 파일 끝부분에 접미어를 생성합니다.
- **Format:** png, svg, jpg, pdf 등 내보낼 포맷을 정합니다.
- **Add Scale:** 버튼을 클릭하면 다른 배율이나 포맷을 추가하여 한 번에 저장할 수 있습니다.

- **iOS/Android:** 일반적인 iOS/Android 프로젝트에 필요한 사전 설정 파일 출력 유형을 추가합니다.
- **Advanced Settings:** 파일 형식별 세부 설정을 조절합니다.

위와 같은 옵션을 이용해 파일 형식과 배율을 설정하고 **[Export Artboard]** 버튼을 클릭하면 이미지 파일로 저장할 수 있습니다.

우디 특강 | **오브젝트 크기에 맞춰 내보내기**

일러스트레이터에서 이미지 파일로 저장하면 기본적으로 아트보드 크기에 맞춰 저장됩니다. 만약 오브젝트를 여백 없이 딱 맞는 크기로 저장하려면 아트보드 크기를 오브젝트에 맞춰 조정한 후 내보내기를 실행합니다.

`Link` 아트보드 크기 조정 방법은 66쪽을 참고합니다.

▲ 아트보드 크기 변경 전   ▲ 아트보드 크기 변경 후

아트보드 자유자재로 다루기

일러스트레이터에서 새 문서를 시작하면 기본으로 흰색 아트보드 1개가 표시됩니다. 일러스트레이터에서 도화지 역할을 하는 것이 바로 아트보드(대지)입니다. 아트보드를 다루기 위한 몇 가지 방법부터 수월한 디자인을 위해 화면 확대/축소 방법까지 살펴보겠습니다.

Ai 일러스트레이터의 기본 도화지, 아트보드

일러스트레이터의 작업 영역인 아트보드를 다룰 때는 기본적으로 〈Artboard Tool〉(Shift+O)을 사용합니다. 툴바에서 〈Artboard Tool〉을 선택하면 아트보드 주변에 점선 테두리가 활성화되고, 툴바에서 〈Artboard Tool〉을 더블 클릭하면 Artboard Options 창이 열립니다.

아트보드 크기 변경 포토샵에서 Crop 기능으로 캔버스를 자르는 것처럼 일러스트레이터에서 아트보드를 자를 때는 〈Artboard Tool〉을 사용합니다. 아트보드 주위에 점선 테두리가 표시되면 아트보드 경계선을 자유롭게 드래그하여 크기를 키우거나 자를 수 있습니다.

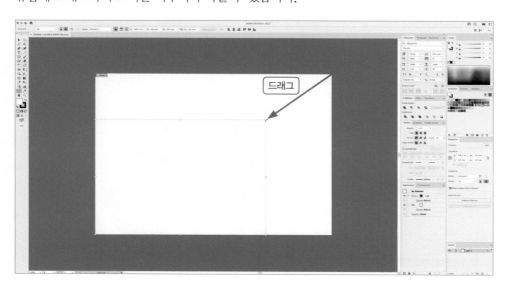

드래그

> **TIP** 〈Artboard Tool〉이 선택된 상태에서 아트보드 바깥쪽 빈 영역을 드래그하면 새 아트보드를 생성할 수 있습니다.

정확한 크기로 아트보드 변경 정확한 수치로 아트보드의 크기를 변경하려면 〈Artboard Tool〉로 변경할 아트보드를 클릭하여 활성화합니다. 그런 다음 툴바에서 〈Artboard Tool〉을 더블 클릭하여 Artboard Options 창을 열고 **Width**와 **Height** 옵션을 변경합니다.

아트보드에 가이드 라인 표시 Artboard Options 창에서 Display 영역에 있는 각 옵션을 체크하면 중심(Show Center Mark), 십자선(Show Cross Hairs), 비디오 적합 영역(Show Video Safe Areas) 가이드 라인을 표시할 수 있습니다.

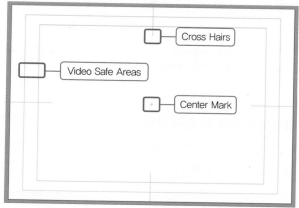

아트보드 추가 및 삭제 하나의 문서에 여러 개의 아트보드를 추가하거나 삭제할 수 있습니다. 〈Artboard Tool〉을 선택하고 작업 창에서 드래그하면 새 아트보드를 추가할 수 있고, 아트보드를 선택한 후 Delete 를 누르면 삭제할 수 있습니다.

기존 아트보드와 같은 크기로 새 아트보드를 만들고 싶다면 기존 아트보드를 선택해서 복사하고(Ctrl + C), 붙여 넣으면 됩니다(Ctrl + V). 단, 아트보드를 복사한 후 붙여 넣으면 기존 아트보드에 있던 오브젝트들도 함께 복사됩니다.

▲ Ctrl+C 후 Ctrl+V로 추가한 아트보드

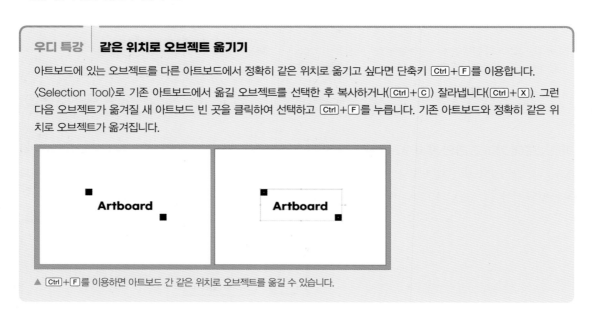

우디 특강 | **같은 위치로 오브젝트 옮기기**

아트보드에 있는 오브젝트를 다른 아트보드에서 정확히 같은 위치로 옮기고 싶다면 단축키 Ctrl+F를 이용합니다.

〈Selection Tool〉로 기존 아트보드에서 옮길 오브젝트를 선택한 후 복사하거나(Ctrl+C) 잘라냅니다(Ctrl+X). 그런 다음 오브젝트가 옮겨질 새 아트보드 빈 곳을 클릭하여 선택하고 Ctrl+F를 누릅니다. 기존 아트보드와 정확히 같은 위치로 오브젝트가 옮겨집니다.

▲ Ctrl+F를 이용하면 아트보드 간 같은 위치로 오브젝트를 옮길 수 있습니다.

아트보드 이름 및 순서 변경 〈Artboard Tool〉을 선택하면 각 아트보드의 왼쪽 위에 순서와 이름이 표시됩니다. 이러한 아트보드의 이름이나 순서를 변경하려면 [Artboards] 패널에서 변경할 아트보드의 이름 부분을 더블 클릭하여 이름을 변경하고, 원하는 위치로 드래그해서 아트보드 순서를 변경할 수 있습니다.

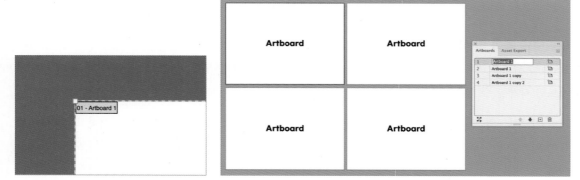

▲ 각 아트보드의 오른쪽 위에 순서(01)와 이름(Artboard 1)이 표시됩니다.

Ai 다양한 화면 확대/축소 방법

일러스트레이터에서 전체를 살펴보려면 화면 배율을 축소하고, 세밀한 부분은 화면 배율을 확대해야 작업하기 편합니다. 작업 중 화면 확대/축소는 수시로 이뤄지므로, 단축키 등을 사용해 빠르게 실행할 수 있어야 합니다. 화면을 확대/축소할 때 현재 배율은 화면 왼쪽 아래 상태 표시줄 또는 아트보드의 제목 탭에서 확인할 수 있습니다.

▲ 상태 표시줄

▲ 제목 표시줄(제목 탭)

단축키로 확대/축소하기 가장 무난하며, 빠르게 화면을 확대/축소할 수 있는 방법이 단축키 활용입니다. 아트보드의 중앙을 기준으로 화면이 확대/축소됩니다. 아래 단축키를 누를 때마다 일정한 배율로 화면이 확대/축소됩니다.

- **화면 확대:** `Ctrl`+`+`
- **화면 축소:** `Ctrl`+`-`

▲ 100%

▲ 300%

화면에 맞추거나 실제 크기로 보기 화면을 일정 배율로 확대/축소하는 기능 못지않게 자주 사용하는 화면 관련 단축키 두 가지가 있습니다. 아트보드를 화면 크기에 딱 맞게 맞추는 기능과 실제 크기로 보는 기능입니다. 다음과 같은 단축키를 이용하면 가장 빠르며, 상단의 [View] 메뉴에서도 확인할 수 있습니다.

- **아트보드를 화면 크기에 맞추기:** Ctrl+O 또는 [View – Fit Artboard in Window] 메뉴
- **실제 크기로 맞추기:** Ctrl+1 또는 [View – Actual Size] 메뉴

> **TIP** [View]의 하위 메뉴 중 아트보드(대지) 밖에 있는 오브젝트를 일시적으로 가리고 싶을 때 사용하는 [View – Trim View] 기능도 알아 놓으면 편리합니다.

▲ Trim View를 활성화했을 때

Zoom Tool 툴바에서 〈Zoom Tool〉 Z 🔍 을 선택한 후 아트보드를 클릭하면 클릭한 곳을 중심으로 확대되고, Alt 를 누른 채 아트보드를 클릭하면 클릭한 곳을 중심으로 축소됩니다. 또한 아트보드를 클릭한 채 좌우로 드래그해도 화면 배율을 확대/축소할 수 있습니다.

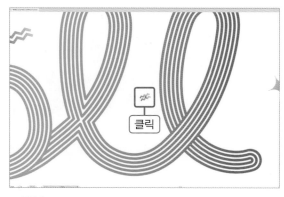 

▲ 600%   ▲ 200%

TIP Animated Zoom은 화면을 확대/축소할 때 애니메이션처럼 부드럽게 동작하는 기능입니다. 메뉴바에서 [Edit – Preferences – Performance]를 선택한 후 [Animated Zoom] 옵션을 보면 기본값으로 체크되어 있습니다. 체크를 해제한 후 〈Zoom Tool〉로 화면에서 드래그하면 영역이 표시되고, 영역에 따라 화면 배율이 확대/축소됩니다.

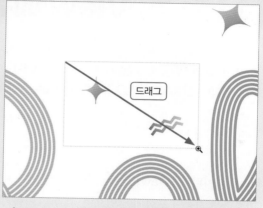

▲ Preferences 창의 [Performance] 메뉴　　　　　　▲ [Animated Zoom] 옵션 체크 해제 후 확대할 영역 드래그

일시적으로 확대/축소 기능 사용하기
다른 툴을 쓰다가 일시적으로 〈Zoom Tool〉의 확대 기능을 쓰려면 Ctrl + Space Bar 를, 축소 기능을 사용하려면 Ctrl + Alt + Space Bar 를 누릅니다. 그런 다음 사용 방법은 〈Zoom Tool〉과 동일합니다.

TIP macOS 사용자라면 Command + Space Bar 를 눌렀을 때 [스포트라이트] 기능이 실행될 수 있습니다. 이럴 때는 [시스템 설정 – 키보드]를 실행한 후 [키보드 단축키]에서 [Spotlight]를 선택하고, 단축키를 해제하거나 다른 키로 대체하면 됩니다.

마우스 스크롤 활용하기
Alt 를 누른 채 마우스 스크롤을 이용하면 마우스 커서를 중심으로 화면을 확대/축소할 수 있습니다.

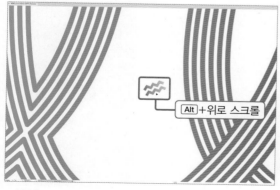

▲ 1200%　　　　　　　　　　　　　　　　　　▲ 50%

화면을 자유자재로 조절하는 View 메뉴

일러스트레이터 상단 메뉴바에서 [View]를 선택하면 보기와 관련된 다양한 설정이 있으며, 보기 설정에 따라 디자인 작업이 편리해질 수 있습니다. [View] 메뉴 중에서 특히 자주 사용하는 유용한 기능 몇 가지를 살펴보겠습니다.

일러스트레이터의 **[View]** 메뉴는 작업 화면이나 디자인 결과물의 보는 방법을 변경하는 기능이 포함되어 있으며, 대부분 단축키가 할당되어 있습니다. 여기서 소개하는 기능 중 단축키가 있는 것은 가급적 단축키를 외워서 사용하는 것이 좋습니다.

- **Outline(Ctrl+Y, 윤곽선):** 아트보드에 있는 모든 오브젝트의 윤곽선만 표시합니다. 디테일한 패스 작업을 하거나 다른 오브젝트에 가려진 오브젝트를 선택할 때 자주 사용합니다.

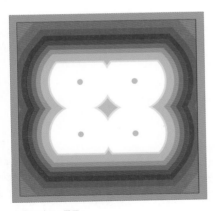

▲ Preview 모드

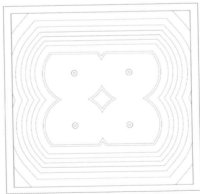

▲ Outline 모드

TIP 아트보드의 제목 탭을 보면 현재 Preview 모드인지, 윤곽선만 나타내는 Outline 모드인지 확인할 수 있습니다.

× 올림픽심볼.ai* @ 33.33 % (RGB/Outline)

▲ [View] 메뉴의 다양한 하위 메뉴

- **Trim View(트림 보기):** [Trim View]에 체크하여 활성화하면 아트보드 영역 밖으로 나간 오브젝트는 자동으로 가려집니다. 디자인 결과물을 인쇄할 때는 아트보드 영역의 오브젝트만 인쇄되므로 일시적으로 실제 인쇄될 모습을 확인할 때 유용합니다.

▲ Trim View 비활성화

▲ Trim View 활성화

TIP Trim View(트림 보기) 기능은 일러스트레이터 2019 버전부터 추가된 기능입니다.

- **Presentation Mode(프레젠테이션 모드):** 디자인 결과물을 프레젠테이션할 때 [Presentation Mode]에 체크해서 활성화하면 전체 화면으로 아트보드를 확인할 수 있습니다. 작업 중인 아트보드가 여러 장이라면 방향키 또는 클릭으로 다음 아트보드를 확인할 수 있으며, Esc를 눌러 종료합니다.

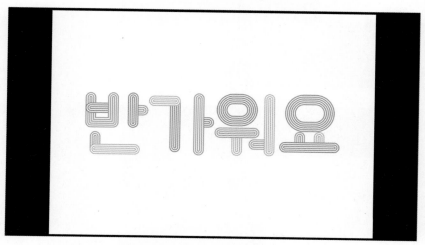

▲ Presentation Mode 활성화 상태

- **Screen Mode(F), 화면 모드):** F를 누를 때마다 일러스트레이터 화면 구성이 간소화됩니다.

F

F

• **Fit Artboard in Window(**Ctrl**+**O**, 윈도우에 대지 맞추기):** 아트보드를 현재의 창 크기에 맞춥니다

• **Hide/Show Bounding Box(**Ctrl**+**Shift**+**B**, 테두리 상자 숨기기/표시):** 오브젝트를 선택하면 표시되는 테두리 상자(Bounding Box)를 가리거나 표시합니다. 기본적으로 테두리 상자를 표시하고 작업하기를 추천합니다.

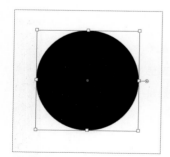

▲ Show Bounding Box

▲ Hide Bounding Box

- **Show/Hide Transparency Grid(Ctrl+Shift+D, 투명 격자 표시/숨기기):** 색상이 없는 투명한 영역을 격자 무늬로 표시하거나 숨깁니다.

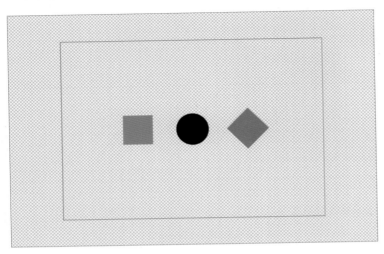

▲ Show Transparency Grid

- **Actual Size(Ctrl+1, 실제 크기):** 보기 배율이 100%로, 실제 오브젝트 크기로 표시됩니다. 일러스트레이터 CC 2019 버전부터 생긴 기능으로 인쇄를 하기 전 모니터를 통해 실제 크기를 가늠할 수 있습니다.

▲ 실제 출력한 결과를 Actual Size 화면에 겹치면 거의 정확하게 일치합니다.

- **Smart Guide(Ctrl+U, 특수 문자 안내선):** 오브젝트 또는 아트보드를 추가하거나 조작할 때 정렬, 크기 등을 쉽게 파악할 수 있도록 실시간으로 표시되는 보조 안내선의 표시 여부를 결정합니다. 흔히 스마트 가이드라고 표현하며, 오브젝트를 세밀하게 이동할 때는 불편할 수 있으므로, 단축키를 이용해 빠르게 활성화하거나 비활성화하면서 사용합니다.

- **Show/Hide Rulers([Ctrl]+[R], 눈금자 표시/숨기기):** 인쇄에 영향을 주지 않고, 오브젝트 배치 등을 하는 데 사용하는 가이드 라인을 만들려면 우선 눈금자를 표시해야 합니다. 메뉴바에서 **[View - Rulers - Show Rulers]**를 선택하면 작업 창의 왼쪽과 위에 눈금자가 나타나고, 눈금자에서부터 클릭한 채 원하는 위치로 드래그하면 가이드 라인을 추가할 수 있습니다.

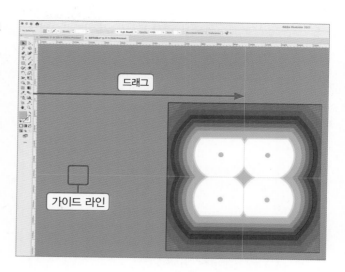

- **Hide/Show Guides([Ctrl]+[;], 안내선 숨기기/표시):** 가이드 라인을 추가한 후 메뉴바에서 **[View - Guides - Hide Guides]**를 선택하면 잠시 가릴 수 있고, **[Show Guides]**를 선택하면 다시 표시됩니다.

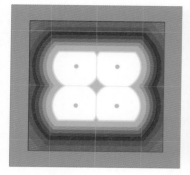

▲ Show Guides

▲ Hide Guides

TIP 전체 가이드 라인이 아닌, 특정 가이드 라인을 제거할 때는 〈Selection Tool〉(▶)을 이용해 삭제할 가이드 라인을 클릭해서 선택하고, [Delete]를 누르거나 작업 창 바깥으로 드래그합니다. 가이드 라인이 선택되지 않는다면 잠금 처리되어 있을 수 있으므로, [마우스 우클릭] 후 [Unlock Guides]를 선택한 후 다시 시도해 봅니다.

- **Show/Hide Grid(**Ctrl**+**'**, 격자 표시/숨기기):** 모눈종이 같은 그리드를 표시하거나 숨깁니다.

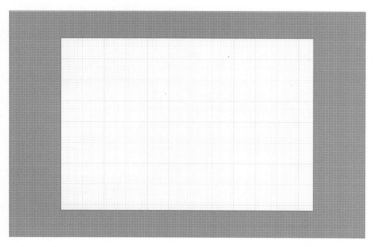

▲ Show Grid

- **Snap to Grid/Pixel/Point/Glyph(격자/픽셀/점/글리프에 물리기):** 오브젝트를 옮기거나 그릴 때 그리드/픽셀/포인트/글리프(문자)에 자석처럼 달라붙도록 설정하는 기능입니다. 특별한 경우가 아니라면 **[Snap to Point]**에만 체크하여 사용하는 것이 좋습니다.

TIP 픽셀 아트처럼 그리드 안에 딱 맞는 오브젝트를 만들고 싶다면 우선 그리드를 표시하고(Show Grid), [Snap to Grid]에 체크한 상태로 오브젝트를 그리면 편리합니다.

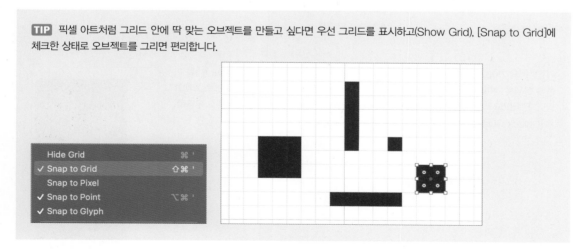

문자를 입력하는 두 가지 방법

가장 기본적인 문자 입력 방법은 툴바의 〈Type Tool(T)〉을 이용하는 것입니다. 이때 입력 방식에 따라 크게 두 가지로 나뉘며, 기능이 다르기 때문에 입력 방식을 명확하게 알아 두는 것이 좋습니다.

Ai 한 번 클릭해서 문자 입력하기

툴바에서 〈**Type Tool(T)**〉 T 을 선택한 후 문자 입력 위치를 클릭하면 곧바로 로렘 입숨(Lorem ipsum)이라고 하는 임시 채우기용 문자가 전체 선택된 상태로 입력됩니다. 그 상태에서 곧바로 원하는 내용을 입력하면 그에 따라 문자 상자가 자동으로 변경됩니다.

Lorem ipsum

▲ 임시로 입력된 로렘 입숨

원하는 내용을 모두 입력했다면 Ctrl + Enter 를 눌러 입력을 완료하고, 완성된 문자 상자에서 모퉁이 부분을 잡고 드래그하면 문자 상자와 함께 문자의 크기도 변경됩니다.

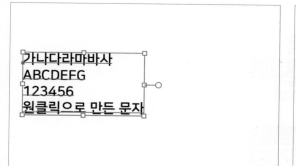

▲ 한 번 클릭해서 입력한 문자는 문자 상자 크기에 따라 문자의 크기도 변경됩니다.

Ai 드래그하여 문자 상자 만들기

나머지 방법은 〈Type Tool(T)〉을 선택한 후 원하는 크기로 드래그해서 문자 상자를 만들고, 그 안에 내용을 입력하는 방식입니다. 클릭했을 때와 마찬가지로 드래그해서 문자 상자를 만들면 해당 영역 가득 로렘 입숨 문자가 채워집니다.

Lorem ipsum dolor sit amet, consectetuer adipiscing elit, sed diam nonummy nibh euismod tincidunt ut laoreet dolore magna aliquam erat volutpat. Ut wisi enim ad minim veniam, quis nostrud exerci tation ullamcorp

▲ 드래그해서 만든 문자 상자에 자동으로 채워진 로렘 입숨

드래그하여 만든 문자 상자에서는 클릭으로 입력한 문자와 다르게 [Paragraph] 패널에서 문자 상자 양쪽에 가득 차도록 문자를 배치하는 양쪽 정렬 기능을 적용할 수 있습니다.

▲ 양쪽 정렬을 적용하면 문자 상자 내에서 좌우로 가득 채워집니다.

또한 문자 상자의 모퉁이를 드래그하여 크기를 조절해도 문자 크기에는 영향을 미치지 않습니다.

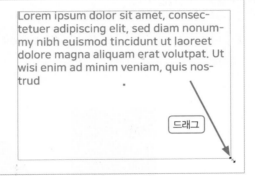

▲ 문자 상자의 크기만 조절되고 문자 크기는 유지됩니다.

정리하면 〈Type Tool(T)〉을 이용해 아트보드를 클릭했을 때와 드래그했을 때 문자 입력 방식에 차이가 있습니다. 그러므로 상황에 따라 적절한 문자 입력 방법을 선택해서 사용해야 합니다. 예를 들어 잡지나 신문에서 많이 보이는 단락 구성이라면 드래그하여 문자 상자를 먼저 만들고, 내용을 입력하는 것이 훨씬 유리합니다.

도형 오브젝트 자유롭게 다루기

툴바에서 〈Rectangle Tool〉이나 〈Ellipse Tool〉 등을 선택한 후 드래그하면 간단하게 도형 오브젝트를 그릴 수 있습니다. 여기에 더해 라이브 코너와 Offset Path 등의 기능을 활용하면 더욱 풍성한 형태의 도형을 완성할 수 있습니다.

Ai 도형 오브젝트 그린 후 선택해서 활용하기

일러스트레이터에서 기본적인 도형을 그릴 때 〈Rectangle Tool〉□을 사용합니다. 툴바에서 〈Rectangle Tool〉을 꾹 누르고 있으면 나타나는 하위 툴을 선택하고 드래그해서 사각형, 삼각형, 동그라미 등 다양한 형태의 도형을 그릴 수 있습니다. 이렇게 그린 오브젝트는 〈Selection Tool(V)〉▶을 이용해 선택한 후 원하는 위치로 옮기거나 복제하는 등 자유롭게 활용할 수 있습니다.

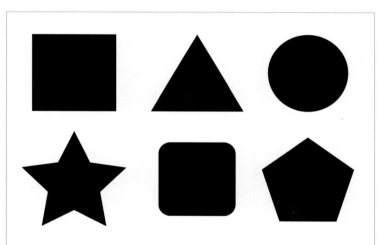

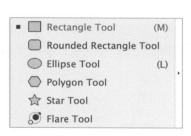

▲ 〈Rectangle Tool〉의 하위 툴과 기본 도형들

- **Offset(이동):** 패스 이동할 거리를 입력합니다. cm, mm, px 등 단위를 입력해서 지정할 수 있으며, − 값을 입력하면 기준 오브젝트보다 작은 오브젝트를 만들 수 있습니다.

- **Joins(연결):** 오브젝트 모퉁이가 연결될 모양을 정합니다.

▲ Miter   ▲ Round   ▲ Bevel

- **Miter limit(각의 한계):** 반달 모양처럼 끝 부분이 뾰족한 오브젝트라면 **Miter limit** 옵션 값을 높일수록 기준 오브젝트의 모양을 유지할 수 있습니다.

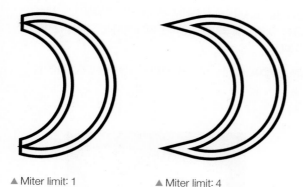

▲ Miter limit: 1   ▲ Miter limit: 4

> **TIP** Offset Path 창에서 옵션 값을 입력한 후 [Enter]를 누르면 적용될 형태를 미리 확인하지 못한 채 곧바로 Offset Path 기능이 실행됩니다. 그러므로 하나의 옵션 값을 설정한 후 [Tab]을 눌러 다음 옵션을 설정하고, 미리보기를 통해 최종 결과를 확인한 후 [Enter]를 누르거나 [OK] 버튼을 클릭하기를 추천합니다.

우디 특강 | 가로/세로 비율 유지

Offset Path 기능을 사용하여 정원이나 정사각형 오브젝트를 패스 이동하면 원본 오브젝트에서 상하좌우 거리가 일정하며, 가로/세로 비율도 일치합니다. 하지만 직사각형이라면 이야기가 달라집니다.

▲ 일정한 간격을 가진 정원과 정사각형

직사각형에서 Offset Path 기능을 사용하면 원본과 새로 만들어진 오브젝트의 상하좌우 거리는 모두 동일하지만, 가로/세로 비율은 달라집니다. 그러므로 Offset Path 기능은 비율을 유지한 채 크기를 변경하는 것이 아니라, 일정한 간격만큼 떨어진 오브젝트를 만들 때 사용한다는 점을 기억해야 합니다.

만약 가로/세로 비율을 유지한 채 크기를 변경하려면 오브젝트를 제자리에 하나 더 복제하고 [Alt]+[Shift]+드래그하면 됩니다.

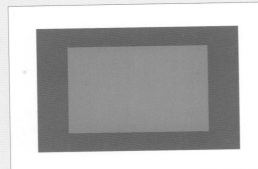 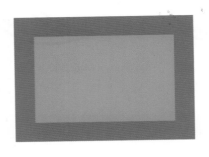

▲ 가로/세로 비율을 유지하며 확대하면   ▲ Offset Path 기능을 사용하면 가로/세로 비율은
　상하 간격과 좌우 간격이 다릅니다.　　　　　　달라지지만 상하좌우 간격이 동일합니다.

TIP 오브젝트를 복사([Ctrl]+[C]) 후 뒤쪽으로 붙여 넣기([Ctrl]+[B])를 실행하여 같은 위치에 복제할 수 있습니다. 이어서 〈Selection Tool(V)〉로 선택한 후 [Alt]+[Shift]를 누른 채 고정점을 드래그하면 비율을 유지한 채 크기를 변경할 수 있습니다.

LESSON 06

오브젝트 색상 변경하기

일러스트레이터에서 가장 기본적인 색상 변경은 단색으로 면(Fill)과 선(Stroke)을 채우는 방법입니다. 적용한 단색을 변경하는 방법부터 두 가지 이상의 색상을 조합하여 다채로운 색조를 만드는 그레이디언트까지 살펴보겠습니다.

Ai 면과 선 색을 변경하는 Fill & Stroke

일러스트레이터에서 색을 변경할 수 있는 영역은 면과 선이며, 각각 [Fill]과 [Stroke]에 해당합니다.

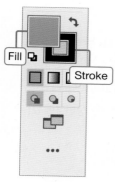

▲ 툴바

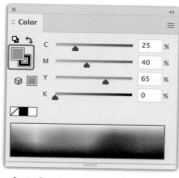

▲ [Color] 패널

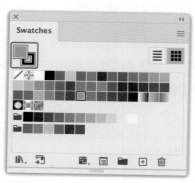

▲ [Swatches] 패널

현재 사용 중인 [Fill]과 [Stroke] 색상은 툴바나 [Color] 패널, [Swatches] 패널 등에서 확인할 수 있으며, 이 중 어느 곳에서든 색상을 확인하고 변경할 수 있습니다. 예를 들어 임의의 오브젝트를 선택하면 툴바나 색상 관련 패널에 해당 오브젝트에 사용 중인 색상이 표시되며, 면으로 표시된 아이콘이 [Fill], 테두리처럼 표시된 아이콘이 [Stroke]입니다. [Fill]과 [Stroke] 중 색상을 변경할 영역의 아이콘을 클릭하면 앞쪽으로 표시되면서 활성화 상태가 됩니다.

▲ [Fill] 활성화

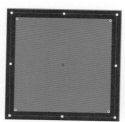

▲ [Stroke] 활성화

색상 변경 원하는 영역의 아이콘을 활성화한 후 원하는 색상을 지정하면 선택하고 있는 오브젝트의 해당 영역 색이 실시간으로 변경됩니다.

- **툴바에서 색상 변경하기**: [Fill] 또는 [Stroke] 아이콘을 더블 클릭하면 Color Picker 창이 열리며, 원하는 색을 직접 선택하거나 RGB, CMYK 등의 색상 값을 입력하여 적용합니다.

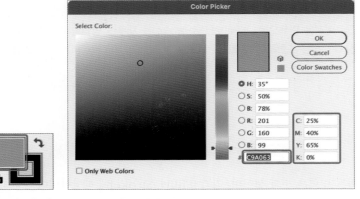

▲ 툴바에서 [Fill] 아이콘 더블 클릭 후 색상 변경하기

- **패널에서 색상 변경하기**: 색상을 변경할 수 있는 대표적인 패널은 [Color] 패널과 [Swatches] 패널입니다. 각 패널의 왼쪽 위에서 [Fill] 또는 [Stroke] 아이콘을 클릭해서 활성화한 후 색상을 변경합니다. [Color] 패널에서는 RGB/CMYK 값을 입력하거나 원하는 색상을 직접 선택하고, [Swatches] 패널에서는 사전 설정을 선택해서 변경합니다. [Color] 패널에서 색상 모드를 변경하려면 오른쪽 상단 [메뉴] 아이콘을 클릭한 후 [RGB]나 [CMYK]를 선택합니다.

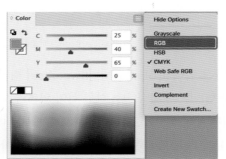
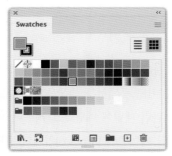

▲ CMYK 모드에서 [Color] 패널　　　　　　　　　　　　　▲ [Swatches] 패널

인쇄에 활용하기 위해 CMYK 모드로 작업 중이라면 아이콘을 더블 클릭할 때 나타나는 Color Picker 창보다는 [Color]
패널이나 [Swatches] 패널을 활용하는 것이 좋습니다. Color Picker 창은 RGB 모드의 색상까지 모두 포함하기 때문입니다.
정확한 색상 값을 모른다면 [Color] 패널의 스펙트럼에서 유사한 색을 클릭해서 선택한 후 CMYK 값을 세부적으로 조절하기를
추천하며, CMYK 값이 소수점이라면 반올림하여 사용하는 것이 좋습니다.

 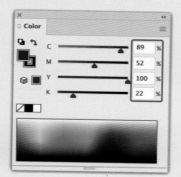

▲ 색상 값이 소수점이라면 정수로 맞추는 것이 좋습니다.

자주 사용하는 색상 견본 등록 자주 사용하는 색상이 있다면 [Swatches] 패널에 견본을 등록해서 빠
르게 적용할 수 있습니다. 등록 방법은 간단합니다. [Fill] 또는 [Stroke]에 원하는 색상을 적용한 후
[Swatches] 패널에서 [Fill] 또는 [Stroke] 아이콘을 색상 견본 목록으로 드래그하거나 [Swatches] 패널
에서 오른쪽 아래에 있는 + 모양의 [New Swatch] 아이콘을 클릭하면 됩니다.

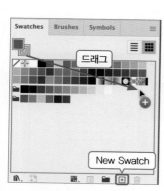 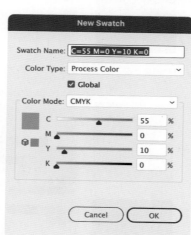

▲ 드래그하여 색상 목록 등록하기   ▲ [New Swatch]를 클릭한 후 색상 등록하기

[Swatches] 패널에서 [New Swatch] 아이콘을 클릭해서 색상 견본을 등록할 때 [Global] 옵션이 보입니다. 이 옵션에 체크하여 등록한 색상 견본은 오른쪽 모퉁이가 접힌 것처럼 표시되며, 이는 글로벌 색상이란 의미입니다. 이후 [Swatches] 패널에서 글로벌 색상을 더블 클릭해서 색상 값을 변경한다면 해당 글로벌 색상을 적용한 모든 오브젝트의 색상이 자동으로 변경됩니다.

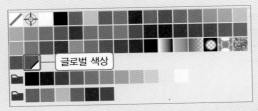
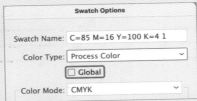

여러 개의 오브젝트에 동일한 글로벌 색상을 적용하고 [Swatches] 패널에서 해당 글로벌 색상 값을 변경하면, 변경한 글로벌 색상이 적용된 모든 오브젝트의 색상이 일괄 변경됩니다.

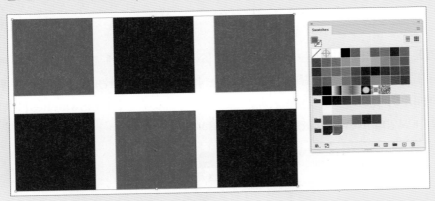

▲ 빨간색과 파란색 글로벌 색상 견본을 사용한 도형 오브젝트들

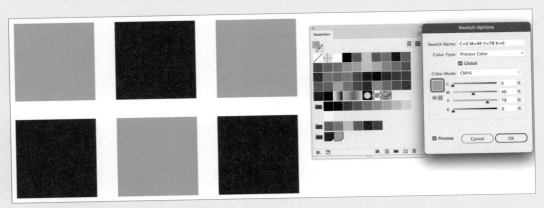

▲ 빨간색 글로벌 색상을 주황색으로 변경했을 때 오브젝트의 변화

Ai 기본 설정으로 그레이디언트 사용하기

오브젝트를 선택한 후 [Gradient]([Ctrl]+[F9]) 패널에서 왼쪽 위에 있는 섬네일을 클릭하면 현재 설정되어 있는 그레이디언트가 적용됩니다. [Gradient] 패널을 처음 사용한다면 기본값인 [흰색, 검은색] 그레이디언트가 설정되어 있으며, 사용한 적이 있다면 마지막으로 사용한 그레이디언트 색상이 설정되어 있습니다.

> **TIP** [Gradient] 패널에 그레이디언트 슬라이더만 보인다면 패널에서 오른쪽 위에 있는 [메뉴] 아이콘을 클릭한 후 [Show Options]를 선택해서 상세 옵션을 펼칩니다. 다른 패널에서도 마찬가지로 표시된 옵션이 책과 다르다면 [Show Options]를 기억하세요.

▲ [Gradient] 패널의 기본 설정인 [흰색, 검은색] 그레이디언트

그레이디언트 색상 변경 그레이디언트 색상을 변경하려면 섬네일에서 오른쪽에 있는 [펼침] 아이콘을 클릭한 후 선택할 수 있습니다.

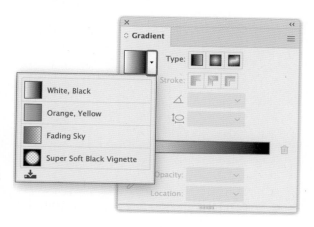

좀 더 자유롭게 색상을 변경하려면 [Gradient] 패널의 그레이디언트 슬라이더에서 색상 정지점 하나를 클릭해서 선택하고 [Color] 패널에서 원하는 색상을 지정합니다.

만약 그레이디언트를 처음 사용한다면 정지점을 선택했을 때 [Color] 패널이 [Grayscale] 모드로 무채색만 표시됩니다. 이럴 때는 [Color] 패널에서 오른쪽 위에 있는 [메뉴] 아이콘을 클릭한 후 [RGB] 또는 [CMYK]를 선택해서 색상 모드를 변경하고 원하는 색상을 선택합니다.

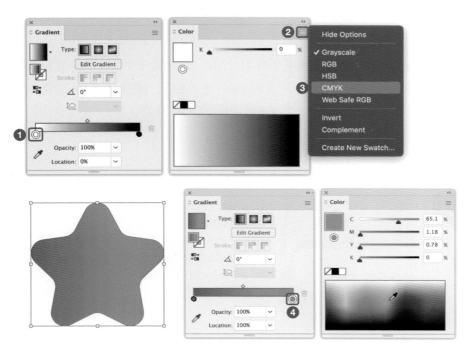

TIP 그레이디언트 슬라이더에 있는 색상 정지점을 더블 클릭해서 [Color] 패널을 열 수도 있습니다.

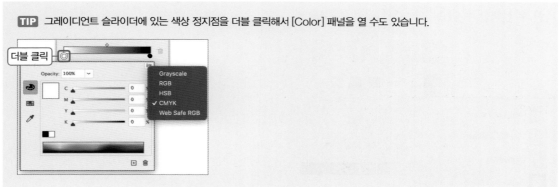

그레이디언트 유형 변경 색만 변경해서 사용했을 때 그레이디언트의 기본 유형은 **Linear**(선형)이며, [**Gradient**] 패널의 **Type** 옵션에서 아래와 같이 유형을 변경할 수 있습니다.

▲ 기본 설정인 Linear(선형)

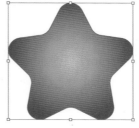

▲ Radial(방사형)

▲ Freeform(자유형) 유형의 [Points] 모드　　　　　　　▲ Freeform(자유형) 유형의 [Lines] 모드

Freeform 유형은 다른 유형과 달리 [**Stroke**]에는 적용할 수 없고, [**Fill**]에만 적용할 수 있습니다. 또한 **Freeform** 유형을 선택하면 Draw 옵션이 활성화되어 오브젝트에 색상 정지점을 독립적으로 만드는 **Points** 모드와 선분 위에 색상 정지점을 만드는 **Lines** 모드 중 선택할 수 있습니다.

Ai 세부 옵션으로 그레이디언트 설정 변경하기

앞서 소개한 그레이디언트 색상 및 유형 설정 이외에도 [Gradient] 패널의 각 옵션을 자세히 알면 좀 더 정밀하게 그레이디언트를 사용할 수 있습니다.

우선 그레이디언트로 표현되는 색상을 추가하려면 그레이디언트를 적용한 후 그레이디언트 슬라이더에서 색상 정지점을 추가하고 색상 정지점을 선택한 후 색상뿐만 아니라 불투명도나 위치 등을 변경하여 세부적으로 그레이디언트를 설정할 수 있습니다.

▲ [Gradient] 패널의 각 옵션

❶ **섬네일:** 현재 설정된 그레이디언트 설정을 확인할 수 있고, 클릭하면 선택 중인 오브젝트에 해당 그레이디언트가 적용됩니다.

❷ **Type(유형 변경):** 그레이디언트 유형을 선택합니다.

❸ **Edit Gradient(그레이디언트 편집):** 이 버튼은 [Fill] 영역에서만 활성화되며, 클릭하면 다음과 같이 아트보드에서 직접 정지점을 드래그하여 그레이디언트 설정을 변경할 수 있습니다.

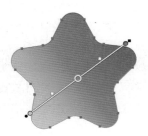

▲ 드래그하여 방향 설정

▲ 색상 정지점 옮기기

TIP 그레이디언트가 적용된 오브젝트를 선택한 후 툴바에서 〈Gradient Tool〉을 선택해도 그레이디언트 편집 상태가 됩니다.

❹ **Fill(면), Stroke(선):** 각 아이콘에서 현재 오브젝트에 적용된 색상을 확인할 수 있으며, 클릭해서 그레이디언트가 적용될 영역을 활성화합니다.

❺ **Reverse Gradient(그레이디언트 반전):** 현재 설정된 그레이디언트 색상의 좌우가 바뀝니다.

❻ **Stroke(선 유형):** [Stroke]에 그레이디언트가 적용됐을 때 활성화되며, 선에 적용되는 그레이디언트 형태를 결정합니다.

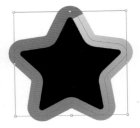

▲ Within Stroke   ▲ Along Stroke   ▲ Across Stroke

❼ **Angle(각도):** 그레이디언트가 적용되는 각도를 변경합니다.

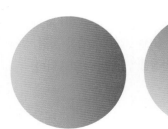

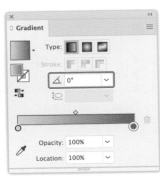

▲ 왼쪽부터 0°, 45°, 90°

❽ **Aspect Ratio(종횡비):** Radial 유형에서 그레이디언트가 적용되는 비율을 변경합니다.

▲ 왼쪽부터 100%, 50%, 10%

❾ **그레이디언트 슬라이더:** 그레이디언트의 설정 상태를 확인하고, 색상 정지점 및 중간점 위치, 색상 등을 변경할 수 있습니다.

- **색상 정지점:** 원하는 위치를 클릭해서 정지점을 추가할 수 있으며, 정지점을 클릭해서 색상, 위치 등을 변경합니다.

- **중간점:** 양쪽에 있는 색상 정지점의 색상 변경 지점을 조절합니다.

- **정지점 삭제:** 선택 중인 색상 정지점을 삭제합니다. 정지점을 클릭한 채 그레이디언트 슬라이더 바깥쪽으로 드래그해도 삭제할 수 있습니다.

❿ **색상 피커:** 아트보드에서 클릭한 지점의 색상을 추출하여 현재 선택 중인 정지점에 적용됩니다.

⓫ **Opacity(불투명도) & Location(위치):** 값을 입력해서 선택 중인 정지점의 불투명도와 위치를 변경합니다.

오브젝트 변형 전 알아야 할 확장과 크기 옵션

디자인 작업 중 오브젝트의 세부 속성을 분리하거나 크기를 변경하는 작업은 빈번하게 발생합니다. 그러다 보니 오브젝트를 확장하는 Expand 기능은 필수입니다. 또한 오브젝트의 크기 변경 중 의도치 않게 선이 굵어지거나 적용한 효과의 변화가 발생해도 당황하지 않도록 Scale Strokes & Effects 옵션에 대해 제대로 알아야 합니다.

Ai 오브젝트 확장을 위한 Expand와 Expand Appearance

하나의 오브젝트에서 요소별로 오브젝트를 확장(분리)할 때 Expand 기능을 사용합니다. 하지만 간혹 해당 메뉴가 비활성화되어 있을 때가 있습니다. 이 경우 대체로 선택한 오브젝트에 어떤 효과가 적용되어 있을 확률이 높습니다. 이럴 때 Expand Appearance 기능을 사용합니다.

오브젝트를 요소별로 확장하는 Expand 오브젝트를 선택한 후 메뉴바에서 [Object - Expand]를 선택하면 Expand 창이 열리고 여기서 오브젝트를 구성하는 요소를 별도의 오브젝트로 확장(분리)할 수 있습니다. 대표적으로 아래와 같이 단색 면(Fill)과 선(Stroke)으로 구성된 도형을 확장하면 면과 선(테두리)이 별도의 오브젝트로 확장됩니다.

▲ 확장 전 하나의 오브젝트　▲ 확장 후 면(Fill)과 선(Stroke), 2개의 오브젝트로 분리됨

- **Object:** 라이브 페인트, 블렌드, 둘러싸기, 심볼 세트 및 플레어를 포함한 복잡한 오브젝트일 때 활성화됩니다.
- **Fill:** 면(Fill)을 확장합니다.
- **Stroke:** 선(Stroke)을 확장합니다.

▲ Expand 창의 옵션

- **Gradient Mesh:** 그레이디언트를 단일 망 오브젝트로 확장합니다.

- **Specify:** 그레이디언트 색상 정지점 사이의 색상 값에 대한 허용치를 설정합니다. 이 값을 높게 설정할수록 매끄러운 색상 변환을 유지할 수 있고, 낮게 설정할수록 띠 모양이 만들어집니다.

▲ 위에서부터 원본, Specify: 10, Specify: 50

이와 같은 Expand 기능으로 특정 요소나 속성을 개별적으로 확장한 후 변형할 수 있습니다. 특히 패턴이나 블렌드처럼 인쇄하기 어려운 속성이 적용되었다면 오브젝트를 확장하는 것이 좋습니다. 단, 오브젝트를 확장하면 기존 오브젝트의 속성을 잃게 됩니다. 예를 들어 확장 전 사각형은 면과 선 속성이 있지만, 확장 후에는 각 오브젝트가 면으로만 구성됩니다. **Link** 블렌드 기능은 340쪽에서 자세히 소개합니다.

효과가 적용된 오브젝트를 확장하는 Expand Appearance 왜곡(Distort), 구부리기(Warp) 등의 효과가 적용된 오브젝트에서는 곧바로 Expand 기능을 실행할 수 없습니다. 이럴 때는 메뉴바에서 [Object – Expand Appearance]를 선택해서 모양 확장을 먼저 실행한 후 이어서 [Object – Expand]를 선택합니다.

예를 들어 다음과 같이 선 속성만 있는 직선에 지그재그 효과([Effect – Distort & Transform – Zig Zag])를 적용하여 모양을 변형한 후 Ctrl+Y를 눌러 Outline(윤곽선) 모드를 실행해 보면 여전히 직선 상태입니다.

▲ 선(Stroke)에 지그재그 효과 적용

▲ Outline 모드에서는 동일하게 직선 상태

그러므로 오브젝트에 효과를 적용했다면 Outline 모드에서도 동일한 모양으로 표시되도록 Expand Appearance 기능을 먼저 실행해야 합니다. 여기서는 오른쪽 지그재그 선의 속성만 확장해 보겠습니다.

▲ Preview 모드에서 같은 모양으로 보이는 오브젝트

▲ Expand Appearance 적용 여부에 따른 Outline 모드의 상태

직선에 지그재그 효과를 적용한 후 Expand Appearance를 적용하여 보이는 모양대로 선을 변형했다면 그제서야 Expand를 적용할 수 있으며, 선 속성이 면 속성으로 변경됩니다.

▲ Expand Appearance 적용 후 선 상태

▲ Expand 적용 후 면(Fill)으로 확장된 상태

우디 특강 **Appearance 패널에서 확인하기**

오브젝트를 선택한 후 [Object — Expand] 메뉴가 비활성화 상태라면 가장 먼저 [Appearance] 패널(Shift+F6)을 확인해 봅니다. [Appearance] 패널에서 적용된 효과가 하나라도 보인다면 1차로 Expand Appearance 기능을 사용하여 모양을 확장하고, 2차로 Expand 기능을 사용하여 오브젝트를 확장합니다.

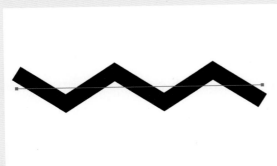
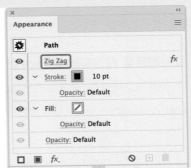
▲ [Appearance] 패널에서 적용된 효과(Zig Zag 효과)를 바로 확인할 수 있습니다.

Ai 크기 변경에 따른 상대적인 속성 변화, Scale Strokes & Effects

오브젝트에 선(Stroke) 속성을 적용한 후 오브젝트의 크기를 변경하면 선의 두께는 처음 적용한 값 그대로 유지됩니다. 그러다 보니 오브젝트 크기 변경에 따라 선의 두께가 상대적으로 얇아지거나 두꺼워 보일 수 있습니다.

▲ 같은 두께의 선이지만 오브젝트 크기에 따라 선의 굵기가 다르게 보입니다.

그러므로 오브젝트의 크기를 변경할 때는 선과 같은 속성의 값도 상대적으로 변하도록 설정하는 것이 효과적입니다. 오브젝트 크기에 따라 속성 값이 변경되도록 설정하려면 메뉴바에서 [Edit – Preferences — General]을 선택하여 'General' Preferences 창(Ctrl+K)을 열고 **Scale Strokes & Effects** 옵션에 체크한 후 [OK]를 클릭합니다.

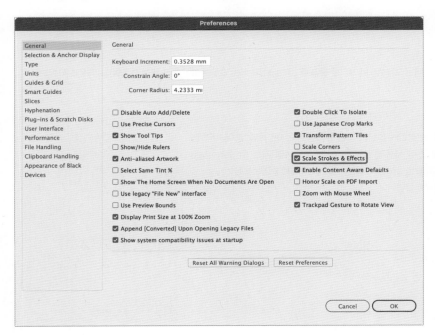

Scale Strokes & Effects 옵션에 체크하면 오브젝트 크기를 바꿀 때 선이나 효과 등의 속성 값도 상대적으로 조절됩니다.

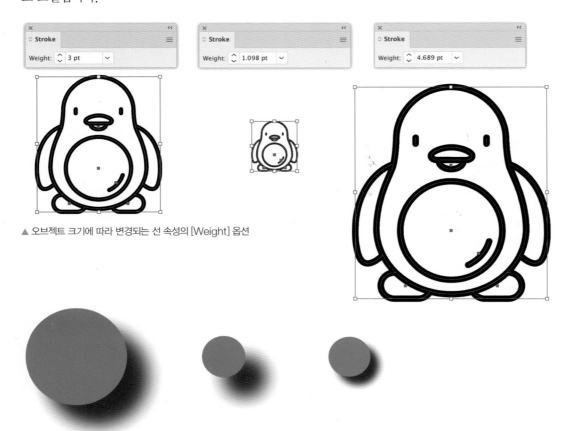

▲ 오브젝트 크기에 따라 변경되는 선 속성의 [Weight] 옵션

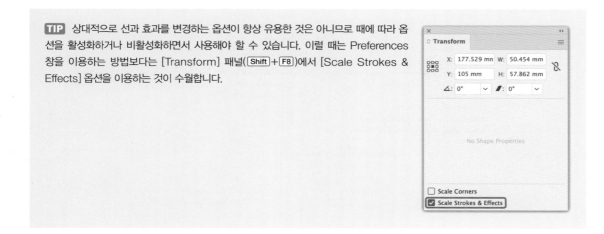

▲ Drop Shadow(그림자) 효과가 적용된 오브젝트의 크기를 줄일 때 [Scale Strokes & Effects] 옵션 체크 전(왼쪽)과 후(오른쪽) 오브젝트 크기 변경에 따른 효과 변화

TIP 상대적으로 선과 효과를 변경하는 옵션이 항상 유용한 것은 아니므로 때에 따라 옵션을 활성화하거나 비활성화하면서 사용해야 할 수 있습니다. 이럴 때는 Preferences 창을 이용하는 방법보다는 [Transform] 패널([Shift]+[F8])에서 [Scale Strokes & Effects] 옵션을 이용하는 것이 수월합니다.

LESSON 08

오브젝트를 빠르게 선택하는 레이어

디자인 중에 크고 작은 여러 오브젝트를 추가하고 배치하면서 오브젝트가 서로 겹치거나 가려서 보이지 않는 경우가 종종 발생합니다. 이럴 땐 가려진 오브젝트를 선택하는 등 오브젝트를 좀 더 편리하게 선택하고 변경하려면 레이어를 잘 활용해야 합니다.

Ai 레이어 기본 개념 파악하기

레이어 개념은 어렵게 생각할 것 없습니다. 아래의 그림처럼 아트보드에 여러 오브젝트가 겹쳐 있을 때 가려지지 않고 전체 모습이 보이는 오브젝트(빨간색)가 레이어 순서상 가장 위쪽에 있는 레이어입니다.

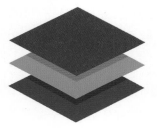

▲ 레이어 개념

다만 포토샵에 익숙한 사용자라면 레이어 사용 방법이 헷갈릴 수 있습니다. 포토샵과 달리 일러스트레이터는 기본적으로 하나의 레이어(상위 레이어)가 생성되고, 그 안에서 오브젝트별 하위 레이어로 구성되어 있으므로, 정확한 구성은 [Layers] 패널(F7)에서 확인해야 합니다.

Ai Layers 패널 구성 확인하기

[Layers] 패널(F7)을 열면 현재 아트보드에 있는 오브젝트 목록을 빠르게 확인할 수 있으며, 오브젝트의 나열 및 구성 등을 변경할 수 있습니다.

기본적으로 새 문서를 만들면 하나의 레이어가 생성되고, 아트보드에 추가한 오브젝트는 기본 레이어의 하위 레이어로 나열됩니다. 또한 필요에 따라 비어 있는 새 레이어를 추가하여 오브젝트 유형에 따라 다시 정돈할 수 있습니다.

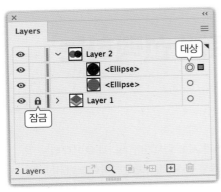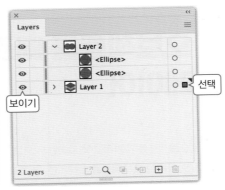

▲ [Layers] 패널의 상위 레이어(Layer 1, Layer 2)와 하위 레이어(〈Ellipse〉)

기본적으로 [Layers] 패널의 각 레이어에는 고유한 색상이 할당되어 있으며, 레이어 이름 왼쪽에 해당 색상이 표시됩니다. 이 색상은 아트보드에서 오브젝트를 선택했을 때 표시되는 테두리 상자 색상과 일치하므로, 어떤 상위 레이어에 속해 있는지 직관적으로 확인할 수 있습니다. 또한 [Layers] 패널에서 현재 레이어에 하위 레이어가 포함되어 있다면 레이어 섬네일 왼쪽에 있는 [펼침] 버튼을 클릭하여 하위 레이어 목록을 확인할 수 있습니다.

- **보이기:** 눈 모양의 [보이기] 아이콘 표시 여부로 레이어에 있는 오브젝트의 아트보드 표시 유무를 결정합니다. 아이콘을 클릭해서 비활성화해도 오브젝트를 지우는 게 아니고, 작업 중 잠시 가리는 행위로서 언제든 다시 클릭해서 보이게 할 수 있습니다.

- **잠금:** 자물쇠 모양의 [잠금] 아이콘이 표시되어 있다면 해당 레이어가 잠겨 있다는 의미입니다. 언제든 클릭해서 잠그거나 해제할 수 있으며, 잠긴 레이어에 담긴 모든 오브젝트는 아트보드에서 선택할 수 없게 됩니다.

- **대상:** 현재 아트보드에서 선택 중이며 편집 대상인 오브젝트를 구분합니다. 이중 고리로 표시된 것이 대상 레이어이며, 단일 고리 아이콘으로 나타나면 해당 항목은 적용 대상이 아닙니다. 상위 레이어가 대상일 경우 포함된 하위 레이어는 일괄 선택 대상이 됩니다. 이렇게 대상으로 활성화된 레이어는 [Appearance] 패널에서 속성을 편집할 수 있습니다.

- **선택:** 오브젝트의 선택 여부를 나타냅니다. 아트보드에서 오브젝트를 선택하면 해당 하위 레이어와 상위 레이어에 모두 색상이 표시되어 어떤 레이어에 포함된 하위 레이어인지 쉽게 확인할 수 있습니다.

레이어 색상 변경 레이어 구분을 위한 색상은 필요에 따라 자유롭게 변경할 수 있습니다. [Layers] 패널에서 색상을 변경하고 싶은 레이어(상위 레이어)의 섬네일을 더블 클릭하면 Layer Options 창이 열리고, 여기서 **Color** 옵션을 변경하면 됩니다.

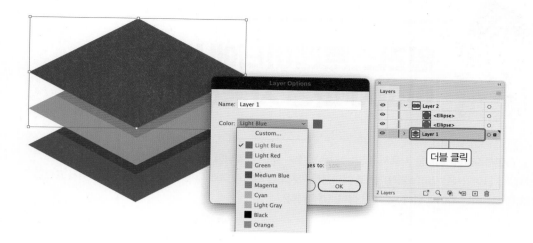

우디 특강 | **편리한 레이어 활용을 위한 단축키**

일러스트레이터에서는 모든 오브젝트가 개별 레이어로 생성되므로 포토샵처럼 [Layers] 패널을 자주 사용하진 않습니다. 그러므로 다음과 같이 자주 사용하는 레이어 관련 단축키를 알고 있으면 굳이 [Layers] 패널을 확인하지 않고도 빠르게 작업할 수 있습니다.

- Ctrl+], Ctrl+[: 선택한 오브젝트의 레이어 순서를 한 단계씩 위/아래로 옮깁니다
- Ctrl+Shift+[, Ctrl+Shift+]: 선택한 오브젝트의 레이어 순서를 맨 위/아래로 옮깁니다.
- Ctrl+2, Ctrl+Alt+2: 선택한 오브젝트를 잠그거나 잠금 해제합니다.
- Ctrl+G: 선택한 오브젝트를 그룹으로 만듭니다.
- Ctrl+Shift+G: 선택한 그룹을 그룹 해제합니다.
- Ctrl+3: 선택한 오브젝트 숨깁니다.
- Ctrl+Alt+3: 숨겼던 모든 오브젝트를 표시합니다.

일러스트레이터에서 이미지 파일 사용하기

디자인을 하면서 이미지 파일을 사용하지 않는 경우는 흔치 않을 것입니다. 일러스트레이터에서 디자인할 때도 마찬가지입니다. 여기서는 일러스트레이터로 이미지를 가져오는 방법과 그에 따른 속성을 알아보고, 이어서 포토샵 이미지를 활용하는 라이브 업데이트까지 살펴보겠습니다.

Ai Link와 Embed로 이미지 가져오기

일러스트레이터에서 이미지를 가져오는 방법은 크게 Link와 Embed, 두 가지 속성으로 그 차이를 명확하게 알고 사용해야 합니다. 우선 이미지를 가져오는 방법은 다음과 같습니다.

- 아트보드 위로 파일을 드래그합니다.
- 메뉴바에서 [File – Place]를 선택하고 Place 창에서 가져올 파일을 선택한 후 [Place] 버튼을 클릭합니다.

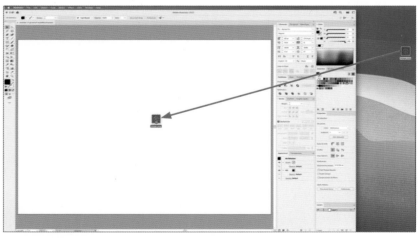

▲ 드래그&드롭

▲ [File – Place]

위 방법 중 메뉴바에서 [File – Place]를 선택하여 가져올 파일을 선택하고 [Place] 버튼을 클릭하는 방법은 다시 두 가지 방법으로 구분됩니다.

- [Place] 버튼을 클릭한 후 아트보드에서 빈 곳을 클릭하면 파일의 원본 크기로 배치됩니다.
- [Place] 버튼을 클릭한 후 아트보드에서 드래그하면 드래그한 크기로 이미지가 배치됩니다.

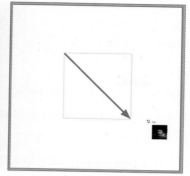

▲ 클릭하여 원본 크기로 가져오기   ▲ 드래그하여 영역을 지정하여 가져오기

Link와 Embed 구분하기

아트보드에 배치된 이미지가 Link 속성인지 Embed 속성인지 구별하는 가장 직관적인 방법은 이미지를 선택해 보는 것입니다. 이미지를 선택했을 때 아래에서 왼쪽처럼 표시되면 Link 속성, 오른쪽처럼 표시되면 Embed 속성입니다.

▲ Link 이미지   ▲ Embed 이미지

Link 속성 파악하기   기본적으로 일러스트레이터로 이미지를 가져오면 Link 속성이 적용됩니다. Link 속성의 이미지는 작업 파일 크기가 작고, 실시간 수정이 반영되는 라이브 업데이트 기능을 사용할 수 있다는 장점이 있습니다. 반면, 원본 이미지와 연결된 상태이므로 원본의 파일명이나 저장 위치(파일 경로) 등이 바뀌면 일러스트레이터에서 해당 이미지가 유실되고, 이후에 작업 파일을 다시 열면 다음과 같이 연결된 파일을 찾을 수 없다는 경고 창이 나타납니다. 여기서 [Replace]를 클릭해서 유실된 이미지를 대체하거나 [Ignore]를 클릭해서 이미지의 연결이 끊긴 채 파일을 열 수 있습니다.

▲ 연결된 파일 유실 경고 창

Embed 속성 파악하기 Link 속성과 달리 Embed 속성의 이미지는 파일명이나 저장 위치가 바뀌어도 전혀 문제없습니다. 가져온 이미지가 작업 중인 일러스트레이터 파일 내에 포함되기 때문입니다. 이미지를 포함하는 만큼 일러스트레이터 파일의 용량이 커지고, 원본 이미지를 변형했을 때 아트보드에 배치한 이미지에는 반영되지 않는 불편함은 있으나 파일 내에 이미지를 직접 포함하기 때문에 유실되지 않는다는 장점이 있습니다. 가져온 이미지는 기본적으로 Link 속성이 되므로 Embed 속성으로 사용하려면 다음 방법 중 한 가지를 이용합니다.

- 메뉴바에서 [File – Place]를 선택한 후 가져오기 창이 열리면 **Link** 옵션의 체크를 해제한 후 가져올 파일을 선택하고 [**Place**] 버튼을 클릭합니다.

- 아트보드에서 Link 속성의 이미지를 선택한 후 상단에 있는 [**Control**] 패널에서 [**Embed**] 버튼을 클릭합니다.

- 아트보드에서 Link 속성의 이미지를 선택한 후 [**Properties**] 패널에서 [**Embed**] 버튼을 클릭합니다.

- [Links] 패널을 열고 Embed 속성으로 변경할 항목을 선택합니다. 그런 다음 [메뉴] 아이콘을 클릭한 후 [Embed Image(s)]를 선택합니다.

Ai 라이브 업데이트 기능으로 이미지 활용하기

일러스트레이터와 포토샵처럼 같은 어도비 제품 간에는 작업한 결과물을 실시간으로 연동하는 라이브 업데이트 기능을 사용할 수 있습니다.

일러스트레이터, 포토샵 간 디자인 활용하기

일러스트레이터와 포토샵에서 작업한 결과물을 각각 포토샵과 일러스트레이터에서 불러와 사용할 수 있으며, 라이브 업데이트 기능으로 변동 내용이 실시간으로 반영됩니다.

일러스트레이터에서 포토샵 디자인 사용하기   포토샵에서 작업한 디자인을 일러스트레이터에서 사용하려면 우선 포토샵에서 작업한 디자인을 ❶ 기본 형식인 psd 파일로 ❷ 저장합니다. ❸ 그런 다음 저장한 psd 이미지 파일을 일러스트레이터 작업 창으로 드래그합니다.

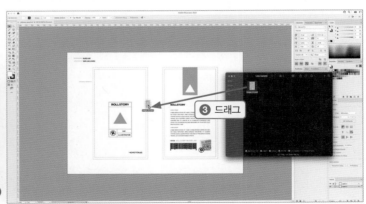

TIP jpg나 png와 같은 이미지 형식으로 저장한 파일도 드래그해서 일러스트레이터에서 열 수 있지만, 라이브 업데이트 기능을 원활하게 사용하려면 psd 파일을 사용하는 것이 좋습니다.

포토샵에서 일러스트레이터 디자인 사용하기 일러스트레이터에서 작업한 디자인을 포토샵에서 라이브 업데이트 기능으로 사용하는 방법은 좀 더 간단합니다. 일러스트레이터에서 원하는 오브젝트를 선택해서 복사하고(Ctrl+C), 포토샵에서 붙여 넣은(Ctrl+V) 후 Paste 창이 열리면 [Smart Object]를 선택하면 됩니다.

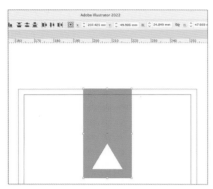  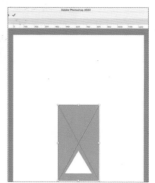

라이브 업데이트로 이미지 변경하기

위와 같은 방법으로 일러스트레이터와 포토샵 간 작업물을 가져왔다면 이제 실시간으로 연동되는 라이브 업데이트 기능으로 이미지를 수정할 수 있습니다.

일러스트레이터에서 psd 파일 수정하기 일러스트레이터로 가져온 psd 파일을 실시간으로 수정하려면 ❶ 가져온 결과물을 선택한 후 옵션바에서 [Edit In Photoshop] 버튼을 클릭합니다. ❷ 포토샵이 실행되면 디자인을 수정한 후 저장하고(Ctrl+S) ❸ 일러스트레이터로 돌아오면 업데이트 여부를 묻는 안내 창이 열리고, [Yes] 버튼을 클릭하면 포토샵에서 수정한 이미지가 일러스트레이터에도 반영됩니다.

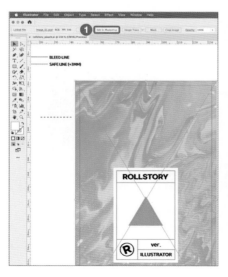 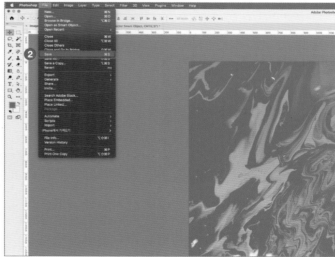

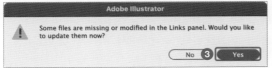

포토샵에서 Smart Object 수정하기

일러스트레이터의 오브젝트를 포토샵에서 Smart Object로 가져왔다면 포토샵의 [Layers] 패널에서 해당 Smart Object의 섬네일을 더블 클릭해서 일러스트레이터를 실행합니다. 오브젝트를 수정한 후 저장(Ctrl+S)하면 포토샵에서도 실시간으로 반영됩니다.

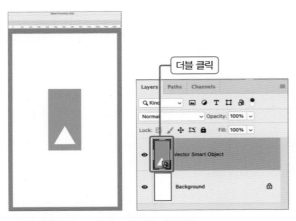

▲ 포토샵에서 Smart Object 섬네일 더블 클릭

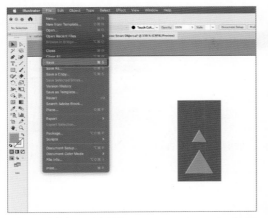

▲ 일러스트레이터 수정한 후 저장하면 포토샵에 실시간으로 반영됩니다.

디자인이 빨라지는 라이브러리와 단축키

아주 사소하게 느껴질 수 있지만 작은 차이가 디자인 작업의 효율성을 대폭 끌어올릴 수 있습니다. 여기서는 디자인 작업이 편리해지도록 라이브러리를 활용하고, 자주 사용하는 기능을 단축키로 등록해서 사용하는 방법을 소개합니다.

Ai 라이브러리 저장하고 불러오기

일러스트레이터에서는 색상, 패턴, 브러시, 심볼 등 다양한 라이브러리(Library)를 만들어 저장할 수 있습니다. 하지만 새 아트보드를 열면 저장된 라이브러리가 사라집니다. 라이브러리에 새로운 항목을 추가하는 방법부터 라이브러리를 파일로 저장해서 새 아트보드에서도 사용할 수 있는 방법까지 자세히 알아보겠습니다.

라이브러리에 항목 추가하기 자주 사용하는 색상, 패턴, 브러시, 심볼 등의 스타일을 라이브러리에 등록하면 이후 클릭 한 번으로 같은 스타일을 손쉽게 적용할 수 있습니다.

원하는 스타일을 라이브러리로 등록하려면 원하는 스타일이 적용된 오브젝트를 선택하고, 각 패널 하단에 있는 [+] 모양의 [New] 아이콘을 클릭하거나 해당 패널로 드래그합니다.

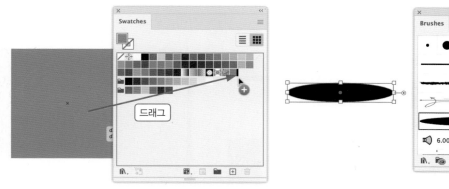

▲ 드래그해서 라이브러리 추가   ▲ [New] 아이콘을 클릭해서 라이브러리 추가

> **TIP** 자주 사용하는 스타일을 라이브러리로 등록해도 새 문서를 만들면 초기화됩니다. 마치 새로운 그림을 그릴 때 새 도화지와 정리된 새 팔레트를 사용하는 것처럼 말이죠. 그러므로 별도로 등록해서 사용하는 라이브러리 스타일이 있다면 이어서 소개하는 방법대로 별도의 파일로 저장해 놓고, 필요에 따라 불러와서 사용해야 합니다.

라이브러리 파일로 저장하기 새 문서를 시작했을 때 사용하던 라이브러리를 다시 활용하려면 라이브러리를 파일로 저장해 놓으면 됩니다. 해당 패널에서 오른쪽 위에 있는 [메뉴] 아이콘을 클릭한 후 [Save (패널명) Library]를 선택하면 해당 패널의 라이브러리가 담긴 ai 파일이 저장됩니다.

▲ 라이브러리 저장하기

▲ 저장한 라이브러리 파일

이때 다른 패널과 달리 [Swatches] 패널에서는 라이브러리를 두 가지 종류로 저장할 수 있습니다.

- **Save Swatch Library as ASE:** 다른 프로그램에서도 호환되는 ase 파일로 저장합니다.
- **Save Swatch Library as AI:** 일러스트레이터 전용인 ai 파일로 저장합니다.

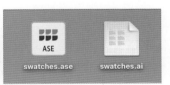

▲ [Swatches] 패널에서는 두 가지 종류로 라이브러리를 저장할 수 있습니다.

라이브러리 목록 불러오기 저장한 라이브러리 파일을 더블 클릭하거나 해당 패널의 [메뉴] 아이콘을 클릭한 후 [Open (패널명) Library]를 선택해서 저장한 라이브러리 파일을 불러올 수 있습니다.

> **TIP** 라이브러리로 저장한 스타일이 적용된 오브젝트를 선택해서 복사한 후 새 문서에 붙여 넣으면 새 문서에도 해당 라이브러리가 추가됩니다.

빠른 작업을 위한 정석은 단축키 활용입니다. 하지만 모든 기능에 단축키가 할당되어 있는 것은 아니므로 필요에 따라 기본 단축키 이외에 평소 자주 사용하는 기능이 있다면 단축키로 지정해서 사용할 줄 알아야 합니다.

단축키 변경/지정하기　일러스트레이터에 기본으로 설정된 단축키를 확인하거나 변경 및 신규로 지정하려면 메뉴바에서 [Edit – Keyboard Shortcuts](Ctrl + Alt + Shift + K)를 선택합니다.

Keyboard Shortcuts 창이 열리면 우선은 [Tools](도구)와 [Menu Commands](메뉴) 중 어떤 기능의 단축키를 확인하거나 변경할지 선택합니다. 이후 선택한 항목에 따라 목록이 표시되면 검색 기능 등을 이용해 단축키를 변경하거나 추가할 기능을 찾고, 해당 기능의 [Shortcut] 탭 위치를 클릭한 후 변경하거나 추가할 단축키를 눌러서 지정합니다.

예를 들어 〈Smooth Tool〉에 단축키를 지정하려면 ❶ Keyboard Shortcuts 창에서 [Tools]를 선택하고, ❷ 목록에서 [Smooth]를 찾은 후 ❸ [Shortcut] 탭 위치를 클릭하여 사용할 단축키를 누릅니다.

단축키 충돌 경고

중복 단축키 사용 경고　만약 새 단축키를 지정했을 때 이미 사용 중인 단축키라면 충돌 경고가 표시됩니다. 앞의 사례는 〈Smooth Tool〉의 단축키로 Shift + N을 지정했더니, 지정한 단축키가 기존에 사용 중인 단축키라는 충돌 경고가 표시된 상태입니다.

이 상태에서 [Go to Conflict] 버튼을 클릭하면 애초에 해당 단축키가 지정되어 있던 기능을 확인할 수 있으며, 기능을 확인한 후 변경한 상태를 유지한다면 [OK] 버튼을 클릭해서 마치고, 원래 지정된 기능을 유지하려면 [Undo] 버튼을 클릭한 후 새 단축키를 지정합니다.

사용자 정의 단축키 목록 저장 및 삭제하기 단축키 목록을 변경하거나 추가했다면 작업에 따라 적절한 단축키 설정을 활용할 수 있도록 사용자 정의 단축키 목록으로 저장해서 관리할 수 있습니다. ❶ Keyboard Shortcuts 창에서 **Set** 옵션 오른쪽에 있는 [**Save**] 아이콘을 클릭합니다. ❷ Save Keyset File 창이 열리면 원하는 이름을 지정하고 ❸ [**OK**] 버튼을 클릭합니다. ❹ **Set** 옵션 값을 클릭해서 목록을 보면 앞서 저장한 이름이 추가된 것을 확인할 수 있습니다.

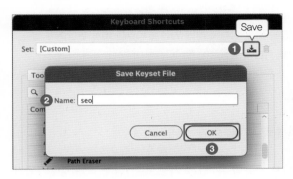
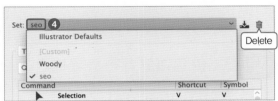

저장한 사용자 정의 단축키 목록을 삭제할 때는 **Set** 옵션에서 삭제할 단축키 목록을 선택하고, 오른쪽 끝에 있는 휴지통 모양의 [**Delete**] 아이콘을 클릭합니다.

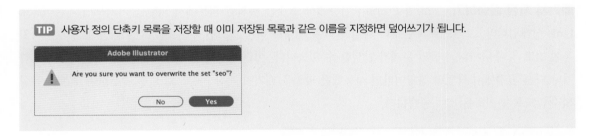

TIP 사용자 정의 단축키 목록을 저장할 때 이미 저장된 목록과 같은 이름을 지정하면 덮어쓰기가 됩니다.

단축키 목록 출력해서 활용하기 자주 사용하는 단축키지만 아직 외우지 못했거나, 단축키 목록을 보면서 작업하려면 텍스트 내보내기 기능을 이용합니다. Keyboard Shortcuts 창의 왼쪽 아래에 있는 [**Export Text**] 버튼을 클릭하면 현재 **Set** 옵션에서 선택한 단축키 목록을 txt 파일로 저장할 수 있습니다. 저장한 txt 파일을 열어 종이에 인쇄하고 옆에 놓고 사용할 수도 있습니다.

동영상 강의 디자이너가 많이 쓰는 추천 커스텀 단축키가 궁금하다면 다음 동영상 강의를 확인해 보세요.

패키지 저장과 인쇄용 파일로 작업 마무리하기

디자인 작업이 끝나면 이후 유지/관리를 위한 패키지 저장을 하고 상황에 따라 인쇄용 파일을 따로 만들어야 합니다. 특히 인쇄용 파일을 만들 때는 원본 파일은 유지한 채 사본을 활용해야 합니다.

Ai 디자인 결과를 온전하게 보관하는 패키지 저장

패키지(Package) 저장은 일러스트레이터 CS6 이상에서 사용할 수 있는 기능으로, 현재 작업 중인 PC가 아닌 다른 PC 등에서도 작업할 수 있도록 글꼴(중국어, 한국어, 일본어 제외)과 연결된 그래픽을 비롯하여 사용했던 파일을 일괄 수집할 수 있는 기능입니다.

패키지 저장 실행하기 Link와 Embed 기능에서 소개한 것처럼 외부에서 파일을 가져오면 기본적으로 Link 상태입니다. 그러므로 처음부터 파일 관리를 제대로 하지 않으면 추후 원본 데이터를 유실하여 파일 유실 경고 창이 나타나는 등의 문제가 발생할 수 있습니다. 이런 상황을 방지하기 위해 유지/관리가 필요하거나 다른 환경에서 작업할 상황이라면 사용했던 파일을 패키지 저장 기능으로 일괄 수집하여 원본이 유실되지 않도록 관리하는 것이 좋습니다.

▲ 링크된 이미지의 경로, 파일명 등이 변경되었을 때 나타나는 유실 경고 창

현재 작업을 패키지 저장하려면 ❶ 메뉴바에서 [File – Package](Ctrl+Alt+Shift+P)를 선택합니다. ❷ 가장 먼저 현재 문서를 저장해야 한다는 안내 창이 열리면 [Save] 버튼을 클릭합니다. ❸ Package 창이 열리면 패키지 파일을 저장할 위치(Location)와 패키지 파일들이 저장될 폴더 이름(Folder name)을 설정한 후 ❹ [Package] 버튼을 클릭합니다.

TIP 해당 문서를 한 번도 저장한 적이 없다면 [Package] 메뉴는 비활성화 상태로 표시됩니다.

Package 창 옵션 살펴보기 Package 창이 열렸을 때 특별한 경우가 아니라면 다음과 같은 옵션에 모두 체크한 채 저장하기를 추천합니다. 그럼 지정한 위치에 지정한 이름의 폴더가 생성되고, 그 안에 앞서 작업 중인 문서의 ai 파일을 포함하여 연결된 그래픽 등 사용했던 파일이 일괄 수집됩니다.

▲ 패키지 저장된 폴더 내 파일 목록

- **Location:** 패키지 폴더가 저장될 위치를 지정합니다.
- **Folder name:** 패키지 폴더의 이름을 지정합니다. 기본값으로 현재 문서의 이름이 폴더명으로 지정되어 있습니다.
- **Copy Links:** 체크하면 연결된 이미지 및 파일을 패키지 폴더로 복사합니다.
- **Collect links in separate folder:** 체크하면 패키지 폴더 내에 파일 유형에 따라 추가로 폴더를 만들어 분류합니다. 체크를 해제하면 하나의 패키지 폴더 내에 모든 파일이 저장됩니다.
- **Relink linked files to document:** 체크하면 기존에 연결된 파일을 패키지 폴더에 새로 생성된 문서에 다시 연결합니다.
- **Copy Fonts:** 체크하면 현재 문서에 사용 중인 글꼴 파일을 복사합니다. 단, 한자, 한글, 가나 글꼴은 저장할 수 없으며, 다음과 같이 글꼴 라이선스와 관련된 경고창이 나타납니다.

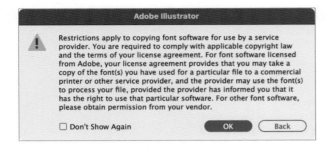

• **Create Report:** 패키지 파일 목록과 함께 요약 보고서를 만듭니다.

사용한 글꼴 확인 및 저장하기 앞서 간단하게 언급한 것처럼 글꼴의 저작권 문제로 한자, 한글, 가나 등 일부 글꼴은 패키지 저장으로 일괄 수집할 수 없습니다. 그러므로 외부로 작업 결과를 전달하거나 다른 환경에서 원활하게 작업을 이어서 진행하려면 작업에 사용한 글꼴을 별도로 저장해야 합니다. 이때 글꼴 파일을 임의로 복제하여 글꼴 저작권을 침해하지 않는지 충분히 고려해야 합니다.

사용한 글꼴을 별도로 저장하려면 우선 현재 작업 중인 문서에 사용된 글꼴을 확인해야 합니다. 메뉴바에서 [Window – Document Info]를 선택하면 [Document Info] 패널이 열립니다.

▲ 문서의 다양한 정보를 확인할 수 있는 [Document Info] 패널

❶ [Document Info] 패널의 오른쪽 위에 있는 [메뉴] 버튼을 클릭한 후 ❷ [Selection Only]의 체크를 해제하고, ❸ 이어서 [Fonts]를 선택해서 체크합니다. 그럼 현재 문서에 사용된 모든 글꼴이 표시됩니다. 이제 확인된 글꼴 파일을 찾아 패키지 폴더에 복사하면 완벽한 패키지가 완성됩니다.

Ai 디자인 출력을 위한 인쇄용 파일 만들기

작업한 디자인을 인쇄하려면 별도의 인쇄용 파일로 만들어야 합니다. 인쇄용 파일이라고 별도의 파일 형식을 의미하는 것은 아닙니다. 동일하게 ai 파일이지만 인쇄소와 같은 외부에서 파일을 열었을 때 글꼴이나 파일이 유실되지 않도록 정리해서 저장하는 과정입니다.

인쇄용 파일로 만들기 위한 첫 단계는 원본 파일의 사본을 만드는 것입니다. 자칫 원본 파일을 그대로 인쇄용으로 만들면 나중에 수정하기 어려워지기 때문입니다. 원본을 보관하고 사본을 준비했다면 다음과 같은 과정에 따라 인쇄용 파일을 완성할 수 있습니다.

> **TIP** 다음 과정은 저작권 등의 문제로 일부 이미지와 글꼴이 교체된 예제 파일(리플렛3단_A4_by_rollstory_.ai)을 제공합니다.

01 글꼴 윤곽선 만들기(Create Outlines)

❶ [Layers] 패널에서 잠금 처리된 레이어 그룹이 있다면 [자물쇠] 아이콘을 클릭하여 잠금을 해제합니다. 개별적으로 잠겨 있는 오브젝트가 있다면 Ctrl + Alt + 2 를 눌러 모든 잠금 해제를 실행합니다. ❷ 그런 다음 Ctrl + A 를 눌러 모든 오브젝트를 선택하고, ❸ 메뉴바에서 [Type – Create Outlines]를 선택하거나 Ctrl + Shift + O 를 눌러 윤곽선 만들기를 실행하면 모든 글꼴이 일반 도형처럼 확장됩니다.

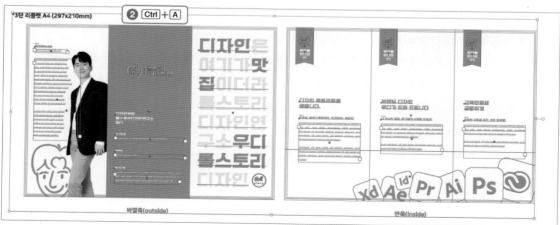

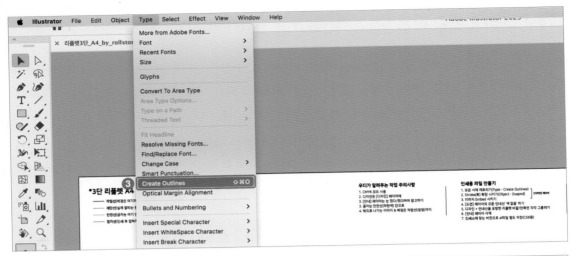

> **TIP** 디자인 실무에서는 윤곽선 만들기(Create Outlines)를 주로 '서체를 깨트린다'라고 표현하며, 윤곽선 만들기를 실행하면 더는 글꼴의 속성이 아닌 도형처럼 취급됩니다.

02 획 확장하기(Expand)

디자인 작업물에 작업선, 재단선, 안전선 등 인쇄 작업에 필요한 안내선이 있다면 해당 안내선은 확장에서 제외하기 위해 잠금 처리해야 합니다. 예제에서는 ❶ [도면] 레이어가 안내선 레이어이므로 잠금 처리하고, ❷ Ctrl + A 를 눌러 잠금 처리된 레이어를 제외한 나머지 오브젝트를 모두 선택합니다. 그런 다음 ❸ 메뉴바에서 [Object – Expand Appearance]를 선택해서 모양을 확장하고, 이어서 ❹ ❺ [Object – Expand]를 선택해서 선택한 모든 오브젝트를 확장합니다.

Link Expand에 대한 자세한 설명은 98쪽을 참고합니다.

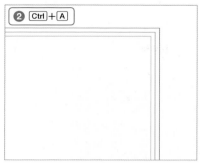

▲ 안내선이 담긴 도면 레이어 잠금   ▲ 문서의 안내선 부분

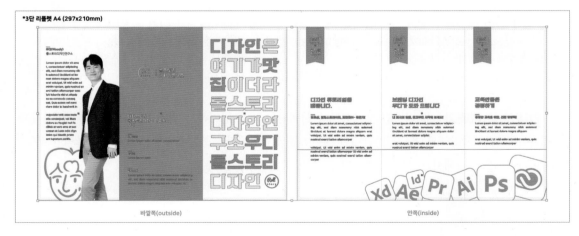

*3단 리플렛 A4 (297x210mm)

바깥쪽(outside)   안쪽(inside)

> **TIP** 현수막처럼 실제 크기의 1/10로 작업한 후 인쇄소에서 실제 크기로 다시 확대했을 때, [Stroke] 속성의 두께 비율이 변경되는 것을 방지하기 위해 획 확장을 진행합니다.

03 이미지 포함시키기(Embed)
디자인 작업물에 이미지가 링크되어 있다면 [Properties] 패널 또는 [Control] 패널에서 [Embed] 버튼을 클릭하여 Embed 속성으로 변경합니다.

Link Embed 속성으로 변경하는 다양한 방법은 108쪽을 참고합니다.

▲ Link 속성의 이미지

> TIP 실제 크기로 작업하는 인쇄물이 아닌 현수막처럼 1/10로 줄여서 작업한다면 이후 다시 크기를 변경할 때 이미지 해상도가 저하될 수 있습니다. 그러므로 이미지를 Link 속성으로 배치하고, 인쇄소에 전달할 때는 하나의 폴더에 ai 파일과 사용한 이미지 파일을 함께 담아 전달하는 것이 좋습니다.

04 안내선 색 없애기
① 디자인 오브젝트가 선택되는 것을 방지하기 위해 [Layers] 패널에서 [디자인] 레이어를 잠금 처리하고, ② 모든 안내선 레이어를 선택합니다. ③ 툴바에서 [Stroke]를 클릭한 후 ④ [None] 아이콘을 클릭해서 선 색을 없앱니다.

▲ 안내선이 담긴 레이어를 제외하고 모두 잠금

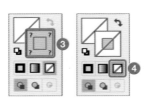

▲ Stroke 상태의 안내선의 색을 Stroke: None으로 처리

바깥쪽(outside) | 안쪽(inside)

▲ 모든 안내선 선택

TIP 안내선은 재단선처럼 인쇄 시 실제로 잘리는 영역을 확인하는 용도입니다. 따라서 안내선을 Stroke: None으로 처리해서 Preview 모드에서는 선이 보이지 않지만 Outline 모드에서는 확인할 수 있게 합니다.

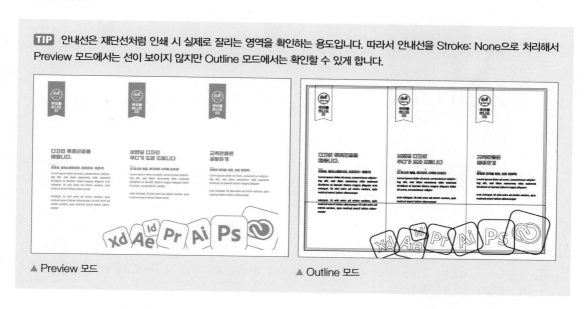

▲ Preview 모드 | ▲ Outline 모드

05 각 인쇄면 그룹으로 묶기

명함 또는 리플릿처럼 앞면과 뒷면이 있는 인쇄물이라면 인쇄면마다 안내선과 디자인을 포함하여 그룹으로 묶어야 합니다. ❶ 잠금 처리된 레이어가 있다면 모두 해제하고, ❷ ❸ 인쇄면마다 안내선과 디자인을 같이 선택한 후 Ctrl+G를 눌러 그룹으로 묶습니다.

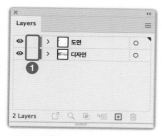

▲ 모든 레이어 잠금 해제

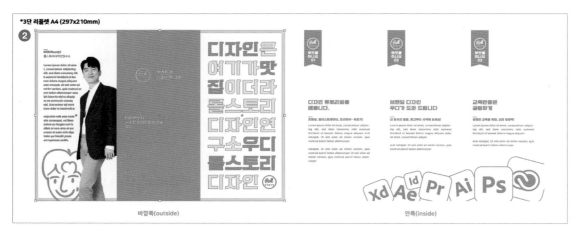

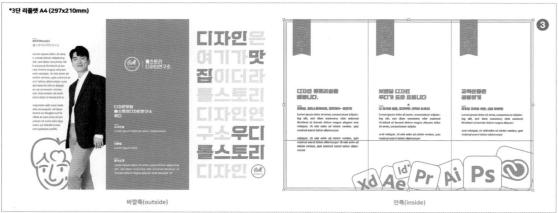

▲ 각 인쇄면을 그룹으로 묶기

TIP 인쇄소에서는 사용자가 전달한 인쇄용 파일의 작업 화면 그대로 인쇄하는 것이 아닙니다. 디자인 결과물을 인쇄소 환경에 맞는 작업 화면으로 다시 옮긴 후 인쇄합니다. 그러므로 옮기는 과정에서 오브젝트가 누락되지 않도록 각 인쇄면을 그룹으로 묶어서 실수가 발생하지 않도록 해야 합니다.

- **라이브 코너(Live Corners):** 사각형이나 다각형을 그리면 모퉁이마다 동그란 모양의 위젯 아이콘이 있으며, 이 아이콘을 드래그하여 전체 또는 개별 모퉁이를 둥글게 처리할 수 있습니다.

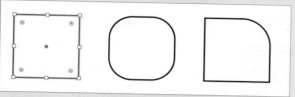

▲ 사각형을 그린 후 라이브 코너 위젯으로 형태를 변경할 수 있습니다.

- **Fill(면)과 Stroke(선):** 도형은 Fill(면)과 Stroke(선) 속성으로 구성되어 있습니다. 툴바에서 색상을 변경할 수 있으며, Stroke의 세부 설정은 [Stroke] 패널(Ctrl + F10)을 이용합니다.

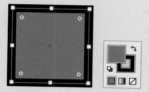

▲ 면과 선 속성으로 구성된 사각형 오브젝트와 툴바의 [Fill]과 [Stroke]

- **그레이디언트 설정:** 오브젝트의 면은 그레이디언트로 채울 수 있습니다. 그레이디언트 설정 및 관리는 [Gradient] 패널(Ctrl + F9)이나 〈Gradient Tool(G)〉 ▨ 을 이용합니다.

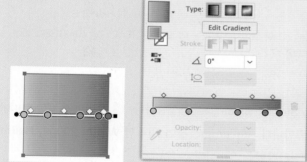

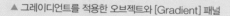

▲ 그레이디언트를 적용한 오브젝트와 [Gradient] 패널

일러스트레이터 CC에서 추가된 라이브 코너 기능을 이용하여 간단하게 모퉁이가 둥근 사각형을 만들면 인스타그램 로고의 기본 형태가 완성됩니다.

01 Ctrl + N을 눌러 New Document 창을 엽니다. ❶ 상단의 [Web] 탭을 클릭한 후 ❷ [Web: 1280×1024px] 사전 설정 유형을 선택하고 ❸ [Create] 버튼을 클릭하여 새 문서를 시작합니다.

> **TIP** [Web] 탭에 있는 사전 설정 유형을 선택하면 기본 설정이 웹에서 사용하는 데 최적화된 [Color Mode: RGB Color, Raster Effects: Screen (72 ppi)]으로 설정되어 있습니다.

02 ❶ [Swatches] 패널을 열고 **Fill: None, Stroke: Black**으로 설정합니다. ❷ 툴바에서 〈**Rectangle Tool(M)**〉 □을 선택하고 아트보드 빈 곳을 클릭합니다. Rectangle 창이 열리면 **Width: 200px, Height: 200px**로 설정한 후 ❸ [OK] 버튼을 클릭해 ❹ 정사각형을 그립니다.

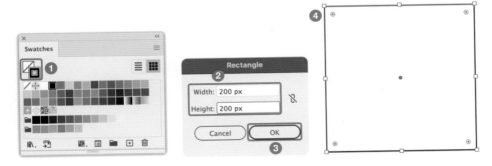

TIP 도형 오브젝트는 기본적으로 Fill(면)과 Stroke(선) 속성으로 구성되어 있으며, [Swatches] 패널 이외에 다양한 방법으로 색상을 변경할 수 있습니다. **Link** 색상 변경 방법은 89쪽을 참고합니다.

03 ❶ **[Stroke]** 패널(**Ctrl**+**F10**)에서 **Weight: 20pt**로 설정하여 선을 두껍게 만들고, ❷ 정사각형 안쪽 모퉁이에 있는 임의의 라이브 코너 위젯을 드래그하여 **R: 55px** 정도로 모퉁이를 둥글게 표현합니다.

Link 라이브 코너에 대한 자세한 설명은 84쪽을 참고합니다.

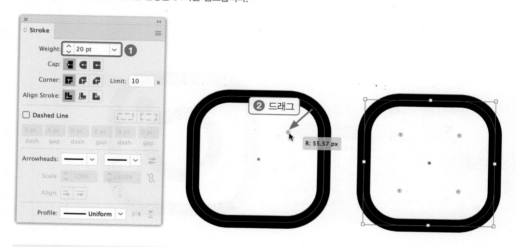

TIP 정확한 값으로 둥글기를 조절하려면 [Transform] 패널(**Shift**+**F8**)에서 [Corner Radius] 옵션 값을 변경합니다.

04 인스타그램 로고의 렌즈 부분을 표현하기 위해 ❶ 툴바에서 〈**Ellipse Tool(L)**〉◯을 선택합니다. ❷ 아트보드에서 빈 곳을 클릭하여 Ellipse 창이 열리면 **Width: 95px, Height: 95px**로 설정하고 ❸ **[OK]** 버튼을 클릭하여 정원을 그립니다. ❹ 툴바에서 〈**Selection Tool(V)**〉▶을 선택한 후 앞서 그린 정원을 모퉁이가 둥근 사각형 가운데로 드래그해서 옮깁니다.

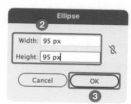

TIP 툴바는 Basic과 Advanced 모드로 구분됩니다. 다양한 기능을 활용하려면 메뉴바에서 [Window – Toolbars – Advanced]를 선택해서 Advanced 모드를 사용하는 것이 좋습니다.   **Link** 툴바의 모드 소개는 36쪽을 참고합니다.

05 〈Selection Tool(V)〉로 아트보드 빈 곳을 클릭하여 모든 선택을 해제합니다. ❶ [Swatches] 패널에서 **Fill: Black, Stroke: None**으로 설정한 후 ❷ 툴바에서 〈Ellipse Tool(L)〉을 선택합니다. ❸ 아트보드 빈 곳을 클릭하여 Ellipse 창을 열고, **Width: 27px, Height: 27px**로 설정한 후 ❹ [OK] 버튼을 클릭합니다. ❺ 작은 정원이 그려지면 〈Selection Tool(V)〉을 이용하여 다음과 같이 배치합니다. 인스타그램 로고의 기본 형태가 완성됩니다.

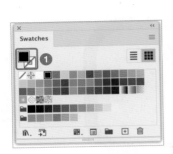

TIP Fill(면)과 Stroke(선)의 색상을 빠르게 바꾸고 싶다면 툴바에서 양쪽 화살표 모양의 [Swap Fill and Stroke] 아이콘을 클릭하거나 단축키 Shift+X를 누릅니다.

Ai 그레이디언트로 면 채우기

인스타그램 로고의 대표적인 특징을 꼽으라면 화려한 그레이디언트일 겁니다. 로고의 기본 형태를 완성했으면 이어서 그레이디언트로 면을 채워 보겠습니다.   **Link** 그레이디언트의 기본 설정 방법은 93쪽을 참고합니다.

01 ❶ [Swatches] 패널에서 **Fill: Red, Stroke: None**으로 설정한 후 ❷ 툴바에서 〈**Rectangle Tool(M)**〉을 선택합니다. ❸ 아트보드 빈 곳을 클릭하여 Rectangle 창을 열고 **Width: 300px, Height: 300px**로 설정하고 [OK] 버튼을 클릭하여 정사각형을 그립니다. ❺ 〈**Selection Tool(V)**〉을 선택한 후 빨간색 정사각형을 드래그하여 인스타그램 모양과 중앙이 겹치게 배치합니다. 사각형을 드래그하면 나타나는 스마트 가이드에 'Center'라고 표시되면 기존 오브젝트와 중앙 정렬된 상태입니다.

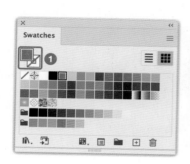

> **TIP** 스마트 가이드가 표시되지 않는다면 메뉴바에서 [View – Smart Guides]를 선택하거나 단축키 Ctrl+U를 눌러서 활성화합니다.

02 빨간 사각형에 가려진 로고 형태를 표시하기 위해 ❶ 빨간색 도형 위에서 [마우스 우클릭] 후 ❷ [**Arrange – Send to Back**]을 선택합니다.

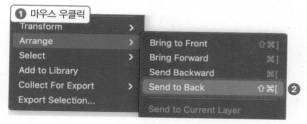

우디 특강 | **오브젝트 정돈 순서를 변경하는 단축키**

일러스트레이터에서는 점 하나를 찍어도 각각의 레이어가 생성됩니다. 디자인을 하다 보면 수없이 많은 레이어가 생성되므로, 포토샵처럼 [Layers] 패널을 이용해 순서를 변경하기가 다소 불편합니다. 그러므로 다음 단축키를 이용해 선택한 오브젝트의 정돈 순서를 변경하는 것이 효과적입니다.

- Ctrl+[]: 선택한 오브젝트 순서를 한 단계 뒤로 내리기
- Ctrl+[]: 선택한 오브젝트 순서를 한 단계 앞으로 올리기
- Ctrl+Shift+[]: 오브젝트 순서를 맨 뒤로 내리기
- Ctrl+Shift+[]: 오브젝트 순서를 맨 앞으로 올리기

03 ❶ 빨간 사각형의 정돈 순서가 맨 뒤로 변경되면서 로고의 기본 형태가 나타납니다. ❷ 이어서 라이브 코너 위젯을 이용하거나 [Transform] 패널에서 사각형의 모퉁이를 **Corner Radius: 65px** 정도로 변경합니다.

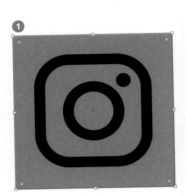

04 빨간 사각형을 그레이디언트로 채우겠습니다. ❶ 사각형의 [Fill]이 선택된 상태로 툴바 아래쪽에 있는 [Gradient] 아이콘을 클릭해서 사각형에 그레이디언트를 채웁니다. ❷ [Gradient] 패널을 열고(Ctrl +F9), **Type: Radial Gradient**로 설정하면 ❸ 아래와 같이 방사형으로 표현됩니다.

05 이제 다채로운 인스타그램 로고의 색상을 표현합니다. ❶ [Gradient] 패널에서 그레이디언트 슬라이더 왼쪽 아래에 있는 흰색 색상 정지점을 더블 클릭합니다. ❷ [Color] 패널을 팝업 상태로 열리면 왼쪽 위에 있는 [메뉴] 아이콘을 클릭한 후 ❸ [RGB]를 선택하여 색상 모드를 변경하고, ❹ **#EFC055**(또는 **R239/ G192/B85**)로 설정하여 색상을 변경합니다.

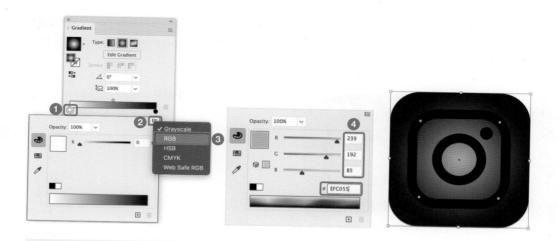

TIP [Color] 패널이 별도로 열려 있다면 색상 정지점을 한 번만 클릭해서 선택하고 [Color] 패널에서 위와 같이 설정해도 동일한 결과를 얻을 수 있습니다. **Link** [Color] 패널에서의 색상 모드 변경 및 그레이디언트에 대한 자세한 설명은 89쪽을 참고합니다.

06 계속해서 ❶ 그레이디언트 슬라이더의 아래쪽을 클릭하여 색상 정지점을 추가하고, 각 색상 정지점을 선택해서 ❷ 색상과 ❸ 위치([Location] 옵션)를 변경합니다.

	색상 정지점 2	색상 정지점 3	색상 정지점 4	색상 정지점 5
색상 값	#F06934	#F13658	#BC3ABC	#3D48ED
위치 값	25%	50%	75%	100%

TIP 오른쪽 끝에 있는 색상 정지점은 기본으로 생성되어 있던 것이므로, Grayscale 모드입니다. 그러므로 05번 과정을 참고하여 RGB 모드로 변경한 후 색상 값을 변경해야 합니다.

07 그레이디언트 색 조합이 완성되었으면 이제 방향을 변경해야 합니다. ❶ 툴바에서 〈Gradient Tool(G)〉 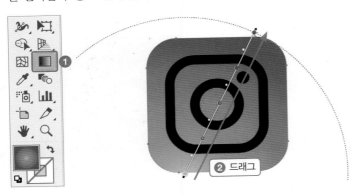 을 선택한 후 ❷ 그림과 같이 로고의 왼쪽 아래에서 오른쪽 위로 드래그하여 그레이디언트 방향을 변경합니다.

08 이제 로고에서 안쪽 선과 점의 색을 변경합니다. 툴바에서 〈Selection Tool(V)〉을 선택한 후 ❶ [Stroke] 속성인 2개의 검은색 선 오브젝트를 선택하고, ❷ [Swatches] 패널에서 Stroke: White로 설정합니다.

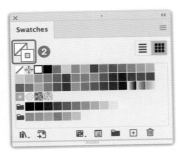

> **TIP** 여러 개의 오브젝트를 선택할 때는 Shift 를 누른 채 선택할 오브젝트를 각각 클릭합니다.

09 끝으로 ❶ 점 모양의 [Fill] 속성 오브젝트를 선택하고, ❷ [Swatches] 패널에서 Fill: White로 설정하면 로고가 완성됩니다.

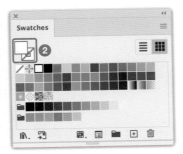

LESSON 02
도형을 변형하여
둥근 별과 궤적 표현하기

〈Star Tool〉을 이용하면 힘들이지 않고 별 모양 오브젝트를 그릴 수 있으며, 〈Direct Selection Tool(A)〉을 이용하면 오브젝트에서 개별 고정점을 변형하여 다양한 형태의 오브젝트로 변형할 수도 있습니다. 별을 그린 후 둥근 별로 변형하고, 사각형을 그린 후 별의 궤적을 표현해 보겠습니다.

결과 미리보기
완성_둥근 별 그리기.ai

주요 기능 살펴보기

• **별 모양 그리기:** 툴바에서 〈Star Tool〉 ☆ 을 선택한 후 아트보드에서 드래그하여 기본 별 모양을 그릴 수 있으며, 드래그하는 도중에 추가로 Ctrl 을 누른 채 드래그하면 별 모양의 뾰족한 정도를 조절할 수 있습니다. 이어서 라이브 코너 위젯을 이용해 모퉁이가 둥근 별 모양으로 변형할 수 있습니다.

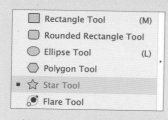

▲ 〈Star Tool〉을 이용한 다양한 형태의 별 모양

- **오브젝트 잠금 및 잠금 해제:** 배경으로 사용할 오브젝트는 디자인 중 선택되거나 변형되지 않도록 잠금 처리하는 것이 좋습니다. 오브젝트 잠금(Ctrl+2)과 잠금 해제(Ctrl+Alt+2)는 단축키를 이용하는 것이 편리합니다.

- **오브젝트 이동, 크기 변경, 회전:** 오브젝트를 옮기거나 크기 등을 변형할 때는 선택 도구인 〈Selection Tool(V)〉 을 사용합니다.

- **오브젝트 형태 변경:** 오브젝트의 개별 고정점을 직접 선택하여 형태를 변경할 때는 직접 선택 도구인 〈Direct Selection Tool(A)〉 을 사용합니다.

▲ 〈Selection Tool(V)〉로 크기 변경 및 회전하기

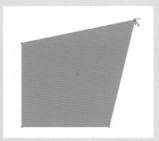

▲ 〈Direct Selection Tool(A)〉로 모양 변형하기

- **Color Picker로 색 추출하기:** 일러스트레이터 CC 2019 버전부터는 [Gradient] 패널에 있는 [Color Picker]를 이용하여 다른 오브젝트의 색을 추출하는 방법으로 그레이디언트 색을 변경할 수 있습니다.

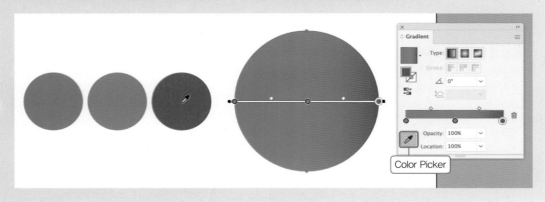

Ai 기본 도구로 별 모양 그린 후 변형하기

어두운 밤하늘처럼 표현할 사각형을 그려 잠금 처리하고, 〈Star Tool〉을 이용해 별을 그린 후 모퉁이가 둥근 형태로 변형해 보겠습니다.

01 Ctrl+N을 눌러 New Document 창을 엽니다. ① [Print] 탭을 클릭한 후 ② 세부 정보에서 Width: 100mm, Height: 100mm로 설정하고 ③ [Create] 버튼을 클릭하여 새 문서를 시작합니다.

> **TIP** [Print] 탭을 클릭하면 기본적으로 인쇄에 최적화된 [Color Mode: CMYK Color, Raster Effects: High (300 ppi)]가 기본값으로 설정되어 있습니다.

02 간단한 배경부터 만들겠습니다. ① [Color] 패널(F6)에서 Fill: C100/M100/Y30/K50, Stroke: None으로 설정합니다. ② 툴바에서 〈Rectangle Tool(M)〉□을 선택한 후 아트보드 빈 곳을 클릭하여 Rectangle 창이 열리면 Width: 100mm, Height: 100mm로 설정하고, ③ [OK] 버튼을 클릭합니다. ④ 아트보드와 같은 크기의 사각형이 그려지면 〈Selection Tool(V)〉▶을 선택한 후 아트보드에 딱 맞게 드래그하여 배치합니다.

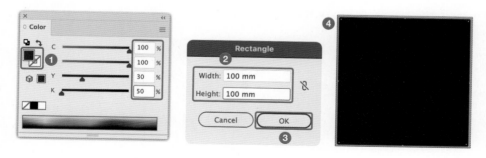

03 ❶ 디자인 중에 배경이 변형되지 않도록 Ctrl + 2 를 눌러 배경 오브젝트를 잠금 처리합니다. ❷ 이어서 노란색 별을 그리기 위해 [Color] 패널에서 **Fill: C5/M0/Y90/K0, Stroke: None**으로 설정합니다.

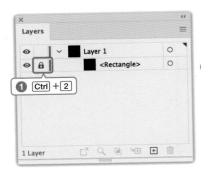
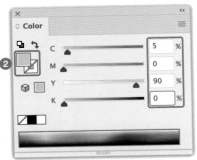

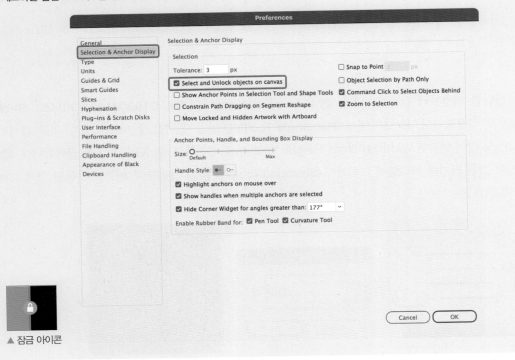

▲ 잠금 아이콘

04 ❶ 툴바에서 〈Star Tool〉☆을 선택합니다. ❷ 아트보드에서 원하는 크기로 드래그하여 별 모양을 그리고, 그 상태에서 추가로 Ctrl 을 누른 채 드래그하여 별의 뾰족함 정도를 변경합니다. Shift 를 추가로 누르면 별의 상단 꼭지점 방향을 수직으로 그릴 수 있습니다.

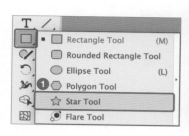

05 ❶ 〈Selection Tool(V)〉로 별을 선택하여 테두리에 고정점이 표시되면 Shift 를 누른 채 고정점을 드래그하여 가로/세로 비율에 맞춰 적당하게 크기를 변경합니다. ❷ 계속해서 고정점 바깥쪽에서 드래그하여 원하는 각도로 회전시키고, 별 중앙 부분을 드래그하여 그림과 같이 배치합니다.

TIP 〈Selection Tool(V)〉로 오브젝트를 선택해도 테두리 고정점이 보이지 않으면 메뉴바에서 [View – Show Bounding Box]를 선택합니다. 오브젝트 이동, 회전, 크기 변경 등의 작업 시 Shift 를 누른 채 고정점에서 드래그하면 수직/수평, 45° 회전 등 일정한 비율에 맞게 변경할 수 있습니다.

06 ❶ 별이 선택된 상태에서 Ctrl 을 눌러 라이브 코너 위젯이 활성화되면 ❷ 임의의 라이브 코너 위젯을 드래그하여 다음과 같이 별을 둥글게 변형합니다.

Ai 사각형을 변형하여 궤적 표현하기

별이 떨어지는 듯한 궤적을 표현합니다. 〈Pen Tool(P)〉 등을 이용해서 자유롭게 그리는 방법도 있지만, 직사각형을 그린 후 모양을 변형하는 게 더 간편합니다. 이어서 그레이디언트까지 설정하면 예쁜 별 궤적이 완성됩니다.

01 우선 궤적을 디자인하는 데 방해되지 않도록 별 모양을 선택한 후 Ctrl + 2 로 잠금 처리합니다. ❶ [Color] 패널에서 **Fill: White, Stroke: None**으로 설정합니다. [Fill] 색상은 나중에 그레이디언트를 설정할 것이므로 자유롭게 설정해도 무방합니다. ❷ 툴바에서 〈**Rectangle Tool(M)**〉을 선택한 후 아트보드에서 적당한 크기로 드래그하여 직사각형을 그립니다.

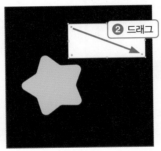

02 도형을 변형하기 위해 ❶ 툴바에서 〈**Direct Selection Tool(A)**〉▷을 선택한 후 사각형의 왼쪽 위 고정점만 클릭해서 선택합니다. ❷ 선택한 고정점을 그림과 같이 별의 위쪽 끝부분으로 드래그해서 배치합니다.

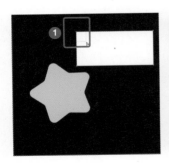
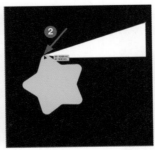

TIP 〈Direct Selection Tool(A)〉을 이용해 특정 고정점만 선택할 때는 해당 고정점을 정확하게 클릭하거나, 해당 고정점이 포함되도록 범위를 드래그해도 됩니다.

03 ❶ 사각형일 때 왼쪽 아래에 있던 고정점이 포함되도록 범위를 드래그하여 선택하고, ❷ 그림과 같이 별의 아래쪽 끝부분으로 드래그하여 배치합니다. ❸ ❹ 계속해서 사각형 도형의 오른쪽에 있는 2개의 고정점도 각각 선택한 후 그림과 같이 아트보드 경계선으로 드래그하여 배치합니다.

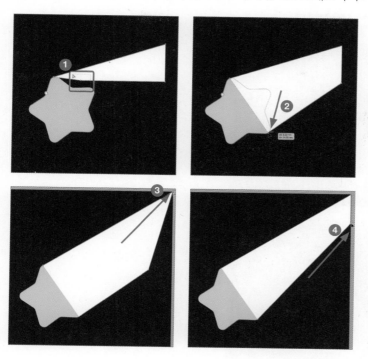

04 ❶ 툴바에서 〈Selection Tool(V)〉을 선택하여 변형한 사각형 오브젝트 전체가 선택되면 Ctrl+[를 눌러 궤적 오브젝트를 별 오브젝트 아래로 보냅니다. ❷ 궤적이 선택된 상태에서 [Gradient] 패널(Ctrl+F9)의 그레이디언트 섬네일을 클릭하여 ❸ 기본 그레이디언트를 적용합니다.

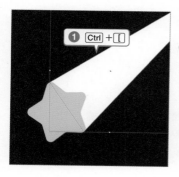  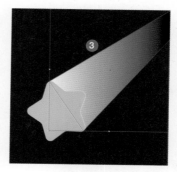

05 ❶ 그레이디언트 색을 변경하기 위해 [Gradient] 패널에서 왼쪽 아래에 있는 색상 정지점을 클릭해서 선택합니다. ❷ 스포이트 모양의 [Color Picker] 아이콘을 클릭한 후 ❸ 별 오브젝트를 클릭하면 같은 색(노란색)이 추출되어 왼쪽 색상 정지점에 적용됩니다. ❹ ❺ 같은 방법으로 오른쪽 색상 정지점을 선택한 후 ❻ 배경 오브젝트의 색을 추출하여 적용합니다.

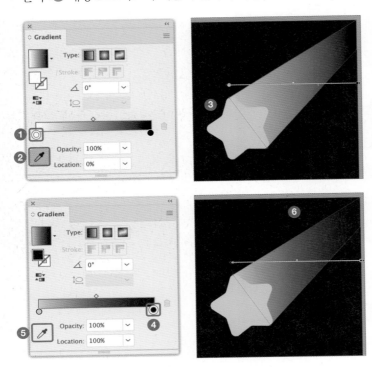

06 그레이디언트의 방향을 변경하기 위해 툴바에서 ⟨Gradient Tool(G)⟩ ▦을 선택한 후 그림과 같이 왼쪽 아래에서 오른쪽 위로 드래그하여 완성합니다.

TIP 실습이 끝난 후 Ctrl+S를 눌러 저장하면 ai 파일로 저장할 수 있으며, 다른 이미지 파일로 저장하고 싶다면 메뉴바에서 [File - Export - Export for Screens]를 선택합니다. **Link** 이미지 파일로 저장하는 자세한 설명은 64쪽을 참고합니다.

도형을 조합하여
간단한 캐릭터 만들기

간단한 도형, 특히 사각형을 그린 후 모퉁이를 둥글게 하는 라이브 코너 기능만 잘 활용해도 수없이 다양한 형태의 도형을 표현할 수 있습니다. 여기서는 여러 형태의 도형을 조합하여 귀여운 로봇 캐릭터를 만들어 보겠습니다.

결과 미리보기

완성_로봇 캐릭터.ai

주요 기능 살펴보기

- **특정 모퉁이만 둥글게 표현하기:** Shift 를 누른 채 라이브 코너 위젯을 드래그하면 해당 모퉁이만 둥글게 표현할 수 있습니다.

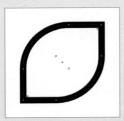

▲ 왼쪽 위와 오른쪽 아래 모퉁이를 둥글게 변형한 도형

- **오브젝트 반전하기:** 〈Reflect Tool(O)〉 ▷◁ 을 사용하면 오브젝트를 수직/수평 또는 지정한 각도로 반전시킬 수 있습니다.

- **다각형 만들기**: 〈Polygon Tool〉◎을 사용하면 삼각형을 비롯한 다양한 다각형을 그릴 수 있습니다.

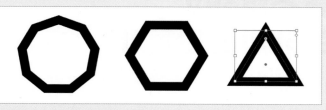

▲ 〈Polygon Tool〉로 그린 다양한 다각형

- **고정점 변형 및 삭제**: 〈Direct Selection Tool(A)〉▷을 이용해 패스의 고정점을 직접 선택하여 변형하거나 삭제할 수 있습니다.

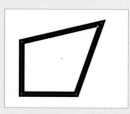 

▲ 특정 고정점 위치를 옮기거나 삭제해서 만든 오브젝트

Ai 사각형을 변형하여 머리 만들기

사각형을 그린 후 라이브 코너 기능으로 일부 모퉁이는 원에 가깝게, 일부는 살짝만 둥글게 표현하여 로봇의 머리 부분을 만듭니다. 정확한 값을 지정해 모퉁이를 둥글게 표현할 수도 있지만, 화면을 직관적으로 보면서 완성해 보겠습니다.

01 Ctrl+N을 눌러 New Document 창을 엽니다. ❶ [Print] 탭을 클릭한 후 ❷ 세부 정보에서 **Width: 100mm, Height: 100mm**로 설정하고 ❸ [Create] 버튼을 클릭하여 새 문서를 시작합니다.

02 ① [Color] 패널(F6)에서 **Fill: None, Stroke: Black**으로 설정하고 ② [Stroke] 패널(Ctrl+F10)에서 **Weight: 7pt**로 선을 두껍게 설정합니다. ③ 툴바에서 〈Rectangle Tool(M)〉▢을 선택하고 아트보드 빈 곳을 클릭하여 Rectangle 창이 열리면 **Width: 30mm, Height: 23mm**로 설정한 후 ④ [OK] 버튼을 클릭합니다. ⑤ 테두리가 7pt 두께인 직사각형이 그려집니다.

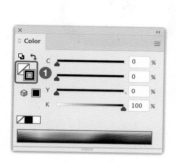
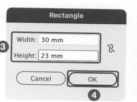

03 툴바에서 〈Selection Tool(V)〉▶을 선택한 후 직사각형을 아트보드 위쪽 중앙으로 드래그해서 옮깁니다. ① 〈Direct Selection Tool〉▷을 이용해 Shift를 누른 채 사각형 위쪽에 있는 2개의 라이브 코너 위젯을 각각 클릭해서 다중 선택하고, ② 최대한 안쪽으로 드래그하여 반원을 만듭니다. ③ 같은 방법으로 아래쪽 2개의 라이브 코너 위젯을 선택한 후 살짝만 둥글게 표현합니다.

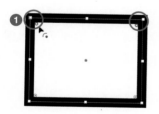
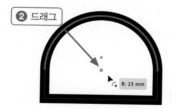
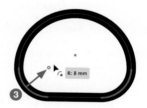

04 ① 〈Selection Tool(V)〉이 선택된 상태에서 빈 곳을 클릭해 모든 오브젝트 선택을 해제합니다. ② 툴바에서 〈Line Segment Tool(\)〉╱을 선택한 후 타원의 위쪽 중앙을 클릭한 채 Shift+드래그해서 짧은 직선을 그립니다.

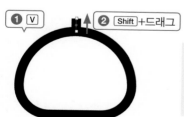

> **TIP** 이 책에서는 툴바를 Advanced 모드로 설정하고 실습합니다. 툴바에서 〈Line Segment Tool(\)〉이 바로 보이지 않는다면 메뉴바에서 [Window – Toolbars – Advanced]를 선택해서 모드를 변경한 후 실습하세요.

05 ❶ 툴바에서 〈Ellipse Tool(L)〉◯을 선택한 후 ❷ [Shift]+드래그하여 지름이 약 5mm와 7mm인 정원을 각각 그립니다. ❸ 〈Selection Tool(V)〉을 선택한 후 작은 정원은 로봇의 안테나 위로, 큰 정원은 타원의 중앙으로 드래그하여 배치하면 머리가 완성됩니다.

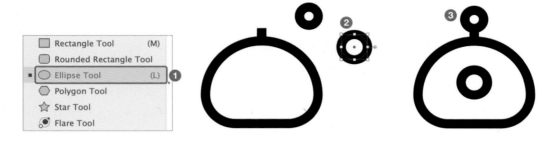

> **TIP** 오브젝트 옮기기, 변형, 그리기 등의 작업 중 [Shift]를 함께 누르면 수직/수평, 45° 단위, 정원/정사각형 등 일정한 수치로 작업할 수 있습니다.

Ai 도형과 반사 도구로 몸통 만들기

사각형과 삼각형, 선분을 이용해 로봇의 몸통을 완성합니다. 이때 좌우 대칭되는 모양은 한쪽만 그린 후 〈Reflect Tool(O)〉을 이용해 반사해서 배치하면 간단하게 완성할 수 있습니다.

01 ❶ 툴바에서 〈Rectangle Tool(M)〉을 선택한 후 아트보드 빈 곳을 클릭하여 Rectangle 창을 열고 **Width: 30mm, Height: 27mm**로 설정한 후 ❷ [OK] 버튼을 클릭합니다. ❸ 〈Selection Tool(V)〉을 선택한 후 추가한 사각형(몸통)이 그림처럼 머리와 일렬이 되도록 드래그해서 배치합니다.

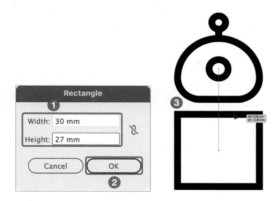

02 〈Direct Selection Tool(A)〉을 선택하고 몸통으로 사용할 사각형에서 Shift 를 누른 채 아래에 있는 2개의 라이브 코너 위젯을 각각 클릭하여 선택합니다. 최대한 안쪽으로 드래그하여 둥글게 변형합니다.

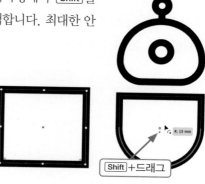

Shift + 드래그

라이브 코너 기능을 사용하면 직관적이고, 빠르게 모퉁이를 둥글게 표현할 수 있으며, 스마트 가이드가 표시되므로 어느 정도 원하는 크기로 둥글기를 조절할 수 있습니다. 하지만 좀 더 정확한 값으로 둥글기를 조절하고 싶다면 [Transform] 패널(Shift + F8)을 이용합니다.

[Transform] 패널에서 [Corner Radius] 옵션이 둥글기 값이며, 기본적으로 한쪽 값을 입력하면 나머지 모퉁이도 일괄 변경됩니다. 만약 한쪽 모퉁이의 둥글기만 변경하고 싶다면 사슬 모양의 [Links] 아이콘(🔗)을 클릭해서 비활성화한 후 원하는 모퉁이의 값을 변경합니다.

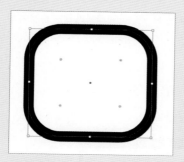

▲ 모퉁이의 둥글기는 라이브 코너 위젯 또는 [Transform] 패널의 [Corner Radius] 옵션을 이용합니다.

---

03 ❶ 툴바에서 〈Line Segment Tool(\)〉을 선택하고 몸통의 아래쪽 부분에서 Shift + 드래그하여 수평 방향으로 직선을 그립니다. ❷ 계속해서 몸통 왼쪽 중간에서 오른쪽 위로 드래그하여 대각선을 그립니다.

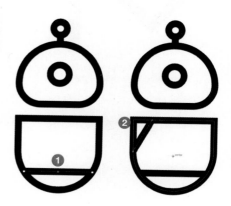

04 대각선을 반대쪽에 대칭으로 표현하기 위해 ❶ 툴바에서 〈Reflect Tool(O)〉 ▷◁ 을 선택합니다. ❷ Alt 를 누른 채 몸통의 중앙을 클릭하여 ❸ Reflect 창이 열리면 **Axis: Vertical**을 선택한 후 ❹ [Copy] 버튼을 클릭합니다. ❺ 선택 중인 대각선이 좌우 대칭 위치에 복제됩니다.

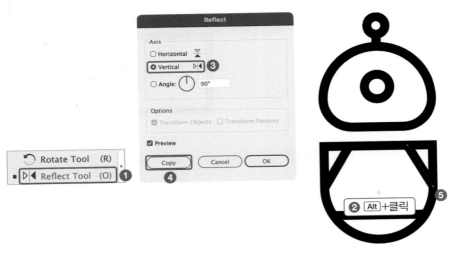

반사 도구 자세히 살펴보기

〈Reflect Tool(O)〉, 일명 반사 도구는 오브젝트를 대칭되는 위치로 옮기거나 복사할 때 사용하며 다음과 같은 순서로 실행합니다.

❶ 대칭으로 옮기거나 복사할 오브젝트를 선택

❷ Alt 를 누른 채 대칭 시 기준이 될 위치 클릭

❸ Reflect 창에서 [Horizontal](상하 대칭) 또는 [Vertical](좌우 대칭) 선택

❹ 선택한 오브젝트를 복제 배치하려면 [Copy] 버튼, 이동시키려면 [OK] 버튼을 클릭

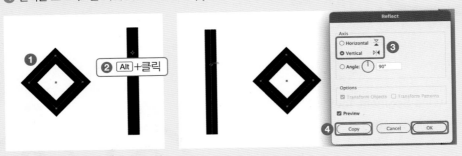

▲ 수직선을 기준으로 좌우 대칭 이동

TIP 상하좌우 대칭이 아닌 지정한 각도로 옮기거나 복제하고 싶다면 Reflect 창에서 [Angle] 옵션을 선택하고 원하는 각도를 입력합니다.

05 몸통의 위쪽 모퉁이를 매끄럽게 처리하기 위해 ❶ 〈Selection Tool(V)〉을 이용해 몸통 오브젝트를 선택하고 ❷ [Stroke] 패널(Ctrl + F10)에서 **Corner: Round Join**으로 설정합니다.

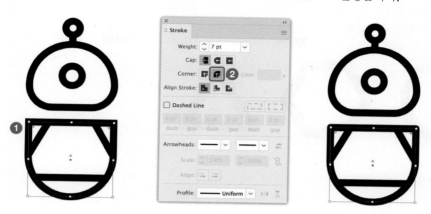

06 ❶ 툴바에서 〈Polygon Tool〉⬡을 선택합니다. ❷ 아트보드 빈 곳을 클릭하여 Polygon 창이 열리면 **Radius: 4mm, Sides: 3**으로 설정한 후 ❸ [OK] 버튼을 클릭해 삼각형을 그립니다. ❹ 〈Selection Tool(V)〉을 선택하고 삼각형을 몸통 중앙으로 드래그하여 배치합니다.

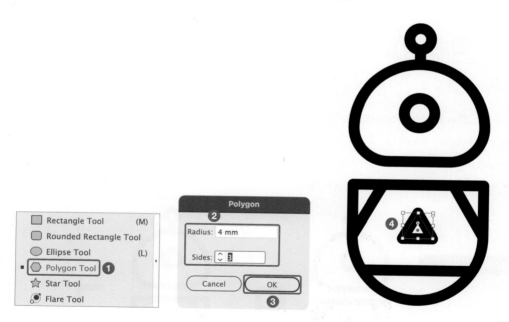

다각형 도구 〈Polygon Tool〉은 툴바에서 〈Rectangle Tool(M)〉을 길게 누르면 하위 툴로 표시되며, 〈Polygon Tool〉을 선택한 후 아트보드에서 드래그하면 가장 마지막에 그렸던 다각형이 그려집니다.

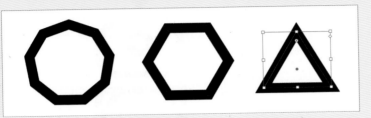

다각형의 종류를 변경할 때는 다음과 같이 두 가지 방법을 이용합니다.

- **방향키 이용하기:** 아트보드에서 드래그하여 다각형의 크기를 결정한 후 키보드에서 위/아래 방향키를 누르면 다각형의 면 수가 추가/감소됩니다. 또한 Shift 를 누른 채 드래그하면 반듯하게 세워진 다각형이 그려집니다.
- **Polygon 창 이용하기:** 아트보드를 클릭해 Polygon 창이 열리면 [Radius] 옵션에서 모퉁이 반경을, [Sides] 옵션에서 면 수를 지정한 후 [OK] 버튼을 클릭합니다.

Ai 고정점을 삭제하여 팔 만들기

마지막으로 사각형을 그린 후 일부 고정점을 삭제하는 방법으로 로봇의 팔을 표현합니다.

01 ❶ 툴바에서 〈Rectangle Tool(M)〉을 선택하고 아트보드 빈 곳을 클릭하여 Rectangle 창이 열리면 **Width: 10mm, Height: 8mm**로 지정하고 ❷ **[OK]** 버튼을 클릭해 사각형을 그립니다. ❸ 〈Direct Selection Tool(A)〉 ▷을 이용하여 사각형의 왼쪽 아래에 있는 고정점을 선택한 후 Delete 를 눌러 삭제합니다. ❹ 사각형이 그림과 같이 ㄱ 모양으로 변형됩니다.

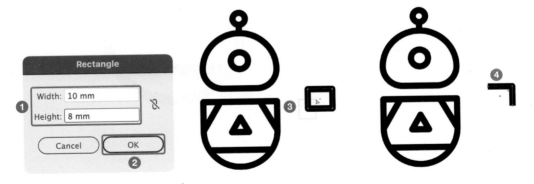

> **TIP** 〈Direct Selection Tool(A)〉을 이용하면 오브젝트에서 일부 고정점만 선택하여 변형하거나 삭제할 수 있습니다.

02 ❶ 〈Rectangle Tool(M)〉을 선택하고 **Width: 7mm, Height: 11mm**를 지정하고 ❷ **[OK]** 버튼을 클릭해 사각형을 그립니다. ❸ 추가한 사각형에서 라이브 코너 위젯을 최대치로 드래그하여 모든 모퉁이를 둥글게 변형합니다.

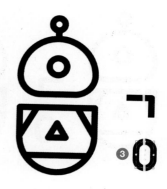

03 ❶ 툴바에서 〈Scissors Tool(C)〉 ✂️ 을 선택한 후 ❷ 모퉁이를 둥글게 변형한 사각형의 오른쪽과 왼쪽 선의 중앙을 각각 클릭해서 패스를 자릅니다.

TIP 위 과정처럼 작은 오브젝트를 변형하거나 정밀한 작업에서는 화면을 확대하는 것이 좋습니다. 화면을 빠르게 확대/축소할 때는 단축키 Ctrl + + / Ctrl + - 를 이용하거나 Alt 를 누른 채 마우스 중간 버튼을 스크롤합니다.

Link 화면 확대/축소에 대한 자세한 설명은 69쪽을 참고합니다.

04 ❶ 툴바에서 〈Selection Tool(V)〉을 선택하고, 잘라서 분리한 오브젝트 중 아래쪽 오브젝트를 클릭해서 선택한 후 Delete 를 눌러 지웁니다. ❷ 남겨진 위쪽 오브젝트를 선택하고 ❸ [Stroke] 패널(Ctrl + F10)에서 **Cap: Round Cap**으로 설정하여 패스의 끝부분을 둥글게 표현하고, ❹ ㄱ 모양쪽으로 드래그해서 옮기면 팔이 완성됩니다. ❺ 팔을 구성하는 2개의 오브젝트가 포함되도록 범위를 드래그하여 선택하고, 몸통으로 드래그하여 배치합니다.

- **오브젝트 선택:** 〈Selection Tool(V)〉을 선택한 후 여러 개의 오브젝트를 선택할 때(다중 선택)는 다음과 같은 방법을 이용합니다.
    - Shift 을 누른 채 선택할 오브젝트를 모두 클릭합니다.
    - 선택할 오브젝트가 조금이라도 포함되도록 범위를 드래그합니다.
- **오브젝트 이동:** 〈Selection Tool(V)〉을 이용해 오브젝트를 선택한 후 픽셀 단위로 정교하게 이동하고 싶다면 방향키를 이용합니다.
    - ←, ↓, →, ↑를 누르면 해당 방향으로 1px씩 이동합니다.
    - Shift + ←, ↓, →, ↑를 누르면 해당 방향으로 10px씩 이동합니다.

05 반대쪽 팔을 만들기 위해 오른쪽 팔(2개의 오브젝트)이 선택된 상태에서 ① Ctrl + C 후 Ctrl + V 를 눌러 복제하고, 몸통 왼쪽으로 드래그하여 배치합니다. ② 왼쪽 팔의 테두리 고정점 바깥쪽에서 Shift + 드래그하여 180° 회전시키고, ③ 몸통에 붙이면 로봇이 완성됩니다.

TIP 오브젝트를 선택한 후 Alt 를 누른 채 원하는 위치로 드래그하는 방법으로 빠르게 복제 배치하면 편리합니다.

LESSON 04
일러스트레이터의 핵심, 펜 도구와 패스 다루기

일러스트레이터를 좀 사용한다면 가장 많은 시간을 투자해서 연습해야 할 도구가 있습니다. 바로 펜 도구 〈Pen Tool(P)〉이 바로 그것입니다. 〈Pen Tool(P)〉의 기본 기능은 다양한 형태의 패스를 그리는 것이고, 이런 패스는 오브젝트를 구성하는 기본 단위라고 할 수 있습니다.

결과 미리보기
예제_Pen Tool.ai, 완성_Pen Tool.ai

Ai 수학적으로 연결되는 패스 이해하기

선을 포함한 일러스트레이터의 벡터 오브젝트는 고정점(Anchor)이라고 하는 점이 수학적으로 연결되어 크기 축소나 확대가 자유로운 패스(Path)로 이루어져 있습니다.

패스는 크게 닫힌 패스와 열린 패스로 구분할 수 있으며, 이러한 패스는 주로 〈Pen Tool(P)〉 을 활용하여 그리거나 수정합니다.

닫힌 패스와 열린 패스 우선은 닫힌 패스와 열린 패스를 구분할 수 있어야 합니다. 〈Pen Tool(P)〉을 선택한 후 아트보드에서 처음 클릭한 위치의 고정점과 마지막으로 클릭한 고정점이 같으면(연결되어 있으면) '닫힌 패스'라 하고, 처음 클릭한 고정점과 마지막으로 클릭한 고정점이 서로 연결되어 있지 않으면 '열린 패스'라고 합니다. 꼭 〈Pen Tool(P)〉을 이용하지 않더라도 직선을 그리면 열린 패스가 되고, 사각형이나 삼각형을 그리면 닫힌 패스가 됩니다.

▲ 닫힌 패스　　　　　　　　　　▲ 열린 패스

패스의 구성 요소 일러스트레이터에서 그린 벡터 오브젝트는 직선 또는 곡선의 패스로 이루어져 있으며, 각 구성 요소는 다음과 같습니다.

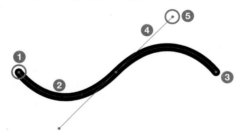

▲ 선분과 선분이 합쳐진 패스

❶ **고정점(Anchor):** 패스를 이루는 가장 기본 단위의 점입니다.

❷ **선분(Segment):** 고정점과 고정점 사이를 연결하는 선을 의미합니다.

❸ **패스(Path):** 선분과 선분이 합쳐진 전체 선을 의미합니다.

❹ **방향선(Direction Line):** 곡선 패스에서 표시되는 고정점과 핸들 사이의 직선으로, 방향선의 길이와 기울기에 따라 곡선의 모양이 정해집니다. 〈Anchor Point Tool〉 ⊼ 로 고정점을 클릭해서 활성화하거나 제거할 수 있습니다.

❺ **핸들(Handle):** 방향선의 끝에 표시되는 점으로 핸들을 드래그하여 방향선의 길이나 기울기를 변경함으로써 곡선 패스의 모양을 변경합니다.

패스를 그리거나 수정하는 도구 〈Pen Tool(P)〉 이외에도 도형 도구로 만든 사각형이나 직선 오브젝트도 모두 벡터 오브젝트입니다. 그러므로 패스를 자유롭게 다룰 수 있다면 도형 오브젝트를 변형하여 좀 더 다양한 형태의 오브젝트를 만들 수 있게 됩니다. 자유로운 모양의 패스를 완성하기 위한 패스 관련 도구를 살펴보겠습니다.

▲ 메뉴바에서 [Window – Toolbars – Advanced]를 선택한 후 Advanced 모드의 툴바에서 〈Pen Tool(P)〉과 하위 툴

• **Pen Tool:** 패스를 그리는 가장 기본적인 펜 도구입니다. 원하는 위치를 클릭하여 고정점(Anchor)을 생성하는 방법으로 직선을 그리고, 두 번째 고정점부터 클릭한 채 드래그해서 곡선 패스를 그릴 수 있습니다.

• **Add Anchor Point Tool:** 완성된 오브젝트의 패스에서 원하는 지점을 클릭하여 고정점을 추가할 수 있습니다.

• **Delete Anchor Point Tool:** 패스에 있는 고정점을 클릭해서 해당 고정점을 삭제합니다.

• **Anchor Point Tool:** 고정점을 클릭하여 직선을 곡선으로 만들거나, 곡선을 직선으로 만듭니다.

▲ Advanced 모드의 툴바에서 〈Direct Selection Tool(P)〉과 하위 툴

• **Direct Selection Tool:** 개별 고정점을 직접 클릭하여 선택하거나, 범위를 드래그하여 포함되는 고정점을 선택하여 정밀하게 수정합니다.

• **Group Selection Tool:** 오브젝트의 그룹별 고정점을 한 번에 모두 선택하여 정밀하게 수정합니다.

> **TIP** 〈Pen Tool(P)〉의 하위 툴을 선택하는 것보다는 단축키를 활용하면 더 빠르게 작업할 수 있습니다. 예를 들어 〈Pen Tool(P)〉이 선택된 상태에서 Alt를 누르고 있으면 〈Anchor Point Tool〉이 활성화되고, Ctrl을 누르고 있으면 〈Direct Selection Tool(A)〉이 활성화됩니다.

Ai 펜 도구로 직선 및 곡선 그리고 변형하기

〈Pen Tool(P)〉을 사용하여 자유로운 형태로 패스를 그리는 것은 일러스트레이터 실력 향상의 기본입니다. 처음에는 직선이나 곡선을 그리는 것조차 어렵게 느껴질 수 있으나 꾸준하게 연습해서 다양한 형태의 패스를 자유자재로 그리고 변형할 수 있어야 합니다.

패스 그리기 종료하기 〈Pen Tool(P)〉을 이용해 패스를 그릴 때 직선이나 곡선과 같은 열린 패스일 때와 도형과 같은 닫힌 패스일 때 패스 그리기를 마치는 방법이 다릅니다.

- **열린 패스**: 원하는 형태의 패스를 그린 후 [Esc]를 누르거나 [Ctrl]을 누른 채 빈 곳을 클릭합니다.
- **닫힌 패스**: 원하는 오브젝트를 그린 후 마지막에 시작점(처음 클릭한 고정점)을 클릭합니다.

직선 패스 그리기 〈Pen Tool(P)〉로 그릴 수 있는 가장 단순한 패스인 직선은 아트보드에서 시작점과 끝점을 클릭해서 2개의 고정점을 추가하면 됩니다. 이때 시작점을 클릭한 후 [Shift]를 누른 채 끝점을 클릭하면 수직/수평 또는 45° 기울기로 직선을 그릴 수 있습니다.

▲ 2개의 고정점으로 완성한 직선(열린 패스)　　　　▲ 3개의 고정점으로 완성한 삼각형(닫힌 패스)

곡선 패스 그리기 시작점을 클릭하고, 두 번째 고정점을 클릭한 채 드래그하면 방향선이 나타나며 곡선이 그려집니다. 방향선의 길이와 기울기에 따라 곡선의 모양이 정해지며, 되도록 적은 수의 고정점을 사용하여 곡선을 그려야 패스의 외형을 고르게 표현할 수 있습니다.

▲ 3개의 고정점으로 완성한 곡선(열린 패스)　　　　▲ 4개의 고정점으로 완성한 원형(닫힌 패스)

> **TIP**　방향선을 조절할 때(핸들을 드래그할 때)도 [Shift]+드래그하면 수직/수평 또는 45° 기울기로 변경할 수 있습니다.

패스를 반드시 직선이나 곡선만으로 그릴 필요는 없습니다. 곡선과 직선이 서로 연결된 형태의 패스도 그릴 수 있습니다.

직선에서 곡선 그리기 우선 시작점과 두 번째 고정점을 클릭해서 직선을 그리고, 세 번째 고정점 위치를 클릭한 채 드래그하면 직선에서 곡선으로 연결되는 패스가 그려집니다.

▲ 직선에서 곡선으로 연결된 패스 오브젝트

우디 특강 | **한쪽 방향만 곡선으로 표현하기**

고정점을 클릭한 후 드래그하면 해당 고정점을 기준으로 양쪽 선분이 곡선으로 표현됩니다. 즉, 클릭한 후 드래그한 고정점에는 양쪽 방향으로 방향선이 나타납니다.

만약 양쪽이 아닌, 고정점을 기준으로 한쪽만 곡선을 그리고 싶다면 고정점을 클릭한 후 Alt 를 누른 채 드래그하고, 이어서 다음 고정점을 클릭합니다. 아래와 같은 패스 그리는 과정을 참고하세요.

❶ 시작점 클릭 → ❷ 두 번째 고정점 클릭 → ❸ 세 번째 고정점 클릭 후 Alt +드래그 → ❹ 네 번째 고정점(끝점) 클릭

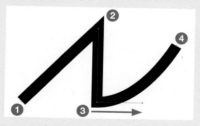

만약 위의 과정 중 ❸번에서 고정점을 클릭한 후 Alt +드래그로 방향선을 만들지 않고, 곧바로 다음 고정점을 클릭한다면 다음과 같은 모양의 패스가 그려집니다.

곡선에서 직선 그리기 반대로 곡선에서 직선으로 이어지는 패스를 그릴 때는 ❶ 우선 시작점을 클릭하고, ❷ 두 번째 고정점을 클릭한 채 드래그합니다. 두 번째 고정점에서 양쪽으로 방향선이 나타나고, ❸ 이때 해당 고정점을 한 번 더 클릭하면 진행 방향의 방향선 하나가 삭제됩니다. 이어서 ❹ 세 번째 고정점을 클릭하면 직선으로 연결됩니다.

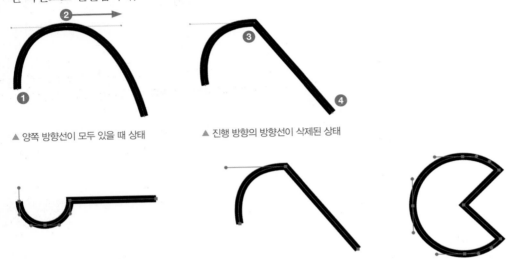

▲ 양쪽 방향선이 모두 있을 때 상태   ▲ 진행 방향의 방향선이 삭제된 상태

▲ 곡선에서 직선으로 연결된 패스 오브젝트

Ai 모퉁이점으로 연결된 2개의 곡선 그리기

쌍봉 낙타의 등처럼 갑자기 방향이 바뀌는 고정점을 모퉁이점이라 합니다. 모퉁이점으로 연결된 2개의 곡선을 그릴 때는 다음과 같은 순서로 고정점을 추가합니다.

01 ❶ 시작점 클릭 → ❷ 두 번째 고정점 클릭 후 드래그 → ❸ Alt 를 누른 채 진행 방향 핸들 클릭 후 드래그 → ❹ 세 번째 기준점을 클릭 후 드래그하는 순서로 패스를 그립니다.

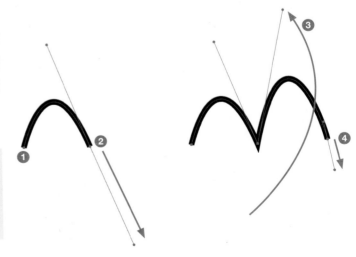

TIP 핸들은 〈Anchor Point Tool〉로 드래그하여 변경할 수 있으며, 〈Pen Tool(P)〉 사용 중에 Alt 를 누르고 있으면 일시적으로 〈Anchor Point Tool〉이 활성화됩니다.

〈Pen Tool(P)〉을 이용하여 그리기를 마친 패스에서 고정점을 추가하거나 삭제하여 모양을 변형할 수도 있습니다. 고정점에 방향선을 추가하여 직선을 곡선으로 만들거나, 반대로 방향선을 제거하여 곡선을 직선으로 만들 때 고정점 도구 〈Anchor Point Tool〉 을 사용합니다.

고정점 추가 〈Pen Tool(P)〉을 선택한 후 패스로 마우스 커서를 옮기면 펜 모양과 함께 [+] 표시가 활성화되고, 이때 클릭하면 해당 위치에 고정점이 추가됩니다.

고정점 삭제 마찬가지로 〈Pen Tool(P)〉을 선택한 후 고정점 위로 마우스 커서를 옮기면 펜 모양과 함께 [−] 표시가 활성화되고, 이때 클릭하면 해당 고정점이 삭제됩니다. 사각형처럼 닫힌 패스에서 고정점을 삭제하면 나머지 고정점과 자동으로 이어지면서 닫힌 패스가 유지됩니다.

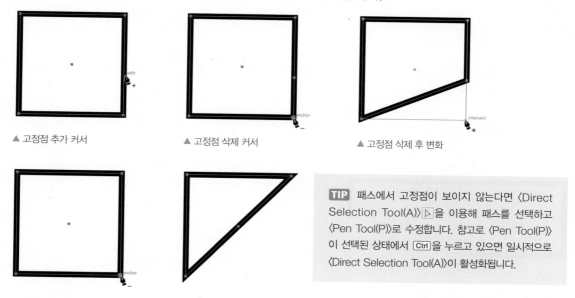

▲ 고정점 추가 커서   ▲ 고정점 삭제 커서   ▲ 고정점 삭제 후 변화

▲ 사각형에서 고정점 삭제 후 변화

> **TIP** 패스에서 고정점이 보이지 않는다면 〈Direct Selection Tool(A)〉 을 이용해 패스를 선택하고 〈Pen Tool(P)〉로 수정합니다. 참고로 〈Pen Tool(P)〉이 선택된 상태에서 Ctrl 을 누르고 있으면 일시적으로 〈Direct Selection Tool(A)〉이 활성화됩니다.

방향선 추가 〈Anchor Point Tool〉을 선택한 후 방향선이 없는 고정점을 클릭한 후 드래그하면 방향선이 나타납니다. 이어서 원하는 방향의 핸들을 클릭한 채 드래그해서 개별적으로 방향선을 수정할 수 있습니다.

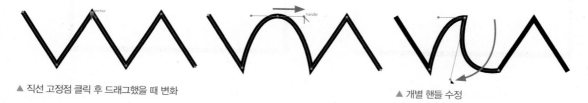

▲ 직선 고정점 클릭 후 드래그했을 때 변화   ▲ 개별 핸들 수정

방향선 삭제 〈Anchor Point Tool〉을 선택한 후 방향선이 있는 고정점을 클릭하면 방향선이 삭제되면서 곡선이 직선으로 바뀝니다.

▲ 곡선 고정점 클릭 시 변화

> **TIP** 〈Pen Tool(P)〉이 선택된 상태에서 Alt 를 누르고 있으면 일시적으로 〈Anchor Point Tool〉이 활성화됩니다.

Ai 열린 패스에서 이어 그리기

시작점과 끝점이 연결되지 않은 열린 패스라면 〈Pen Tool(P)〉을 사용해 패스를 이어 그리거나 닫힌 패스로 만들 수 있습니다.

패스 이어 그리기 〈Pen Tool(P)〉을 선택한 후 이어 그릴 패스의 마지막 고정점으로 마우스 커서를 옮깁니다. 펜 모양에 [/] 표시가 활성화되면 클릭한 다음 계속해서 원하는 위치를 클릭하여 고정점을 추가합니다.

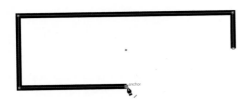

닫힌 패스 만들기 〈Pen Tool(P)〉을 선택한 후 열린 패스에서 끝점을 클릭하여 이어 그리기를 시작하고, 이어서 시작점으로 마우스 커서를 옮깁니다. 펜 모양에 [O] 표시가 활성화되면 클릭해서 닫힌 패스를 완성합니다.

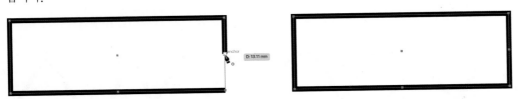

> **TIP** 열린 패스에서 〈Direct Selection Tool(A)〉로 임의의 고정점을 선택하고 Delete 를 눌러 패스 모양을 변경할 수도 있습니다.

다양한 형태의 패스 오브젝트 그려 보기

지금까지 소개한 기능을 이용해 다양한 패스 오브젝트를 그려 보겠습니다. 우선 간단하게 북마크 모양 오브젝트부터 그려 봅니다. ❶ 툴바에서 〈Rectangle Tool(M)〉□을 선택한 후 사각형을 그립니다. ❷ 〈Pen Tool(P)〉을 선택한 후 사각형의 밑변에서 중앙을 클릭하여 고정점을 추가합니다. ❸ 〈Direct Selection Tool(A)〉을 선택한 후 추가한 고정점을 Shift+드래그하여 수직 방향 위로 옮기면 북마크 모양의 패스 오브젝트가 완성됩니다. Link 사각형 그리는 방법은 82쪽을 참고합니다.

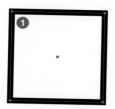 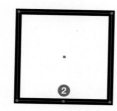 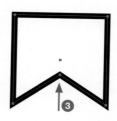

동영상 강의 예제 파일의 패스를 그리는 구체적인 방법 및 〈Pen Tool(P)〉에 대한 더욱 자세한 설명은 다음 동영상 강의에서 확인할 수 있습니다.

패스와 펜 도구에 대해 어느 정도 파악했다면 이제는 꾸준한 연습이 답입니다. 예제 밑그림을 열고 밑그림을 따라 다양한 형태의 패스를 그리면서 〈Pen Tool(P)〉을 자유자재로 다룰 수 있도록 반복해서 연습해 봅니다.

메뉴바에서 [File – Open]을 선택하거나 다운로드한 예제 파일 폴더에서 [예제_Pen Tool.ai] 파일을 찾아 더블 클릭하여 패스 그리기 연습용 예제 파일을 엽니다.

▲ 패스 연습용 예제 파일

다음과 같은 예제 파일이 열리면 툴바에서 〈Selection Tool(V)〉▶을 선택한 후 가운데 있는 빨간색 직선을 선택하여 면과 선을 빨간색 직선과 같은 스타일로 설정합니다. 이어서 〈Pen Tool(P)〉을 선택하고 화면 배율을 충분히 확대한 다음 [연습 A]부터 [연습 B]에 있는 패스 오브젝트를 따라 그립니다.

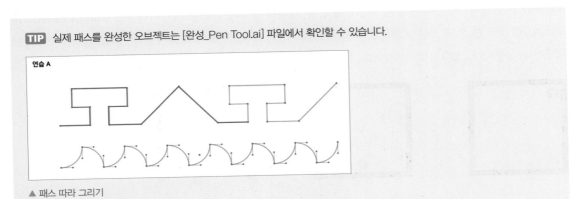

TIP 실제 패스를 완성한 오브젝트는 [완성_Pen Tool.ai] 파일에서 확인할 수 있습니다.

▲ 패스 따라 그리기

우디 특강 | **곡선을 잘 그리는 노하우**

패스에 고정점이 필요 이상으로 많으면 오브젝트의 형태가 고르지 않을 수 있습니다. 그러므로 곡선을 그릴 때는 최대한 적은 수의 고정점을 사용해야 합니다.

최적의 고정점으로 곡선을 그리고 싶다면 대표적인 곡선 오브젝트라고 할 수 있는 정원을 그려 봅니다. 〈Ellipse Tool(L)〉◉로 정원을 그려 보면 4개의 고정점으로 이루어져 있고, 각 고정점에 있는 방향선의 길이는 원의 지름을 넘지 않습니다. 그러므로, 곡선을 그릴 때 정원을 덧그려서 비교해 보면 좀 더 나은 곡선을 그릴 수 있을 겁니다.

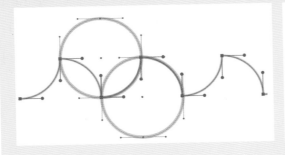
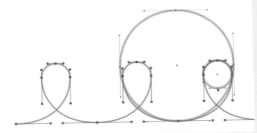

[연습 A] 아트보드에는 고정점, 핸들과 방향선 등이 모두 표시되어 있어 좀 더 쉽게 연습할 수 있습니다. [연습 A] 아트보드에서 충분히 연습했다면 고정점 등이 표시되지 않은 [연습 B] 아트보드에서 패스를 따라 그리면서 연습합니다.

> **TIP** 아트보드에 표시된 고정점과 핸들의 위치 등을 정확하게 일치시킬 필요는 없습니다. 제시한 형태를 어떻게 그리는지를 이해하는 것으로 충분합니다. 하지만 처음 시작하는 연습이라면 최대한 비슷하게 따라 해 보는 것도 좋습니다.

우디 특강 | 모든 핸들 표시하기

일러스트레이터의 기본 설정에서 고정점을 여러 개 선택하면 선택된 고정점의 핸들은 표시되지 않습니다.

만약 선택한 고정점의 핸들을 모두 표시하고 싶다면 〈Direct Selection Tool(A)〉을 선택한 후 범위를 드래그하거나 Ctrl +클릭으로 원하는 고정점을 모두 선택합니다. 그런 다음 상단 옵션바의 [Handles] 옵션에서 첫 번째 아이콘인 [Show handles for multiple selected anchor points] 아이콘을 선택하면 선택한 고정점의 모든 핸들이 표시됩니다.

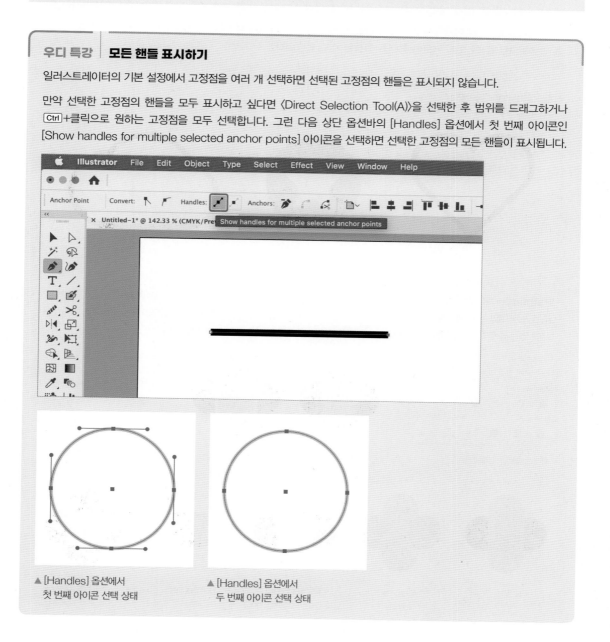

▲ [Handles] 옵션에서
첫 번째 아이콘 선택 상태

▲ [Handles] 옵션에서
두 번째 아이콘 선택 상태

오브젝트를 합치거나 교차하는 패스파인더

패스파인더 기능은 여러 개의 오브젝트를 하나로 합치거나 교차하는 등 고정점을 직접 변형하는 것이 아니라 오브젝트와 오브젝트를 이용해서 형태를 변경할 때 사용합니다. 하나의 오브젝트를 변형하는 것보다 여러 오브젝트를 활용하므로 좀 더 쉽게 원하는 형태를 완성할 수도 있습니다.

결과 미리보기

완성_Pathfinder 아이콘.ai

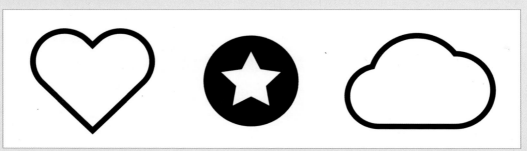

주요 기능 살펴보기

- **Pathfinder:** [Pathfinder] 패널(Shift + Ctrl + F9)을 열면 벡터 오브젝트를 결합하거나 교차하는 등 다양한 방식으로 오브젝트와 오브젝트를 이용하여 새 오브젝트를 만들 수 있습니다. 대표적으로 다음과 같이 [Shape Modes] 옵션에 있는 4개의 아이콘과 [Pathfinders] 옵션에 있는 첫 번째 아이콘을 자주 사용합니다.

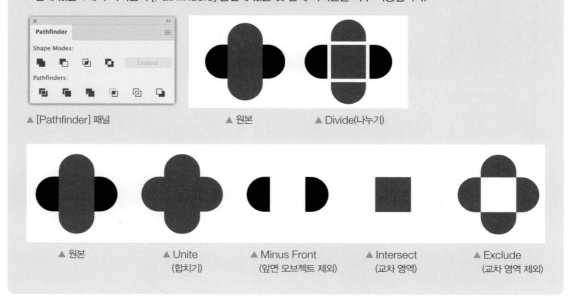

▲ [Pathfinder] 패널

▲ 원본

▲ Divide(나누기)

▲ 원본

▲ Unite
(합치기)

▲ Minus Front
(앞면 오브젝트 제외)

▲ Intersect
(교차 영역)

▲ Exclude
(교차 영역 제외)

Ai **여러 개의 오브젝트를 합쳐서 구름 아이콘 완성하기**

흔히 떠올릴 수 있는 아이콘 중 상당히 복잡해 보이는 것도 의외로 기본 도형 조합으로 이루어진 것들이 많습니다. 3개의 정원과 1개의 사각형을 이용하여 간단하게 구름 아이콘을 완성해 보겠습니다.

01 ❶ [Swatches] 패널에서 **Fill: None, Stroke: Black**으로, ❷ [Stroke] 패널에서 **Weight: 5pt**로 설정합니다. ❸ 툴바에서 〈Ellipse Tool(L)〉을 선택하고 아트보드 빈 곳을 클릭하여 Ellipse 창에서 **Width: 20mm, Height: 20mm**로 설정한 후 ❹ [OK] 버튼을 클릭합니다.

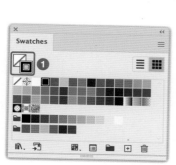
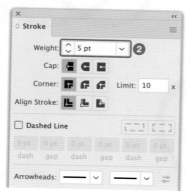
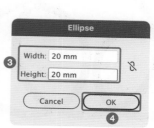

02 ❶ 정원이 그려지면 〈Selection Tool(V)〉을 선택해서 정원을 선택합니다. ❷ 그 상태에서 정원을 오른쪽으로 Alt + Shift +드래그하여 수평으로 복제합니다.

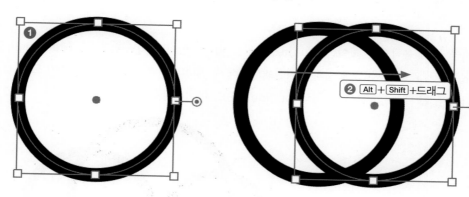

> **TIP** 오브젝트의 위치를 옮길 때 Alt 를 누른 채 드래그하면 오브젝트가 복제되고, Shift 를 누른 채 드래그하면 수직/수평으로 이동할 수 있습니다. 그러므로 Alt + Shift +드래그는 선택한 오브젝트를 수직/수평으로 복제할 때 사용합니다.

03 ❶ 복제된 원의 오른쪽 위에 있는 고정점을 바깥쪽으로 [Shift]+드래그하여 적당히 크기를 키웁니다. 앞서와 같은 방법으로 ❷ 정원을 추가로 복제하고, ❸ 크기를 변경하여 구름 모양의 틀을 완성합니다.

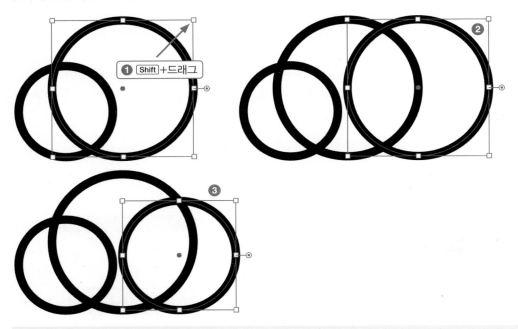

> **TIP** [Alt]를 누른 채 고정점을 드래그하면 현재 오브젝트의 중심점을 고정한 채 크기를 변경할 수 있고, [Shift]를 누른 채 고정점을 드래그하면 현재 오브젝트의 크기 비율을 유지한 채 크기를 변경할 수 있습니다. 그러므로 [Alt]+[Shift]+드래그는 중심점과 비율을 유지한 채 크기를 변경할 때 사용합니다.

04 ❶ [Ctrl]+[Y]를 눌러 윤곽선만 보이는 Outline 모드를 활성화합니다. ❷ 툴바에서 〈**Rectangle Tool(M)**〉을 선택하고, 그림과 같이 첫 번째 원의 중심점에서부터 세 번째의 원의 아래쪽 고정점까지 드래그하여 사각형을 그립니다. ❸ 다시 [Ctrl]+[Y]를 눌러 Outline 모드를 마칩니다.

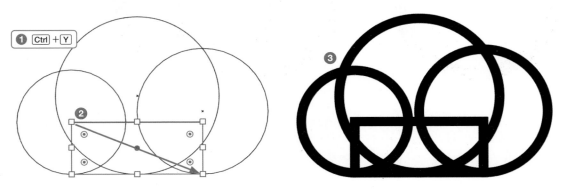

> **TIP** Outline 모드에서는 오브젝트의 윤곽선만 표시되므로, 정교한 패스 작업을 하거나 아래쪽에 가려진 오브젝트를 선택할 때 유용합니다.

05 4개의 오브젝트를 하나로 합치기 위해 ❶ 툴바에서 〈Selection Tool(V)〉을 선택하고 범위를 드래그해서 모든 오브젝트를 선택합니다. ❷ [Pathfinder] 패널에서 [Unite] 아이콘을 클릭해 선택한 오브젝트를 하나로 합치면 ❸ 구름 아이콘이 완성됩니다.

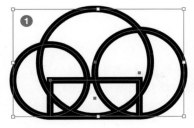

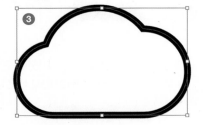

우디 특강 | **Unite와 Group의 차이**

[Pathfinder] 패널에서 [Unite] 아이콘을 클릭하면 선택 중인 모든 오브젝트가 온전히 하나의 패스 오브젝트로 합쳐집니다. 즉, Ctrl+Z를 눌러 실행을 취소하지 않는 이상 이전 상태의 여러 오브젝트로 분리하는 일이 불가능하다고 할 수 있습니다.

반면 Ctrl+G를 눌러 그룹으로 묶는 것은 임시로 묶는 것이므로 언제든지 Ctrl+Shift+G를 눌러 그룹을 해제할 수 있습니다.

다음과 같이 오브젝트를 합쳤을 때와 그룹으로 묶었을 때 표시되는 패스 형태가 다르며, Ctrl+Y를 눌러 Outline 모드에서 확인하면 더욱 명확하게 구분할 수 있습니다.

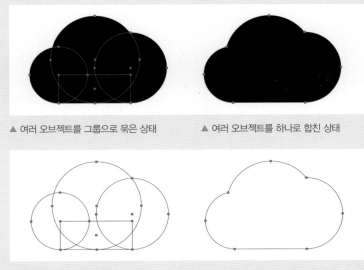

▲ 여러 오브젝트를 그룹으로 묶은 상태 　　 ▲ 여러 오브젝트를 하나로 합친 상태

▲ Outline 모드에서의 패스

일정한 간격으로 복제해서 무지개 그리기

같은 모양이 일정한 간격으로 반복되는 형태의 오브젝트라면 Offset Path 기능을 활용해 쉽게 완성할 수 있습니다. Offset Path 기능과 앞서 배운 패스파인더(Pathfinder) 기능을 이용해 무지개를 그려 보겠습니다.

결과 미리보기

완성_무지개 그리기.ai

주요 기능 살펴보기

• **Offset Path:** 패스 이동이라고 불리는 Offset Path 기능은 선택한 오브젝트를 일정한 간격만큼 크기를 변형한 상태로 복제할 수 있습니다.

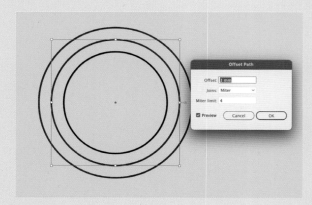

Ai **정원을 이용하여 무지개 기본 형태 만들기**

무지개처럼 모양이 반복되는 형태는 Offset Path 기능을 활용하면 됩니다. 무지개의 기본 형태는 반원과
유사합니다. 그러므로 우선 정원을 그린 후 복제해서 배치하고, 잘라서 기본 형태를 완성합니다.

01 Ctrl+N을 눌러 New Document 창을 엽니다. ① [Print] 탭을 누른 후 ② 세부 정보에서 **Width:
100mm, Height: 100mm**로 설정하고, ③ [Create] 버튼을 클릭해 새 문서를 시작합니다.

> **TIP** [Print] 탭에서는 인쇄에 최적화된 [Color Mode: CMYK Color, Raster Effects: High (300 ppi)]가 기본값으로 설정
> 되어 있습니다.

02 간단한 배경부터 만들겠습니다. ① [Color] 패널(F6)에서 **Fill: C30/M0/Y0/K0, Stroke: None**으로
설정합니다. ② 툴바에서 〈**Rectangle Tool(M)**〉■을 선택하고 아트보드 빈 곳을 클릭하여 Rectangle 창
에서 **Width: 100mm, Height: 100mm**로 설정한 후 ③ [OK] 버튼을 클릭합니다. ④ 아트보드와 같은 크기
의 사각형이 그려지면 〈**Selection Tool(V)**〉▶을 이용해 아트보드에 맞춰 배치합니다.

03 Ctrl+2를 눌러 배경 오브젝트를 잠금 처리하고, ❶ [Color] 패널에서 **Fill: None, Stroke: Black**으로 설정합니다. ❷ 툴바에서 〈**Ellipse Tool(L)**〉◯을 선택하고 ❸ 아트보드 빈 곳을 클릭하여 Ellipse 창에서 **Width: 25mm, Height: 25mm**로 설정한 후 ❹ **[OK]** 버튼을 클릭합니다. ❺ 정원이 그려지면 〈**Selection Tool(V)**〉을 선택한 후 스마트 가이드를 참고하면서 아트보드 중앙에 배치합니다.

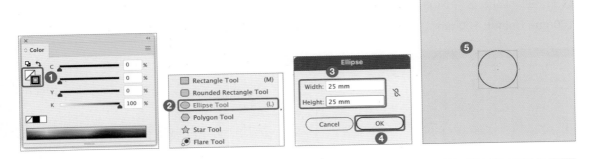

> **TIP** 오브젝트 또는 아트보드를 추가하거나 변형할 때 스마트 가이드가 표시되어 도움을 받을 수 있습니다. 스마트 가이드가 표시되지 않는다면 메뉴바에서 [View – Smart Guides]를 선택하거나 단축키 Ctrl+U를 누릅니다.

우디 특강 | **오브젝트 잠금 및 잠금 해제하기**

배경 오브젝트와 같이 이후 수정할 일이 거의 없이 완성된 오브젝트는 의도치 않게 변형되거나 다른 작업에 방해되지 않도록 잠금 처리하는 것이 좋습니다. 오브젝트를 잠금 처리하거나 해제할 때는 다음과 같은 단축키를 사용하는 것이 편리합니다.

- **잠금:** 오브젝트 선택 후 Ctrl+2
- **모든 잠금 해제:** Ctrl+Alt+2

위 단축키 중 잠금 해제는 오브젝트 선택 여부에 상관없이 현재 문서 내의 모든 잠금 처리가 해제됩니다. 개별 오브젝트를 잠금 해제할 때는 다음과 같은 방법을 이용합니다.

- **[Layers] 패널에서 개별 잠금 해제:** [Layers] 패널(F7)에서 하위 레이어 목록을 펼친 후 자물쇠 모양의 아이콘을 클릭해서 개별 잠금을 해제할 수 있습니다.

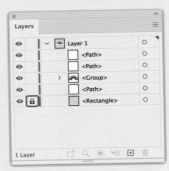

- **아트보드에서 잠금 해제:** ① Ctrl+K를 눌러 Preferences 창을 열고, [Selection & Anchor Display]를 선택한 후 ② [Select and Unlock objects on canvas] 옵션에 체크합니다. ③ 아트보드에서 잠금 처리한 오브젝트를 선택하고 왼쪽에 자물쇠 모양 아이콘을 클릭하면 잠금을 해제할 수 있습니다.

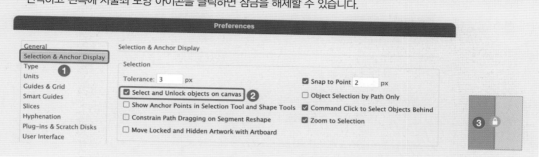

04 무지개를 표현하기 위해 정원을 일정하게 키우면서 복제해야 합니다. ① 원이 선택된 상태로 메뉴 바에서 [Object – Path – Offset Path]를 선택하여 Offset Path 창을 열고, **Offset: 3mm**로 설정한 후 Tab 을 누릅니다. ② 아트보드에서 Offset Path 실행 결과를 미리 확인한 후 ③ [OK] 버튼을 클릭하면 3mm 커진 원이 그려집니다. **Link** Offset Path 기능에 대한 자세한 설명은 86쪽을 참고합니다.

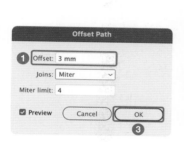

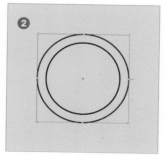

05 Offset Path를 실행하여 복제된 오브젝트가 선택된 상태에서 다시 ① [Object – Path – Offset Path] 메뉴를 선택하고 **Offset: 3mm**로 설정한 후 ② [OK] 버튼을 클릭해 세 번째 정원을 추가합니다. ③ 이 과정을 반복하여 총 8개의 정원을 만듭니다.

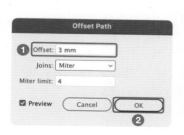

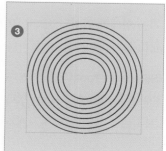

06 ❶ 툴바에서 〈Line Segment Tool(\\)〉 을 선택한 후 정원의 중앙을 가로지르는 직선을 그립니다. 이 직선은 정원을 자르기 위한 기준이 됩니다. ❷ 〈Selection Tool(V)〉을 선택한 후 범위를 드래그하여 8개의 정원과 직선 오브젝트를 선택하고 ❸ [Pathfinder] 패널(Shift + Ctrl + F9)에서 [Divide] 아이콘을 클릭해 패스 모양대로 자릅니다.

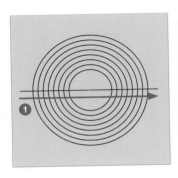 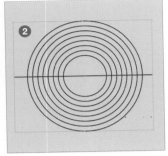 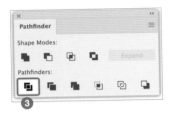

07 ❶ [마우스 우클릭] 후 [Ungroup]을 선택해서 그룹을 해제하고, 빈 영역을 클릭해서 전체 선택을 해제합니다. ❷ 그림과 같이 범위를 드래그해서 아래쪽 부분을 선택하고 ❸ Delete를 눌러 지우면 무지개 형태가 완성됩니다. **Link** 패스파인더 기능에 대한 자세한 설명은 166쪽을 참고합니다.

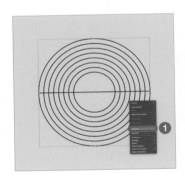 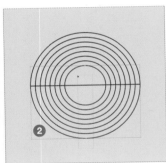 

Ai 각 오브젝트 색상 변경하여 무지개 완성하기

무지개의 기본 형태가 완성되었으니, 이제 각 오브젝트의 색상을 변경하여 무지개를 완성합니다. 여기서는 [Swatches] 패널을 이용하지만 툴바나 옵션바, [Color] 패널 등 어떤 패널을 이용해도 무방합니다.

01 ❶ 〈Selection Tool(V)〉을 이용해 가장 바깥쪽에 있는 반원 오브젝트부터 선택하고 ❷ [Swatches] 패널에서 **Fill: Red, Stroke: None**으로 설정하여 선을 없애고, 빨간색으로 면을 칠합니다. ❸ 차례로 하나씩 안쪽 오브젝트를 선택한 후 무지개가 되도록 면을 칠하고 선을 없애면 무지개가 완성됩니다.

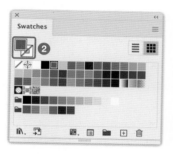
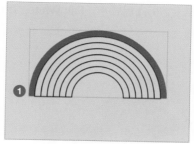
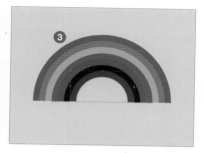

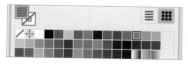
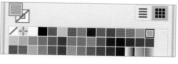
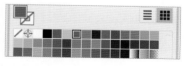

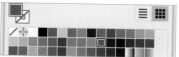
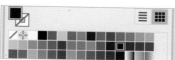
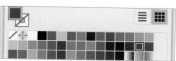

02 완성한 무지개에 구름과 같은 오브젝트를 추가해 꾸며 보겠습니다. 〈Selection Tool(V)〉로 범위를 드래그하여 무지개 오브젝트를 모두 선택한 후 Ctrl+G를 눌러 그룹으로 묶고, 적당한 위치에 배치합니다.

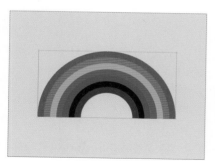

> **TIP** 여러 오브젝트로 완성한 형태를 그룹으로 묶으면 선택이나 이동이 좀 더 수월합니다. 그룹으로 묶는 단축키는 Ctrl+G, 그룹 해제 단축키는 Ctrl +Shift+G입니다.

03 ❶ 예제 파일 [완성_Pathfinder 아이콘.ai]을 찾아 열고 〈Selection Tool(V)〉로 구름 오브젝트를 선택한 다음 Ctrl+C를 눌러 복사합니다. ❷ 작업 중이던 문서로 돌아와 Ctrl+V를 눌러 붙여 넣습니다.

04 ❶ 구름 오브젝트가 선택된 상태로 [Color] 패널에서 **Fill: White, Stroke: None**으로 설정합니다.
❷ 모퉁이에 있는 고정점을 Shift+드래그하여 구름 크기를 줄인 후 그림처럼 무지개 한쪽에 배치합니다.

TIP 오브젝트를 선택했을 때 테두리 상자가 보이지 않는다면 Ctrl+Shift+B를 눌러 테두리 상자를 표시한 후 고정점을 이용해 크기를 조절합니다.

05 ❶ 구름이 선택된 상태에서 오른쪽으로 Alt+드래그하여 구름을 복제합니다. ❷ 모퉁이에 있는 조절점을 Shift+드래그하여 크기에 살짝 변화를 줍니다.

TIP 〈Selection Tool(V)〉이 선택된 상태에서 원하는 오브젝트를 선택한 후 Alt+드래그하면 빠르게 복제할 수 있습니다.

06 ❶ 한 번 더 Alt+드래그하여 무지개 위쪽으로 구름을 복제한 후 크기를 조절합니다. ❷ 이어서 Ctrl+Shift+I를 눌러 마지막 구름의 정돈 순서를 맨 뒤로 보낸 후 Ctrl+I를 눌러 한 단계 앞으로 옮기면 배경보다는 앞에, 무지개보다는 뒤에 배치됩니다. Link 레이어 순서를 변경하는 단축키는 105쪽에서 자세히 소개합니다.

변형을 반복 실행하여 시계 만들기

시계에서 시간을 표시하는 막대는 30° 간격으로 총 12개가 배치되어 있습니다. 이 막대를 그리기 위해 12개의 직선을 그리고, 일일이 각도를 회전하고 배치한다면 시간이 많이 걸릴 겁니다. 하지만 일러스트레이터의 Transform Again 기능을 이용하면 단축키를 몇 번 누르는 것만으로 손쉽게 완성할 수 있습니다.

결과 미리보기

완성_시계 만들기.ai

주요 기능 살펴보기

- **Rotate Tool(R):** 〈Rotate Tool(R)〉을 사용하면 원하는 위치를 클릭해서 기준이 될 고정점을 지정한 후 오브젝트를 회전시킬 수 있습니다.

▲ 원하는 각도를 지정해서 회전시킬 수 있는 Rotate 창

- **Transform Again(Ctrl+D):** 이동, 회전, 크기 변경, 복제 등 오브젝트를 변형한 후 Transform Again 기능을 실행하면(Ctrl+D) 직전에 적용한 변형이 반복해서 실행됩니다.

▲ 오브젝트를 일정한 위치로 복제한 후 Ctrl+D를 누르면 동일한 간격으로 반복해서 복제할 수 있습니다.

Ai 회전 복제를 반복해서 시간 표시 막대 만들기

직선 막대를 그린 후 회전 도구라고 불리는 〈Rotate Tool(R)〉을 사용하여 원하는 간격으로 복제 배치합니다. 이후에 회전 복제를 반복 실행하여 12개의 시간 표시 막대를 배치하면 시계의 기본 형태가 완성됩니다.

01 Ctrl+N을 눌러 New Document 창을 엽니다. ① [Print] 탭을 클릭한 후 ② 세부 정보에서 **Width: 100mm, Height: 100mm**로 설정하고, ③ [Create] 버튼을 클릭해 새 문서를 시작합니다.

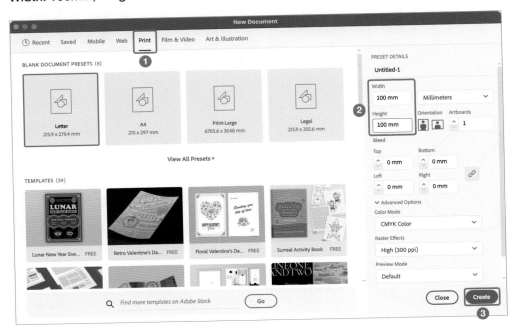

02 ① [Color] 패널(F6)에서 **Fill: C100/M100/Y25/K25, Stroke: None**으로 설정해서 시계의 색을 지정합니다. ② 툴바에서 〈Ellipse Tool(L)〉◉을 선택하고 아트보드 빈 곳을 클릭하여 ③ Ellipse 창에서 **Width: 30mm, Height: 30mm**로 설정한 후 ④ [OK] 버튼을 클릭합니다.

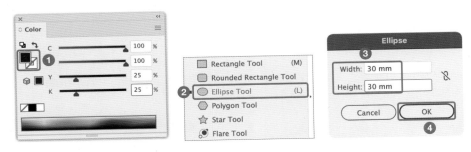

03 정원이 그려지면 〈Selection Tool(V)〉 ▶을 선택하고 상단 옵션바에서 정렬 기능을 사용하여 대지 중앙에 배치합니다. ❶ 우선 옵션바에서 **Align to Artboard**로 설정하여 정렬 기준을 아트보드로 지정하고, ❷ [**Horizontal Align Center**](가로 방향 가운데 정렬)와 ❸ [**Vertical Align Center**](세로 방향 가운데 정렬) 아이콘을 순서대로 클릭해 오브젝트를 아트보드 중앙에 정렬합니다.

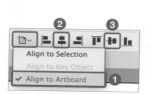

> **TIP** 옵션바에서 정렬 기능을 찾을 수 없다면 [Align] 패널을 이용해도 됩니다.

04 정원이 선택된 상태로 ❶ 메뉴바에서 [**Object – Path – Offset Path**]를 실행하여 Offset Path 창이 열리면 **Offset: -1mm**로 설정하고 ❷ [**OK**] 버튼을 클릭합니다. ❸ 기존 원보다 1mm 작은 정원이 복제되면 [Color] 패널에서 **Fill: C0/M0/Y0/K10, Stroke: None**으로 설정하여 ❹ 시계의 외형을 만듭니다.

05 ❶ 〈Selection Tool(V)〉을 선택한 후 범위를 드래그하여 시계 외형을 모두 선택하고, Ctrl + 2를 눌러 잠금 처리합니다. ❷ [Color] 패널에서 **Fill: None, Stroke: C100/M100/Y25/K25**로 설정하고, ❸ [Stroke] 패널(Ctrl + F10)에서 **Weight: 2pt**로 설정합니다. ❹ 툴바에서 〈Line Segment Tool(\)〉 /을 선택한 후 12시 구간에 적당한 길이로 직선을 그립니다.

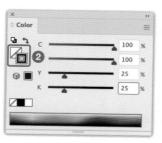

06 우선 회전 복제를 1회 실행하기 위해 ❶ 툴바에서 〈Rotate Tool(R)〉 🔄을 선택합니다. ❷ 정원의 중앙으로 마우스 커서를 옮겨 'Center'라는 스마트 가이드가 표시되면 Alt+클릭하여 회전 시 기준점을 지정합니다. ❸ 동시에 Rotate 창이 열리면 **Angle: 30°**로 설정한 후 ❹ **[Copy]** 버튼을 클릭해 ❺ 회전 복제합니다.

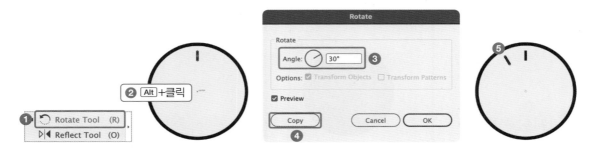

> **TIP** 원은 360°이고, 시간 표시 막대는 총 12개입니다. 그러므로 360을 12로 나누면 막대 간 회전 각도를 알 수 있습니다.

우디 특강 │ **회전 도구 자세히 살펴보기**

오브젝트를 회전하고 싶다면 우선 회전할 오브젝트를 선택하고 〈Rotate Tool(R)〉을 선택해야 합니다. 〈Rotate Tool(R)〉을 선택하면 선택한 오브젝트의 중앙에 회전 기준점이 표시되고, 회전 기준점이 아닌 임의의 위치에서 드래그하면 회전 기준점을 기준으로 오브젝트가 회전합니다.

▲ 회전 기준점이 오브젝트 중앙에 있으면 제자리에서 회전합니다.

- **회전 기준점 위치 변경**: 〈Rotate Tool(R)〉이 선택된 상태에서 회전 기준점을 드래그하면 위치를 변경할 수 있습니다.

▲ 회전 기준점이 오브젝트의 중앙이 아닐 때는 회전 시 오브젝트의 위치도 변경됩니다.

- **Rotate 창 이용:** 드래그하여 눈대중으로 회전시키는 것이 아니라 정확한 각도를 이용하고 싶다면 ⟨Rotate Tool(R)⟩을 선택하고, 회전 기준점으로 지정할 곳을 Alt+클릭합니다. 그러면 Rotate 창이 열리고, 여기서 [Angle] 옵션을 이용하면 정확한 각도로 오브젝트를 회전시킬 수 있습니다.

  만약 선택한 오브젝트의 중앙에 고정점을 유지한 채 정확한 각도로 회전시키고 싶다면 ⟨Rotate Tool(R)⟩을 더블 클릭해서 Rotate 창을 열면 됩니다.

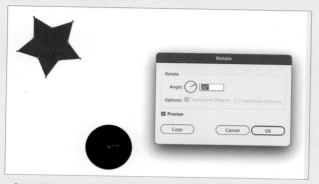

▲ [Angle] 옵션 값이 음수면 시계 방향, 양수면 반시계 방향으로 회전됩니다.

- **회전 복제:** ⟨Rotate Tool(R)⟩을 선택하고 아트보드에서 드래그하는 방법은 오브젝트를 회전시킬 수만 있습니다. 만약 원본 오브젝트를 유지한 채 지정한 값으로 회전 복제할 때는 Rotate 창을 이용해야 합니다. Rotate 창을 열고 원하는 회전 각도를 입력한 후 [Copy] 버튼을 클릭하면 회전 복제가 되고, [OK] 버튼을 클릭하면 원본이 회전됩니다.

07 12시 표시 막대가 반시계 방향으로 30° 회전 복제되어 11시 표시 막대가 추가되었습니다. 이제 직전의 작업을 반복 실행하는 Transform Again 기능을 실행하면 반시계 방향으로 30°씩 회전 복제됩니다. 단축키 Ctrl+D를 계속 눌러 1시 표시 막대까지 추가합니다.

08 ⟨Selection Tool(V)⟩을 선택하고, 범위를 드래그하여 모든 시간 표시 막대를 선택합니다. 이어서 Ctrl+G를 눌러 그룹으로 묶고 Ctrl+2를 눌러 잠금 처리합니다.

TIP 원형 오브젝트는 앞서 잠금 처리했으므로 범위를 드래그해도 시간 표시 막대만 선택됩니다.

Ai 시계 바늘 표현하여 완성하기

시계 만들기의 90%는 끝났다고 봐도 무방합니다. 이제 직선을 그려서 시침과 분침, 초침을 표현합니다.

01 ❶ 툴바에서 〈Line Segment Tool(\)〉을 선택한 후 시계의 정중앙으로 마우스 커서를 옮기면 'center' 스마트 가이드가 표시됩니다. ❷ 여기서 클릭한 채 드래그하여 시간 표시 막대와 같은 굵기와 색으로 짧은 시침을 표현합니다.

02 계속해서 분침을 그리겠습니다. 〈Selection Tool(V)〉을 선택하고 빈 곳을 클릭하여 모든 선택을 해제하고, 〈Line Segment Tool(\)〉을 선택하여 시침 때와 같은 방법으로 중앙에서 클릭한 채 드래그하여 적당한 길이로 분침을 그립니다.

> **TIP** 분침을 그리기 위해 마우스 커서를 중앙으로 옮기면 중앙에 시침으로 사용한 직선의 고정점이 있으므로 'anchor'가 표시됩니다.

03 다시 한번 〈Selection Tool(V)〉을 선택한 후 빈 곳을 클릭하여 모든 선택을 해제합니다. 초침은 얇은 빨간색 선으로 표현하기 위해 ❶ [Color] 패널에서 **Fill: None, Stroke: C0/M100/Y100/K0**으로, ❷ [Stroke] 패널에서 **Weight: 1pt**로 설정합니다.

> **TIP** 〈Selection Tool(V)〉로 빈 곳을 클릭하여 모든 선택을 해제함으로써 기존에 선택한 오브젝트에 새로 지정하는 색상 등의 스타일이 적용되는 것을 방지할 수 있습니다. 이때 〈Selection Tool(V)〉을 직접 선택하는 것보다 [Ctrl]을 누른 채 임시로 〈Selection Tool(V)〉을 사용하면 편리합니다.

04 툴바에서 〈Line Segment Tool(\)〉을 선택하고 앞서와 같은 방법으로 초침을 그립니다.

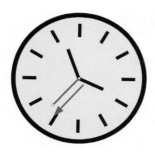

05 〈Selection Tool(V)〉로 빈 곳을 클릭하여 모든 선택을 해제한 후 ❶ [Color] 패널에서 **Fill: C100/ M100/Y25/K25, Stroke: None**으로 설정합니다. ❷ 툴바에서 〈Ellipse Tool(L)〉을 선택한 후 Alt + Shift 를 누른 채 원의 중점을 클릭하고 드래그하여 시침, 분침, 초침의 중앙을 가릴 수 있는 작은 정원을 그립니다.

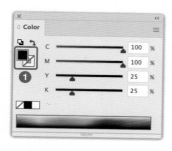

TIP 위와 같이 작은 오브젝트를 그리거나 정밀한 작업에서는 화면을 최대한 확대하는 것이 좋습니다.

Link 화면 확대/축소 방법은 69쪽을 참고합니다.

TIP 오브젝트를 그릴 때 Alt 를 누른 채 드래그하면 처음 클릭한 지점이 중점이 되며, Shift 를 누른 채 드래그하면 정원이나 정 사각형 등을 그릴 수 있습니다. 그러므로 Alt + Shift 를 누른 채 드래그하면 처음 클릭한 지점을 중점으로 하는 정원이나 정사각 형 등을 그릴 수 있습니다.

자유로운 형태의 지시선 표현하기

디자인을 하다 보면 화살표 모양처럼 자유로운 형태의 오브젝트를 그려야 하는 경우가 생깁니다. 이때 마우스를 이용해서 무언가를 그리는 게 어렵다고 생각할 수 있지만, 일러스트레이터의 기능을 활용하면 마우스로도 얼마든지 자연스럽게 원하는 형태의 그림을 그릴 수 있습니다.

결과 미리보기

예제_burger.jpg, 완성_화살표 그리기.ai

주요 기능 살펴보기

- **자유로운 패스 그리기:** 〈Paintbrush Tool(B)〉 ✎을 이용하면 그림을 그리듯 자유로운 형태의 패스를 그릴 수 있으며, 〈Smooth Tool〉 ✐을 이용해 패스를 부드럽게 다듬을 수 있습니다.

▲ 〈Paintbrush Tool(B)〉로 자유롭게 그린 패스 　　▲ 〈Smooth Tool〉로 부드럽게 변형한 패스

- **문자 입력하기:** 〈Type Tool(T)〉 T을 이용해 문자를 입력할 수 있고 [Character] 패널(Ctrl+T)에서 문자 스타일을 변경할 수 있습니다.

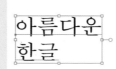

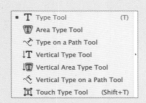

Ai 원하는 위치에 화살표 형태로 지시선 그리기

〈Paintbrush Tool(B)〉 🖌을 이용하여 원하는 형태로 자유롭게 드래그하여 화살표 모양 지시선을 그립니다. 마우스를 이용하면 아무래도 매끄럽지 않은 모양이 되므로, 〈Smooth Tool〉 📝을 이용하여 다듬고 스타일 을 지정하여 원하는 화살표 지시선을 완성합니다.

01 Ctrl+N을 눌러 New Document 창을 엽니다. ❶ [Web] 탭을 클릭한 후 ❷ 세부 정보에서 **Width: 1000px, Height: 1000px**로 설정하고 ❸ [Create] 버튼을 클릭해 새 문서를 시작합니다.

02 메뉴바에서 [File – Place]를 선택한 후 [예제_burger.jpg] 파일을 가져옵니다. 이때 아트보드 빈 곳을 클릭하여 원본 이미지 크기 그대로 가져오고, 〈Selection Tool(V)〉 ▶을 선택한 후 아트보드 중앙으로 드래그하여 배치합니다. 끝으로 Ctrl+2를 눌러 이미지를 잠금 처리합니다.

Link 이미지를 가져오는 구체적인 방법은 106쪽을 참고합니다.

03 이제 이미지 위에 재료별로 지시선을 표시해 보겠습니다. ❶ [Color] 패널(F6)에서 **Fill: None, Stroke: White**로 설정한 후 ❷ 툴바에서 〈**Paintbrush Tool(B)**〉 을 선택합니다. ❸ 우선 빵이 있는 위치에서 그림과 같이 돼지 꼬리 모양으로 천천히 드래그하여 자유 곡선을 그립니다.

우디 특강 │ 두 가지 종류의 브러시 도구

일러스트레이터에서 기본 브러시 도구인 〈Paintbrush Tool(B)〉을 길게 누르면 〈Blob Brush Tool〉도 확인할 수 있습니다. 두 브러시 도구 모두 자유롭게 드래그하여 원하는 형태의 패스를 그린다는 점은 같지만 다음과 같은 차이가 있습니다.

- 〈**Paintbrush Tool(B)**〉: 한국어 버전에서는 페인트브러시 도구라고 하며, [Stroke](선)로 구성된 패스를 그립니다.

- 〈**Blob Brush Tool**〉: 한국어 버전에서는 물방울 브러시 도구라고 하며, [Fill](면)로 구성된 패스를 그립니다.

두 종류의 브러시 도구로 각각 패스를 그린 후 Outline 모드(Ctrl+Y)를 보면 명확하게 구분할 수 있습니다. 다음은 〈Paintbrush Tool(B)〉과 〈Blob Brush Tool〉로 그린 하트 모양을 Outline 모드에서 확인한 결과입니다.

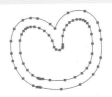

▲ Preview 모드　　　　　　　　　▲ Outline 모드

04 일부 매끄럽지 않은 곡선을 다듬기 위해 ❶ 툴바에서 〈Selection Tool(V)〉을 선택한 후 자유 곡선을 선택합니다. ❷ 그런 다음 툴바에서 〈Shaper Tool〉 ✐ 의 하위 툴인 〈Smooth Tool〉 ✐ 을 선택하면 ❸ 선택 한 오브젝트(자유 곡선)의 모든 고정점이 표시됩니다.

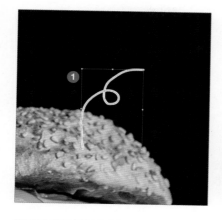
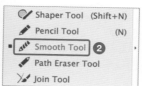
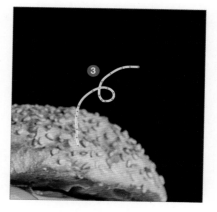

TIP 툴바에서 〈Shaper Tool〉이 보이지 않는다면 메뉴바에서 [Window - Toolbars - Advanced]를 선택하여 툴바를 Advanced 모드로 변경합니다.

TIP 〈Smooth Tool〉을 선택했을 때 오브젝트 선택이 취소된다면, 다시 한번 〈Selection Tool(V)〉로 자유 곡선을 선택한 후 〈Smooth Tool〉을 선택하면 고정점이 나타납니다.

05 자유 곡선의 고정점을 확인하면서 패스를 따라 〈Smooth Tool〉로 여러 번 드래그를 반복합니다. 드래 그를 반복할수록 고정점의 개수나 위치 등이 변하면서 좀 더 부드러운 곡선이 됩니다.

Link 정교한 작업 시 화면을 확대하는 것이 좋습니다. 화면 확대 축소 방법은 69쪽을 참고합니다.

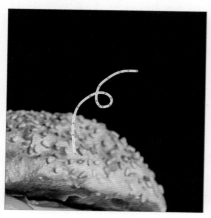
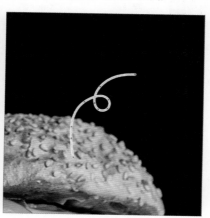

06 자유 곡선을 매끄럽게 완성했다면, 다시 〈Paintbrush Tool(B)〉을 선택하고 그림과 같이 화살표의 머리 모양(〉)을 그립니다. 크기나 위치 등이 만족스럽지 않다면 〈Selection Tool(V)〉로 머리 모양을 선택하고 크기나 위치, 회전 각도 등을 변형해 완성합니다.

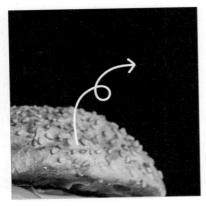

> **TIP** 작업 중 Ctrl+Z를 누르면 이전 단계로 돌아갈 수 있고, Ctrl+Shift +Z를 누르면 실행 취소한 작업을 다시 실행할 수 있습니다.

▲ 화살표 머리

07 마지막으로 브러시 모양을 변경하여 자유 곡선을 꾸며 보겠습니다. ❶ 툴바에서 〈Selection Tool(V)〉을 선택한 후 범위를 드래그하여 지시선을 구성하는 2개의 오브젝트를 모두 선택합니다. ❷ [Brushes] 패널(F7)을 열고, 사전 설정 목록에서 [Charcoal – Pencil] 브러시를 선택합니다. ❸ 지시선 오브젝트에 목탄 스타일이 적용되어 손그림처럼 표현됩니다.

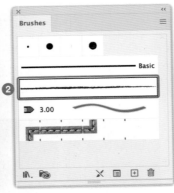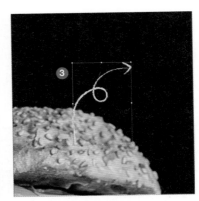

〈Paintbrush Tool(B)〉을 선택한 후 그린 패스는 기본적으로 [5pt. Round] 모양이 적용되어 있으며, 언제든 [Brushes] 패널에서 브러시 모양을 변경할 수 있습니다.

- **다양한 브러시 모양 활용:** [Brushes] 패널은 F7 을 누르거나 메뉴바에서 [Window – Brushes]를 선택해서 열 수 있으며, 기본으로 표시되는 브러시 모양 이외에 [Brushes] 패널에서 왼쪽 아래에 있는 [Brush Libraries Menu] 아 이콘을 클릭하면 추가로 다양한 브러시 모양을 추가하여 사용할 수 있습니다.

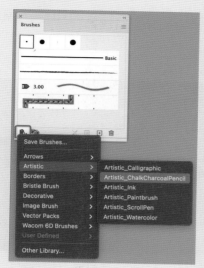 

▲ [Artistic – Artistic_ChalkCharcoalPencil]을 선택하면 추가되는 브러시 모양

- **두께 조절:** 〈Paintbrush Tool(B)〉로 그린 오브젝트는 [Stroke](선)로 구성되어 있습니다. 그러므로 원하는 모양의 브 러시로 변경한 후 [Stroke] 패널(Ctrl + F10)에서 [Weight] 옵션을 이용해 두께를 변경함으로써 기본 설정과 다른 느 낌을 연출할 수 있습니다.

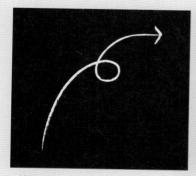 

▲ Weight: 1pt   ▲ Weight: 3pt

Ai 문자 입력하고 모든 지시선 표시하기

원하는 위치를 표시해 주는 화살표가 완성되었다면, 이제 문자를 입력하여 해당 지시선이 설명하고자 하는 내용을 입력합니다.

01 문자를 입력하기에 앞서 〈Selection Tool(V)〉을 선택한 후 아트보드 빈 곳을 클릭하여 모든 선택을 해제합니다. ❶ 툴바에서 〈Type Tool(T)〉 T 을 선택하고, ❷ [Character] 패널(Ctrl+T)에서 **글꼴: 배달의민족 연성, 크기: 20pt**로 설정합니다. ❸ 아트보드에서 문자 입력할 곳을 클릭한 후 내용을 입력하고, Ctrl +Enter를 눌러 문자 입력을 마칩니다.

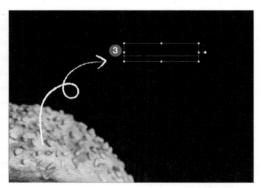

> **TIP** 문자 입력을 완료할 때는 Ctrl+Enter를 누르고, 입력한 내용을 다시 수정하고 싶다면 〈Type Tool(T)〉을 선택한 후 수정할 문자를 클릭하거나, 〈Selection Tool(V)〉을 선택한 후 수정할 문자를 더블 클릭합니다.

02 기본값(검은색)으로 문자를 입력했더니 검은 바탕에서 내용이 잘 보이지 않습니다. 문자 오브젝트가 선택 중인 상태로 ❶ [Color] 패널에서 **Fill: White, Stroke: None**으로 설정하면 ❷ 지시선 오브젝트와 같은 색상이 됩니다.

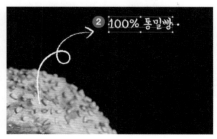

> **TIP** 처음 클릭해서 지정한 문자의 위치를 옮기고 싶다면 〈Selection Tool(V)〉로 선택한 후 원하는 위치로 드래그하고, 세부적으로 옮기고 싶다면 키보드에서 방향키를 눌러 1px씩 옮깁니다.

03 ① 〈Selection Tool(V)〉을 선택한 후 범위를 드래그하여 지시선 세트(화살표와 문자)를 모두 선택합니다. ② Alt +드래그하여 선택한 오브젝트를 원하는 위치에 복제합니다.

04 아트보드 빈 곳을 클릭하여 모든 선택을 해제한 후 ① 범위를 드래그하여 화살표 오브젝트만 선택합니다. ② 화살표의 고정점 바깥쪽에서 드래그하여 회전시키고, 안쪽에서 드래그하여 원하는 재료를 가리키도록 배치합니다. ③ 끝으로 문자를 더블 클릭하여 내용을 변경하고, Ctrl + Enter 를 눌러 입력을 마친 뒤 드래그해서 옮깁니다.

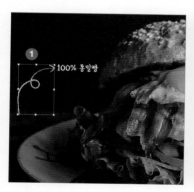 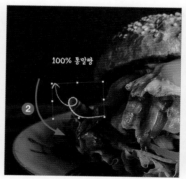 

05 같은 방법으로 나머지 재료에도 지시선 세트를 복제하고, 위치와 내용 등을 변경하여 디자인을 완성합니다.

원하는 모양을 브러시로 등록해서 활용하기

LESSON 09

브러시 도구 〈Paintbrush Tool(B)〉에는 원하는 형태로 패스를 자유롭게 그리는 기본 기능 이외에도 산포 브러시(Scatter Brush), 패턴 브러시(Pattern Brush), 아트 브러시(Art Brush)와 같은 유형이 있습니다. 이 중에서 선택한 모양을 여기저기 흩뿌리는 느낌의 산포 브러시를 활용하여 벚나무를 표현해 보겠습니다.

결과 미리보기

예제_Scatter Brush.ai, 완성_Scatter Brush.ai

Ai 산포 브러시로 등록할 벚꽃 오브젝트 그리기

산포 브러시 기능은 선택한 브러시 모양을 여기저기 흩뿌릴 때 사용합니다. 나뭇가지가 그려져 있는 예제 파일을 열고, 벚꽃 오브젝트를 그려 산포 브러시로 등록한 후 나뭇가지를 벚꽃으로 가득 채워 보겠습니다.

01 [예제_Scatter Brush.ai] 파일을 더블 클릭해서 엽니다. 다음과 같이 RGB 모드 작업 창에 잠금 처리된 나뭇가지 오브젝트가 배치되어 있습니다.

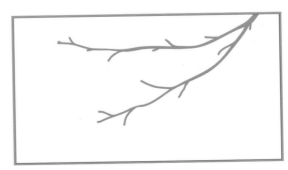

02 우선 브러시 모양으로 등록할 벚꽃을 그려야 합니다. ❶ 툴바에서 **⟨Ellipse Tool(L)⟩** ◯ 을 선택하고 ❷ [Color] 패널에서 **Fill: #FFAFC2, Stroke: None**으로 설정합니다. ❸ 아트보드 빈 곳을 클릭하여 Ellipse 창이 열리면 **Width: 25px, Height: 25px**로 설정하고 ❹ [OK] 버튼을 클릭합니다.

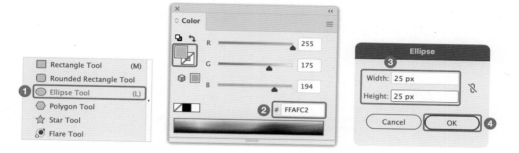

03 작은 원이 그려지면 **⟨Selection Tool(V)⟩** ▶ 을 선택하고 아트보드 빈 곳을 클릭하여 모든 선택을 해제하고 ❶ [Color] 패널(F6)에서 **Fill: #FFE8ED, Stroke: None**으로 설정합니다. ❷ 툴바에서 **⟨Rectangle Tool(M)⟩** ☐ 을 선택하고 아트보드 빈 곳을 클릭하여 Rectangle 창이 열리면 **Width: 100px, Height: 100px**로 설정한 후 ❸ [OK] 버튼을 클릭합니다. ❹ 클릭했던 위치에 정사각형이 그려집니다.

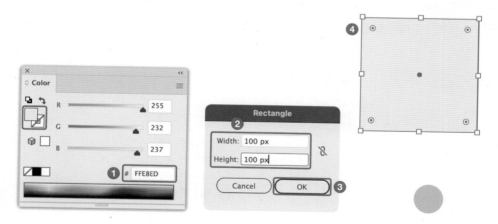

04 ❶ 〈Selection Tool(V)〉을 선택하고 테두리 상자의 살짝 바깥쪽에서 Shift+드래그하여 45° 회전시킵니다. ❷ [Transform] 패널(Shift+F8)에서 **Corner Radius** 옵션에 있는 [**Link**] 아이콘을 클릭해 연결을 해제하고 ❸ 왼쪽 아래와 오른쪽 위만 **Corner Radius: 80px**로 설정하면 ❹ 꽃잎 형태가 됩니다.

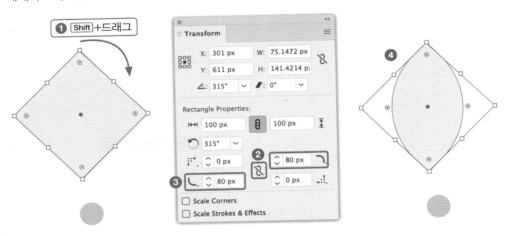

> **TIP** 그림과 같이 오브젝트를 선택했을 때 테두리 상자가 보이지 않는다면 메뉴바에서 [View – Show Bounding Box]를 선택합니다.

05 ❶ Shift+Alt+드래그하여 꽃잎 모양을 오른쪽 수평으로 복제해서 겹치게 배치합니다. ❷ 2개의 꽃잎이 포함되도록 범위를 드래그해서 선택하고 ❸ [Pathfinder] 패널(Shift+Ctrl+F9)에서 [**Unite**] 아이콘을 클릭해 선택한 오브젝트를 하나로 합칩니다.

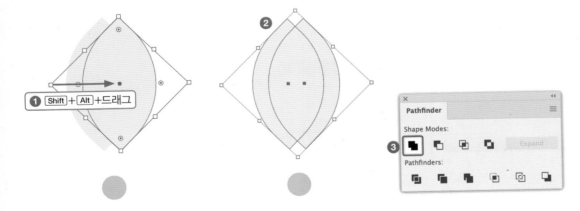

우디 특강 **여러 개의 오브젝트 선택하기**

아트보드에서 오브젝트를 선택할 때는 〈Selection Tool(V)〉을 선택한 후 클릭하거나 드래그합니다. 일반적으로 하나의 오브젝트를 선택할 때는 해당 오브젝트를 직접 클릭해서 선택하며, 여러 오브젝트를 선택할 때는 다음과 같은 방법 중 편한 방법을 이용하면 됩니다.

- [Shift]+클릭: 선택할 오브젝트가 서로 멀리 떨어져 있거나, 개수가 적을 때 효과적인 방법으로, 〈Selection Tool(V)〉이 선택된 상태에서 [Shift]를 누른 채 선택할 오브젝트를 모두 클릭합니다.

또한 여러 개의 오브젝트가 선택된 상태에서 [Shift]를 누른 채 선택한 오브젝트 중 하나를 클릭하면 선택에서 제외할 수도 있습니다.

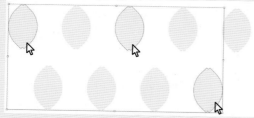

▲ [Shift]+클릭으로 다중 선택하기

▲ [Shift]+클릭으로 선택 해제하기

- 드래그: 선택할 오브젝트가 모두 인접해 있으면서 선택할 오브젝트의 개수가 많을 때 범위를 드래그해서 선택하면 편리합니다. 〈Selection Tool(V)〉이 선택된 상태에서 선택할 오브젝트가 포함되도록 범위를 드래그합니다. 드래그한 범위에 조금이라도 걸쳐 있는 오브젝트는 모두 선택됩니다.

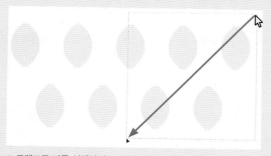

▲ 드래그로 다중 선택하기

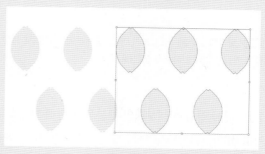

06 ❶ 그림과 같이 합쳐진 꽃잎 오브젝트와 앞서 그린 작은 원이 살짝 겹치도록 배치하고, ❷ 꽃잎 오브젝트가 선택된 상태에서 [Ctrl]+[[]을 눌러 레이어 정돈 순서를 한 단계 뒤로 보냅니다.

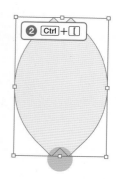

07 ❶ 툴바에서 〈Rotate Tool(R)〉 을 선택하고 ❷ 작은 원의 중앙에서 Alt +클릭하여 회전 기준점을 지정합니다. ❸ 동시에 Rotate 창이 열리면 **Angle: 72°**로 설정하고 ❹ **[Copy]** 버튼을 클릭해 ❺ 회전 복제합니다. ❻ Ctrl + D 를 3번 눌러, 회전 복제 작업을 3번 반복 실행(Transform Again)하면 꽃잎 5장으로 구성된 벚꽃 형태가 됩니다.

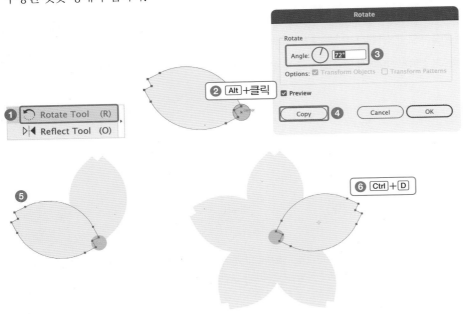

TIP 오브젝트 이동, 회전, 크기 변경, 복사 등 변형 작업을 실행한 후 Transform Again(Ctrl + D) 기능을 사용하면 직전에 실행한 변형 작업이 반복해서 실행됩니다.

08 이어서 꽃잎의 세부적인 부분을 표현해 보겠습니다. ❶ 〈Selection Tool(V)〉로 중앙에 있는 원을 선택하여 **[Fill]**의 색상을 기억시킵니다. ❷ 툴바에서 〈Rectangle Tool(M)〉을 선택하고 작업 창을 적당하게 확대하여 그림과 같이 선처럼 폭이 얇은 사각형을 그립니다. ❸ 〈Selection Tool(V)〉을 선택한 후 중앙에 있는 원과 일직선상에 배치합니다.

09 ❶ 〈Selection Tool(V)〉로 중앙의 원을 선택한 후 Alt +드래그하여 앞서 그린 사각형 위쪽으로 복제하고 일직선상에 배치합니다. ❷ 복제된 원의 테두리 상자의 모퉁이 고정점을 Alt + Shift +드래그하여 원의 크기를 줄입니다.

10 ❶ 위쪽에 있는 작은 원이 선택된 상태에서 Shift 를 누른 채 사각형 오브젝트를 클릭하여 추가로 선택합니다. ❷ 〈Rotate Tool(R)〉을 선택한 후 꽃잎의 정중앙을 Alt +클릭하여 회전 기준점을 지정합니다. ❸ Rotate 창에서 **Angle: 72°**로 설정한 후 ❹ **[Copy]** 버튼을 클릭합니다.

11 도형이 회전 복제되면 Ctrl+D를 3번 눌러 변형을 반복 실행합니다.

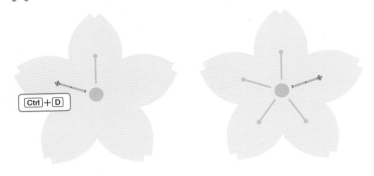

Ai 산포 브러시로 등록하여 흩뿌리기

벚꽃 오브젝트를 완성했으니 이제 산포 브러시로 등록하고, 산포 브러시 기능으로 나뭇가지 오브젝트 위에 벚꽃 모양을 흩뿌리면 최종 완성입니다.

01 ❶ 〈Selection Tool(V)〉을 선택한 후 범위를 드래그하여 벚꽃 오브젝트를 모두 선택합니다. ❷ 선택한 오브젝트를 산포 브러시로 등록하기 위해 [Brushes] 패널(F5)에서 [New Brush] 아이콘을 클릭합니다. ❸ New Brush 창이 열리면 [Scatter Brush]를 선택하고 ❹ [OK] 버튼을 클릭합니다.

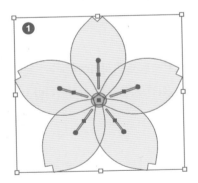 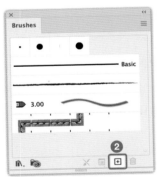 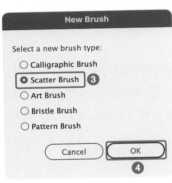

02 산포 브러시 관련 세부 설정을 변경할 수 있는 ❶ Scatter Brush Options 창이 열리면 기본값을 유지한 채 [OK] 버튼을 클릭합니다. ❷ [Brushes] 패널을 보면 벚꽃 모양의 산포 브러시가 등록된 것을 확인할 수 있습니다.

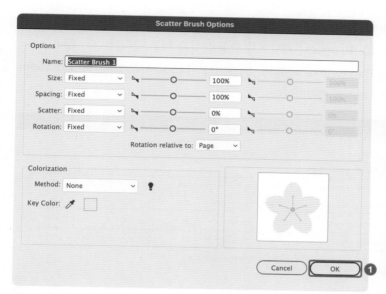

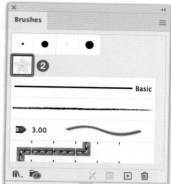

03 ❶ 이제 벚꽃 원본은 필요 없으므로, 다음과 같이 아트보드 밖으로 옮겨 둡니다. ❷ 툴바에서 〈Paintbrush Tool(B)〉 ✏️ 을 선택하고 나무줄기 하나를 따라서 드래그합니다. ❸ 드래그해서 생성한 패스를 따라 벚꽃 모양이 뿌려집니다. 만약 다른 모양이 뿌려지거나 그려진다면 [Brushes] 패널에서 등록한 벚꽃 모양을 선택하면 됩니다.

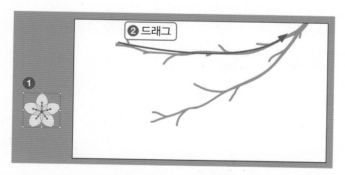

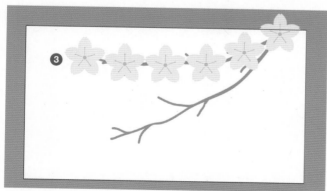

> **TIP** 산포 브러시로 등록한 벚꽃 원본은 삭제 해도 좋습니다. 다만 이후 다시 활용하거나 원 본 모양을 변형하여 추가로 등록할 것을 고려 하여 아트보드 밖으로 옮겨서 보관하기를 추천 합니다.

04 산포 브러시의 기본값을 적용한 상태이므로 벚꽃의 크기나 간격, 회전 정도가 모두 일정합니다. 좀 더 자연스럽게 표현하기 위해 ❶ [Brushes] 패널에서 벚꽃 모양을 더블 클릭합니다. ❷ Scatter Brush Options 창이 열리면 **Size: Random/10%/30%, Spacing: Random/25%/40%, Rotation: Random/0°/130°**로 설정하고 ❸ [OK] 버튼을 클릭합니다.

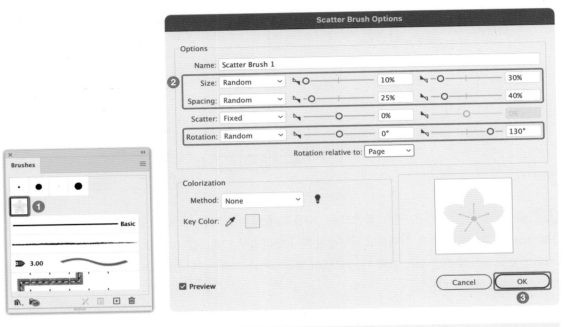

TIP [Brushes] 패널에서 왼쪽 아래에 있는 [Brush Libraries Menu] 아이콘을 클릭한 후 [Decorative – Decorative_Scatter]를 선택하면 일러스트레이터에 등록된 다양한 산포 브러시 모양을 확인할 수 있습니다.

▲ 일러스트레이터에 등록되어 있는 다양한 산포 브러시

05 앞서 변경한 브러시 모양이 적용된 패스가 있으며, 해당 패스에도 변경 내용을 반영할지 묻는 안내 창이 열립니다. ❶ 기존에 있는 패스에도 변경 내용을 반영하기 위해 [Apply to Strokes] 버튼을 클릭합니다. ❷ 나뭇가지에 표현한 각 벚꽃이 설정한 범위 내에서 자유롭게 바뀌면서 좀 더 자연스러워집니다.

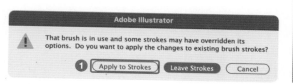
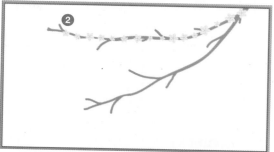

06 설정 내용은 해당 작업 내에서 계속 유지되므로 ❶ ⟨Paintbrush Tool(B)⟩로 나무줄기의 나머지 부분도 드래그하여 벚꽃으로 가득 채웁니다. ❷ 가지 아래쪽을 클릭하여 떨어지는 벚꽃을 표현하면 완성입니다.

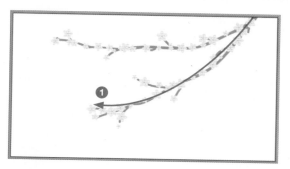
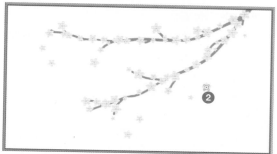

우디 특강 | **Scatter Brush Options 창 자세히 살펴보기**

Scatter Brush Options 창에 있는 기본 옵션은 다음과 같습니다.

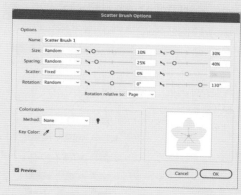

- **Name(이름):** 산포 브러시의 이름을 정합니다.
- **Size(크기):** 산포 브러시로 뿌려지는 모양의 크기를 조절합니다.
- **Spacing(간격):** 산포 브러시로 뿌려지는 모양의 간격을 조절합니다.
- **Scatter(산포):** 산포 브러시로 뿌려지는 모양이 패스와 얼마나 가깝게 뿌려지는지 조절합니다. 값이 0일 때 패스와 뿌려지는 모양의 위치가 일치하고, 절댓값이 클수록 패스에서 멀어집니다.
- **Rotation(회전):** 산포 브러시로 뿌려지는 모양의 회전 각도를 조절합니다.
- **Rotation relative to(회전 기준):** 아트보드 또는 패스 중 회전 기준을 설정합니다.

뿌려지는 형태 결정

산포 브러시를 사용했을 때 패스를 기준으로 뿌려지는 모양의 형태를 결정하는 옵션은 [Size], [Spacing], [Scatter], [Rotation]이며, 각 옵션의 오른쪽에서 지정한 값으로 고정할지 또는 지정한 값의 범위 내에서 자유롭게 변형할지 등을 선택할 수 있습니다.

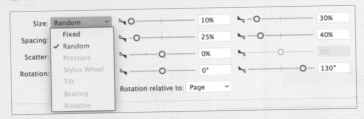

- **Fixed(고정):** 오른쪽에서 설정한 값으로 크기나 간격 등을 고정합니다.
- **Random(임의):** 오른쪽에서 설정한 값의 범위 내에서 크기나 간격 등이 자유롭게 변경됩니다. 예를 들어, [Size] 옵션을 [Random/10%/30%]로 설정했다면 최초 산포 브러시로 등록한 원본을 기준으로 10%~30% 범위 안에서 축소된 크기로 뿌려집니다.
- **Pressure(압력), Stylus Wheel(스타일러스 휠), Tilt(기울기):** 태블릿 펜 등이 연결되어 있을 때 활성화됩니다.

뿌려지는 색상 결정

산포 브러시는 최초 등록한 원본 모양을 반복해서 적용하는 기능입니다. 그러므로 처음 등록할 때 색상을 잘 지정해 두는 것이 가장 좋습니다.

만약 원본과 다른 색상으로 표현하고 싶다면 Colorization 영역에 있는 [Method] 옵션을 이용할 수 있지만, 여러 오브젝트로 구성된 기본 모양에서 오브젝트별로 원하는 색상을 지정할 수는 없습니다.

- **None(없음):** 원본 오브젝트에서 지정한 색상 그대로 뿌려집니다.
- **Tints(농도):** [Stroke](선)에 지정한 색상을 기준으로 농도만 다르게 뿌려집니다.
- **Tints and Shades(농도와 음영):** [Stroke]에 지정한 색상을 기준으로 농도와 음영이 다르게 뿌려집니다.
- **Hue Shift(색조 이동):** [Key Color](키 색상)에 지정한 색상이 [Stroke]에 지정한 색상으로 변경되어 뿌려집니다.
- **Key Color:** 스포이트 모양 아이콘을 클릭한 후 오른쪽에 있는 원본 오브젝트 중 변경 시 기준이 될 색상을 선택합니다.

참고로 Colorization 영역에서 [Method] 옵션 오른쪽에 있는 전구 모양의 [Tips] 아이콘을 클릭하면 다음과 같이 옵션 값에 따른 색상 변화를 확인할 수 있습니다.

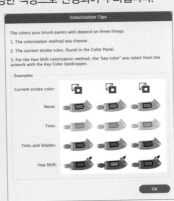

같은 모양이 반복되는 패턴 브러시 활용하기

패턴 브러시(Pattern Brush)는 오브젝트 모양이 일정한 규칙을 가지고 반복되는 패턴 방식으로 표현하는 브러시입니다. 산포 브러시와 유사하면서 조금은 다른 패턴 브러시 기능을 배워 보겠습니다.

결과 미리보기

완성_Pattern Brush.ai

주요 기능 살펴보기

- **Reflect Tool(O):** 반사 도구라고도 하며, 선택한 오브젝트를 수직/수평 혹은 지정한 각도를 기준으로 대칭 이동시키거나 대칭으로 복제합니다.

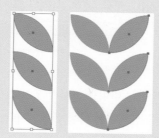

- **Pattern Brush:** 선택한 모양이 패스를 따라 패턴처럼 반복됩니다.

패턴 브러시로 등록할 나뭇잎 모양부터 만들어 보겠습니다.

01 Ctrl+N을 눌러 New Document 창을 엽니다. ❶ [Print] 탭을 클릭한 후 ❷ 사전 설정 목록에서 [A4 210×297mm]를 선택합니다. ❸ 세부 정보에서 **Orientation: 가로**로 변경하고 ❹ [Create] 버튼을 클릭해 새 작업을 시작합니다.

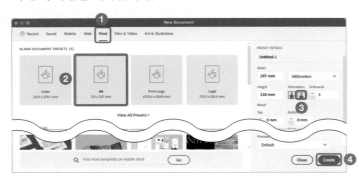

02 ❶ [Color] 패널(F6)에서 **Fill: C50/M0/Y50/K0, Stroke: None**으로 설정합니다. ❷ 툴바에서 〈**Rectangle Tool(M)**〉 □을 선택하고 아트보드 빈 곳을 클릭하여 Rectangle 창이 열리면 **Width: 10mm, Height: 10mm**로 설정한 후 ❸ [OK] 버튼을 클릭합니다.

 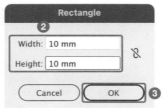

03 〈**Selection Tool(V)**〉 ▶을 선택하여 라이브 코너 위젯이 표시되면 Shift를 누른 채 ❶ 오른쪽 위와 ❷ 왼쪽 아래에 있는 라이브 코너 위젯을 클릭해서 다중 선택합니다. ❸ 선택한 라이브 코너 위젯을 최대한 안쪽으로 드래그하여 나뭇잎 한 장을 표현합니다.

 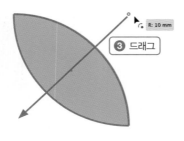

04 ❶ 나뭇잎이 선택된 상태에서 Alt +드래그하여 그림과 같이 일직선상으로 복제 배치합니다. ❷ Ctrl +D를 눌러 나뭇잎 3장을 복제합니다.

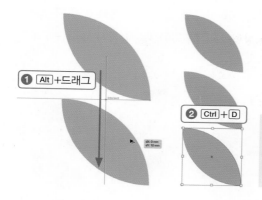

❶ Alt +드래그

❷ Ctrl + D

> **TIP** 〈Selection Tool(V)〉이 선택된 상태에서 Alt 를 누른 채 드래 그해야 오브젝트가 복제됩니다. 드래그하는 중에 Shift 를 추가로 누 르면 수직/수평으로 복제할 수 있습니다.

05 ❶ 범위를 드래그하여 나뭇잎 3장을 선택합니다. ❷ 툴바에서 〈**Reflect Tool(O)**〉 ▷◁ 을 선택하고, ❸ 두 번째 나뭇잎의 오른쪽 끝에 있는 고정점을 Alt + 클릭하여 대칭 기준점으로 지정합니다. ❹ Reflect 창 이 열리면 **Axis: Vertical**로 설정하고 ❺ **[Copy]** 버튼을 클릭합니다. ❻ 3개의 나뭇잎이 좌우(Vertical) 대 칭으로 복제됩니다.

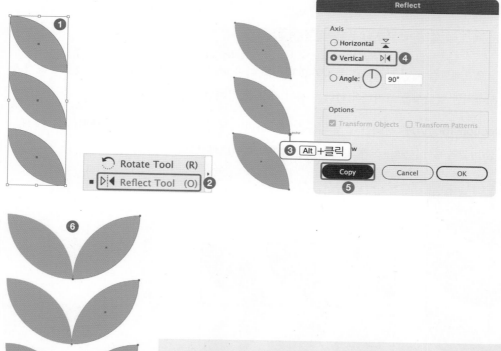

Rotate Tool (R)

▷◁ Reflect Tool (O) ❷

Reflect

Axis

○ Horizontal

● Vertical ▷◁ ❹

○ Angle: 90°

Options

☑ Transform Objects ☐ Transform Patterns

❸ Alt + 클릭

Copy   Cancel   OK

❺

> **TIP** 〈Reflect Tool(O)〉에서 대칭 기준점을 지정하고 사용하는 방법은 〈Rotate Tool(R)〉과 유사하며, 상하(Horizontal) 대칭과 좌우(Vertical) 대칭을 선택할 수 있습니 다. **Link** 〈Rotate Tool(R)〉 사용 방법은 181쪽을 참고합니다.

06 〈Selection Tool(V)〉을 선택한 후 아트보드 빈 곳을 클릭하여 모든 선택을 해제합니다. ❶ 툴바에서 [Swap Fill and Stroke] 아이콘(Shift)+X)을 클릭해 [Fill]과 [Stroke] 색상을 서로 교체하고, ❷ [Stroke] 패널(Ctrl)+F10)에서 **Weight: 2pt**로 설정합니다. ❸ 나뭇잎 줄기를 표현하기 위해 〈Line Segment Tool(\)〉을 선택한 후 나뭇잎의 최상단 중간을 클릭하고, ❹ 최하단 중앙까지 Shift)+드래그하여 완성합니다.

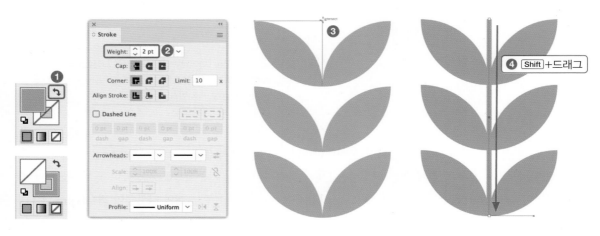

Ai 패턴 브러시로 등록하고 패턴 그리기

완성된 나뭇잎 오브젝트를 패턴 브러시로 등록하고 패스를 따라 패턴을 표현해 보겠습니다. 산포 브러시 등록 방법과 유사하지만 방향성을 고려해야 한다는 점이 가장 큰 차이입니다.

01 ❶ 〈Selection Tool(V)〉을 선택한 후 범위를 드래그하여 나뭇잎 오브젝트를 모두 선택합니다. ❷ 테두리 상자 고정점 바깥쪽에서 Shift)+드래그하여 시계 방향으로 90° 회전시킵니다.

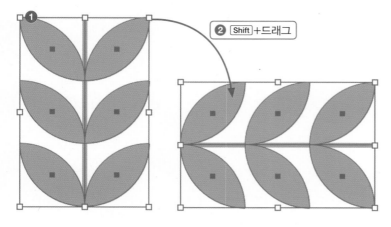

02 ① [Brushes] 패널([F5])에서 [New Brush] 아이콘을 클릭하여 ② New Brush 창이 열리면 **Pattern Brush**를 선택하고 ③ [OK] 버튼을 클릭합니다. ④ Pattern Brush Options 창이 열리면 **Method: Hue Shift**로 설정하고 ⑤ [OK] 버튼을 클릭해 등록합니다.

Link 패턴 브러시 방향과 Pattern Brush Options 창 옵션은 이후 213쪽에서 자세히 설명합니다.

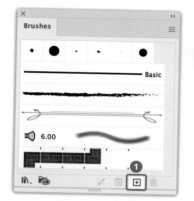

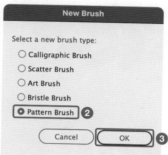

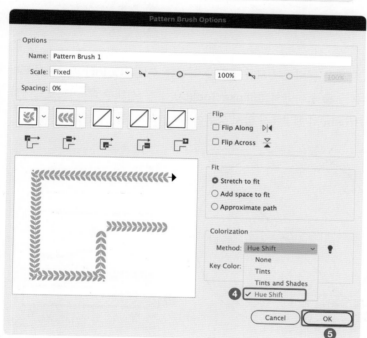

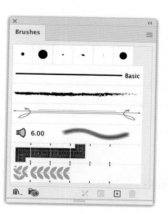

TIP [Method] 옵션을 [Hue Shift]로 설정하면 [Stroke] 색상에 따라 패턴의 색상이 결정됩니다.

03 ❶ 툴바에서 〈Paintbrush Tool(B)〉 🖌️을 선택한 후 자유롭게 드래그하면 패스를 따라 패턴이 만들어집니다. 형태가 복잡하여 패스에 고정점이 많다면 ❷ 툴바에서 〈Smooth Tool〉 🖊️을 선택한 후 ❸ 부드럽게 정리합니다. `Link` 〈Smooth Tool〉의 자세한 사용 방법은 191쪽을 참고합니다.

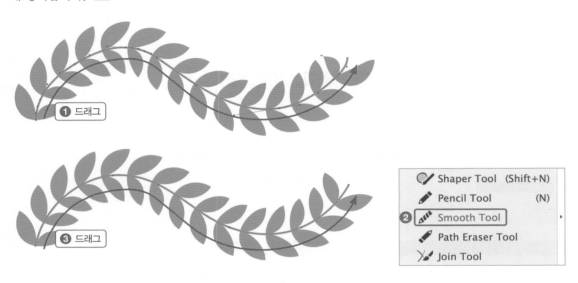

04 〈Selection Tool(V)〉로 아트보드 빈 곳을 클릭하여 모든 선택을 해제한 후 ❶ [Color] 패널에서 **Fill: None, Stroke: 임의의 색**으로 설정합니다. ❷ 툴바에서 〈Ellipse Tool(L)〉 🔵을 선택한 후 아트보드에서 `Shift`+드래그하여 정원을 그리고, ❸ [Brushes] 패널에서 앞서 등록한 패턴 브러시를 선택합니다.

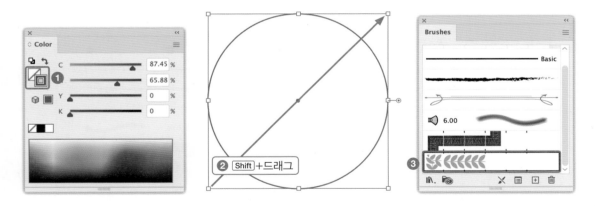

05 ❶ 정원 모양 패스를 따라 패턴이 그려집니다. 이처럼 패스(Path)로 된 오브젝트라면 어떠한 형태에도 적용할 수 있습니다. 또한 패턴을 등록할 때 Colorization(색상화) 영역에서 **Method: Hue Shift**로 설정했으므로 ❷ **[Stroke]** 색상을 변경하여 패턴 색상을 변경할 수 있고, ❸ **[Stroke]** 패널에서 **Weight** 옵션을 변경하여 크기를 변경할 수 있습니다.

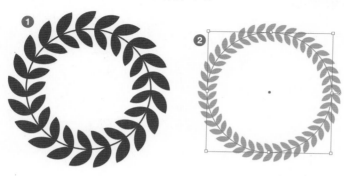

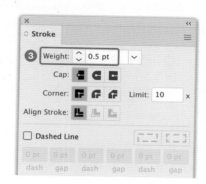

우디 특강 | **패턴 브러시의 방향성과 Pattern Brush Options 창 자세히 살펴보기**

패턴 브러시를 사용할 때는 브러시의 방향성을 고려하면서 세부적인 옵션을 설정해야 합니다.

패턴 브러시의 방향성

패스를 그리는 방향에 따라 패턴 브러시의 방향이 달라집니다. 따라서 앞의 02번 과정처럼 처음 패턴 브러시 모양을 등록할 때 어떤 형태로 패턴이 반복될지 고려하여 방향을 변경하고 등록해야 합니다.

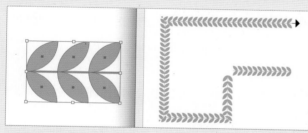

▲ 가로 방향으로 등록한 패턴 브러시

02번 과정에서 방향을 변경하지 않고, 처음 만든 모양 그대로 패턴 브러시로 등록하면 다음과 같이 패턴이 반복됩니다.

▲ 세로 방향으로 등록한 패턴 브러시

Pattern Brush Options 창

처음 패턴 브러시를 등록할 때 옵션을 변경할 수 있고, 이후 [Brushes] 패널에서 해당 패턴 브러시를 더블 클릭해서 변경할 수도 있습니다. 세부 옵션은 다음과 같습니다.

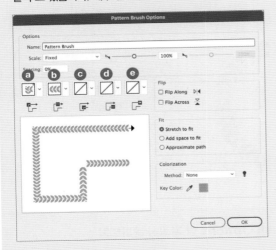

- **Name(제목):** 패턴 브러시 이름을 정합니다.

- **Scale(크기):** 패턴의 크기를 원본에 비례하여 조정하며, 태블릿 펜 연결 시 압력, 스타일러스 휠, 기울기 등에 따라 크기를 조절할 수도 있습니다.

- **Spacing(간격):** 패턴의 간격을 조정합니다.

- **Tile:** 패턴 브러시에는 ⓐ외부 모퉁이, ⓑ옆, ⓒ내부 모퉁이, ⓓ시작, ⓔ끝의 모양을 결정하는 5개의 타일이 있습니다.

- **Flip(뒤집기):** 패턴 모양을 가로(Flip Along)와 세로(Flip Across)로 뒤집을 수 있습니다.

- **Fit(맞추기):** 패턴을 패스에 맞추는 방식을 선택합니다.
  - **Stretch to fit(동일 크기로 맞추기):** 패턴을 늘리거나 줄여서 맞춥니다. 이 옵션을 선택하면 패턴이 균일하지 않게 표현될 수 있습니다.
  - **Add space to fit(공간 추가하여 맞추기):** 패턴 모양과 모양 사이에 빈 공간이 추가되어 패스에 균일한 간격으로 패턴이 적용됩니다.
  - **Approximate path(패스에 맞추기):** 패턴이 균일하게 적용됩니다. 단, 균일한 패턴을 위해 패스의 중앙이 아니라 패스의 약간 안쪽 또는 바깥쪽에 패턴이 적용될 수 있습니다.

- **Colorization(색상화):** 선의 색상과 색상화 방법을 선택합니다.
  - **None(없음):** 원본과 같은 색상을 유지합니다.
  - **Tints(농도):** [Stroke] 색상의 농도에 따라 색상이 변경됩니다.
  - **Tints and Shades(농도와 음영):** [Stroke] 색상의 농도와 음영에 따라 색상이 변경됩니다.
  - **Hue Shift(색조 이동):** [Stroke] 색상의 색조에 따라 색상이 변경됩니다.
  - **Key Color(키 색상):** 스포이트 모양 아이콘을 클릭한 후 오른쪽에 있는 원본 오브젝트 중 변경 시 기준이 될 색상을 선택합니다.

LESSON 11

패스를 따라 오브젝트가 펼쳐지는 아트 브러시

브러시 활용의 세 번째로 아트 브러시(Art Brush)에 대해 살펴봅니다. 앞에서 살펴본 산포 브러시와 패턴 브러시는 등록한 모양이 여러 개 반복해서 표시되지만, 아트 브러시는 등록한 모양 하나가 패스에 따라 변형되어 표시됩니다.

결과 미리보기
완성_Art Brush.ai

Ai 아트 브러시로 등록할 리본 모양 만들기

아트 브러시도 원하는 모양을 만든 후 [Brushes] 패널에 등록해서 사용합니다. 흔히 상장 등에 자주 사용되는 리본 모양을 만들어 보겠습니다.

01 Ctrl+N을 눌러 New Document 창을 엽니다. ❶ [Print] 탭을 클릭한 후 ❷ 사전 설정 목록에서 [A4 210×297mm]를 선택합니다. ❸ 세부 정보에서 Orientation: **가로**로 변경하고 ❹ [Create] 버튼을 클릭해 새 작업을 시작합니다.

02 ❶ [Color] 패널(F6)에서 **Fill: C80/M60/Y0/K0, Stroke: None**으로 설정합니다. ❷ 툴바에서 〈**Rectangle Tool(M)**〉▢을 선택하고 아트보드 빈 곳을 클릭하여 Rectangle 창이 열리면 **Width: 15mm, Height: 10mm**로 설정한 후 ❸ [**OK**] 버튼을 클릭해 ❹ 직사각형을 그립니다.

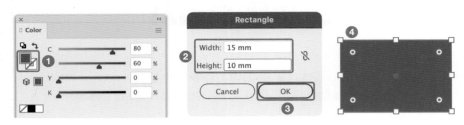

03 고정점을 추가해 모양을 변형하기 위해 ❶ 툴바에서 〈**Pen Tool(P)**〉✏을 선택하고 사각형의 왼쪽 변 중앙을 클릭해서 고정점을 추가합니다. ❷ 추가한 고정점이 선택된 상태에서 오른쪽 방향키를 5번 누르면 그림과 같이 5px 오른쪽으로 이동합니다.

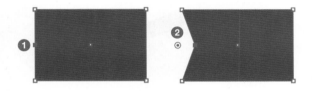

> **TIP** 〈Pen Tool(P)〉을 이용해 패스에 고정점을 추가할 수 있고, 〈Direct Selection Tool(A)〉▷로 임의의 고정점을 클릭해서 선택하거나 범위를 드래그 하여 여러 개의 고정점을 선택할 수 있습니다.

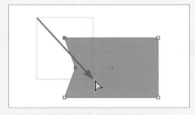

▲ 범위를 드래그하여 고정점 선택하기

04 〈**Selection Tool(V)**〉▶로 아트보드 빈 곳을 클릭하여 모든 선택을 해제합니다. ❶ [Color] 패널에서 **Fill: C60/M10/Y0/K0, Stroke: None**으로 설정하고 ❷ 〈**Rectangle Tool(M)**〉을 이용하여 **Width: 50mm, Height: 10mm**로 설정한 직사각형을 그립니다. ❸ 〈**Selection Tool(V)**〉을 선택한 후 리본 꼬리를 드래그하여 그림과 같이 겹치게 배치합니다.

❸ 드래그

05 ① 〈Selection Tool(V)〉로 왼쪽에 있는 꼬리 모양을 선택합니다. ② 〈Reflect Tool(O)〉▷◁을 선택한 후 직사각형 중앙을 Alt +클릭하여 반전 기준점을 설정합니다. ③ 곧바로 Reflect 창이 열리면 **Axis: Vertical**로 설정한 후 ④ [Copy] 버튼을 클릭합니다. ⑤ 꼬리 모양이 좌우 대칭으로 복제됩니다.

Link 〈Reflect Tool(O)〉에 대한 자세한 설명은 207쪽을 참고합니다.

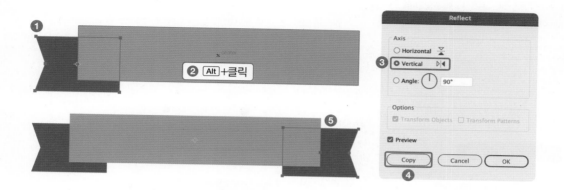

Ai 아트 브러시로 등록하고 응용해 보기

완성한 리본 오브젝트를 아트 브러시로 등록하고 패스를 그려 어떻게 표현되는지 확인해 봅니다.

01 ① 〈Selection Tool(V)〉로 범위를 드래그하여 완성한 리본 오브젝트를 모두 선택합니다. ② [Brushes] 패널(F5)에서 [New Brush] 아이콘을 클릭해 ③ New Brush 창이 열리면 [Art Brush]를 선택하고 ④ [OK] 버튼을 클릭합니다.

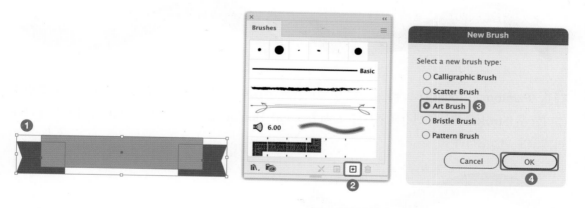

02 아트 브러시 세부 옵션을 변경하는 ❶ Art Brush Options 창이 열리면 Colorization 영역에서 **Method: Hue Shift**만 변경하고 ❷ [OK] 버튼을 클릭해 ❸ [Brushes] 패널에 등록합니다.

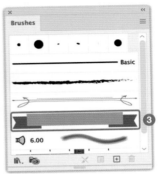

03 원본 오브젝트는 아트보드 밖으로 옮기고, ❶ 툴바에서 〈**Paintbrush Tool(B)**〉 ✏️을 선택한 후 자유롭게 드래그해 봅니다. 패스를 따라 하나의 리본이 그려집니다. ❷ 패스가 균일하지 않아 리본 모양이 어색하다면 〈**Smooth Tool**〉 🖊️을 사용하여 매끄럽게 정리합니다.

Link 〈Smooth Tool〉 사용 방법은 191쪽을 참고합니다.

04 〈**Paintbrush Tool(B)**〉로 새로운 패스를 그려서 리본을 하나 더 추가하고 〈**Smooth Tool**〉로 매끄럽게 정리한 후 [Stroke] 색상을 변경해 봅니다. 앞서 **Method: Hue Shift**로 설정했으므로 [Stroke] 색상에 따라 리본 색도 변경됩니다.

05 ❶ [Brushes] 패널에서 등록한 아트 브러시를 더블 클릭합니다. ❷ Art Brush Options 창이 열리면 **Brush Scale Options** 옵션을 **Stretch Between Guides, Start: 16mm, End: 49mm**로 변경하여 리본에서 중간 영역만 크기가 변경되도록 설정합니다. ❸ [OK] 버튼을 클릭해 설정을 반영하고, ❹ 팝업 창이 열리면 기존 설정은 유지한 채 새로운 설정의 아트 브러시를 추가하기 위해 [Leave Strokes] 버튼을 클릭합니다. Link 설정한 옵션에 대한 자세한 설명은 221쪽을 참고합니다.

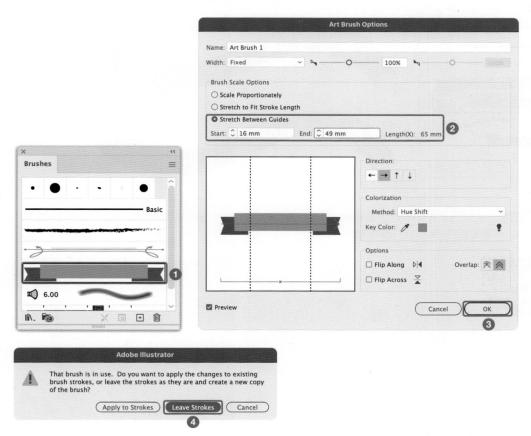

TIP 아트 브러시로 그린 리본의 양쪽 끝을 보면 원본 리본과 달리 다소 길게 표현된 것을 확인할 수 있습니다. 그러므로 원본처럼 양쪽 끝이 짧게 표현되도록 리본의 끝을 고정하도록 설정을 변경했습니다.

06 [Brushes] 패널에 리본 모양의 새로운 아트 브러시가 추가되었습니다. **①** 새로운 아트 브러시를 선택하고 **②** ⟨Paintbrush Tool(B)⟩로 자유롭게 드래그해 봅니다. 앞서 그린 리본과 달리 양측 끝의 길이가 일정하게 고정된 것을 확인할 수 있습니다.

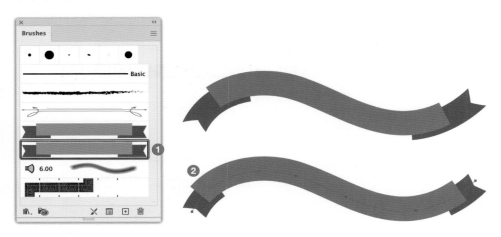

동영상 강의 산포, 패턴, 아트 브러시는 잘만 활용하면 더 편하게 다채로운 디자인을 완성할 수 있습니다. 일러스트레이터의 브러시에 관한 상세한 설명은 다음 동영상 강의를 참고하세요.

아트 브러시는 앞서 실습 과정과 같이 일정 영역을 고정한 채 크기를 변경할 수 있는 옵션이 있습니다. 이외에도 Art Brush Options 창의 각 옵션을 자세히 살펴보겠습니다.

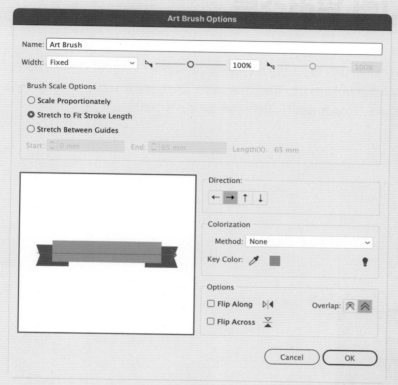

- **Name(제목):** 아트 브러시 이름을 정합니다.

- **Width(폭):** 원본 폭을 기준으로 지정한 %에 따라 아트 브러시의 폭을 변경합니다. 이외에도 태블릿 펜 연결 시 압력, 스타일러스 휠, 기울기 등에 따라 폭을 변경할 수 있습니다.

- **Brush Scale Options(브러시 크기 조절 옵션):** 아트 브러시를 그릴 때 패스 길이에 따른 모양의 크기 변경 방법을 선택합니다.

  - **Scale Proportionately:** 패스 길이에 따라 원본의 전체적인 크기가 비례적으로 조절됩니다.
  - **Stretch to Fit Stroke Length:** 패스 길이에 따라 폭은 유지되고, 길이만 조절됩니다.
  - **Stretch Between Guides:** 패스 길이에 따라 폭은 유지되고, 안내선 사이의 영역만 길이가 조절됩니다. [Start] 옵션과 [End] 옵션을 조절하여 좌우에 고정될 영역을 변경할 수 있습니다.

- **Direction(방향):** 방향 화살표를 선택하여 아트 브러시의 방향을 설정합니다.

- **Colorization(색상화):** 아트 브러시의 색상을 결정합니다. 종류에는 Tints(농도), Tints and Shades(농도와 음영) 및 Hue Shift(색조 이동)가 있으며, 이에 대한 자세한 설명은 206쪽을 참고합니다.

- **Options:** 아트 브러시 모양을 반전시킬 수 있으며, [Overlap] 옵션에서 모퉁이 표시 방법을 선택할 수 있습니다.

면이 채워지는 물방울 브러시로 그린 일러스트

흔히 사용하는 브러시 도구인 〈Paintbrush Tool(B)〉은 드래그한 형태에 따라 패스가 [Stroke](선)로 그려집니다. 만약 드래그한 형태의 패스를 [Stroke]가 아닌 [Fill](면)로 그리고 싶다면 물방울 브러시 도구라 불리는 〈Blob Brush Tool〉을 사용합니다. 〈Blob Brush Tool〉을 사용해 일러스트를 그려 보겠습니다.

결과 미리보기

예제_boss.jpg, 완성_라인 일러스트.ai

주요 기능 살펴보기

• **Blob Brush Tool**: [Stroke](선)가 아닌, [Fill](면)로 채워졌지만 선처럼 보이는 오브젝트를 그릴 수 있습니다.

• **Magic Wand Tool(Y)**: Advanced 모드의 툴바일 때 기본으로 표시되며, 아트보드에서 클릭한 색상과 유사한 색상의 오브젝트를 일괄 선택할 수 있습니다.

Ai 이미지에서 외곽선 따라 면으로 채워진 선 그리기

이번 실습은 예제 이미지를 불러온 후 〈Blob Brush Tool〉을 이용해 이미지의 외곽선을 따라 그리는 것부터
시작합니다.

01 Ctrl+N을 눌러 New Document 창을 엽니다. ❶ [Web] 탭을 클릭한 후 ❷ 세부 정보에서 **Width:
3000px, Height: 3000px**로 설정하고, ❸ [Create] 버튼을 클릭해 새 작업을 시작합니다.

> **TIP** [Web] 탭에는 웹 업로드에 최
> 적화된 [Color Mode: RGB Color,
> Raster Effects: Screen (72 ppi)]
> 가 기본값으로 설정되어 있습니다.

02 메뉴바에서 [File – Place]를 선택한 후 [예제_boss.jpg] 파일을 가져옵니다. 이때 아트보드 빈 곳을
클릭하여 원본 이미지 크기로 가져오고, 〈Selection Tool(V)〉▶을 선택한 후 아트보드 중앙으로 드래그하
여 배치합니다. **Link** 이미지를 가져오는 구체적인 방법은 106쪽을 참고합니다.

> **TIP** 가져올 이미지 파일을 선택한 후 아트보드에서 드래
> 그하면 드래그한 크기로 이미지를 가져올 수 있고, 아트보
> 드 빈 곳을 클릭하면 원본 크기로 이미지를 가져올 수 있습
> 니다.

03 ❶ 툴바에서 〈Artboard Tool〉⬛을 선택하고, 아트보드의 고정점을 드래그하여 이미지에 맞게 여백을 잘라냅니다. ❷ 툴바에서 〈Selection Tool(V)〉▶을 선택하여 불러온 이미지를 선택하고 Ctrl+2를 눌러 이미지를 잠금 처리합니다.

04 ❶ 툴바에서 〈Blob Brush Tool〉✎을 선택한 후 다시 툴바에서 〈Blob Brush Tool〉 아이콘을 더블 클릭합니다. ❷ Blob Brush Tool Options 창이 열리면 Merge Only with Selection: 체크, Fidelity: Smooth, Size: 15pt로 설정하고, ❸ [OK] 버튼을 클릭해 옵션을 적용합니다.

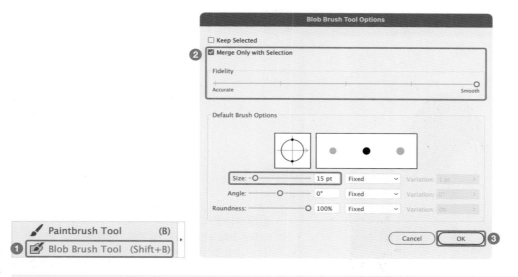

TIP 세부 옵션을 설정할 수 있는 도구는 툴바에서 해당 도구 아이콘을 더블 클릭하여 옵션 창을 열 수 있습니다.

〈Paintbrush Tool(B)〉 ✏️이 [Stroke](선)로 구성된 선 오브젝트를 그릴 때 사용한다면 〈Blob Brush Tool〉은 [Fill]로 구성된 선 형태 오브젝트를 그릴 때 사용합니다. [Fill]로 구성된 오브젝트는 [Stroke]로 구성된 오브젝트와 달리 지우개 도구로 지우는 등 수정이 좀 더 간편합니다.

▲ 선으로 구성된 오브젝트(왼쪽)와 면으로 구성된 오브젝트(오른쪽)

▲ Outline 모드에서 선으로 구성된 오브젝트(왼쪽)와 면으로 구성된 오브젝트(오른쪽)

위 그림과 같이 Preview 모드에서는 [Fill]로 구성된 오브젝트와 [Stroke]로 구성된 오브젝트의 차이를 구분하기 어렵습니다. 하지만 Outline 모드(Ctrl+Y)에서 패스를 보면 확실하게 구분할 수 있습니다.

Blob Brush Tool Options

툴바에서 〈Blob Brush Tool〉을 더블 클릭하면 다음과 같은 옵션을 설정할 수 있습니다.

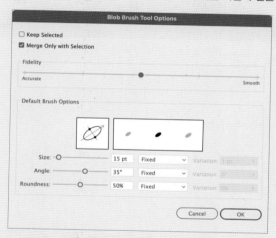

> **TIP** [Size], [Angle], [Roundness] 옵션에서 [Random]으로 설정하고, [Variation]에서 변경 정도를 지정하면 새로운 획을 그릴 때마다 지정한 변경 범위 내에서 크기, 각도, 원형율이 유동적으로 변경됩니다.
>
> ✓ Fixed
> **Random**
> Pressure
> Stylus Wheel
> Tilt
> Bearing
> Rotation

- **Keep Selected(선택 유지):** 체크하면 마지막으로 그린 오브젝트가 선택된 상태로 유지되며, 선택한 오브젝트의 패스가 표시됩니다.

- **Merge Only with Selection(선택 항목만 병합):** 체크할 경우 새 선을 그릴 때 현재 선택 중인 패스와 교차될 때만 하나의 패스로 병합됩니다. 만약, 체크 해제 상태라면 선택 여부에 상관없이 교차되는 패스와 하나로 병합됩니다. 또한 체크 여부에 상관없이 다른 패스와 교차되지 않을 때는 별도의 패스로 구성됩니다.

- **Fidelity(정확도):** Accurate(왼쪽)에 가까울수록 드래그한 모양대로 패스가 그려지고, Smooth(오른쪽)에 가까울수록 패스가 매끄럽고 단순하게 처리됩니다.

- **Size(크기):** 브러시의 크기를 결정합니다.

- **Angle(각도):** 브러시의 회전 각도를 정합니다. 위쪽에 표시되는 미리보기에서 화살표를 드래그해서 변경할 수도 있습니다.

- **Roundness(원형율):** 브러시의 둥근 정도를 결정합니다.

05 ❶ [Color] 패널(F6)에서 **Fill: #6BC8F2, Stroke: None**으로 설정하고, 작업 창을 적당히 확대합니다. ❷ 인물의 왼쪽 부분 머리카락부터 꼬불꼬불하게 따라서 한 가닥씩 드래그합니다. 앞서 옵션 창에서 **Fidelity: Smooth**로 설정했으므로 오브젝트가 부드럽게 그려지는 것을 확인할 수 있습니다.

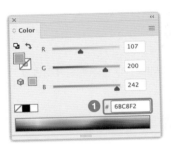

06 ❶ 툴바에서 〈Blob Brush Tool〉을 더블 클릭하여 옵션 창을 열고, **Fidelity**(정확도) 옵션 값을 중간으로 설정한 후 ❷ [OK] 버튼을 클릭해 적용합니다. [Color] 패널에서 원하는 색으로 [Fill] 색상을 변경한 후 선글라스의 왼쪽 부분부터 드래그해서 따라 그립니다.

> **TIP** 선글라스처럼 각진 오브젝트를 그릴 때 [Fidelity] 옵션이 Smooth쪽으로 설정되어 있으면 원하는 모양대로 그리기 어렵습니다. 그러므로 옵션 값을 변경한 후 작업했습니다.

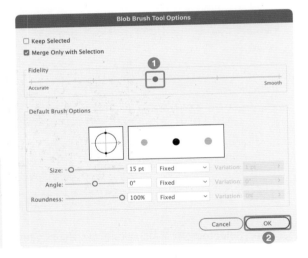

07 머리카락과 선글라스의 겹차는 부분을 정리하겠습니다. ❶ 툴바에서 〈Selection Tool(V)〉을 선택한 후 Shift 를 누른 채 선글라스의 오른쪽 다리와 겹치는 머리카락 두 가닥을 각각 클릭해서 다중 선택하고, ❷ Ctrl + Shift +] 를 눌러 선택 중인 머리카락의 정돈 순서를 맨 앞으로 옮깁니다.

08 이번에는 오른쪽을 정리하겠습니다. ❶ 아트보드 빈 곳을 클릭해서 모든 선택을 해제한 후 Shift 를 누른 채 선글라스의 오른쪽 부분과 겹치는 머리카락을 모두 선택합니다. ❷ 툴바에서 〈Eraser Tool〉◆을 선택한 후 ❸ 선글라스 오른쪽 렌즈 부분을 드래그하여 겹치는 머리카락을 지웁니다.

 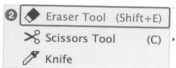 

09 계속하여 얼굴 외곽선을 그리기 위해 ❶ 툴바에서 〈Blob Brush Tool〉을 더블 클릭하여 옵션 창을 열고 **Fidelity: Smooth**로 설정한 후 ❷ [OK] 버튼을 클릭합니다. ❸ [Color] 패널에서 **Fill: White, Stroke: None**으로 설정한 후 ❹ 그림과 같이 얼굴 → 귀 → 목 순서로 따라 그립니다.

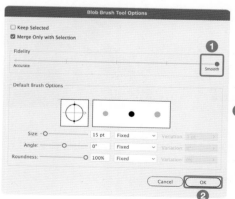 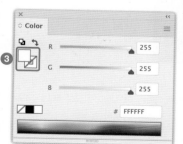

10 ① 〈Selection Tool(V)〉을 이용해 귀와 겹치는 머리카락을 선택하고 ② Ctrl + Shift +] 을 눌러 정돈 순서를 맨 앞으로 옮깁니다.

11 ① 다시 〈Blob Brush Tool〉을 이용해 옷의 형태를 따라 그립니다. ② [Color] 패널에서 **Fill: #F5E52C**로 색상을 변경하고 ③ 단추 부분을 드래그하면 완성입니다. 단추를 그릴 때] 를 눌러 브러시 크기를 키우면 좀 더 편리합니다.

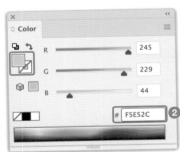

TIP 일러스트를 그리면서 선 오브젝트가 아트보드 밖으로 삐져나와도 괜찮습니다. 이후 이미지로 저장할 때 아트보드 영역만 저장할 수 있습니다.

자동 선택 도구라고 부르는 〈Magic Wand Tool(Y)〉을 사용하면 유사한 색상의 오브젝트를 일괄 선택할 수 있습니다. 〈Magic Wand Tool(Y)〉로 머리카락 오브젝트를 일괄 선택하고, 다른 색으로 변경한 후 완성한 결과를 이미지 파일로 저장하는 방법까지 알아보겠습니다.

01 ❶ 툴바에서 〈Magic Wand Tool(Y)〉 🪄 을 선택하고 ❷ 머리카락 하나를 클릭해서 선택합니다. ❸ 클릭한 머리카락과 유사한 색상의 오브젝트가 모두 선택됩니다. [Color] 패널에서 [Fill]을 원하는 색으로 변경하면 선택한 머리카락의 색상이 일괄 변경됩니다.

> **TIP** 툴바에서 〈Magic Wand Tool(Y)〉을 더블 클릭한 후 [Tolerance] 옵션 값을 높게 설정할수록 선택되는 유사 색상의 범위
> 가 넓어집니다. 툴바에 〈Magic Wand Tool(Y)〉이 보이지 않는다면 메뉴바에서 [Window – Toolbars – Advanced]를 선택
> 하면 됩니다.

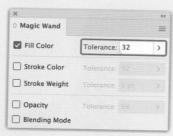

02 완성한 일러스트를 이미지 파일로 저장하기 위해 ❶ 메뉴바에서 **[File – Export – Export As]**(내보 내기)를 선택합니다. ❷ Export 창이 열리면 저장 위치와 파일명 등을 지정한 후 ❸ **Format: JPEG (jpg)** 로 설정합니다. ❹ 아트보드 밖으로 삐져나온 오브젝트는 무시하고 저장하기 위해 **Use Artboards: 체크**한 후 ❺ **[Export]** 버튼을 클릭합니다.

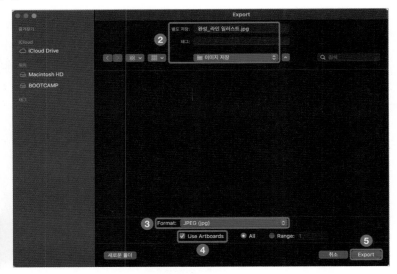

> **TIP** 일반적인 저장 방법(Ctrl + S)을 이용하면 일러스트레이터의 원본 형식인 ai나 pdf 등의 형식은 있지만, jpg나 png 같은 형식은 없습니다. 그러므로 웹에서 활용할 이미지 파일로 저장하려면 내보내기(Export) 기능을 이용해야 합니다.

03 선택한 파일 형식에 따라 옵션을 설정할 수 있는 창이 열립니다. ❶ 웹용에 적합하게 **Color Mode**(색상 모드), **Quality**(품질), **Resolution**(해상도) 등을 설정하고 ❷ **[OK]** 버튼을 클릭합니다. ❸ 아트보드 영역만 지정한 위치에 선택한 파일 형식으로 저장됩니다.

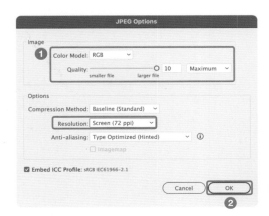

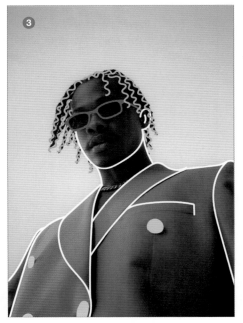

이미지 추적 기능으로
사진을 벡터 로고로 만들기

일러스트레이터의 Image Trace(이미지 추적) 기능을 사용하면 픽셀로 이루어진 비트맵 이미지를 패스로 된 벡터 오브젝트로 변환할 수 있습니다. 비트맵 사진 이미지를 불러온 후 벡터 오브젝트로 변경해서 로고를 만들어 보겠습니다.

결과 미리보기
예제_glasses.jpg, 완성_Image Trace.ai

Ai 비트맵 이미지 불러온 후 이미지 추적 실행하기

일러스트레이터의 Image Trace는 비트맵 이미지를 분석한 후 패스 상태로 된 벡터 오브젝트로 자동 변환해 주는 기능입니다. 예제로 제공하는 안경 사진을 불러온 후, 크기를 변경해도 해상도가 깨지지 않는 벡터 오브젝트로 변경해 보겠습니다. **Link** 비트맵과 벡터에 대한 자세한 설명은 24쪽을 참고합니다.

01 Ctrl+N을 눌러 New Document 창을 엽니다. ❶ [Print] 탭을 클릭한 후 ❷ 사전 설정 목록에서 [A4 210×297mm]를 선택합니다. ❸ 세부 정보에서 **Orientation: 가로**로 변경하고 ❹ [Create] 버튼을 클릭해 새 작업을 시작합니다.

02 ❶ 메뉴바에서 [**File – Place**]를 선택한 후 [**예제_glasses.jpg**] 파일을 선택해서 가져오기를 실행하고, 아트보드에서 적당한 크기로 드래그합니다. ❷ 드래그한 영역에 맞춰 이미지가 배치됩니다. ❸ 〈**Selection Tool(V)**〉 ▶을 선택한 후 안경 사진을 아트보드 밖으로 드래그해서 옮깁니다.

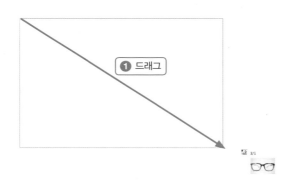

> **TIP** 이미지에 Image Trace 기능을 적용하면 흰색 오브젝트가 생성될 수 있습니다. 흰색의 아트보드에서는 흰색 오브젝트를 확인하기 어려우므로 쉽게 확인하기 위해 회색인 아트보드 바깥에 배치했습니다.

03 비트맵 이미지가 선택된 상태로 ❶ 상단 옵션바에서 [Image Trace](이미지 추적) 버튼을 클릭합니다. ❷ 이미지가 검은색과 흰색으로 표현됩니다.

04 ❶ 옵션바에서 [Image Trace Panel] 아이콘을 클릭하여 ❷ [Image Trace] 패널을 열고 **Threshold: 140**으로 설정합니다. 대비 정도를 높여 안경의 외형을 더 정확하게 추적하기 위한 설정입니다. ❸ 끝으로 옵션바에서 [Expand] 버튼을 클릭해 벡터 오브젝트로 확장합니다.

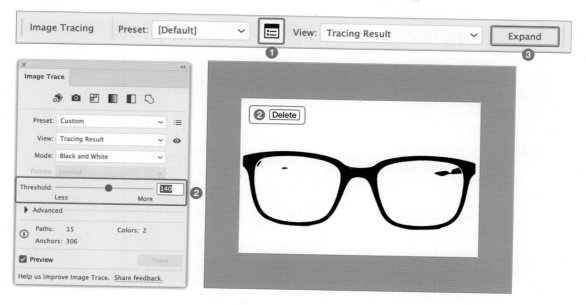

05 벡터 오브젝트로 변환한 후 ❶ Ctrl+Y를 눌러 Outline 모드로 보면 패스로 구성된 형태를 확인할 수 있습니다. 다시 Ctrl+Y를 눌러 Outline 모드를 끝냅니다. ❷ 툴바에서 〈**Magic Wand Tool(Y)**〉 🪄 을 선택하고 오브젝트의 흰색 영역을 클릭합니다. ❸ 선택한 오브젝트에서 흰색 부분이 모두 선택되면 Delete를 눌러 삭제하여 안경 테두리만 남깁니다.

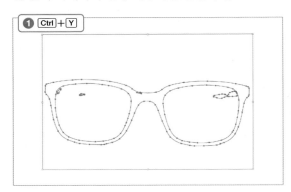

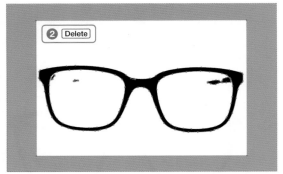

> **TIP** 〈Magic Wand Tool(Y)〉로 흰색 오브젝트를 모두 선택한 후 제대로 선택되었는지 확인하고 싶다면 [Color] 패널 등을 이용하여 [Fill]의 색상을 변경해 봅니다.

우디 특강 | **Image Trace 패널 살펴보기**

메뉴바에서 [Window — Image Trace]를 선택하거나 앞서 실습 과정과 같은 방법으로 옵션바에서 [Image Trace] 패널을 열면 이미지 추적과 관련된 다양한 옵션을 확인할 수 있습니다. 또한 Advanced 영역에 있는 [펼침] 아이콘을 클릭해 고급 옵션을 설정할 수도 있습니다.

▲ Advanced 영역을 펼치기 전과 후

03 안경테를 좀 더 매끄럽게 다듬기 위해 ❶ 툴바에서 〈Smooth Tool〉 을 선택합니다. ❷ 안경의 패스가 보이지 않는다면 Ctrl+클릭하여 안경을 선택하고, ❸ 그림과 같이 안경에서 왼쪽 부분의 울퉁불퉁한 부분을 여러 번 드래그하여 패스를 매끄럽게 다듬습니다.

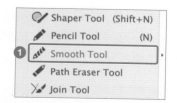

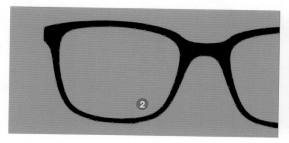

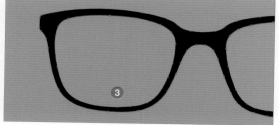

> **TIP** 〈Smooth Tool〉을 선택 중인 상태에서 Ctrl을 누르고 있으면 임시로 〈Selection Tool(V)〉을 사용할 수 있습니다.

04 ❶ 툴바에서 〈Line Segment Tool(\)〉 을 선택하고 안경의 중앙을 가로지르는 직선을 그립니다 (Shift+드래그). ❷ 〈Selection Tool(V)〉을 선택한 후 범위를 드래그하여 직선과 안경 오브젝트를 선택하고, ❸ [Pathfinder] 패널(Shift+Ctrl+F9)에서 패스를 따라 자르는 [Divide] 아이콘을 클릭합니다.

> **Link** [Pathfinder] 패널에 대한 자세한 설명은 166쪽을 참고합니다.

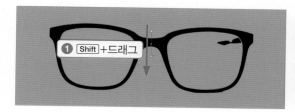

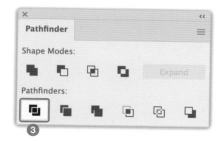

05 직선 패스를 따라 안경의 왼쪽과 오른쪽이 잘렸습니다. ❶ 안경 오브젝트에서 [마우스 우클릭] 후 [Ungroup]을 선택해서 그룹을 해제하고, ❷ 범위를 드래그하여 안경의 오른쪽 부분을 모두 선택한 후 Delete 를 눌러 삭제합니다

06 ❶ 왼쪽 부분만 남겨지면 범위를 드래그하여 모두 선택한 후 ❷ [Color] 패널(F6)에서 Fill: Black, Stroke: None으로 설정합니다. ❸ 뚫려 있던 안쪽이 검은색으로 채워집니다.

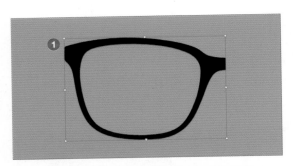 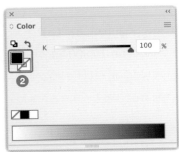

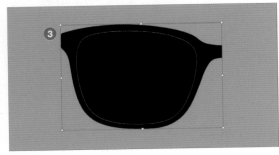

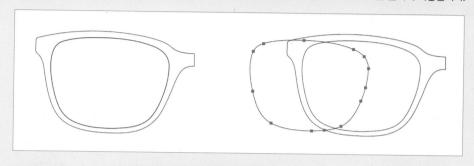

07 ❶ 〈Selection Tool(V)〉로 아트보드 빈 곳을 클릭하여 모든 선택을 해제하고, 안쪽을 클릭하여 불필요한 부분을 선택한 후 ❷ Delete 를 눌러 삭제합니다.

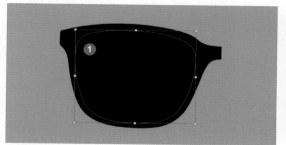

08 이제 대칭으로 복제하기 위해 ❶ 〈Selection Tool(V)〉로 안경 오브젝트를 선택합니다. ❷ 〈Reflect Tool(O)〉 ▷◁ 을 선택한 후 ❸ 안경 오브젝트에서 오른쪽 끝 위쪽에 있는 고정점을 Alt +클릭하여 대칭 기준점으로 지정합니다.

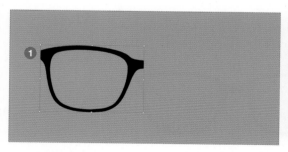
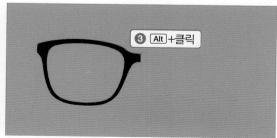

09 ❶ Reflect 창이 열리면 **Axis: Vertical**로 설정하고, ❷ [Copy] 버튼을 클릭합니다.

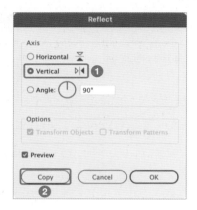

10 반쪽이 대칭 복제되면서 온전한 안경 형태가 되었습니다. ❶ ⟨Selection Tool(V)⟩로 범위를 드래그하여 모든 오브젝트를 선택하고 ❷ [Pathfinder] 패널에서 [Unite] 아이콘을 클릭합니다. ❸ 오브젝트가 하나로 합쳐지면서 가운데 경계선이 사라집니다.

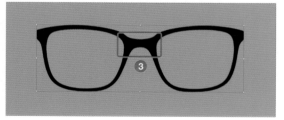

11 완성한 안경 오브젝트를 아트보드 위로 옮기고 ❶ [Swatches] 패널 등에서 [Fill]을 원하는 색상으로 채웁니다. ❷ 이외에도 ⟨Type Tool(T)⟩ T 을 사용하여 적절한 문구까지 입력하면 로고가 완성됩니다.

Link ⟨Type Tool(T)⟩을 사용하는 방법은 79쪽에서 자세히 다룹니다.

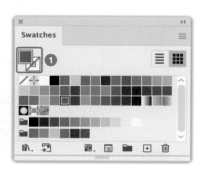

라이브 페인트 통 도구로 벡터 오브젝트 채색하기

이미지 추적(Image Trace) 기능을 활용하면 비트맵 이미지를 패스로 된 벡터 오브젝트로 변환할 수 있고, 이렇게 만든 벡터 오브젝트는 라이브 페인트 통 도구 〈Live Paint Bucket(K)〉을 사용하여 채색할 수 있습니다.

결과 미리보기

예제_sketch.jpg, 완성_스케치 채색.ai

Ai 비트맵 이미지를 벡터로 변환하기

스케치 이미지를 스캔하거나 사진으로 촬영하고 우선 벡터 오브젝트로 변환해 보겠습니다.

01 Ctrl + N 을 눌러 New Document 창을 엽니다. ❶ [Print] 탭을 클릭한 후 ❷ 사전 설정 목록에서 [A4 210×297mm]를 선택합니다. ❸ 세부 정보에서 **Orientation: 가로**로 변경하고 ❹ [Create] 버튼을 클릭해 새 작업을 시작합니다.

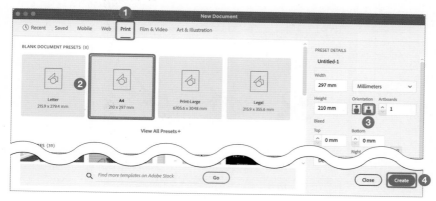

02 메뉴바에서 [File – Place]를 선택한 후 [예제_sketch.jpg] 파일을 선택해서 가져오기를 실행하고, 아트보드 바깥쪽 회색 영역을 클릭해서 원본 크기로 배치합니다. Link 이미지 가져오기는 106쪽에서 자세히 설명합니다.

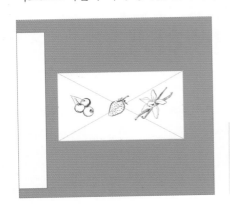

TIP 이미지에 Image Trace 기능을 적용하면 흰색 오브젝트가 생성될 수 있습니다. 흰색의 아트보드에서는 흰색 오브젝트를 확인하기 어려우므로, 쉽게 확인하기 위해 회색인 아트보드 바깥에 배치했습니다.

03 이미지를 선택한 상태로 ❶ 상단 옵션바에서 [Image Trace] 버튼을 클릭해 이미지 추적을 실행하고, ❷ 옵션바에서 [Image Trace Panel] 아이콘을 클릭합니다. ❸ [Image Trace] 패널이 열리면 **Threshold: 200**으로 설정합니다. ❹ 스케치 이미지에서 대비가 명확하게 강조됩니다.

Link [Image Trace] 패널의 자세한 옵션은 231쪽을 참고합니다.

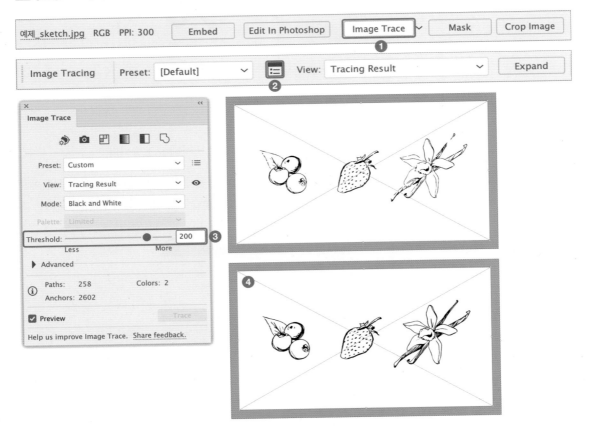

04 ❶ 상단 옵션바에서 [Expand] 버튼을 클릭해 최종 변환(확장)하면 벡터 오브젝트가 됩니다. ❷ 툴바에서 〈Magic Wand Tool(Y)〉 ✦ 을 선택하고 벡터 오브젝트의 흰색 부분을 클릭한 후 [Delete]를 누릅니다. ❸ 흰색 오브젝트가 일괄 선택된 후 삭제됩니다.

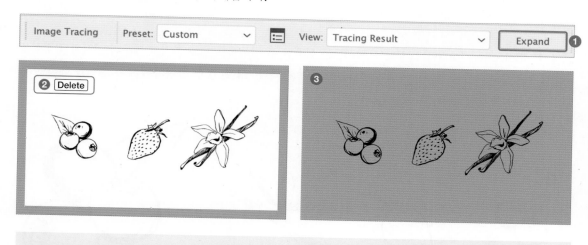

> **TIP** 〈Magic Wand Tool(Y)〉과 이후에 사용할 〈Live Paint Bucket(K)〉은 메뉴바에서 [Window - Toolbars - Advanced]를 선택해야 표시됩니다.

05 ❶ 〈Selection Tool(V)〉 ▶ 로 스케치 이미지(벡터 오브젝트)를 선택한 후 [Ctrl]+[Shift]+[G]를 눌러 그룹을 해제합니다. ❷ 이어서 범위를 드래그하여 가장 왼쪽에 있는 블루베리를 선택하고 [Ctrl]+[G]를 눌러 그룹으로 묶습니다. ❸❹ 같은 방법으로 딸기와 바닐라도 각각 그룹으로 묶습니다.

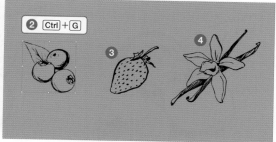

Ai 지정한 색으로 클릭한 면 채우기

스케치한 그림을 벡터 오브젝트로 변환했으니 이제 〈Live Paint Bucket(K)〉으로 간편하게 면을 채색해 보겠습니다.

01 ① 〈Selection Tool(V)〉로 모든 오브젝트를 선택한 후 아트보드 위로 옮기고 테두리 상자의 고정점을 바깥쪽으로 Shift +드래그하여 비율에 맞춰 크기를 키웁니다. ② 빈 곳을 클릭하여 모든 선택을 해제한 후 블루베리 오브젝트만 클릭해서 선택합니다.

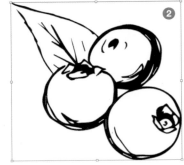

02 ① 툴바에서 〈Live Paint Bucket(K)〉을 선택하고, ② 선택 중인 블루베리에서 검은색 부분을 한 번 클릭하여 Live Paint group을 활성화합니다. ③ Live Paint group이 제대로 활성화되면 마우스 커서로 오브젝트 이곳저곳으로 움직일 때 다음과 같이 빨간색 면이 선택됩니다.

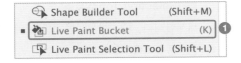

▲ [Live Paint group] 활성화

03 빨간색으로 선택된 면을 클릭하면 [Fill]에 지정된 색이 적용됩니다. ① 색을 지정하기 위해 [Color] 패널(F6)에서 [메뉴] 아이콘을 클릭한 후 ② [CMYK]를 선택합니다. ③ CMYK 스펙트럼이 나타나면 임의의 색으로 [Fill] 색상을 지정하고 ④ 오브젝트에서 채색할 부분을 클릭합니다. ⑤ 클릭한 부분이 면으로 추출되어 색이 채워집니다.

TIP 이미지 추적 시 흑백으로 표현하였으므로 [Color] 패널도 Grayscale 모드로 되어 있습니다. 그러므로 색을 칠하기 전에 색상 모드를 변경해야 합니다.

우디 특강 | 라이브 페인트 통 도구의 적용 범위

〈Live Paint Bucket(K)〉을 사용하여 채색하는 기능은 사방이 둘러싸여 닫힌 패스에만 적용되는 것이 기본 원칙입니다. 하지만 아래에서 그림 A의 왼쪽 아래 부분처럼 미세하게 열려 있는 곳이 있다면 Live Paint group을 활성화한 후 선택했을 때 자동으로 닫힌 패스로 인식하여 면을 추출해 줍니다.

그림 B의 왼쪽 아래처럼 열린 간격이 제법 크다면 〈Live Paint Bucket(K)〉을 사용해 색을 채울 수 없습니다. 이럴 때는 〈Blob Brush Tool〉 등을 이용해 면을 덧칠하여 닫힌 패스로 만든 후 사용해야 합니다.

Live Paint group에서 자동으로 닫힌 패스로 연결되는 곳을 미리 확인하려면 메뉴바에서 [View – Show Live Paint Gaps]를 선택해서 체크합니다. 그러면 자동으로 연결되는 패스가 빨간 강조선으로 표시됩니다.

▲ 그림 A   ▲ 그림 B   ▲ Show Live Paint Gaps

Actual Size	⌘ 1
Show Live Paint Gaps	

04 ❶ [Color] 패널에서 원하는 색을 지정하고 ❷ 오브젝트에서 채울 부분을 클릭하는 과정을 반복하면서 채색을 진행합니다. ❸ 세부적인 부분을 채색할 때는 화면을 적절하게 확대하면서 ❹ 채색을 완료합니다.

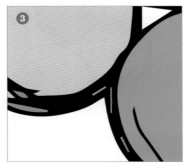

> **TIP** Live Paint group을 한 번 활성화한 오브젝트는 굳이 선택한 상태가 아니라도 〈Live Paint Bucket(K)〉을 사용해 채색할 수 있습니다. 그러므로 오브젝트를 선택했을 때 보이는 패스가 복잡해서 불편하다면 선택을 해제한 후 채색을 진행합니다.

05 이번에는 딸기 오브젝트를 채색해 보겠습니다. 앞서와 같은 방법으로 ❶ 〈Selection Tool(V)〉로 딸기 오브젝트를 선택하고, ❷ 〈Live Paint Bucket(K)〉을 선택한 후 딸기 오브젝트의 검은색 부분을 클릭하여 Live Paint group을 활성화합니다.

06 ❶ [Swatches] 패널을 열고 빨간색 견본을 선택하여 [Fill] 색상을 지정합니다. 그런 다음 ❷ 딸기 오브젝트에서 채색할 부분을 클릭하여 빨간색으로 채웁니다.

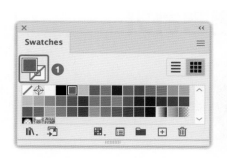

> **TIP** 〈Live Paint Bucket(K)〉 사용 중에 [Swatches] 패널에서 색을 선택하면 마우스 커서에 선택한 색 양쪽으로 다른 색이 표시됩니다. 이 상태에서 키보드의 좌우 방향키를 누르면 좌우 색상으로 변경되어 빠르게 색상을 변경할 수 있습니다.

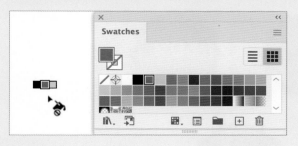

07 〈Selection Tool(V)〉로 선택 → 〈Live Paint Bucket(K)〉으로 Live Paint group 활성화 → 색상 지정 후 채색하는 과정을 반복하여 바닐라 오브젝트의 채색까지 끝내면 완성입니다.

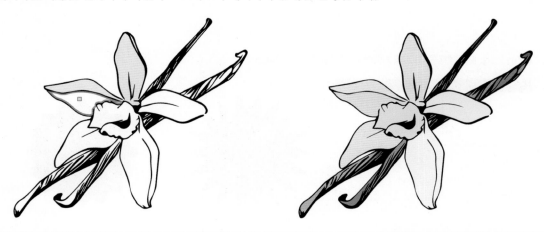

> **TIP** 대/소문자를 바꾸는 Caps Lock 을 누르면 마우스 커서 모양이 사용 중인 도구의 아이콘에서 + 모양으로 변경되어 원하는 위치를 정확하게 선택할 수 있습니다.

Recolor Artwork로 다채롭게 색상 변경하기

디자인을 하다 보면 어떤 색을 써야 할지 끊임없이 고민하게 됩니다. 하지만 일러스트레이터의 Recolor Artwork 기능을 이용하면 완성된 결과에서 손쉽게 다양한 색상을 적용해 보면서 원하는 색상으로 변경할 수 있습니다. 엠블럼을 만들고 간단하게 색상을 변경해 보겠습니다.

결과 미리보기

완성_엠블럼.ai

주요 기능 살펴보기

• **Zig Zag:** 오브젝트를 지그재그 형태로 변형할 수 있습니다.

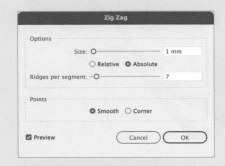

▲ Zig Zag 창과 옵션에 따라 변형된 오브젝트

- **문자 스타일:** 문자는 〈Type Tool(T)〉을 이용해 입력할 수 있고, [Character] 패널에서 글꼴, 크기, 행간, 자간 등의 문자 스타일을 변경할 수 있습니다.

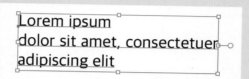

- **Recolor Artwork:** 아트워크 색상을 쉽고 빠르게 변경할 수 있습니다.

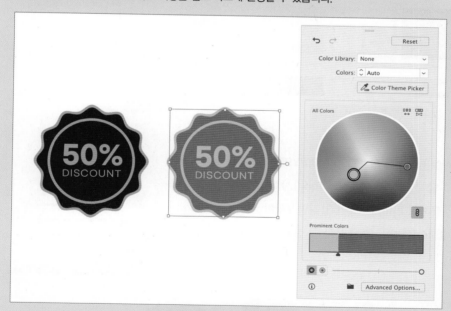

Ai 도형과 지그재그 효과로 엠블럼 디자인하기

도형만 잘 활용해도 다양한 로고나 엠블럼을 만들 수 있습니다. 스포츠팀 상징이나 쿠폰 등에 자주 사용되는 형태의 엠블럼을 만들어 보겠습니다.

01 Ctrl+N을 눌러 New Document 창을 엽니다. ❶ [Print] 탭을 클릭하고 ❷ 사전 설정 목록에서 [A4 210×297mm]를 선택합니다. ❸ 세부 정보에서 **Orientation: 가로**로 변경하고 ❹ [Create] 버튼을 클릭해 새 작업을 시작합니다.

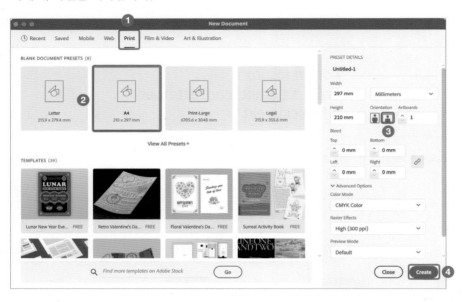

02 ❶ [Color] 패널(F6)에서 **Fill: C90/M30/Y95/K60, Stroke: None** 으로 색을 설정한 후 ❷ 툴바에서 ⟨Ellipse Tool(L)⟩ ◯ 을 선택합니다. ❸ 아트보드 빈 곳을 클릭하여 Ellipse 창이 열리면 **Width: 30mm, Height: 30mm**로 설정하고 ❹ [OK] 버튼을 클릭해 ❺ 정원을 그립니다.

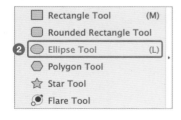

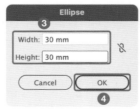

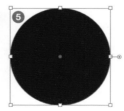

03 ⟨Selection Tool(V)⟩▶로 원을 선택하고, 메뉴바에서 [Object – Path – Offset Path]를 선택하여 Offset Path 창을 엽니다. ❶ 선택한 원보다 사방으로 1mm 큰 원을 추가하기 위해 **Offset: 1mm**로 설정한 후 ❷ [OK] 버튼을 클릭합니다. ❸ 큰 원이 선택된 상태로 [Color] 패널에서 **Fill: C10/M40/Y65/K0, Stroke: None**으로 설정하여 ❹ 색을 변경합니다. Link Offset Path에 대한 자세한 설명은 86쪽을 참고합니다.

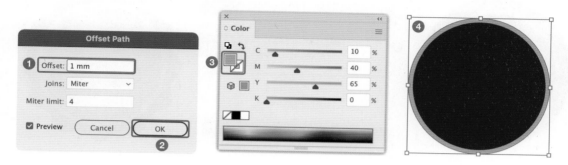

04 큰 원을 선택한 상태로 [Object – Path – Offset Path]를 다시 선택해 Offset Path 창을 엽니다. ❶ **Offset: 3mm**로 설정한 후 ❷ [OK] 버튼을 클릭해 ❸ 세 번째 정원(가장 큰 원)을 그립니다. ❹ 툴바에서 ⟨Eyedropper Tool(I)⟩✎를 선택한 후 ❺ 가장 안쪽 원을 클릭해 가장 큰 원의 색을 변경합니다.

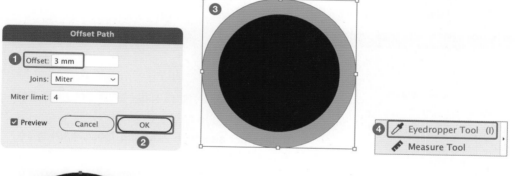

TIP ⟨Eyedropper Tool(I)⟩을 선택한 후 벡터 오브젝트를 클릭하면 색상만 추출되는 것이 아니라 선 두께와 같은 [Fill]과 [Stroke] 스타일도 함께 추출되어 현재 선택한 오브젝트에 바로 적용됩니다.

05 ① 〈Selection Tool(V)〉을 이용하여 가장 큰 원을 선택합니다. ② 메뉴바에서 [Effect – Distort & Transform – Zig Zag]를 선택하여 Zig Zag 창을 열고 **Size: 1mm, Ridges per segment: 5, Points: Smooth**로 설정한 후 ③ [OK] 버튼을 클릭하면 ④ 선택 중인 원이 물결 형태로 변경됩니다.

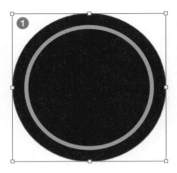
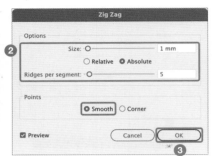
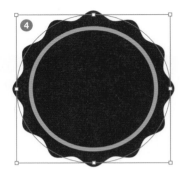

우디 특강 │ **Zig Zag 효과 적용하기**

[Effect – Distort & Transform] 메뉴는 다양한 형태로 오브젝트를 왜곡하거나 변형할 때 사용하며, 하위 메뉴를 선택해서 좀 더 구체적인 왜곡/변형 형태를 결정할 수 있습니다.

실습 중에 사용한 [Zig Zag]는 단어 그대로 오브젝트를 지그재그 형태로 변형하는 효과이며, Zig Zag 창에서 설정한 옵션에 따라 다채로운 형태로 변형할 수 있습니다.

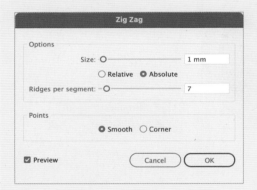

- **Size:** 지그재그를 표현할 때 생기는 깊이로 값이 클수록 깊이가 깊어집니다.
- **Ridges per segment:** 지그재그의 개수로, 수치가 높을수록 많아집니다.
- **Points:** 지그재그를 매끄럽게 표현할지(Smooth), 각지게 표현할지(Corner) 선택합니다.

▲ Points가 Corner일 때(왼쪽)와 Smooth일 때(오른쪽)

06 ❶ Zig Zag가 적용된 원이 선택된 상태로 ❷ 메뉴바에서 [Object – Path – Offset Path]를 선택하여 Offset Path 창을 열고, **Offset: 1mm**로 설정한 후 ❸ [OK] 버튼을 클릭합니다. ❹ 네 번째 오브젝트가 추가되면 〈Eyedropper Tool(I)〉을 선택하고 두 번째 오브젝트(베이지 색)를 클릭하여 색상을 추출하고 적용합니다.

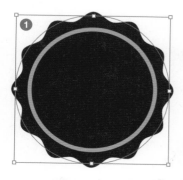

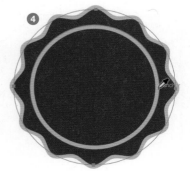

우디 특강 | 오브젝트 확장 여부에 따른 패스 변화

오브젝트에 효과를 적용한 후 Outline 모드(Ctrl+Y)로 확인해 보면 효과로 변형된 모양으로 패스가 표현되지 않습니다. 이는 오브젝트의 모양이 확장되지 않은 상태이기 때문입니다.

효과 등을 적용한 후 변형된 모양이 최종 완성 상태라면 오브젝트를 선택하고 메뉴바에서 [Object – Expand Appearance]와 [Object – Expand]를 선택하여 확장을 실행합니다. **Link** 오브젝트 확장과 관련된 자세한 설명은 98쪽을 참고합니다.

▲ 효과를 적용한 오브젝트가 Preview 모드에서는 같은 모양이지만, 확장 여부에 따라 Outline 모드에서는 다른 모양으로 표시됩니다.

Ai 문자 입력하여 엠블럼 완성하기

엠블럼 형태를 완성했으니 용도에 맞게 문자를 입력합니다. 기본적으로 〈Type Tool(T)〉을 이용해 원하는 위치에 문자를 입력할 수 있으며, 필요에 따라 [Character] 패널에서 글꼴, 행간, 자간 등의 스타일을 변경할 수도 있습니다.

01 ❶ [Character] 패널(Ctrl + T)에서 **글꼴: G마켓 산스/Bold, 크기: 27pt, 행간: 35pt**로 설정합니다. ❷ 툴바에서 **⟨Type Tool(T)⟩** T 을 선택하고, ❸ 아트보드 빈 곳을 클릭한 후 [50% DISCOUNT] 내용을 2줄로 입력하고, Ctrl + Enter 를 눌러 입력을 완료합니다.

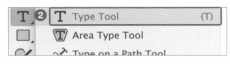

02 ❶ **⟨Eyedropper Tool(I)⟩**을 선택한 후 베이지색 오브젝트를 클릭해서 문자에도 베이지색을 적용합니다. ❷ **⟨Type Tool(T)⟩**을 선택한 후 [DISCOUNT]만 드래그하여 선택하고, ❸ [Character] 패널에서 **글꼴: G마켓 산스/Medium, 크기: 9pt, 행간: 14pt, 자간: 80**으로 변경한 후 ❹ Ctrl + Enter 를 눌러 문자 편집을 마칩니다. ❺ 완성한 문자를 엠블럼 중앙으로 드래그하여 디자인을 완성합니다.

〈Type Tool(T)〉을 선택한 상태에서 기본적인 가로쓰기 기능뿐만 아니라 키 조합을 활용하면 〈Type Tool(T)〉의 하위 툴 기능까지 실행할 수 있습니다.

문자 도구의 다양한 사용 방법

〈Type Tool(T)〉이 선택된 상태에서 일반적으로 문자를 입력할 때는 문자 입력 위치를 클릭합니다. 이때 벡터 오브젝트 안쪽을 클릭한다면 오브젝트의 패스 안쪽 영역에서만 문자가 입력되는 〈Area Type Tool〉로 사용됩니다. 앞서 실습에서 엠블럼 안쪽을 바로 클릭하지 않고, 바깥 빈 영역에서 입력한 후 안쪽으로 옮긴 이유도 여기에 있습니다.

또한 〈Type Tool(T)〉을 선택한 후 Alt 를 누른 채 패스를 클릭하면 패스를 따라 문자가 입력되는 〈Type on a Path Tool〉로 사용됩니다. Link 문자 도구를 이용한 기본적인 문자 입력 방법은 79쪽을 참고합니다.

■ T Type Tool (T)	
T Area Type Tool	
✎ Type on a Path Tool	
↓T Vertical Type Tool	▶
↓T Vertical Area Type Tool	
✎ Vertical Type on a Path Tool	
Ⅲ Touch Type Tool (Shift+T)	

▲ Area Type Tool   ▲ Type on a Path Tool

단축키로 자간과 행간 조절하기

문자와 문자 사이의 간격인 자간과 행과 행 사이의 간격인 행간을 변경할 때는 [Character] 패널을 이용하지만, 단축키를 이용하면 좀 더 빠르게 변경할 수 있습니다.

• 20pt 단위로 자간 조절하기: Alt + →, ←
• 20pt 단위로 행간 조절하기: Alt + ↓, ↑

Lorem ipsum consectetuer ad elit, sed nibh euismod	Lorem ipsum consectetuer ad elit, sed nibh euismod	Lorem ipsum consectetuer ad elit, sed nibh euismod

▲ 원본   ▲ 자간 조절   ▲ 행간 조절

Ai **아트워크 색상 변경 기능으로 색 조합 다양하게 변경하기**

앞서 완성한 아트워크 오브젝트를 Recolor Artwork 기능을 이용하여 다양한 색 조합으로 변경해 보겠습니다. 이렇게 손쉽게 색 조합을 변경해 봄으로써 색상 선택의 고민을 좀 더 수월하게 해결할 수 있습니다.

01 ① 〈Selection Tool(V)〉로 범위를 드래그하여 엠블럼에 사용된 모든 오브젝트를 선택합니다. ② 오른쪽으로 Alt +드래그하여 복제 배치합니다.

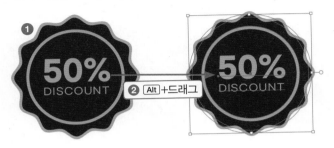

02 메뉴바에서 [Edit – Edit Colors – Recolor Artwork]를 선택하여 Recolor Artwork 창을 열면 선택한 오브젝트에서 사용된 색상 개수에 따라 핸들이 표시됩니다. 이 핸들을 드래그하여 오브젝트의 색 조합을 변경하고, 색 변경을 마치려면 Esc 를 누르거나 아트보드 빈 곳을 클릭합니다.

TIP 오브젝트를 선택한 후 상단 옵션바에서 [Recolor Artwork] 아이콘을 클릭해도 아트워크 색상 변경 기능을 사용할 수 있습니다.

Recolor Artwork 창 자세히 살펴보기

실습에서 간단하게 확인해 본 것처럼 Recolor Artwork 창을 잘 활용하면 완성한 디자인의 색 조합을 변경하여 다양한 느낌으로 표현하기가 무척 수월해집니다. 좀 더 효과적으로 활용하기 위해 세부 옵션을 자세히 살펴보겠습니다.

❶ **Color Library:** All Colors 영역에 표시되는 색 체계를 선택할 수 있습니다.

❷ **Colors:** Recolor Artwork 창을 이용해 변경할 색상의 개수를 지정합니다. 기본적으로 선택한 오브젝트에 사용된 색상 개수로 설정됩니다.

❸ **Color Theme Picker:** 해당 버튼을 클릭한 후 아트보드에 있는 다른 오브젝트를 클릭하거나 드래그하여 사용할 색상 테마를 선택할 수 있습니다.

❹ **Color Handle:** [Colors] 옵션에 따라 핸들의 개수가 정해지며, 핸들을 드래그하거나 더블 클릭하여 색상을 변경할 수 있습니다.

❺ **Link harmony colors:** 색상 핸들을 개별적으로 변경하고 싶다면 아이콘을 클릭해서 비활성화합니다. 옆 이미지에서는 활성화 상태입니다.

❻ **Prominent Colors:** 슬라이드를 조절하여 색상 가중치를 변경합니다.

❼ **Mode:** All Colors 영역의 색상환에 명도/색조, 채도/색조 중 표시할 방식을 선택하며, 오른쪽에 있는 슬라이더에서 표시한 방식에 따라 명도 또는 채도를 조절합니다.

❽ **Advanced Options:** 좀 더 다양한 옵션을 설정할 수 있으나 기본 옵션만으로 충분합니다.

❾ **Reset:** 다양한 설정으로 오브젝트의 색 조합을 변경한 후 처음 상태로 되돌릴 때 사용합니다.

03 위와 같은 옵션을 활용하여 완성한 엠블럼을 다음과 같이 다양한 색 조합으로 간단하게 변경할 수 있습니다.

동영상 강의 다음 동영상 강의에서 다양한 색상 활용 노하우를 확인해 보세요.

문자 윤곽선 만들기로 시작하는 캘리그래피

문자 도구 〈Type Tool(T)〉로 내용을 입력한 후 간단하게 변형하면 손글씨를 표현할 수 있습니다. 이렇게 변형한 문자는 프로젝트의 타이틀이나 귀여운 느낌의 디자인에서 활용하기에도 좋습니다. 일러스트레이터의 Create Outlines 기능을 이용한 캘리그래피 요령을 살펴보겠습니다.

결과 미리보기

완성_영화 타이틀.ai

Ai 문자 입력 후 리듬감이 느껴지도록 레이아웃 변경하기

캘리그래피를 시작하려면 완성하고자 하는 형태와 가장 유사한 글꼴을 선택하는 것이 핵심입니다. 또한 선택한 글꼴에서 크기를 조절하여 강약의 리듬감을 표현하는 등 시선을 더 끌 수 있는 형태로 1차 가공 단계인 레이아웃 작업을 진행합니다. **Link** 무료로 사용할 수 있는 여러 글꼴에 대한 안내는 19쪽을 참고합니다.

01 **Ctrl**+**N**을 눌러 New Document 창을 엽니다. ❶ [Print] 탭을 클릭하고 ❷ 사전 설정 목록에서 [A4 210×297mm]를 선택합니다. ❸ 세부 정보에서 **Orientation: 가로**로 변경하고 ❹ [Create] 버튼을 클릭해 새 작업을 시작합니다.

02 ① [Character] 패널(Ctrl+T)에서 **글꼴: KCC-은영체, 크기: 50pt**로 설정합니다. ② 툴바에서 〈**Type Tool(T)**〉 T 을 선택한 후 아트보드 빈 곳을 클릭하여 [바람과 함께 사라지다]를 입력하고 Ctrl+Enter 를 눌러 문자 입력을 완료합니다.

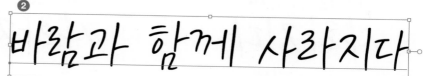

> **TIP** [KCC–은영체]는 한국저작권위원회에서 무료로 제공하는 글꼴로, 인터넷 검색을 통해 쉽게 다운로드할 수 있습니다. 보통 macOS는 OTF, Windows는 TTF 형태의 글꼴 파일을 다운로드한 후 더블 클릭해서 설치합니다.

03 문자를 좀 더 자유롭게 변형하기 위해 문자 속성을 [Fill]과 [Stroke]로 구성된 일반적인 벡터 오브젝트로 변경하겠습니다. ① 문자가 선택된 상태로 메뉴바에서 [Type – Create Outlines](Ctrl+Shift+O)를 선택해서 ② 문자 윤곽선 만들기를 실행합니다.

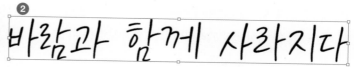

> **TIP** 문자 윤곽선 만들기(Create Outlines)는 흔히 문자를 깨뜨린다고 표현합니다. 문자를 깨트린 직후 형태에는 아무런 변화가 보이지 않습니다. 다만 각 문자마다 테두리가 패스로 표현됩니다.

04 윤곽선 만들기를 실행한 후에는 각 문자가 그룹으로 묶여 있으므로 **①** Ctrl + Shift + G 를 눌러 그룹을 해제합니다. **②** 〈Selection Tool(V)〉 ▶ 로 범위를 드래그하여 [사라지다]만 선택한 후 그림과 같이 아래쪽에 배치합니다. **③ ④ ⑤** 계속해서 다음과 같이 문자를 선택한 후 크기와 위치 등을 변경하여 리듬감이 느껴지게 레이아웃을 정리합니다.

> **TIP** 윤곽선 만들기를 실행한 후에는 더 이상 [Character] 패널에서 문자의 크기와 같은 스타일을 변경할 수 없습니다. 그러므로 위와 같이 비율을 유지한 채 크기를 변경할 때는 고정점을 Shift +드래그합니다.

Ai 문자를 세부적으로 변형하여 캘리그래피처럼 표현하기

윤곽선 만들기 후 기본 레이아웃을 정리했다면 이제 좀 더 세부적으로 특정 획을 굵거나 길게 변형해서 영화 타이틀에 쓸 법한 캘리그래피처럼 표현해 보겠습니다.

01 ❶ ⟨Selection Tool(V)⟩로 [과]만 선택합니다. ❷ 메뉴바에서 [Object – Path – Offset Path]를 선택하여 Offset Path 창을 열고, **Offset: 0.1mm**로 설정한 후 ❸ [OK] 버튼을 클릭해 패스 이동을 실행합니다. ❹ 0.1mm 굵어져 다른 문자들과 두께가 비슷해집니다.

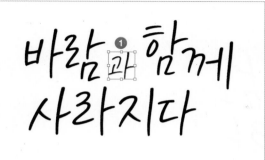

TIP Offset Path 창과 같이 설정 결과에 따른 미리보기(Preview) 기능이 있음에도 아트보드에 미리보기 결과가 표시되지 않는다면 옵션 값을 입력하고 [Tab]을 눌러 다른 옵션을 선택함으로써 미리보기를 확인할 수 있습니다.

02 ❶ 패스 이동으로 추가된 [과] 오브젝트와 기존 [과] 오브젝트가 다중 선택되도록 범위를 드래그하고, ❷ [Pathfinder] 패널([Shift]+[Ctrl]+[F9])에서 [Unite] 아이콘을 클릭해 ❸ 하나의 오브젝트로 합칩니다.

03 ❶ 〈Selection Tool(V)〉로 [바] 오브젝트를 클릭해서 선택하고, ❷ 곧바로 〈Direct Selection Tool(A)〉
▷을 선택하면 [바] 오브젝트의 모든 고정점이 표시됩니다. ❸ [ㅏ] 부분에서 위에 있는 3개의 고정점이 포
함되도록 범위를 드래그해서 선택하고, ❹ 선택된 고정점 중 하나를 위쪽으로 드래그하여 길게 늘립니다.

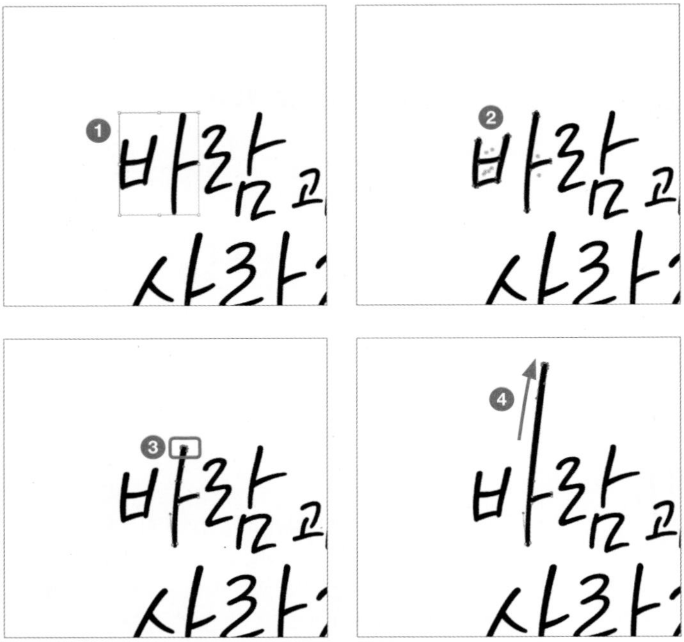

> **TIP** 오브젝트를 변형하거나 옮길 때 보
> 조선으로 나타나는 스마트 가이드는 수직/
> 수평, 일정한 간격 등으로 변형하는 데 큰
> 도움이 됩니다. 스마트 가이드가 표시되지
> 않거나, 반대로 디자인 작업에 방해가 된다
> 면 메뉴바에서 [View − Smart Guides]
> (Ctrl+U)를 선택해서 표시하거나 숨길
> 수 있습니다.

04 위와 같은 방법(오브젝트 선택 → 고정점 선
택 → 변형)으로 나머지 오브젝트를 각각 변형하여
캘리그래피처럼 표현합니다.

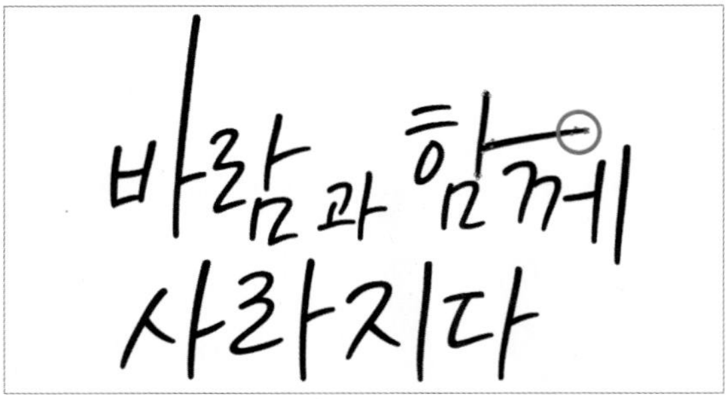

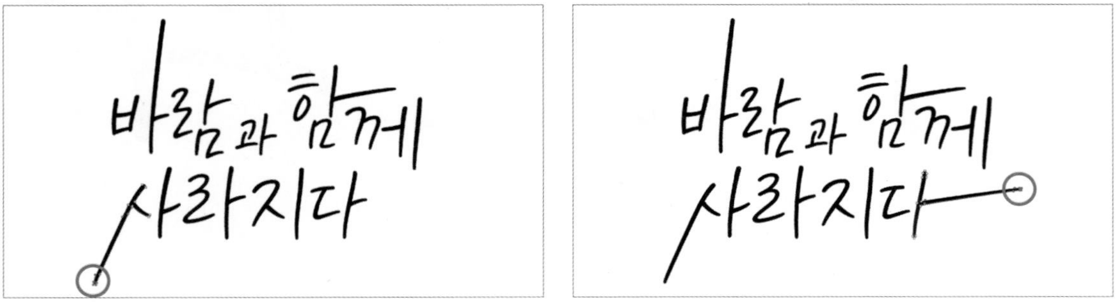

05 ❶ 툴바에서 〈Selection Tool(V)〉을 선택한 후 범위를 드래그하여 모든 문자 오브젝트를 선택합니다. ❷ 메뉴바에서 [Object – Path – Offset Path]를 선택하여 Offset Path 창을 열고, **Offset: 0.1mm**로 설정한 후 ❸ [OK] 버튼을 클릭합니다. ❹ 두께감이 더해져 좀 더 묵직한 느낌의 캘리그래피가 됩니다.

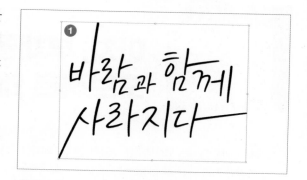

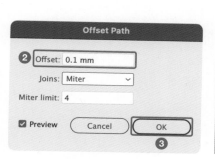

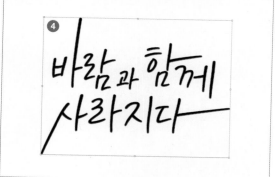

06 패스 이동 실행 전 오브젝트와 실행 후 추가된 오브젝트를 모두 선택한 후 ❶ [Pathfinder] 패널에서 [Unite] 아이콘을 클릭해 모든 문자 오브젝트를 하나로 합치면 ❷ 영화 타이틀 같은 캘리그래피가 완성됩니다.

아치, 부채꼴 등 선택한 형태로 오브젝트 왜곡하기

일러스트레이터에는 오브젝트를 다양한 형태로 왜곡할 수 있는 기능이 많습니다. 그중에서 Warp 기능을 사용하면 다양한 기본 설정 중 원하는 스타일을 선택해서 오브젝트를 왜곡시킬 수 있습니다. 문자를 비롯해 오브젝트를 구부려 재미난 형태로 타이포그래피 디자인을 실습해 보겠습니다.

결과 미리보기

완성_Warp Text.ai

Ai Warp 기능으로 문자 구부리기

일러스트레이터에서 오브젝트를 변형하는 메뉴 중 [Make with Warp]를 선택하여 문자를 재미난 형태로 구부려 보겠습니다.

01 Ctrl + N 을 눌러 New Document 창을 엽니다. ❶ [Print] 탭을 클릭하고 ❷ 세부 정보에서 **Width: 100mm, Height: 100mm**로 설정한 후 ❸ [Create] 버튼을 클릭해 새 작업을 시작합니다.

02 ❶ [Character] 패널(Ctrl+T)에서 **글꼴: G마켓 산스/Bold, 크기: 50pt**로 설정합니다. ❷ 툴바에서
〈Type Tool(T)〉 T 을 선택한 후 아트보드 빈 곳을 클릭하여 [꼬부랑]을 입력하고 Ctrl+Enter 를 눌러 문자
입력을 완료합니다.

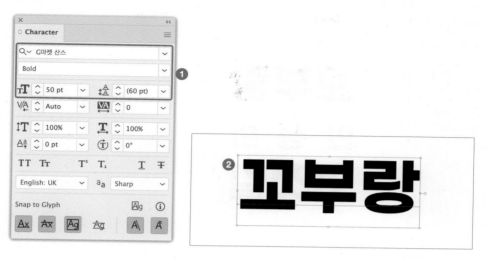

03 ❶ [꼬부랑] 문자를 아래쪽으로 Alt+드래그하여 복제 배치하고, ❷ Ctrl+D 를 눌러 마지막으로 실
행한 복제 배치를 반복 실행하면 총 3개의 문자 오브젝트가 배치됩니다. ❸ 두 번째 [꼬부랑]을 더블 클릭하
여 [인생의]로, ❹ 세 번째 [꼬부랑]을 더블 클릭하여 [고갯길]로 변경한 후 Ctrl+Enter 를 눌러 문자 변경
을 마칩니다.

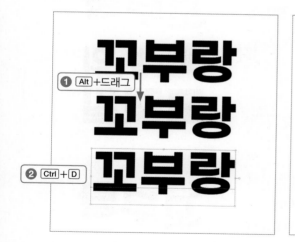

> **TIP** 문자 오브젝트는 〈Selection Tool(V)〉로 더블 클릭해서 편집 모드를 활성화할 수 있고, 편집 모드에서 다시 더블 클릭하면
> 연속된 문자를, 3번 빠르게 클릭하면 한 줄 단위로 선택할 수 있습니다.

04 ① [인생의] 문자만 클릭해서 선택하고, [Character] 패널에서 **크기: 35pt, 자간: 600**으로 설정을 변경하여 ② 크기를 줄이고 자간을 넓힙니다.

05 ① [꼬부랑] 문자를 선택합니다. 메뉴바에서 [Object – Envelope Distort – Make with Warp]를 선택하여 Warp Options 창이 열리면 ② **Style: Flag, Bend: 30%**로 설정한 후 ③ [OK] 버튼을 클릭합니다. ④ 문자가 깃발 모양처럼 구부러집니다.

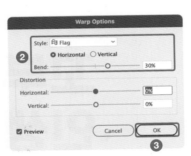

06 ① 〈Selection Tool(V)〉 ▶로 [고갯길] 문자를 선택하고 ② 옵션 바에서 [Make Envelope] 아이콘을 클릭합니다. ③ Warp Options 창이 열리면 **Style: Arc Lower, Bend: 30%**로 설정한 후 ④ [OK] 버튼을 클릭해 ⑤ 문자 오브젝트를 부풀립니다.

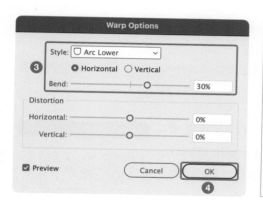

우디 특강 | Make with Warp 기능 살펴보기

오브젝트를 지정한 형태로 구부리고 싶다면 메뉴바에서 [Object - Envelope Distort - Make with Warp]를 선택하여 Warp Options 창을 엽니다.

Warp Options 창에서 가장 핵심 옵션은 [Style] 옵션으로, 어떤 형태로 구부릴지 선택할 수 있습니다. 그런 다음 가로(Horizontal) 혹은 세로(Vertical) 중 구부릴 방향을 결정하고, [Bend] 옵션에서 구부러지는 강도를, Distortion 영역에서 방향에 따른 왜곡 정도를 각각 조절할 수 있습니다.

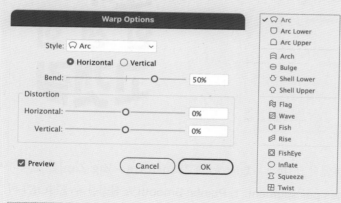

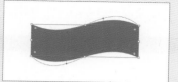

▲ [Style] 옵션에 따라 다양한 형태로 왜곡된 오브젝트(왼쪽부터 Arc, Arc Lower, Flag)

Make with Warp 기능은 문자뿐만 아니라 모든 벡터 오브젝트에 적용할 수 있습니다. 문자 오브젝트를 선택한 경우 상단 옵션바에서 [Make Envelope] 아이콘을 클릭해 빠르게 Warp Options 창을 열 수 있습니다.

Ai 도형 오브젝트 추가하여 레이아웃 완성하기

타이포그래피로 완성한 결과에 선과 같은 일부 도형을 디자인 요소로 추가하여 디자인 완성도를 높여 보겠습니다.

01 ● 툴바에서 《Line Segment Tool(\)》 ✏️을 선택한 후 아트보드 빈 곳을 클릭하여 Line Segment Tool Options 창을 열고 **Length: 20mm, Angle: 0°**로 설정한 후 ❷ [OK] 버튼을 클릭해 직선을 그립니다. ❸ 곧바로 [Color] 패널(F6)에서 **Fill: None, Stroke: Black**으로, ❹ [Stroke] 패널 (Ctrl + F10)에서 **Weight: 2pt**로 설정하고 ❺ 《Selection Tool(V)》로 드래그하여 다음과 같이 배치합니다.

02 선 오브젝트를 선택한 채 ● 메뉴바에서 [Effect – Distort & Transform – Zig Zag]를 선택하여 Zig Zag 창을 엽니다. **Size: 1mm, Ridges per segment: 1, Points: Smooth**로 설정한 후 ❷ [OK] 버튼을 클릭해 ❸ 물결 무늬처럼 변형합니다.

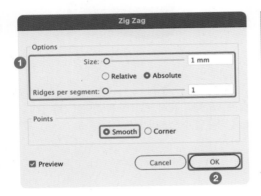

03 ❶ 변형된 선 오브젝트를 Alt +드래그하여 복제 배치하고, ❷ 고정점 바깥쪽에서 Shift +드래그하여 180° 회전시킨 후 그림과 같이 배치합니다.

TIP 고정점 바깥쪽에서 드래그하여 회전이 되지 않는다면 메뉴바에서 [View - Show Bounding Box]를 선택하거나 단축키 Shift + Ctrl + B 를 누릅니다.

04 툴바에서 〈Line Segment Tool(\)〉을 선택하고 그림과 같이 [인생의] 문자 아래쪽에서 Shift +드래그하여 수평선을 그립니다. 방향키를 눌러 1px 단위로 위치를 조정합니다.

TIP 일러스트레이터에서는 마지막에 선택한 오브젝트의 스타일을 기억합니다. 그러므로 새로운 선을 그리면 앞서 설정했던 2pt 두께로 그려집니다.

05 〈Selection Tool(V)〉로 아트보드 빈 곳을 클릭하여 모든 선택을 해제합니다. ❶ [Color] 패널에서 Fill: Black, Stroke: None으로 설정하고, ❷ 툴바에서 〈Rectangle Tool(M)〉▢을 선택한 후 아트보드 빈 곳을 클릭하여 Rectangle 창을 엽니다. Width: 12mm, Height: 5mm로 설정한 후 ❸ [OK] 버튼을 클릭합니다.

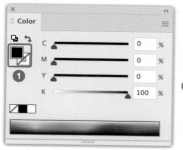
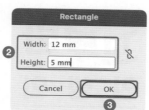

06 직사각형이 그려지면 ❶ 툴바에서 〈Pen Tool(P)〉 🖊을 선택하고 사각형의 오른쪽 위에 있는 고정점을 클릭합니다. ❷ 클릭한 고정점이 삭제되면서 삼각형이 됩니다. ❸ 〈Selection Tool(V)〉로 삼각형을 드래그하여 그림과 같이 배치합니다.

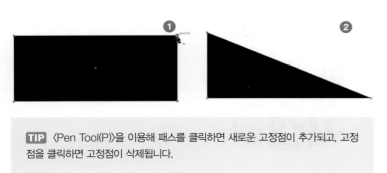

> **TIP** 〈Pen Tool(P)〉을 이용해 패스를 클릭하면 새로운 고정점이 추가되고, 고정점을 클릭하면 고정점이 삭제됩니다.

07 ❶ 툴바에서 〈Reflect Tool(O)〉 ◁▷을 선택하고 문자의 중간 부분을 `Alt`+클릭하여 대칭 기준점을 지정합니다. ❷ Reflect 창이 열리면 **Axis: Vertical**로 설정한 후 ❸ [Copy] 버튼을 클릭해 ❹ 삼각형을 대칭 복제합니다.

08 전체적으로 오브젝트 위치를 확인한 후 안정적인 레이아웃으로 만들기 위해 〈Selection Tool(V)〉로 오브젝트를 개별 또는 다중 선택한 후 드래그하거나 방향키를 이용하여 전체 간격 및 배치를 조절합니다.

Ai **오브젝트 확장 후 색상 변경하여 타이포그래피 완성하기**

기본 디자인은 모두 끝났으니 이제 색상을 적용하여 타이포그래피를 완성하면 됩니다. 하지만 실습처럼 효과를 적용하여 외형을 변경한 오브젝트가 포함되어 있으면 색상 변경 작업이 복잡할 수 있습니다. 그러므로 Expand 기능을 실행한 후 색상을 적용하면 편리합니다.

01 Ctrl + ─ 등을 이용해 작업 창을 축소합니다. ❶ 툴바에서 〈Artboard Tool〉 을 선택하여 현재 작업 중인 [01 - Artboard 1] 아트보드가 선택되면 Ctrl + C 를 눌러 복사하고, ❷ Ctrl + V 를 눌러 같은 아트보드를 통째로 복제합니다. **Link** 아트보드에 대한 자세한 설명은 66쪽을 참고합니다.

> **TIP** 이후 Expand Appearance와 Expand 기능을 실행하여 모든 오브젝트를 [Fill] 속성으로 확장하면 기존의 Zig Zag, Warp, Stroke, Type 등의 속성을 모두 잃게 되어 수정이 어려워집니다. 그러므로 원본을 유지한 채 복제본을 만들어 수정함으로써 혹시나 모를 원본 수정에 대비하는 것입니다.

02 ❶ 툴바에서 〈Selection Tool(V)〉을 선택하여 아트보드 선택을 해제하고, Ctrl + 0 을 누릅니다. 복제된 아트보드가 화면 가득 표시됩니다. ❷ Ctrl + Y 를 눌러 Outline 모드를 보면 Warp, Zig Zag 등 다양한 기능을 사용했기에 패스의 모양이 Preview 모드와 차이가 있습니다.

03 ❶ Ctrl+Y를 눌러 Preview 모드로 돌아온 후 ⟨Selection Tool(V)⟩로 범위를 드래그하여 모든 오브젝트를 선택합니다. ❷ 메뉴바에서 [Object – Expand Appearance]를 선택하여 모양 확장을 실행하고, 이어서 [Object – Expand]를 선택하여 Expand 창이 열리면 ❸ [OK] 버튼을 클릭합니다. ❹ Ctrl+Y를 눌러 윤곽선을 확인하면 모든 오브젝트가 [Fill] 상태로 확장된 것을 알 수 있습니다.

Link Expand Appearance와 Expand에 대한 자세한 설명은 98쪽을 참고합니다.

04 배경을 만들기 위해 ❶ [Color] 패널에서 Fill: C20/M0/Y100/K0, Stroke: None으로 설정한 후 ❷ 툴바에서 ⟨Rectangle Tool(M)⟩을 선택하고 아트보드 가득 드래그하여 사각형을 그립니다. ❸ Ctrl+Shift+[를 눌러 사각형의 정돈 순서를 맨 뒤로 보내고 Ctrl+2를 통해 잠금 처리합니다.

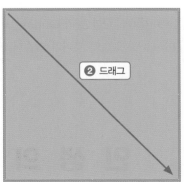

05 ❶ 〈Selection Tool(V)〉로 남은 오브젝트를 모두 선택하고 ❷ [Color] 패널에서 Fill: White, Stroke: None으로 설정하여 ❸ 모든 오브젝트를 흰색으로 변경합니다.

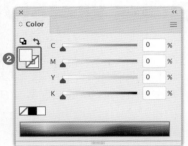

06 아트보드 빈 곳을 클릭하여 모든 선택을 해제한 다음 ❶ [Shift]를 누른 채 문자 오브젝트만 클릭하여 선택합니다. ❷ [Color] 패널에서 Fill: C75/M0/Y100/K0, Stroke: None으로 설정하여 ❸ 문자 오브젝트의 색상만 변경하여 디자인을 완성합니다.

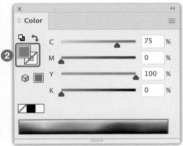

우디 특강 | 아트보드 내에서 중앙 정렬하기

디자인을 완성한 후 인쇄하거나 이미지 파일로 저장하려면 아트보드 내에서 정중앙에 배치하는 것이 좋습니다. 앞과 같이 여러 개의 오브젝트를 정렬하려면 우선 정렬할 오브젝트를 모두 선택한 후 [Ctrl]+[G]를 눌러 그룹으로 묶습니다. 그런 다음 [Align] 패널([Shift]+[F7])에서 다음 순서로 아이콘을 클릭해 아트보드에서 정중앙에 배치할 수 있습니다.

❶ 정렬 기준으로 아트보드 선택
❷ 가로 방향 가운데 정렬
❸ 세로 방향 가운데 정렬

LESSON 18

원하는 형태로 자유롭게 오브젝트 왜곡하기

직전 Lesson에서 실습한 왜곡은 일러스트레이터에서 제공되는 기본 스타일 중 선택하여 오브젝트를 왜곡했습니다. 이게 끝이 아닙니다. 자유롭게 원하는 모양의 오브젝트를 만든 후 그 모양에 맞춰 또 다른 오브젝트를 왜곡할 수도 있습니다.

결과 미리보기

예제_Pathfinder 아이콘.ai, 완성_Envelope Distort.ai

주요 기능 살펴보기

• **Scale Tool(S):** 오브젝트의 크기를 일정한 배율로 변경하거나, 일정한 배율로 크기가 조절된 오브젝트를 복제할 수 있습니다. 배율 지정 시 원본 크기가 100%입니다. 오브젝트를 선택한 후 크기 조절 도구인 〈Scale Tool(S)〉 을 선택하면 아트보드에서 드래그하여 오브젝트의 크기를 변경할 수 있고, 〈Scale Tool(S)〉을 더블 클릭하면 Scale 창에서 값을 입력하여 크기를 조절하거나 조절된 크기로 복제할 수 있습니다.

- **Minus Front:** [Pathfinder] 패널의 Shape Modes 영역에서 두 번째 아이콘인 [Minus Front] 아이콘을 클릭하면 선택한 오브젝트 중 맨 뒤에 정돈된 오브젝트를 기준으로 앞쪽에 있는 모든 오브젝트와 겹치는 부분을 제거하는 기능입니다. 오브젝트에서 원하는 모양으로 구멍을 뚫을 때 유용합니다.

▲ [Minus Front] 아이콘을 클릭해 맨 뒤에 있는 사각형 오브젝트에서 앞에 있는 모든 별 오브젝트 형태로 구멍을 뚫었습니다.

- **Envelop Distort:** 기준 오브젝트와 변형 오브젝트가 필요하며, 변형할 오브젝트를 기준 오브젝트 모양으로 왜곡합니다.

Ai 기준으로 사용할 조각난 하트 오브젝트 만들기

패스파인더 기능을 잘 이용하면 오브젝트를 결합하거나 조각내는 등 원하는 모양을 쉽게 만들 수 있습니다. 여기서는 왜곡 시 기준이 될 조각난 하트 모양 오브젝트를 만들어 보겠습니다.

01 Ctrl + N 을 눌러 New Document 창을 엽니다. ❶ [Print] 탭을 클릭하고 ❷ 사전 설정 목록에서 [A4 210×297mm]를 선택합니다. ❸ 세부 정보에서 **Orientation: 가로**로 변경하고 ❹ [Create] 버튼을 클릭해 새 작업을 시작합니다.

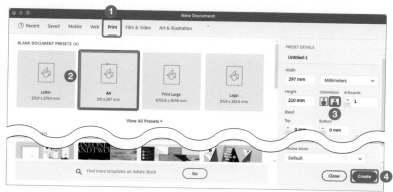

02 [예제_Pathfinder 아이콘.ai] 파일을 더블 클릭해서 작업 창을 추가로 엽니다. ❶ 예제 파일의 아트보드에서 〈Selection Tool(V)〉▶로 하트 오브젝트를 선택한 후 Ctrl+C를 눌러 복사합니다. ❷ 상단 작업창 탭에서 앞서 새로 만든 실습용 작업 창을 선택한 후 Ctrl+V를 눌러 하트를 붙여 넣습니다.

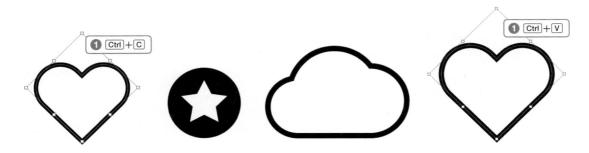

03 ❶ 실습용 아트보드에서 [Fill]과 [Stroke] 색을 교체하는 단축키 Shift+X를 눌러 검은색 하트를 만듭니다. ❷ 툴바에서 〈Scale Tool(S)〉🔲을 더블 클릭하고. ❸ Scale 창이 열리면 **Uniform: 150%**로 설정한 후 ❹ [OK] 버튼을 클릭합니다. ❺ 하트 모양이 150% 크기로 확대됩니다.

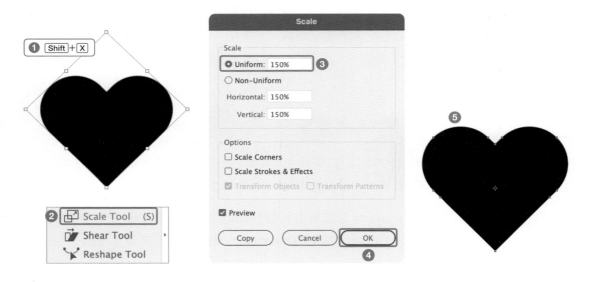

> **TIP** 툴바 아래쪽에 있는 [Fill]과 [Stroke] 색상 옵션은 단축키를 이용하면 편리하게 사용할 수 있습니다. 우선 X를 누르면 [Fill]과 [Stroke] 옵션이 번갈아 가며 활성화되고, D를 누르면 흰색과 검은색으로 초기화됩니다. 마지막으로 Shift+X를 누르면 현재 설정된 색상이 서로 교체됩니다.

04 〈Selection Tool(V)〉▶로 아트보드 빈 곳을 클릭하여 모든 선택을 해제합니다. ❶ 툴바에서 〈Blob Brush Tool〉✑을 더블 클릭하여 ❷ Blob Brush Tool Options 창이 열리면 **Merge Only with Selection: 체크, Size: 6pt**로 설정한 후 ❸ [OK] 버튼을 클릭합니다. Link Blob Brush Tool Options 창의 자세한 설명은 225쪽을 참고합니다.

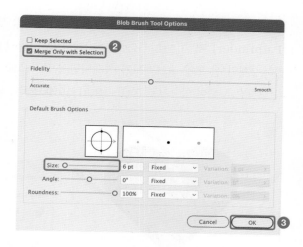

05 ❶ [Swatches] 패널에서 **Fill: Red, Stroke: None**으로 설정하고, ❷ ❸ 다음과 같이 하트 모양을 쪼개기 위한 구분선을 드래그하여 그립니다.

TIP 앞 과정에서 [Merge Only with Selection]에 체크했으므로 〈Blob Brush Tool〉로 드래그하여 선 모양을 그릴 때 끊었다 다시 그리면 각각 새로운 오브젝트로 표현됩니다. 그러므로 선을 그린 후 〈Selection Tool(V)〉로 각각의 선 모양 오브젝트를 선택하여 회전하거나 위치를 옮겨 수정할 수도 있습니다.

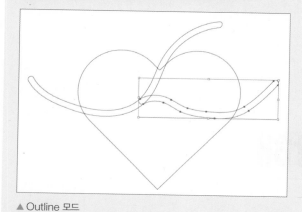

▲ Outline 모드

06 ❶ 툴바에서 〈Selection Tool(V)〉을 선택하고, 범위를 드래그하여 모든 오브젝트를 선택합니다. ❷ [Pathfinder] 패널(Shift+Ctrl+F9)에서 [Minus Front] 아이콘을 클릭하면 ❸ 하트 모양에서 앞쪽에 있는 2개의 선 모양 오브젝트가 삭제되면서 조각으로 분리됩니다. 패스파인더 기능 실행 후에는 오브젝트가 그룹으로 묶여 있으므로 Ctrl+Shift+G를 눌러 그룹을 해제합니다.

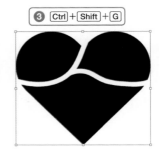

Ai 문자를 기준 오브젝트 모양으로 왜곡하기

왜곡을 어떤 모양으로 할지 기준이 될 오브젝트를 완성했으니, 이제 왜곡할 오브젝트를 준비하면 됩니다. 여기서는 문자를 입력한 후 문자를 조각난 하트 모양으로 왜곡해 보겠습니다.

01 우선 왜곡할 문자를 입력하기 위해 ❶ [Character] 패널(Ctrl+T)에서 **글꼴: G마켓 산스/Bold, 크기: 20pt**로 설정하고 ❷ 툴바에서 〈Type Tool(T)〉 T 을 선택한 후 아트보드를 클릭해 [**사랑해**]라고 입력합니다. 입력이 끝나면 Ctrl+Enter를 눌러 문자 입력을 마칩니다.

02 ❶ 문자가 선택된 상태로 [Color] 패널(F6)에서 **Fill: C0/ M100/Y100/K0, Stroke: None**으로 설정하여 문자 색상을 변경하고, ❷ 아래쪽으로 Alt+드래그하여 복제합니다. ❸ 이어서 Ctrl+D를 눌러 마지막으로 실행한 작업(복제)을 반복 실행해서 총 3개의 문자 오 브젝트를 배치합니다.

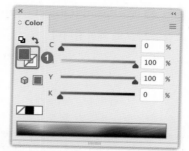

03 ❶ 두 번째와 세 번째 문자를 각각 더블 클릭하여 문자 편집 모드가 되면 **[좋아해]**와 **[고마워]**로 변경 한 후 Ctrl+Enter를 눌러 마치고, ❷❸ 각 문자를 선택한 후 [Color] 패널에서 **Fill: C0/M35/Y85/K0**과 **Fill: C0/M80/Y95/K0**으로 설정합니다.

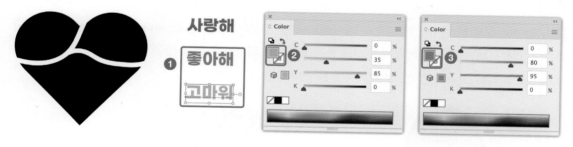

04 ❶ ⟨Selection Tool(V)⟩로 범위를 드래그하여 조각난 하트를 모두 선택하고 Ctrl+Shift+]를 눌러 정돈 순서를 맨 앞으로 옮깁니다. ❷ 하트의 왼쪽 위 조각을 클릭한 후 **[사랑해]**를 Shift+클릭하여 다중 선 택합니다.

05 ❶ 메뉴바에서 [Object – Envelope Distort – Make with Top Object]를 선택합니다. ❷ 문자가
조각 모양으로 왜곡됩니다.

▲ [Layers] 패널에서 본 정돈 상태

> **TIP** [Object – Envelope Distort – Make with Top Object] 메뉴는 이름 그대
> 로 선택한 맨 앞에 정돈된 오브젝트를 기준으로 나머지 오브젝트를 왜곡합니다. 따라서
> 기준이 될 하트 조각들이 문자보다 앞에 정돈되어 있어야 합니다.

06 ❶ 계속해서 두 번째 하트 조각과 [좋아해]를 다중 선택하고, ❷ Make with Top Object 기능의 단
축키인 Ctrl + Alt + C를 눌러 문자를 하트 조각 모양으로 왜곡합니다. ❸ 남은 세 번째 조각과 [고마워]도
Make with Top Object 기능으로 왜곡하면 완성입니다.

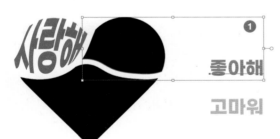

> **TIP** 왜곡을 완료한 후 문자를 변경하고 싶다면 더블 클릭하여 문자를 수정할 수 있
> 으며, 마찬가지로 색상도 변경할 수 있습니다. 변경을 마칠 때는 Esc를 누릅니다.

LESSON 19
패턴 기능으로 규칙형 패턴 만들기

패턴은 특정한 모양이 연속해서 이어지는 구조입니다. 그러므로 패턴의 기본 모양을 어떻게 디자인하느냐에 따라 다양한 패턴을 만들 수 있습니다. 패턴 기능을 사용해 규칙적인 패턴을 만들어 보겠습니다.

결과 미리보기

완성_규칙형 패턴.ai

주요 기능 살펴보기

• **패턴 기능:** 최소 단위의 타일만 만들면 패턴 기능으로 타일이 연속적으로 이어지게 하여 다양한 형태의 패턴을 만들 수 있습니다.

Ai 패턴 사용을 위한 기본 기능 파악하기

실습에서 완성할 규칙형 패턴을 만들기 전에 원 오브젝트를 이용해 최소 타일의 개념과 패턴 등록 방법, 등록한 패턴을 수정하는 방법 등 패턴 기능의 기본기를 다져 보겠습니다.

01 Ctrl+N을 눌러 New Document 창을 엽니다. ❶ [Print] 탭을 클릭하고 ❷ 사전 설정 목록에서 [A4 210×297mm]를 선택합니다. ❸ 세부 정보에서 **Orientation: 가로**로 변경하고 ❹ [Create] 버튼을 클릭해 새 작업을 시작합니다.

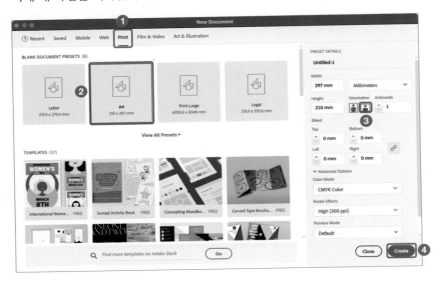

02 ❶ [Color] 패널(F6)에서 **Fill: C30/M50/Y75/K10, Stroke: None**으로 설정합니다. ❷ 툴바에서 **〈Ellipse Tool(L)〉**◯을 선택한 후 ❸ 아트보드 빈 곳을 클릭하여 Ellipse 창이 열리면 **Width: 5mm, Height: 5mm**로 설정하고 ❹ [OK] 버튼을 클릭해 ❺ 정원을 그립니다.

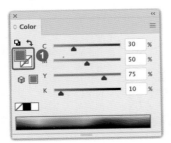
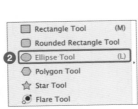
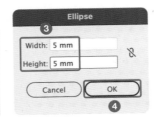

03 ⟨Selection Tool(V)⟩ ▶로 원을 선택한 후 ❶ 메뉴바에서 [Object – Pattern – Make]를 선택하면 Pattern Options 창이 열리면서, ❷ 동시에 아트보드에 패턴 미리보기가 나타납니다. 미리보기에서 중앙에 있는 짙은 색 오브젝트가 등록할 최소 타일 원본이고, Pattern Options 창 설정에 따라 옅은 색으로 패턴이 표시됩니다.

우디 특강 | **최초 패턴 등록 & 빠른 패턴 등록**

• **최초 패턴 등록 시 알림:** 일러스트레이터에서 처음으로 [Object – Pattern – Make]를 선택하여 패턴을 등록하는 상황이라면 다음과 같은 알림 창이 열립니다.

새로운 패턴이 [Swatches] 패널에 추가되고 패턴 편집 모드에서 변경한 내용이 최종으로 적용된다는 내용입니다. 패턴 기능에 대한 간단한 알림이므로 ❶ [Don't Show Again]에 체크한 후 ❷ [OK] 버튼을 클릭하면 됩니다.

▲ [Don't Show Again]에 체크하면 이후로는 같은 알림이 표시되지 않습니다.

• **빠른 패턴 등록:** 메뉴를 이용하지 않고 기본 옵션으로 빠르게 패턴을 등록하려면 최소 타일이 될 오브젝트를 선택한 후 [Swatches] 패널로 드래그하면 됩니다.

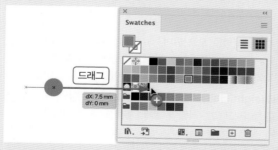

▲ [Swatches] 패널로 드래그해서 등록한 후 패턴 옵션을 변경하고 싶다면 [Swatches] 패널에서 해당 패턴을 더블 클릭하면 됩니다.

04 ❶ Pattern Options 창에서 **Tile Type: Brick by Row,** ❷ **Width: 10mm, Height: 10mm**로 설정합니다. ❸ 아트보드의 미리보기를 보면 벽돌처럼 엇갈리게 쌓이는 구조이면서 지정한 간격만큼 떨어진 패턴으로 펼쳐집니다. ❹ 작업 창 왼쪽 위에서 [Done]을 클릭해 패턴을 등록합니다.

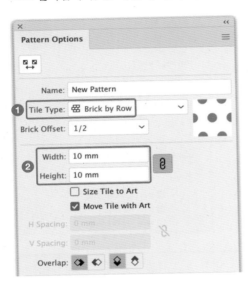

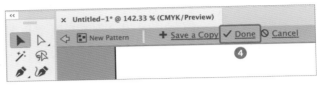

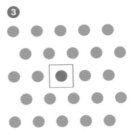

우디 특강 | **Pattern Options 창 자세히 살펴보기**

Pattern Options 창은 패턴을 등록할 때 혹은 [Swatches] 패널에서 패턴을 더블 클릭할 때 나타나며, 패턴의 세부 옵션을 변경할 수 있습니다.

- **Name(이름):** 패턴의 이름을 정합니다.
- **Tile Type(타일 유형):** 타일을 어떤 구조로 배치할지 선택합니다. 위에서부터 순서대로 격자, 행으로 벽돌형, 열로 벽돌형, 열로 육각형, 행으로 육각형 구조입니다.

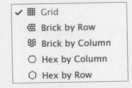

- **Brick Offset(벽돌 오프셋):** [Tile Type] 옵션에서 [Brick by Row] 또는 [Brick by Column]을 선택했을 때 활성화되며, 벽돌을 쌓는 구조의 수직/수평 맞춤에서 타일의 벗어난 정도를 결정합니다.
- **Width/Height(너비/높이):** 오브젝트(아트워크)가 아닌, 하나의 오브젝트를 둘러싸고 있는 타일의 너비와 높이를 지정합니다. 오브젝트보다 큰 값을 지정하면 패턴 내에서 오브젝트 사이에 공간이 생기고, 작은 값을 지정하면 오브젝트들이 겹쳐집니다.

▲ 기본 간격일 때

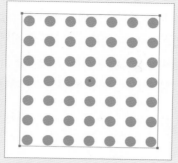

▲ 간격이 넓을 때

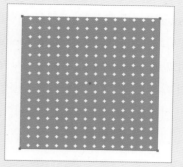

▲ 간격이 좁을 때

- **Size Tile to Art(아트에 타일 크기 조정):** 체크하면 타일의 크기가 패턴 만들기에 사용한 기본 오브젝트 크기에 맞춰집니다.
- **Move Tile with Art(아트와 함께 타일 이동):** 체크하면 오브젝트와 타일이 함께 이동합니다.
- **H/V Spacing(H/V 간격):** [Size Tile to Art] 옵션에 체크했을 때 활성화되며, 타일과 오브젝트 사이의 간격을 조절합니다.
- **Overlap(겹침):** 인접한 타일이 겹칠 때 앞에 표시할 타일을 결정합니다.
- **Copies(사본):** 패턴을 수정하는 동안 표시할 미리보기의 행과 열 수를 결정합니다.
- **Dim Copies to(사본 흐리게 대상):** 체크하면 패턴을 수정하는 동안 표시되는 미리보기가 불투명하게 구분되고, 불투명한 정도를 결정할 수 있습니다.
- **Show Tile Edge(타일 가장자리 표시):** 기본 타일의 테두리를 확인하려면 체크합니다.
- **Show Swatch Bounds(견본 테두리 표시):** 패턴을 만들기 위해 반복되는 패턴의 영역을 확인하려면 체크합니다.

05 ❶ 툴바에서 〈Rectangle Tool(M)〉▢을 선택하고 아트보드에서 자유롭게 드래그하여 패턴으로 채울 사각형을 그립니다. ❷ [Swatches] 패널에서 [Fill] 색상을 ❸ 앞서 등록한 패턴으로 적용합니다.

❶ 드래그

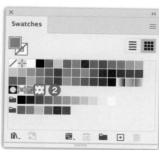

> **TIP** 패턴은 [Fill]뿐만 아니라 [Stroke]처럼 일러스트레이터에서 만들어지는 패스라면 문자를 포함하여 어떤 오브젝트에도 적용할 수 있습니다.

06 등록된 패턴의 기본 색상을 변경할 수도 있습니다. ① [Swatches] 패널에서 등록한 패턴을 더블 클릭하여 패턴 편집 모드를 활성화합니다. ② 〈Selection Tool(V)〉로 패턴의 기본 오브젝트를 선택하고 ③ [Swatches] 패널 등에서 원하는 색으로 변경한 후 Esc 를 눌러 패턴 편집을 마칩니다. ④ 패턴의 기본 색상이 변경되면서 해당 패턴이 적용된 오브젝트에도 반영됩니다.

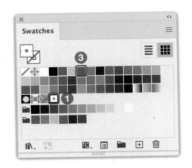

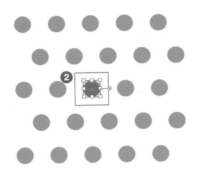

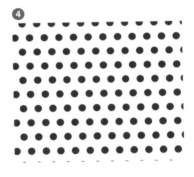

07 오브젝트에 적용된 패턴의 크기를 변경해 보겠습니다. ① 〈Selection Tool(V)〉로 패턴이 적용된 사각형을 선택하고 ② 〈Scale Tool(S)〉 을 더블 클릭합니다. ③ Scale 창이 열리면 **Uniform: 50%,** **Transform Objects: 체크 해제, Transform Patterns: 체크**로 설정하고 ④ [OK] 버튼을 클릭합니다. ⑤ 패턴의 크기만 원본의 50% 크기로 작아집니다.

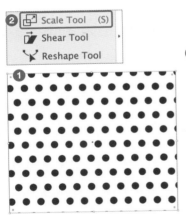
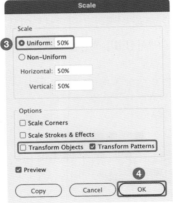

> **TIP** Scale 창에서 Options 영역을 보면 [Transform Objects]와 [Transform Patterns] 옵션이 기본으로 체크되어 있습니다. 이 옵션은 각각 오브젝트 크기와 패턴의 크기를 변경하는 것으로, 실습처럼 [Transform Patterns]에만 체크하면 오브젝트 크기는 유지된 채 패턴의 크기만 변경할 수 있습니다.

Ai 기하학 형태의 패턴 등록하기

일러스트레이터의 패턴 기능에 대해 전반적으로 살펴봤으니, 이제 좀 더 난이도가 높은 기하학 형태의 패턴을 만들어 보겠습니다. 새 작업 창을 열거나, Ctrl+A를 눌러 아트보드 내 전체 오브젝트를 선택하고 Delete를 눌러 삭제한 후 다음 실습을 진행합니다.

01 기하학 패턴을 위한 기본 오브젝트부터 만들겠습니다. ❶ [Color] 패널에서 **Fill: None, Stroke: Black**으로 설정합니다. ❷ 툴바에서 〈**Rectangle Tool(M)**〉을 선택하고 아트보드 빈 곳을 클릭하여 Rectangle 창이 열리면 **Width: 5mm, Height: 5mm**로 설정한 후 ❸ [**OK**] 버튼을 클릭해 ❹ 정사각형을 그립니다.

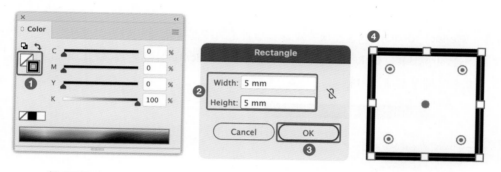

02 ❶ [Transform] 패널(Shift+F8)에서 라이브 코너 설정에 있는 [Link] 아이콘을 클릭해서 해제하고, ❷❸ 오른쪽 위와 왼쪽 아래 모퉁이 크기와 모양을 **2.3mm/Chamfer**로 설정하여 ❹ 그림과 같은 형태를 만듭니다.

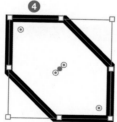

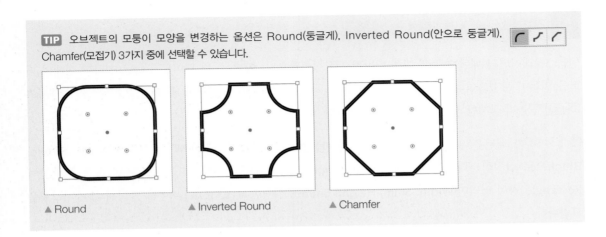

TIP 오브젝트의 모퉁이 모양을 변경하는 옵션은 Round(둥글게), Inverted Round(안으로 둥글게), Chamfer(모접기) 3가지 중에 선택할 수 있습니다.

▲ Round   ▲ Inverted Round   ▲ Chamfer

03 ① 툴바에서 〈Reflect Tool(O)〉 ▷◁을 선택하고 ② 그림과 같이 오른쪽 끝에서 위쪽 고정점을 Alt +클릭하여 대칭 기준점을 지정합니다. ③ Reflect 창이 열리면 **Axis: Vertical**로 설정한 후 ④ [Copy] 버튼을 클릭해 ⑤ 세로 방향으로 대칭 복제합니다.

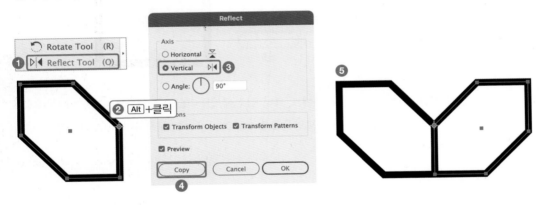

04 ① 〈Selection Tool(V)〉로 2개의 오브젝트를 다중 선택하고 ② 〈Reflect Tool(O)〉을 선택한 후 아래쪽 중앙을 Alt +클릭하여 기준점으로 지정하고, ③ Reflect 창에서 **Axis: Horizontal**로 설정한 후 ④ [Copy] 버튼을 클릭합니다. ⑤ 가로 방향으로 대칭 복제되어 기본 형태가 완성됩니다.

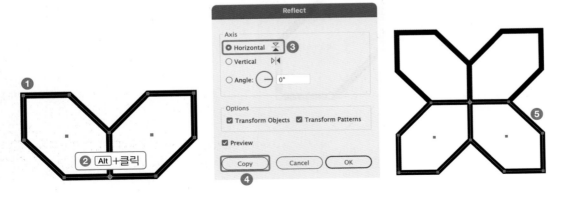

05 〈Selection Tool(V)〉로 범위를 드래그하여 완성한 오브젝트를 선택한 후 ❷ 메뉴바에서 [Object – Pattern – Make]를 선택하여 기본 설정의 패턴 미리보기를 확인합니다. ❸ Pattern Options 창에서 **Tile Type: Brick by Row**, ❹ **Width: 20mm, Height: 10mm**로 설정한 후 ❺ 미리보기를 확인하고 Esc 를 눌러 패턴을 등록합니다.

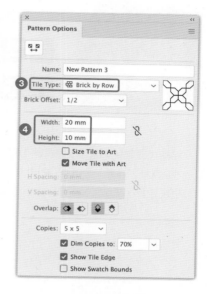

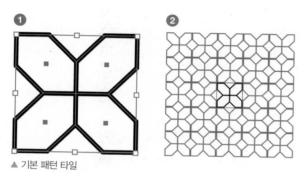

▲ 기본 패턴 타일

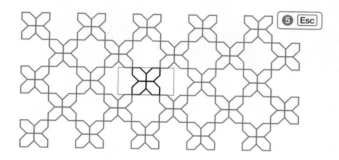

06 ❶ 툴바에서 〈Rectangle Tool(M)〉을 선택한 후 아트보드에서 드래그하여 원하는 크기로 직사각형을 그립니다. ❷ [Swatches] 패널에서 [Fill] 색상으로 등록한 패턴을 적용하며 오브젝트를 등록한 패턴으로 채웁니다.

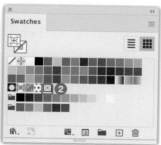

TIP 등록한 패턴은 파일로 저장해서 보관할 수 있습니다. 자세한 방법은 113쪽을 참고합니다.

LESSON 20 클리핑 마스크로 패턴이 채워진 도형 만들기

앞서 다룬 패턴 기능을 이용하면 미리 제공되는 패턴을 사용하거나 따로 패턴을 등록하는 과정을 거쳐야 합니다. 계속해서 사용할 패턴이 아니라면 이번에 소개하는 클리핑 마스크(clipping mask) 기능으로 원하는 형태의 패턴을 손쉽게 오브젝트에 적용할 수 있습니다.

결과 미리보기

완성_패턴 도형.ai

▲ 패턴 종류와 틀 오브젝트에 따라 다양하게 표현할 수 있습니다.

Ai 오브젝트에 적용할 반복되는 패턴 만들기

하나의 오브젝트를 만들고 반복해서 배치하면 패턴 기능을 사용하지 않고도 간단히 패턴 오브젝트를 완성할 수 있습니다. 지그재그 선을 하나 그리고 반복 배치해서 패턴을 만들어 보겠습니다.

01 Ctrl+N을 눌러 New Document 창을 엽니다. ❶ [Print] 탭을 클릭하고 ❷ 사전 설정 목록에서 [A4 210×297mm]를 선택합니다. ❸ 세부 정보에서 **Orientation: 가로**로 변경하고 ❹ [Create] 버튼을 클릭해 새 작업을 시작합니다.

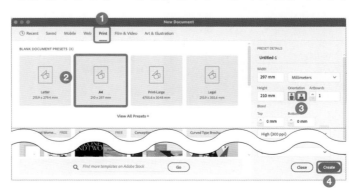

02 ❶ [Color] 패널에서 **Fill: None, Stroke: C0/M0/Y0/K60**으로 설정합니다. ❷ 툴바에서 ⟨**Line Segment Tool(\)**⟩ ◢을 선택하고 아트보드를 클릭하여 Line Segment Tool Options 창이 열리면 **Length: 150mm, Angle: 0°**로 설정한 후 ❸ [OK] 버튼을 클릭합니다. ❹ 이어서 [Stroke] 패널([Ctrl]+[F10])에서 **Weight 5pt**로 설정하면 ❺ 두꺼운 직선이 그려집니다.

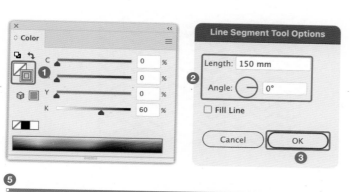

03 직선을 지그재그 모양으로 변형하기 위해 ❶ 메뉴바에서 [**Effect – Distort & Transform – Zig Zag**]를 선택하여 Zig Zag 창을 열고, **Size: 3mm, Ridges per segment: 15, Points: Corner**로 설정한 후 ❷ [OK] 버튼을 클릭해 ❸ 선 모양을 변형합니다. **Link** Zig Zag 창의 옵션 설명은 252쪽을 참고합니다.

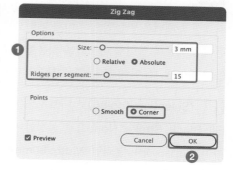

TIP 오브젝트를 선택한 후 [Appearance] 패널([Shift]+[F6])을 보면 해당 오브젝트에 적용된 효과를 포함하여, 두께나 색상 등의 스타일을 확인할 수 있습니다. 여기서 적용된 효과(Zig Zag)를 클릭하면 해당 효과의 옵션 값을 수정할 수 있습니다.

▲ [Appearance](모양) 패널

04 ① 지그재그 오브젝트를 아래쪽으로 `Shift`+`Alt`+드래그해서 복제 배치합니다. ② 곧바로 실행 반복 단축키인 `Ctrl`+`D`를 15번 눌러 총 17개의 오브젝트로 패턴을 완성합니다. ③ 〈Selection Tool(V)〉 ▶ 로 범위를 드래그하여 패턴을 모두 선택하고 `Ctrl`+`G`를 그룹으로 묶습니다.

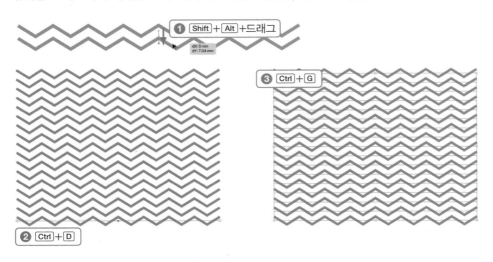

Ai 기준 오브젝트 안쪽에서만 표시되는 클리핑 마스크 적용하기

지그재그 패턴을 만들었으니 이제 패턴으로 꾸밀 도형 오브젝트를 준비합니다. 그런 다음 도형 안에서만 패턴이 보이도록 클리핑 마스크를 적용합니다. 클리핑 마스크는 비트맵 또는 벡터 형식의 오브젝트를 특정 모양의 틀(마스크) 안에 표시하는 기능입니다. 쉽게 말해 틀 안에 오브젝트를 넣는다고 생각하면 됩니다.

01 〈Selection Tool(V)〉로 아트보드 빈 곳을 클릭해 모든 선택을 해제하고, ① [Color] 패널(`F6`)에서 **Fill: Black, Stroke: None**으로 설정합니다. ② 툴바에서 〈Ellipse Tool(L)〉 ◯ 을 선택하고 아트보드를 클릭하여 Ellipse 창이 열리면 **Width: 80mm, Height: 80mm**로 설정한 후 ③ **[OK]** 버튼을 클릭합니다. ④ 정원이 그려지면 〈Selection Tool(V)〉로 선택한 후 드래그하여 그림과 같이 배치합니다.

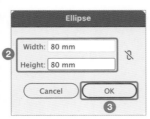

02 ① 〈Selection Tool(V)〉로 패턴과 원을 다중 선택하고, ② [마우스 우클릭] 후 [Make Clipping Mask]를 선택합니다. ③ 앞에 정돈된 원 모양으로 뒤에 정렬된 패턴이 클리핑 마스크되어 표시됩니다.

우디 특강 | **정돈 순서에 따른 클리핑 마스크 처리**

클리핑 마스크를 사용할 때 표시될 오브젝트와 틀로 사용할 오브젝트는 정돈 순서로 결정되며, 틀로 사용할 오브젝트가 더 앞에 있어야 합니다. 또한 종종 사용하는 기능이므로 단축키를 활용하면 편리합니다.

• **클리핑 마스크 실행/해제:** Ctrl + 7 / Ctrl + Alt + 7

▲ 왼쪽부터 틀 오브젝트, 표시될 오브젝트, 틀과 표시될 오브젝트의 정돈 순서, 클리핑 마스크 실행 결과

03 디자인에 색상을 적용해 보겠습니다. ① 클리핑 마스크 처리된 오브젝트를 [마우스 우클릭] 후 [Release Clipping Mask]를 선택하거나 단축키 Ctrl + Alt + 7 을 눌러 ② 클리핑 마스크를 해제합니다. 클리핑 마스크가 해제되면 틀로 사용된 오브젝트는 투명하게 패스만 남습니다. 아트보드 빈 곳을 클릭하여 모든 선택을 해제합니다.

04 ❶ 원형의 틀 오브젝트만 클릭해서 선택합니다. [Color] 패널에서 임의의 색상을 선택하여 [Fill] 색상을 지정하고, ❷ 임의의 방향으로 Alt +드래그하여 원을 복제 배치합니다.

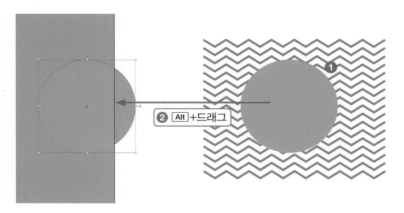

> **TIP** 틀 오브젝트의 색상은 클리핑 후에는 아무 의미가 없으니 임의의 색으로 채우면 됩니다.

05 ❶ 패턴과 기존의 원을 다중 선택한 후 ❷ Ctrl + 7 을 눌러 클리핑 마스크를 실행합니다. ❸ 이어서 왼쪽에 복제해 둔 원형 오브젝트를 선택하고 ❹ [Color] 패널에서 배경으로 사용할 색상을 지정합니다. 여기서는 **Fill: C0/M90/Y85/K0**으로 설정했습니다.

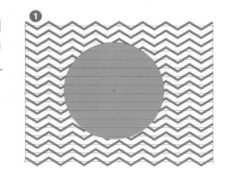

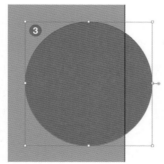

06 ① 클리핑 마스크 처리된 오브젝트와 배경으로 사용할 원을 다중 선택하고 ② ③ [Align] 패널(Shift +F7)에서 수직/수평으로 정렬하여 정확하게 겹칩니다. ④ 〈Selection Tool(V)〉로 아트보드 빈 곳을 클릭해 모든 선택을 해제한 후 배경 오브젝트만 선택합니다. ⑤ Ctrl+Alt+[를 눌러 정돈 순서를 맨 뒤로 보내면 배경과 패턴이 모두 보입니다.

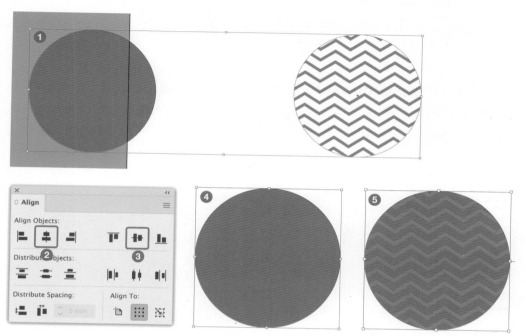

07 클리핑 마스크 처리된 오브젝트를 편집해 보겠습니다. 〈Selection Tool(V)〉로 아트보드 빈 곳을 클릭하여 모든 선택을 해제하고, ① 마우스 커서를 패턴으로 옮기면 지그재그 효과가 적용된 직선 패스가 표시됩니다. ② 직선 패스를 더블 클릭해서 클리핑 마스크 편집 모드로 전환하고, ③ 직선 패스를 한 번 더 클릭해서 모든 직선을 선택합니다.

TIP 그룹으로 묶여 있거나 클리핑 마스크 처리된 오브젝트와 같이 여러 개의 오브젝트가 포함된 오브젝트는 연속적으로 더블 클릭해서 내부 편집 모드를 활성화하여 각 오브젝트를 선택할 수 있습니다. 또한 내부 편집 모드가 되면 작업 창의 이름 탭 아래쪽 에서 편집 중인 그룹을 확인할 수 있습니다.

08 ❶ [Color] 패널에서 **Stroke: C100/M100/Y0/K0**으로 선 색상을 변경하고, ❷ 테두리 상자 바깥쪽 에서 드래그하여 회전시킵니다. ❸ 테두리 상자 위쪽 중앙에 있는 고정점을 아래로 드래그하여 패턴 사이 간격 등을 좁히고, ❹ Esc 를 눌러 편집을 마칩니다.

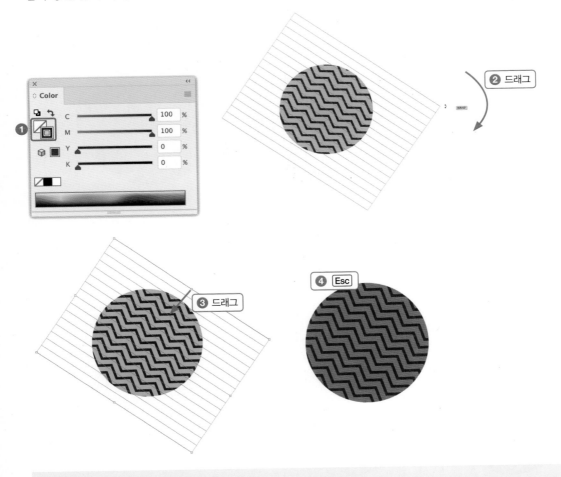

TIP 위와 같이 오브젝트를 선택 중일 때 테두리 상자가 표시되지 않는다면 메뉴바에서 [View – Show Bounding Box]를 선택하거나 단축키 Shift + Ctrl + B 를 누릅니다.

CHAPTER
04

일러스트레이터
활용 백과

아는 만큼 보인다는 말이 있듯 일러스트레이터를 활용한
디자인 작업도 일러스트레이터의 핵심 기능들을 제대로 파악하고 있으면
그만큼 쉽고 편리하게 원하는 결과물을 완성할 수 있습니다. 앞서 Chapter 03에서
기본기를 탄탄하게 다졌다면 이제는 좀 더 난이도를 높여 실무에서 작업할 법한 예제를 실습해서
디자인에 필요한 스킬도 습득하고 실무 디자인 감각까지 키워 보겠습니다.

비규칙적인 배치로 자연스러운 패턴 만들기

패턴은 처음 견본으로 등록한 오브젝트가 연속해서 이어지는 구조이며, 패턴으로 등록한 오브젝트의 배치에 따라 패턴의 구조가 결정됩니다. 앞서 규칙적인 형태의 패턴을 다루어 보았으니, 여기서는 조금 더 복잡하고 비규칙적인 패턴을 만들어 보겠습니다.

결과 미리보기

예제_캐릭터.ai, 완성_비규칙형 패턴.ai

Ai 패턴 등록을 위한 견본 오브젝트 디자인하기

패턴 등록을 위한 견본을 디자인합니다. 여기서는 비규칙적인 형태를 만들기 위해 예제 파일로 제공하는 오브젝트를 자유롭게 배치해 봅니다.

01 Ctrl+N을 누른 후 ① [Print] 탭에서 ② Width: 50mm, Height: 50mm로 설정하고 ③ [Create]를 클릭해 새 작업을 시작합니다.

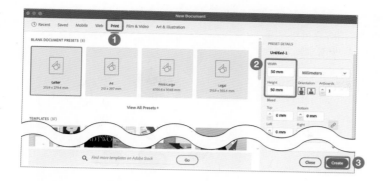

02 ① [예제_캐릭터.ai] 파일을 더블 클릭해서 추가로 작업 창을 엽니다. ② 예제 파일에서 〈Selection Tool(V)〉 ▶로 모든 오브젝트를 선택하고 [Ctrl]+[C]를 눌러 복사한 후 새 작업 창에서 [Ctrl]+[V]를 눌러 붙여 넣습니다.

03 〈Selection Tool(V)〉로 아트보드 빈 곳을 클릭하여 전체 선택을 해제한 후 각 오브젝트를 드래그하여 아트보드에 자유롭게 배치 및 회전시킵니다. 계속해서 원하는 오브젝트를 [Alt]+드래그하는 방법으로 복제 배치하여 아트보드 빈 곳을 가득 채웁니다.

TIP 하트, 나뭇잎 등 일부 오브젝트처럼 아트보드 밖으로 빠져나가도 괜찮습니다. 단, 이후 패턴으로 반복될 때 반대편으로 이어질 것을 고려하여 반대쪽에 적당한 공간을 남겨 두는 것이 좋습니다.

Ai 패턴 등록 및 적용하기

패턴은 견본 오브젝트, 즉 타일의 연속입니다. 오브젝트들을 배치하여 완성한 결과를 패턴 타일로 등록하고 패턴을 적용해 보겠습니다.

01 패턴으로 등록하기 위해 ❶ 〈Selection Tool(V)〉로 범위를 드래그하여 모든 오브젝트를 선택한 후 ❷ 메뉴바에서 [Object – Pattern – Make]를 선택합니다. Pattern Options 창이 열리면 ❸ 아트보드 크기인 **Width: 50mm, Height: 50mm**로 설정하고 ❹ 아트보드에서 패턴 변화를 확인하며 겹쳐지거나 부족한 곳이 있다면 수정한 후 ❺ [Done]을 클릭해 패턴 편집을 마칩니다.

TIP 타일 자체의 높이(Height)와 너비(Width)를 아트보드와 같은 크기로 지정하면 타일 사이의 빈 공간이 없어지고 패턴이 일정하게 반복됩니다. 이처럼 타일로 등록한 견본 오브젝트의 배치가 비규칙적이라도 타일의 크기를 아트보드와 같은 크기로 지정해서 자연스럽게 연결되는 패턴을 만들 수 있습니다.
Link Pattern Options 창의 옵션은 284쪽에서 자세히 설명합니다.

TIP 타일의 크기를 아트보드와 같은 크기로 지정했을 때 파란색 타일 가장자리 표시가 아트보드와 일치하지 않는다면 〈Selection Tool(V)〉로 타일의 모든 구성 요소를 선택한 후 아트보드와 일치되도록 옮겨야 합니다.

02 ❶ 툴바에서 〈Rectangle Tool(M)〉 □ 을 선택한 후 임의의 위치에서 원하는 크기로 드래그하여 직사각형을 그립니다. ❷ [Swatches] 패널에서 Fill: 앞서 등록한 패턴, Stroke: None으로 설정하면 ❸ 직사각형이 패턴으로 채워집니다.

Link 등록한 패턴은 더블 클릭해서 수정할 수 있으며, 자세한 방법은 286쪽을 참고합니다.

▲ [Fill]에 채운 패턴   ▲ [Stroke]에 채운 패턴

03 패턴으로 채운 오브젝트와 같은 크기의 배경을 추가해 보겠습니다. ❶ 패턴이 적용된 오브젝트를 선택하고 Ctrl+C를 눌러 복사한 후 Ctrl+B를 눌러 뒤로 붙여 넣기를 실행합니다. 이어서 ❷ [Color] 패널(F6) 등을 이용해 [Fill] 옵션을 원하는 색상으로 변경하면 ❸ 지정한 색의 배경 오브젝트가 완성됩니다.

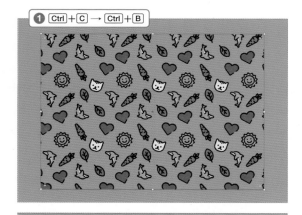

LESSON 02 심볼 분무기 기능으로 별이 가득한 밤하늘 만들기

일러스트레이터에 있는 심볼 분무기(Symbol Sprayer) 기능을 이용하면 눈이나 별과 같은 심볼을 등록해 눈이 내리거나 별이 가득한 배경을 손쉽게 만들 수 있습니다. 그레이디언트로 배경을 만들고, 심볼 분무기 기능으로 밤하늘을 별로 채워 보겠습니다.

결과 미리보기

완성_별 배경.ai

Ai 자유형 그레이디언트로 밤하늘 표현하기

자유형 그레이디언트(Freeform Gradient)를 활용하면 클릭 몇 번으로 밤하늘을 표현할 수 있습니다. 색상 정지점을 추가/변경하여 원하는 색상과 형태로 멋진 밤하늘 느낌의 배경을 만들어 보겠습니다.

01 ❶ Ctrl+N을 누른 후 [Web] 탭에서 ❷ Width: 1280px, Height: 1024px로 설정하고 ❸ [Create] 버튼을 클릭해 새 작업을 시작합니다. ❹ 툴바에서 〈Rectangle Tool(M)〉▭을 선택한 후 아트보드 가득 드래그하여 직사각형을 그린 후 ❺ 툴바에서 Fill: Gradient, Stroke: None으로 설정합니다.

02 ① [Gradient] 패널(Ctrl+F9)에서 **Type: Freeform Gradient**로 설정하면 ② 자동으로 《Gradient Tool(G)》이 선택되면서 오브젝트에는 임의의 색상이 적용된 정지점이 모퉁이마다 하나씩 표시됩니다.

> **TIP** 자유형 그레이디언트로 설정한 후에는 [Draw] 옵션에서 [Points]와 [Lines] 모드 중 정지점 형태를 선택할 수 있습니다. 또한, 오브젝트에서 빈 곳을 클릭하여 정지점을 추가하거나 드래그하여 정지점의 위치를 변경합니다. 이때 정지점을 오브젝트 바깥으로 드래그하면 삭제됩니다.

▲ Points

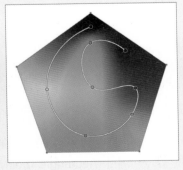

▲ Lines

03 ① 우선 왼쪽 위에 있는 색상 정지점을 더블 클릭합니다. ② 팝업 창이 열리면 왼쪽에서 맨 위에 있는 [Color] 패널 아이콘을 클릭하고, ③ **#070A24**로 색상을 변경합니다. 같은 방법으로 ④ 오른쪽 위 (**#1B2A55**), ⑤ 오른쪽 아래(**#D5B0BF**), ⑥ 왼쪽 아래(**#004A85**) 정지점 색상을 각각 변경하고 [Enter]를 눌러 마칩니다.

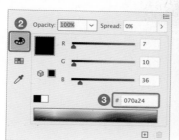 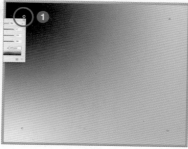 

04 ① 왼쪽 아래에 있는 정지점을 모퉁이 가까이 드래그하여 옮기고, ② 해당 정지점에서 점선으로 표시되는 [Spread] 아이콘을 최대한 바깥쪽으로 드래그하거나 [Gradient] 패널에서 **Spread: 100%**로 설정하여 색상이 퍼지는 정도를 최대치로 변경합니다.

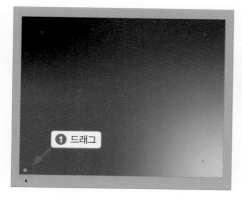 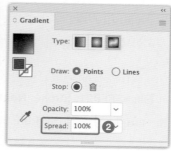

05 색상 정지점을 추가하기 위해 ① 그림과 같이 왼쪽 아래를 클릭합니다. ② 정지점이 추가되면 더블 클릭하여 ③ 색상을 **#00208B**로 변경합니다.

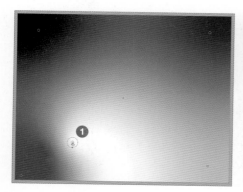 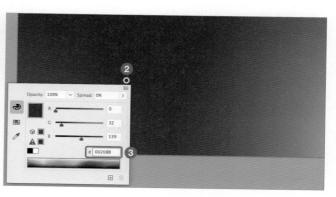

06 계속해서 ❶ 다음과 같은 위치를 클릭해서 정지점을 추가하고 색상을 **#0981B2**로 변경하면 밤하늘 배경이 완성됩니다. ❷ 배경이 완성되었으니 이후 선택되지 않도록 Ctrl + 2 를 눌러 오브젝트를 잠금 처리 합니다.

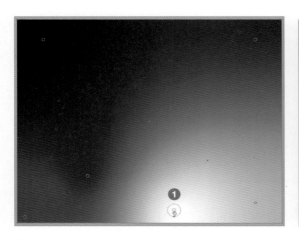

사각형을 변형하여 별 모양을 만들고 심볼로 등록하기

심볼 분무기 기능을 사용할 때는 [Symbols] 패널에서 원하는 모양의 심볼을 선택해야 합니다. 만약 원하는 모양이 없다면 직접 만들어 등록할 수 있습니다. 여기서는 별 모양 오브젝트를 만들어 심볼로 등록해 보겠습니다.

01 ❶ [Color] 패널(F6)에서 Fill: **#FFFF21**, Stroke: **None**으로 설정합니다. ❷ 〈**Rectangle Tool(M)**〉 로 아트보드 빈 곳을 클릭하여 Rectangle 창을 열고 **Width: 50px, Height: 50px**로 설정한 후 ❸ [**OK**] 버튼을 클릭합니다.

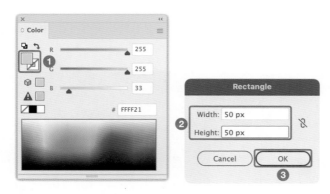

02 ❶ 사각형이 그려지면 〈Selection Tool(V)〉 ▶로 드래그하여 아트보드 밖으로 배치하고, ❷ 고정점 바깥쪽에서 Shift+드래그하여 45°로 회전시킵니다.

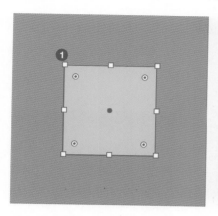
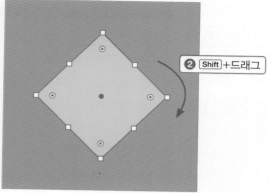

> **TIP** 위와 같이 오브젝트에 테두리 상자가 표시되지 않는다면 메뉴바에서 [View – Show Bounding Box]를 선택하거나 단축키 Shift+Ctrl+B를 눌러서 테두리 상자를 표시합니다.

03 사각형을 변형하여 별 모양으로 표현하기 위해 ❶ 메뉴바에서 [Effect – Distort & Transform – Pucker & Bloat]를 선택하여 Pucker & Bloat 창을 열고 ❷ 옵션 값을 **-70%**로 설정한 후 ❸ [OK] 버튼을 클릭해 ❹ 별 모양을 완성합니다.

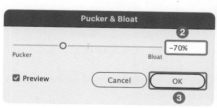
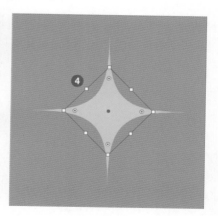

> **TIP** Pucker & Bloat 효과는 오브젝트를 오목하게 하거나 볼록하게 변형하는 기능입니다. 옵션 값을 Bloat쪽(+값)으로 조절하면 볼록해지고, Pucker쪽(−값)으로 조절하면 오목해집니다.

04 ① 툴바에서 〈Scale Tool(S)〉 🔲 을 더블 클릭하여 Scale 창이 열리면 ② **Uniform: 30%**로 설정한 후
③ [OK] 버튼을 클릭해 ④ 크기를 줄입니다

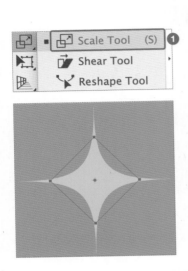
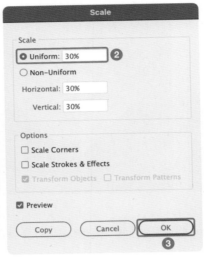
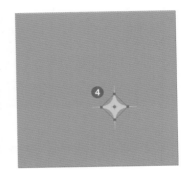

> **TIP** 일러스트레이터의 옵션 창에서 아래쪽 [Preview](미리보기) 옵션에 체크되어 있다면 옵션 값을 입력하고 Enter 가 아닌
> Tab 을 눌러 아트보드에서 변경된 설정에 따른 모양을 미리 확인할 수 있습니다.

05 심볼로 등록하기 전에 원본을 보관하기 위해 ① 〈Selection Tool(V)〉로 별 오브젝트를 Alt +드래그
하여 복제합니다. ② [Symbols] 패널(Shift + Ctrl + F11)에서 [New Symbol] 아이콘을 클릭하고, ③
Symbol Options 창이 열리면 다음과 같이 기본 설정으로 [OK] 버튼을 클릭해 ④ 심볼로 등록합니다.

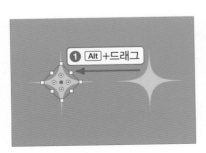

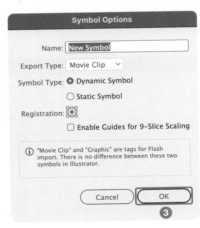

> **TIP** 오브젝트를 심볼로 등록하면 등록한 원본도 심볼화되어 오브젝트를 수정하기 어려워집니다. 혹시 모를 수정에 대비하여 원
> 본은 그대로 두고 오브젝트를 복제하여 심볼로 등록하는 것이 좋습니다.

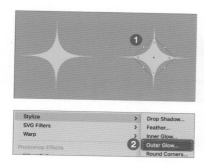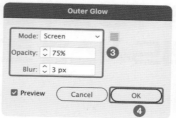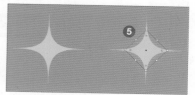

02 ❶ 효과를 적용한 별 오브젝트가 선택된 상태로 ❷ [Graphic Styles] 패널([Shift]+[F5])에서 [New Graphic Style] 아이콘을 클릭해 ❸ 그래픽 스타일로 등록합니다.

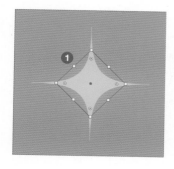

03 〈Selection Tool(V)〉로 아트보드에 뿌려 놓은 심볼 오브젝트를 클릭하여 선택한 다음 〈Symbol Styler Tool〉 🖉을 선택하고 심볼을 클릭하거나 드래그합니다. 앞서 등록한 그래픽 스타일이 선택된 상태이므로 외부 광선 효과가 적용되면 완성입니다.

도형 구성 도구로
그리드 시스템 로고 만들기

도형 구성 도구인 〈Shape Builder Tool〉은 오브젝트의 모양을 병합하거나 지워 새로운 모양을 만드는 대화식 도구입니다. 패스파인더 기능의 고급 버전이라고 볼 수 있는 〈Shape Builder Tool〉의 기본 사용 방법을 익힌 후 그리드 시스템의 로고를 만들어 보겠습니다.

결과 미리보기

예제_Shape Builder Tool.ai, 완성_그리드 로고.ai

Ai 도형 구성 도구 기본 사용 방법 익히기

〈Shape Builder Tool〉 ⊕을 이용하면 패스파인더 기능처럼 오브젝트의 모양을 병합하거나 지울 수 있습니다. 하지만 단순히 버튼을 클릭해서 실행하기보다는 선택한 오브젝트의 가장자리 영역을 강조하여 직관적으로 모양을 구성할 수 있습니다. 우선 간단한 연습을 진행해 보고 로고를 만들어 봅니다.

01 메뉴바에서 [File – Open]을 선택하여 [예제_Shape Builder Tool.ai] 파일을 열면 2개의 아트보드가 생성되어 있습니다. 왼쪽에 있는 [연습] 아트보드에서 빈 공간을 클릭한 후 Ctrl + 0 를 눌러 화면을 창 크기에 맞춥니다.

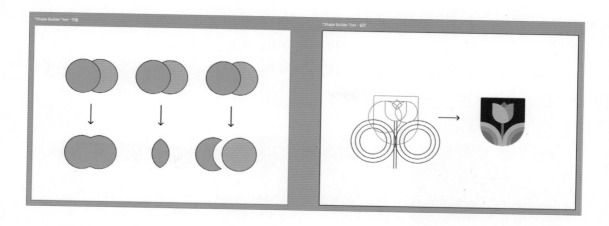

02 도형 구성을 변경하려면 우선 변경할 오브젝트부터 선택해야 합니다. 〈Selection Tool(V)〉 ▶로 범위를 드래그하여 왼쪽에 있는 2개의 원을 선택합니다.

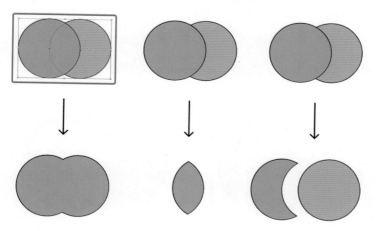

03 ❶ 〈Shape Builder Tool〉 을 선택한 후 ❷ 마우스 커서를 선택 중인 오브젝트로 옮기면 해당 위치에 강조 영역이 표시됩니다.

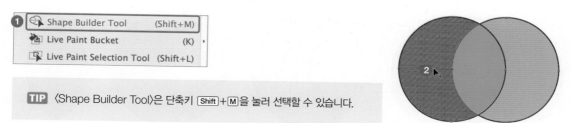

❶	🔲 Shape Builder Tool	(Shift+M)
	🔲 Live Paint Bucket	(K) ▸
	🔲 Live Paint Selection Tool	(Shift+L)

TIP 〈Shape Builder Tool〉은 단축키 Shift+M을 눌러 선택할 수 있습니다.

04 원하는 영역을 하나로 병합(Unite)해 보겠습니다. ❶ 병합이 시작될 강조 영역부터 시작해서 병합할 영역을 지나도록 드래그합니다. ❷ 드래그한 영역들이 하나로 병합되고, 병합된 도형은 병합 전 설정되어 있던 **[Fill]**과 **[Stroke]** 색상에 따라 변경됩니다. ❸ 필요에 따라 **⟨Selection Tool(V)⟩**로 선택한 후 **[Color]** 패널(**F6**) 등에서 원하는 색상으로 변경합니다.

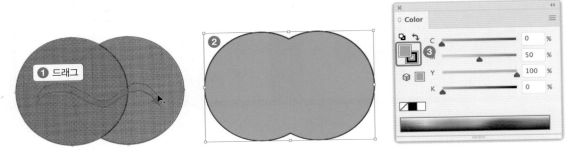

> **TIP** ⟨Shape Builder Tool⟩로 드래그해서 병합될 오브젝트는 빨간 테두리로 강조됩니다.

05 이번에는 선택한 오브젝트 중에 특정 영역을 지워 보겠습니다. **⟨Selection Tool(V)⟩**로 2개의 원 오브젝트를 다중 선택합니다.

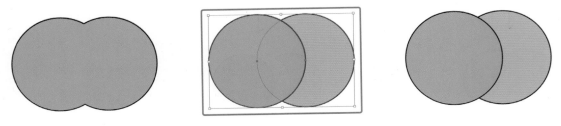

06 ❶ **⟨Shape Builder Tool⟩**을 선택한 후 그림과 같이 왼쪽 영역을 **Alt**+드래그해서 ❷ 해당 영역을 지웁니다. ❸ 이번에는 오른쪽 영역을 **Alt**+드래그해서 지우면 ❹ 가운데 영역만 남습니다.

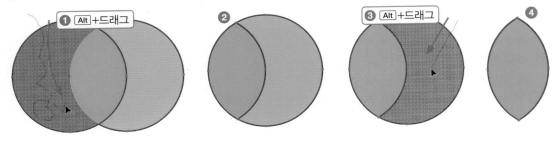

07 이번에는 원하는 영역을 개별 오브젝트로 분리해 보겠습니다. 〈Selection Tool(V)〉로 2개의 원 오브젝트를 다중 선택합니다.

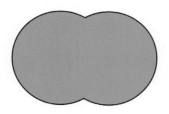 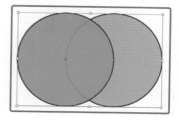

08 ❶ 〈Shape Builder Tool〉을 선택한 후 [Color] 패널에서 Fill: C0/M0/Y0/K40, Stroke: Black으로 설정합니다. ❷ 〈Shape Builder Tool〉로 오른쪽 2개의 영역만 지나도록 드래그해서 병합합니다.

 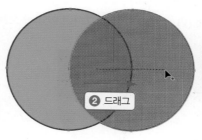 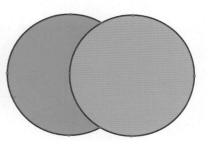

09 〈Selection Tool(V)〉로 빈 공간을 클릭해서 모든 선택을 해제합니다. ❶ 앞서 병합한 오브젝트의 왼쪽 오브젝트만 클릭해서 선택한 후 ❷ 왼쪽으로 드래그하면 서로 분리되는 걸 확인할 수 있습니다.

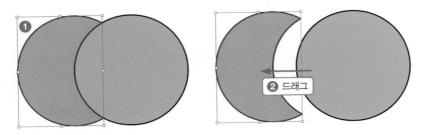

Ai 그리드 시스템을 활용한 로고 만들기

마치 설계 도면처럼 안내선이 격자처럼 펼쳐진 형태를 그리드 시스템이라고 합니다. 그리드 시스템은 편집 디자인, 웹 디자인에서는 기본이고, 로고와 같은 아트워크 작업에도 활용할 수 있습니다.

01 ❶ [예제_Shape Builder Tool.ai] 파일에서 안내선과 완성 결과가 있는 [실전] 아트보드를 창 크기에 맞춥니다(Ctrl+0). ❷ 〈Selection Tool(V)〉로 범위를 드래그하여 안내선 오브젝트를 다중 선택합니다.

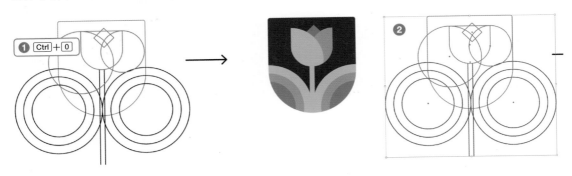

02 선택한 안내선이 잘 보이도록 작업 창을 충분히 확대합니다. ❶ 〈Shape Builder Tool〉을 선택한 후 파란색 바깥쪽에 있는 안내선들을 Alt+드래그하여 지웁니다. ❷ ❸ ❹ 한 번에 말끔하게 지울 필요 없이 부분적으로 확대해 가면서 파란색 바깥쪽 안내선을 모두 깨끗하게 지웁니다.

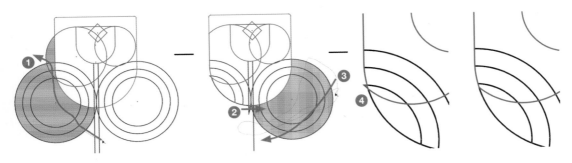

03 이제 완성본을 참고하면서 파란색 안쪽 영역들을 병합합니다. ❶ 병합한 영역을 구분하기 위해 [Color] 패널을 열고 [Fill]과 [Stroke]의 색상을 임의로 변경하면서 작업합니다. ❷ 왼쪽 아래 부분에서 드래그하여 병합하고, ❸ 오른쪽 아래를 클릭해서 색상을 변경합니다. ❹ 계속해서 한 칸씩 안쪽을 드래그하거나 클릭해서 색상을 변경합니다.

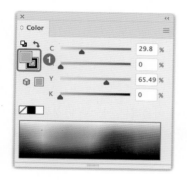 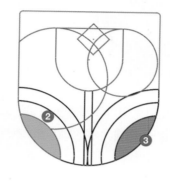 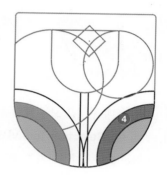

04 가장 안쪽 부분은 양쪽을 하나로 병합합니다. [Color] 패널에서 임의로 색상을 지정한 후 ❶ 그림과 같이 드래그하여 병합합니다. ❷ 오른쪽 부분을 확대해 보면 일부 겹친 영역이 있습니다. 다시 드래그하여 ❸ 깔끔하게 하나로 병합합니다.

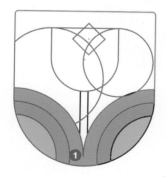 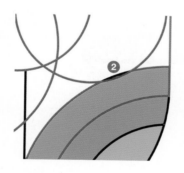 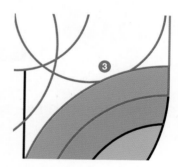

05 이번에는 배경 부분을 정리해 보겠습니다. ❶ [Color] 패널에서 임의의 색상을 지정하고, ❷ 그림과 같이 배경으로 처리할 모든 영역을 드래그하여 ❸ 병합합니다.

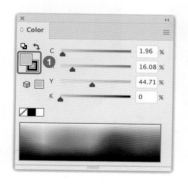 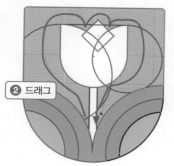 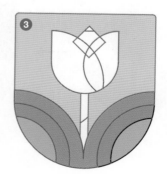

06 앞과 같이 색상 지정 → 영역 통합 과정을 반복하여 ❶ 줄기와 ❷❸❹ 튤립의 각 꽃잎을 완성합니다.

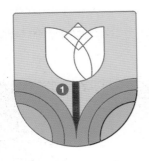 

07 기본 형태 구성은 모두 끝났습니다. 이제 임의로 지정한 색상을 로고에 어울리는 색으로 변경하면 됩니다. 먼저 ❶ ⟨Selection Tool(V)⟩로 범위를 드래그하여 모든 오브젝트를 선택하고 ❷ [Color] 패널에서 **Stroke: None**으로 설정하여 ❸ 테두리를 없앱니다.

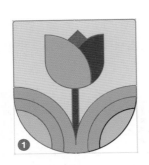  

> **TIP** 선택한 오브젝트의 [Fill](면) 또는 [Stroke](선)가 한 가지 색이 아닐 때는 위 그림의 [Fill] 색상처럼 [?]로 표시됩니다.

08 ⟨Selection Tool(V)⟩로 색상을 변경할 영역을 선택합니다. ⟨Eyedropper Tool(I)⟩ 을 선택한 후 완성본에 있는 변경하고자 하는 색상 부분을 클릭하면 선택 중인 오브젝트에도 같은 색상이 적용됩니다. 계속해서 영역별로 선택한 후 완성본과 같은 색으로 변경합니다.

 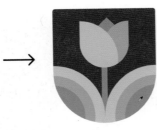  

원하는 글꼴로 나만의 디지털 낙관 만들기

지금까지 배웠던 기본적인 내용들을 숙지하고, 마음에 드는 글꼴만 정하면 간단하게 디지털 낙관을 만들 수 있습니다. 여기서는 배달의민족 을지로체를 이용해 나만의 디지털 낙관을 만들어 보겠습니다.

결과 미리보기

예제_낙관.ai, 완성_낙관.png

Ai 도형과 글꼴을 변형하여 낙관 만들기

낙관을 구성하는 틀과 기본 글꼴을 조금씩 변형시켜 세상에 하나밖에 없는 나만의 디지털 낙관을 디자인해 보겠습니다.

01 메뉴바에서 [File – Open]을 선택하여 [예제_낙관.ai] 파일을 열면 빨간색 정사각형과 문자 오브젝트가 배치되어 있습니다. 문자 오브젝트는 [배달의민족 을지로체] 글꼴을 사용하여 입력한 것입니다.

> **TIP** 예제 파일에 사용한 글꼴이 컴퓨터에 설치되어 있지 않으면 Missing Fonts 창이 열리고, 다른 글꼴로 대체됩니다. 그러므로 해당 글꼴을 설치한 후 다시 열고 실습하거나 원하는 다른 글꼴로 변경한 후 실습합니다. 만약, 해당 글꼴이 설치되어 있어도 경고 창이 열린다면 글꼴 파일 종류(OTF와 TTF)의 차이입니다. 이럴 때는 [Replace Fonts] 버튼을 클릭한 후 설치된 글꼴을 다시 지정하여 해결합니다.

02 낙관의 외형부터 완성해 보겠습니다. ❶ 〈Selection Tool(V)〉▶로 사각형 오브젝트를 선택한 후 ❷ 〈Smooth Tool〉🖌을 선택합니다. 〈Smooth Tool〉을 선택할 때 오브젝트 선택이 해제되면 앞의 ❶ ❷ 과정을 반복합니다. ❸ 사각형의 각 모퉁이에서 짧게 여러 번 드래그하여 1차로 형태를 변형하고 전체적으로 여러 번 드래그하며 원하는 형태로 변형합니다.

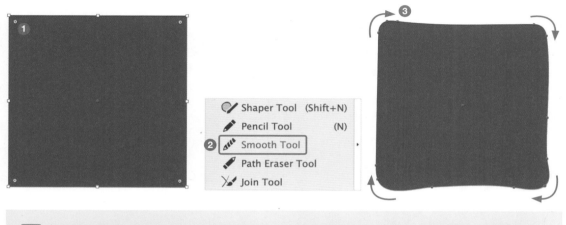

> **TIP** 〈Smooth Tool〉은 Advanced 모드의 툴바에서 기본으로 표시됩니다. 좀 더 세부적으로 형태를 변형하고 싶다면 〈Direct Selection Tool(A)〉▷로 원하는 위치의 고정점을 선택한 후 변형해도 좋습니다.
> **Link** 〈Smooth Tool〉의 자세한 사용 방법은 191쪽을 참고합니다.

03 ❶ [Brushes] 패널(F5)에서 왼쪽 아래의 [Brush Libraries Menu] 아이콘을 클릭한 후 ❷ [Artistic – Artistic_ChalkCharcoalPencil]을 선택합니다. ❸ 분필, 목탄, 연필 브러시 목록이 열리면 매끄러운 목탄(Charcoal – Smooth) 느낌의 브러시를 선택하여 ❹ [Stroke](선)에 선택한 브러시 모양을 적용함으로써 거친 느낌의 도장처럼 표현됩니다.

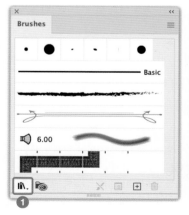

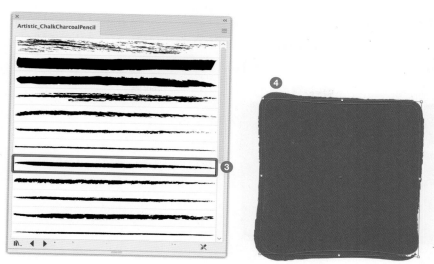

TIP 브러시는 종류에 따라 같은 1pt라도 상대적으로 두꺼워 보이거나 얇아 보일 수 있습니다. 그러므로 상황에 따라 [Stroke] 패널(Ctrl + F10)에서 소수점 단위로 두께를 조절하면서 사용해도 좋습니다.

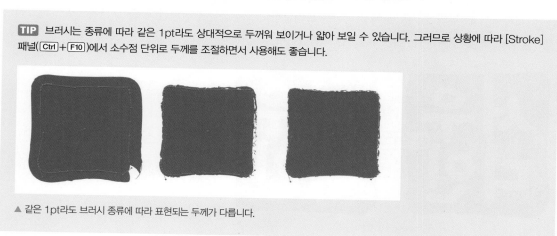

▲ 같은 1pt라도 브러시 종류에 따라 표현되는 두께가 다릅니다.

04 ❶ 낙관 틀을 완성했으면 Ctrl + 2 를 눌러 잠금 처리합니다. ❷ 이어서 ⟨Selection Tool(V)⟩로 문자 오브젝트를 선택한 후 낙관 틀로 드래그하여 배치하고 ❸ [Color] 패널(F6)에서 **Fill: White, Stroke: None**으로 설정을 변경합니다.

05 글꼴 형태를 살짝 변형하기 위해 ❶ Ctrl + Shift + O 를 눌러 윤곽선 만들기(Create Outlines)를 실행합니다. ❷ 글꼴 형태로 패스가 생성되면 〈Direct Selection Tool(A)〉 ▷로 범위를 드래그하여 ㅓ의 위쪽 끝에 있는 고정점들을 선택한 후 ❸ 위쪽으로 드래그하면 그림처럼 길이가 늘어납니다.

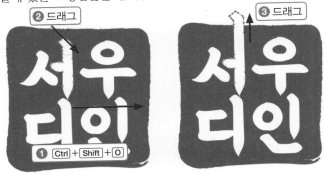

06 계속해서 ❶ ㅜ의 오른쪽 끝에서 범위를 드래그하여 고정점들을 선택한 후 ❷ 오른쪽으로 드래그하여 길이를 늘려 조금 더 여운이 있는 낙관처럼 표현합니다.

07 ❶ Ctrl + Alt + 2 를 눌러 모든 오브젝트의 잠금을 해제합니다. 〈Selection Tool(V)〉로 모든 오브젝트를 선택한 후 드래그하여 아트보드 바깥쪽 회색 영역에 배치합니다. 흰색 오브젝트를 명확하게 구분하기 위함입니다. ❷ Ctrl + Y 를 눌러 Outline 모드를 실행하면 그림과 같이 틀 오브젝트에 표현한 거친 느낌의 윤곽선은 보이지 않습니다.

08 모든 오브젝트가 선택된 상태로 ❶ 메뉴바에서 [Object – Expand Appearance]를 선택하여 Outline 모드에서 모양이 확장된 것을 확인하고, ❷ 다시 Ctrl+Y를 눌러 Preview 모드로 돌아옵니다.

Link Expand Appearance에 대한 자세한 설명은 99쪽을 참고합니다.

09 모든 오브젝트가 선택된 상태로 ❶ 〈Shape Builder Tool〉◉을 선택하고 낙관 틀 밖으로 삐져 나간 부분을 Alt+드래그하여 ❷ 지웁니다. Link 〈Shape Builder Tool〉의 자세한 사용 방법은 314쪽을 참고합니다.

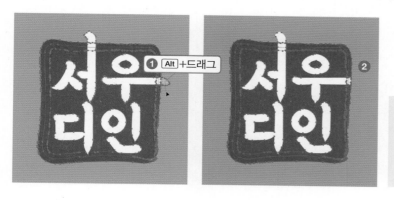

TIP 낙관 틀 안쪽의 글자를 투명이 아닌 흰색 등으로 표현하고 싶다면 위의 과정에서 작업을 마쳐도 좋습니다.

10 끝으로 이름 부분을 파내서 투명하게 처리하겠습니다. ❶ 〈Selection Tool(V)〉로 모든 오브젝트를 선택한 후 ❷ [Pathfinder] 패널(Shift+Ctrl+F9)에서 [Divide]를 클릭해 패스대로 모두 자릅니다.

11 ❶ ⟨Magic Wand Tool(Y)⟩ 🪄로 낙관 틀의 빨간색 부분을 클릭하여 같은 색상이 적용된 오브젝트가 모두 선택되면 그대로 Ctrl + C 를 눌러 복사합니다. ❷ 이어서 Ctrl + V 를 눌러 붙여 넣기를 실행하면 문자 부분이 뚫린 빨간색 낙관 틀만 나타납니다.

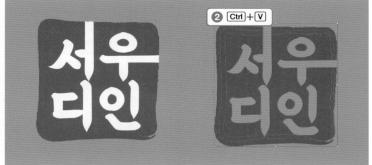

12 마지막으로 패스를 정리하기 위해 ❶ [Pathfinder] 패널의 [Unite] 아이콘을 클릭하면 ❷ 선택한 낙관 오브젝트의 모든 패스가 하나로 병합됩니다.

Ai 아트보드 크기를 조절한 후 png 파일로 저장하기

완성된 낙관 디자인은 웹 환경에서 편하게 사용할 수 있도록 jpg나 png 등의 이미지 파일로 저장해서 보관하는 것이 좋습니다. 또한 낙관 틀 크기에 맞춰 투명하게 저장하면 더 효과적입니다. 그러므로 아트보드 크기를 조절한 후 png 파일로 저장해 보겠습니다.

01 우선 낙관의 크기에 맞게 아트보드 크기를 변경하겠습니다. ❶ ⟨Artboard Tool⟩ 🗔 을 선택하고 완성된 낙관이 포함되도록 범위를 드래그하여 새 아트보드를 추가합니다. ❷ 비어 있는 최초의 아트보드를 클릭하여 선택한 후 Delete 를 눌러 삭제합니다. Link 아트보드 관련 설명은 66쪽을 참고합니다.

02 ❶ 메뉴바에서 [**File – Export – Export for Screens**]를 선택하여 Export for Screens 창을 열고 ❷ Formats 영역에서 톱니바퀴 모양 [**Advanced Settings**] 아이콘을 클릭합니다. ❸ Format Settings 창이 열리면 [**PNG**]를 선택하고 ❹ Background Color: Transparent로 설정한 후 ❺ [**Save Settings**] 버튼을 클릭합니다.

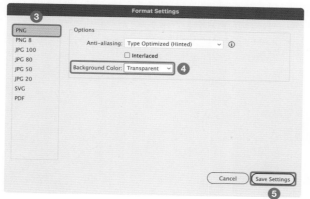

> **TIP** 낙관 디자인에서 투명한 부분을 그대로 유지하기 위해 배경이 투명한 알파(Alpha) 영역을 저장할 수 있는 png 형식을 선택했으며, 배경색을 [Transparent](투명)으로 설정했습니다.
>
> **Link** 이미지 파일 종류 및 특징은 28쪽을 참고합니다.

03 Export for Screens 창이 다시 열리면 다음과 같이 Formats 영역의 옵션들을 설정합니다. 먼저 ❶
인쇄를 고려하여 **Scale: 300 ppi**로 설정하고, **Format: PNG**를 확인한 후 ❷ **Export to** 옵션에서 저장 위
치를 지정합니다. ❸ **[Export Artboard]** 버튼을 클릭해 저장합니다.

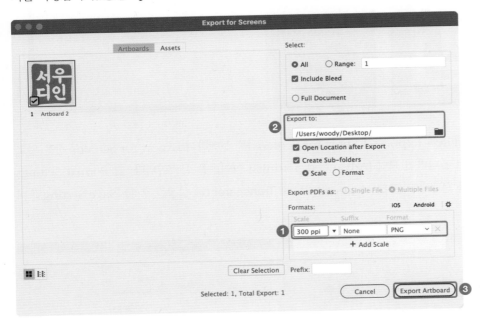

> **TIP** 저장한 이미지 파일의 크기가 여전히 작게 느껴진다면 낙관 디자인의
> 크기 자체를 크게 변경한 후 앞서의 과정들을 반복하여 창에 맞춰 내보내기
> (Export for Screens)를 다시 실행합니다.

LESSON 05

빈티지한 느낌의
관광지 스탬프 만들기

라인 일러스트처럼 사진을 배경으로 깔고 위에 덧대어 관광지의 랜드마크를 그린 다음 실제 잉크처럼 얼룩덜룩
잉크가 제대로 묻지 않은 듯하게 표현하여 빈티지한 느낌으로 관광지 스탬프를 완성해 보겠습니다.

결과 미리보기

예제_여행 스탬프 만들기.ai, 완성_여행 스탬프.ai

Ai 사진을 배경으로 사용하여 일러스트 그리기

그림 실력이 부족하더라도 그리고자 하는 대상을 배경으로 깔고 따라 그리면 좀 더 쉽게 원하는 일러스트를
그릴 수 있습니다. [Fill](면)로 구성되는 〈Blob Brush Tool〉을 사용하여 경주의 랜드마크인 첨성대 사진을
배경으로 놓고 포인트를 잘 살린 일러스트를 그려 보겠습니다.

01 메뉴바에서 [File – Open]을 선택한 후 [예
제_여행 스탬프 만들기.ai] 파일을 열면 첨성대 사
진이 배치되어 있습니다. 사진을 선택한 후 Ctrl
+2를 눌러 잠금 처리합니다.

> **TIP** Ctrl+2를 누르면 선택한 오브젝트를 잠금 처리
> 할 수 있고, Ctrl+Alt+2를 누르면 모든 오브젝트의
> 잠금을 해제할 수 있습니다.

02 ❶ 툴바에서 〈Blob Brush Tool〉
🖌을 더블 클릭하여 ❷ Blob Brush
Tool Options 창이 열리면 **Size: 3pt**
로 설정하고, ❸ **Keep Selected**와
Merge Only with Selection은 모두
체크 해제합니다. ❹ **[OK]** 버튼을 클릭
해 설정을 마칩니다.

	Blob Brush Tool Options	
☐ Keep Selected ❸		
☐ Merge Only with Selection		

Fidelity

Accurate ——————————○—————————— Smooth

Default Brush Options

Size: ○—————— [3 pt] | Fixed ∨ | Variation: 1 pt ❷
Angle: ——○—— [0°] | Fixed ∨ | Variation: 0°
Roundness: ————————○ [100%] | Fixed ∨ | Variation: 0%

(Cancel) (OK) ❹

TIP [Keep Selected](선택 유지)와 [Merge Only with Selection](선택 항목만 병합) 옵션을 모두 체크 해제함으로써 〈Blob Brush Tool〉로 그린 패스는 서로 겹치면 계속 하나로 합쳐집니다.

Link Blob Brush Tool Options 창에 대한 자세한 설명은 225쪽을 참고합니다.

---

03 기본 설정이 끝났으면 [Color] 패널(F6)에서 **Fill: Black, Stroke: None**으로 설정한 후 첨성대 상단
부터 천천히 따라 그립니다. 테두리를 그린 후 안쪽을 덧칠하여 채우면 수월합니다. 조금 삐뚤어도 괜찮습
니다. 오히려 실제 스탬프 느낌이 나서 좋습니다.

04 이번에는 첨성대 몸체에서 왼쪽과 오른쪽 테두리를 각각 천천히 한 번에 그립니다. 드래그하다가 선이 마음에 들지 않으면 Ctrl+Z를 눌러 취소한 후 다시 그려도 됩니다. 좌우 테두리에 이어서 하단부를 그립니다.

> **TIP** 기본적으로 〈Blob Brush Tool〉로 드래그한 패스는 삐뚤어도 어느 정도 보정이 됩니다. 이는 Blob Brush Tool Options 창에서 [Fidelity] 옵션이 중간 값으로 설정되어 있기 때문입니다. **Link** [Fidelity] 옵션에 대한 자세한 설명은 225쪽을 참고합니다.

05 몸체에 쌓여 있는 벽돌은 일부만 선으로 표현합니다. 중앙에 뚫린 부분도 테두리를 먼저 그린 후 안쪽을 덧칠해서 채우고, 튀어나온 벽돌 등 일부 포인트가 될 부분에서 드래그하여 표현합니다. 끝으로 부족한 입체감을 더하기 위해 첨성대 몸통의 왼쪽 테두리를 아래로 갈수록 두껍게 표현되도록 덧칠하여 완성합니다.

Ai 일러스트를 활용하여 스탬프 형태로 배치하기

이제 완성한 일러스트를 스탬프 모양처럼 꾸밉니다. 스탬프의 둥근 테두리를 만든 후 안쪽에 일러스트를 배치하면 됩니다.

01 ❶ [Color] 패널에서 **Fill: None, Stroke: Black**으로 ❷ [Stroke] 패널(Ctrl+F10)에서 **Weight: 3pt**로 설정합니다. ❸ 〈Ellipse Tool(L)〉◯을 선택하고 일러스트 왼쪽 빈 곳을 클릭하여 Ellipse 창이 열리면 **Width: 40mm, Height: 40mm**로 설정한 후 ❹ [OK] 버튼을 클릭해 ❺ 정원을 그립니다.

02 ❶ 〈Selection Tool(V)〉▶로 첨성대 일러스트를 선택하고 왼쪽으로 Alt+드래그하여 정원 위에 복제 배치합니다. ❷ 복제된 오브젝트의 고정점을 안쪽으로 Shift+드래그하여 정원 안쪽에 배치될 수 있도록 크기를 조절하여 배치합니다.

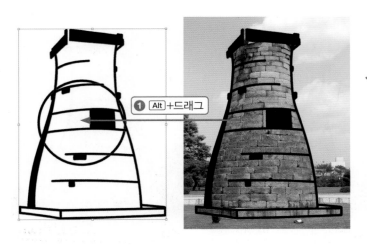

03 스탬프를 더 꾸며 보겠습니다. 아트보드 빈 곳을 클릭하여 모든 선택을 해제합니다. ❶ 〈Blob Brush Tool〉을 선택하고, 단축키 [I]를 눌러 브러시 크기를 작게 줄인 후 별 모양을 그립니다. ❷ 〈Selection Tool(V)〉로 별 모양을 선택하고, [Alt]+드래그하여 복제 배치합니다. ❸ 계속해서 복제 배치하면서 크기나 회전 각도 등을 조절하여 완성합니다.

> **TIP** 오브젝트를 선택한 후 [Ctrl]+[+]나 [Ctrl]+[-]를 누르면 선택 중인 오브젝트를 기준으로 화면이 확대/축소됩니다. 일러스트 작업 중에는 단축키를 이용해 화면을 적절하게 확대/축소하는 것이 효과적입니다.

Ai **얼룩덜룩 빈티지 효과**

스탬프의 전체 디자인이 완성됐습니다. 이대로 활용해도 되지만, 좀 더 스탬프처럼 표현하기 위해 얼룩덜룩 스탬프 잉크가 제대로 묻지 않은 것처럼 구멍을 뚫어 빈티지 느낌으로 연출해 보겠습니다.

01 ❶ 〈Selection Tool(V)〉로 완성된 스탬프 디자인의 모든 오브젝트를 다중 선택한 후 [Ctrl]+[C]를 눌러 복사합니다. [Ctrl]+[N]을 누르고 [Print] 탭에서 임의의 설정으로 새로운 작업을 시작합니다. 새 작업 창이 열리면 [Ctrl]+[V]를 눌러 붙여 넣기를 실행하고, 오브젝트가 선택된 상태로 ❷ 메뉴바에서 [Object – Expand]를 선택하여 Expand 창이 열리면 [OK] 버튼을 클릭합니다. ❸ 선택한 모든 오브젝트가 [Fill] (면) 상태로 확장됩니다.

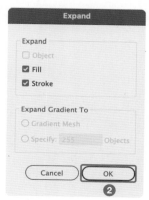

02 아트보드 빈 곳을 클릭하여 모든 선택을 해제합니다. ❶ [Brushes] 패널(F5)에서 왼쪽 아래에 있는 [Brush Libraries Menu] 아이콘을 클릭해 ❷ [Artistic – Artistic_Ink]를 선택하고, ❸ 흩뿌려지는 느낌의 [Ink Spatter 1] 모양을 선택합니다.

03 ❶ [Swatches] 패널에서 **Fill: None, Stroke: Red**로 설정한 후 ❷ 브러시가 표현되는 크기를 확인하기 위해 ⟨Paintbrush Tool(B)⟩ ✎을 선택하고 아트보드에서 빈 곳에서 짧게 드래그하여 흩뿌려지는 브러시로 칠해 봅니다.

TIP ⟨Paintbrush Tool(B)⟩는 [Stroke](선)로 구성된 브러시고, ⟨Blob Brush Tool⟩ ✎은 [Fill](면)로 구성된 브러시입니다. Preview 모드에서는 같아 보이지만, Outline 모드(Ctrl+Y)에서는 확실하게 구분됩니다.

04 ❶ ⟨Selection Tool(V)⟩로 흩뿌려진 브러시 모양을 선택하고, ❷ [Stroke] 패널(Ctrl+F10)에서 **Weight: 0.25pt**로 설정하여 ❸ 스탬프 디자인과 어울릴 법한 크기로 조절합니다.

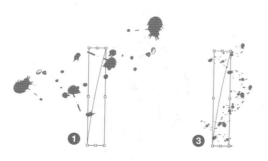

05 ❶ ⟨Paintbrush Tool(B)⟩을 선택하고 그림과 같이 스탬프 디자인과 겹치도록 W 모양으로 드래그하여 얼룩 덜룩한 입자를 뿌립니다. ❷ ⟨Selection Tool(V)⟩로 범위 를 드래그하여 스탬프 디자인과 브러시 패스를 선택하고 ❸ 메뉴바에서 [Object – Expand Appearance]를 선 택하여 모양을 확장합니다.

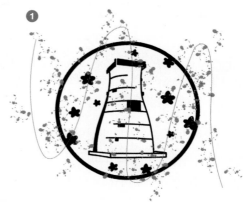

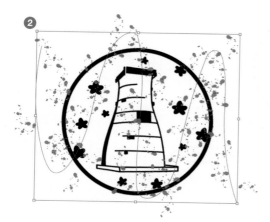

TIP Expand Appearance 기능을 실행하여 모양을 확장해야 Preview 모드에서 보이는 모습 그대로 구멍을 뚫을 수 있습니 다. 하지만 모양을 확장함으로써 브러시의 성질은 잃게 됩니다.

06 ❶ 스탬프와 브러시를 모두 선택하고 [Pathfinder] 패널(Shift+Ctrl+F9)에서 [Divide]를 클릭해 겹쳐진 오브젝트에서 모든 패스를 기준으로 오브젝트를 나눕니다. ❷ 〈Magic Wand Tool(Y)〉 ✐ 을 선택한 후 검은색 부분을 클릭하여 모든 검은색 계열 오브젝트만 선택합니다. ❸ Ctrl+C를 눌러 선택한 검은색 오브젝트를 복사하고, 작업 중이던 아트보드로 돌아와 Ctrl+V를 눌러 붙여 넣습니다.

> **TIP** 〈Magic Wand Tool(Y)〉은 Advanced 모드의 툴바에서 기본으로 표시됩니다. 〈Magic Wand Tool(Y)〉로 특정 색상 오브젝트를 일괄 선택한 후 툴바 등에서 선택한 단일 색상이 제대로 표시된다면 원하는 오브젝트들이 잘 선택된 것입니다.

07 붙여 넣은 오브젝트가 선택된 상태로 ❶ [Pathfinder] 패널에서 [Unite] 아이콘을 클릭해 ❷ 하나로 병합하면 완성입니다. ❸ [Fill]로만 구성된 오브젝트이므로 툴바 등에서 [Fill] 색상을 변경하여 다채로운 색상의 스탬프로 변형할 수 있습니다.

블렌드 기능으로
우표 일러스트 완성하기

추억 속으로 사라지고 있는 우표는 그 형태가 재미있기에 로고로 활용해도 좋고, 디자인 요소로도 훌륭하게 활용할 수 있습니다. 일정한 간격으로 움푹 파인 우표의 테두리를 만들고 홀로그램 같은 디자인 요소를 더하여 우표 일러스트를 완성해 보겠습니다.

결과 미리보기
예제_우표 일러스트.ai, 완성_우표 일러스트.ai

Ai 블렌드 기능으로 중간 단계를 채워서 우표 틀 만들기

우표의 테두리처럼 일정한 패턴 형태로 구성된 오브젝트는 블렌드 기능으로 간편하게 완성할 수 있습니다. 우표의 틀을 만들면서 블렌드 기능을 실행하는 ⟨Blend Tool(W)⟩ 🐾의 다양한 활용 방법 중 한 가지를 배워 보겠습니다.

01 ❶ 메뉴바에서 [File – Open]을 선택하여 [예제_우표 일러스트.ai] 파일을 열면 정사각형 아트보드와 학교 오브젝트가 배치되어 있습니다. ❷ 오브젝트가 선택되지 않은 상태로 [Color] 패널(F6)에서 [Default Fill and Stroke] 아이콘을 클릭해 기본 색상으로 적용합니다.

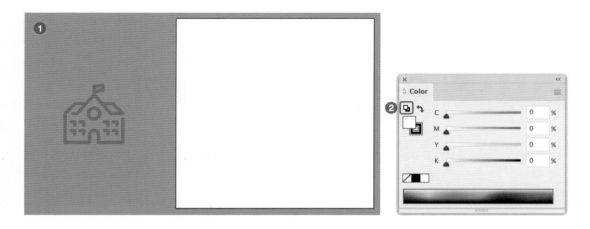

02 우표 모양의 틀을 만들기 위해 ❶ 〈Rectangle Tool(M)〉 ▣ 을 선택한 후 아트보드 빈 곳을 클릭하여 Rectangle 창에서 **Width: 40mm, Height: 40mm**로 설정하고 ❷ **[OK]** 버튼을 클릭합니다. ❸ 클릭한 위치에 정사각형이 그려집니다.

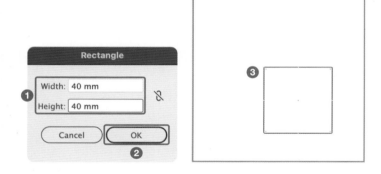

03 사각형을 아트보드에서 정중앙에 배치해 보겠습니다. ❶ **[Align]** 패널(⟨Shift⟩+⟨F7⟩)에서 **Align To: Align to Artboard**로 설정하고, ❷ **[Horizontal Align Center]**와 ❸ **[Vertical Align Center]** 아이콘을 순서대로 클릭하면 ❹ 정사각형이 아트보드 기준으로 중앙 정렬됩니다.

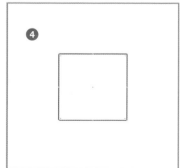

TIP 정렬 기능은 상단 옵션바에서도 동일하게 실행할 수 있습니다.

04 ❶ 〈Ellipse Tool(L)〉◯을 선택하고 아트보드 빈 곳을 클릭하여 Ellipse 창이 열리면 **Width: 3mm, Height: 3mm**로 설정한 후 ❷ **[OK]** 버튼을 클릭합니다. ❸ 정원이 그려지면 〈Selection Tool(V)〉▶로 선택한 후 드래그하여 그림과 같이 배치합니다.

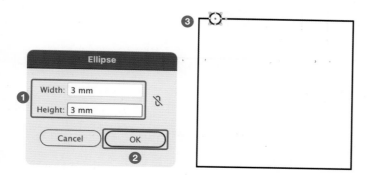

05 사각형 테두리에 배치한 원을 그림과 같이 ❶ 오른쪽 끝부분으로 [Shift]+[Alt]+드래그해서 복제 배치합니다. ❷ 2개의 정원을 다중 선택하고, ❸ 좌우로 [Shift]+드래그해서 도중에 스마트 가이드를 확인하면서 위쪽 직선의 중앙 교차 위치에 배치합니다.

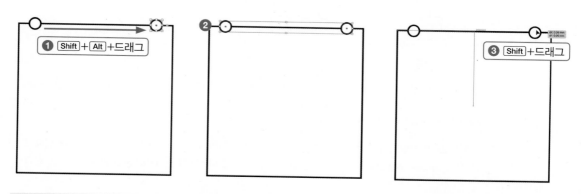

TIP 〈Selection Tool(V)〉로 오브젝트를 드래그하면서 추가로 [Alt]를 누르면 복제가 되고, [Shift]를 누르면 수직/수평으로 옮길 수 있습니다. 그러므로 드래그 도중에 추가로 [Alt]+[Shift]를 누르면 수직/수평을 유지하며 복제할 수 있습니다.

06 〈Selection Tool(V)〉로 아트보드 빈 곳을 클릭하여 모든 선택을 해제합니다. ❶ 〈Blend Tool(W)〉을 선택한 후 ❷ ❸ 블렌드할 양쪽 정원 오브젝트를 각각 클릭합니다. ❹ 선택한 2개의 오브젝트 사이에 일정한 간격으로 같은 오브젝트가 가득 채워집니다.

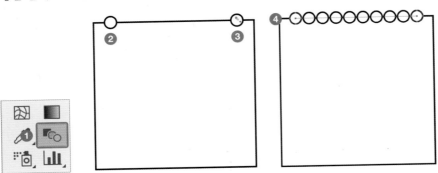

우디 특강 | **블렌드 기능 알고 가기**

블렌드(Blend) 기능은 위 과정에서 알 수 있듯 〈Blend Tool(W)〉을 이용해 선택한 2개의 오브젝트를 기준으로 그 사이에서 일정한 간격으로 자연스럽게 오브젝트를 채워 줍니다.

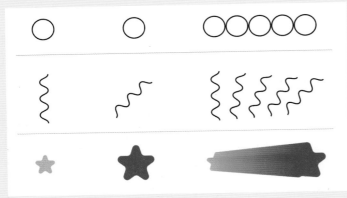

▲ 선택한 오브젝트에 따라 다양한 형태로 두 오브젝트 사이를 연결하는 블렌드 기능

블렌드 기능은 선택한 오브젝트에 따라 다양한 표현을 할 수 있습니다. 선택한 오브젝트의 모양이나 크기가 서로 다르다면 자연스럽게 모양이 변화하는 중간 단계의 모양을 표현하고, 색상이 서로 다르면 마찬가지로 중간 단계의 색상이 점점 채워집니다.

▲ 크기나 색상 차이에 따른 블렌드 결과

툴바에서 〈Blend Tool(W)〉을 더블 클릭하여 Blend Options 창을 열고 [Spacing] 옵션을 변경하여 채워지는 오브젝트의 개수 등도 변경할 수도 있습니다.

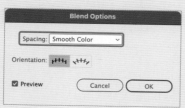

- **Smooth Color**: 기본 설정으로 최적의 간격과 개수로 채워집니다
- **Specified Steps**: 지정한 단계(개수)에 따라 중간 단계가 채워집니다.
- **Specified Distance**: 지정한 거리에 따라 중간 단계가 채워집니다.

07 블렌드 기능으로 채워진 오브젝트의 개수를 변경해 보겠습니다. ❶ 블렌드로 중간 단계가 채워진 오브젝트를 선택한 상태로 툴바에서 〈Blend Tool(W)〉을 더블 클릭하여 Blend Options 창을 열고 **Spacing: Specified Steps/5**로 설정한 후 ❷ [OK] 버튼을 클릭하면 ❸ 두 원 사이에 5개의 원이 일정한 간격으로 배치됩니다.

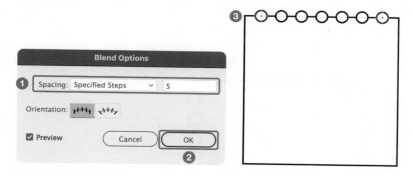

> **TIP** 옵션을 설정한 후 [Tab]을 눌러 해당 옵션 설정을 마치면 아트보드에서 설정에 따른 결과를 미리 확인할 수 있습니다.

08 ❶ [Ctrl]+[Y]를 눌러 Outline 모드를 실행해 보면 중간 단계는 패스가 없는 상태입니다. ❷ 메뉴바에서 [Object – Expand]를 선택하여 Expand 창이 열리면 기본 설정으로 [OK] 버튼을 클릭해 ❸ 확장합니다.

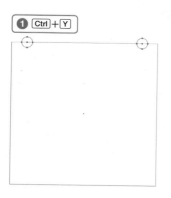

09 Ctrl+Y를 눌러 Preview 모드로 돌아옵니다. ❶ 〈Selection Tool(V)〉을 선택한 후 아래쪽으로 Shift+Alt+드래그해서 수직으로 복제 배치합니다. ❷ 위와 아래에 있는 모든 원을 선택한 후 Ctrl+C를 눌러 복사하고, Ctrl+F를 눌러 같은 위치에 붙여 넣습니다.

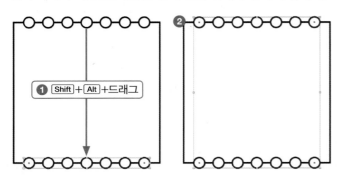

TIP 위아래의 원들만 선택하기 어렵다면 범위를 드래그하여 사각형까지 함께 선택한 후 사각형을 Shift+클릭하여 선택에서 제외시키면 됩니다.

10 ❶ 고정점 바깥에서 Shift+드래그하여 복제한 원들을 90° 회전시켜 모든 테두리에 정원을 배치합니다. ❷ 범위를 드래그하여 사각형을 포함한 모든 오브젝트를 선택하고 ❸ [Pathfinder] 패널(Shift+Ctrl+F9)에서 [Minus Front] 아이콘을 클릭합니다. ❹ 사각형에서 앞에 정돈된 원들이 제외되면서 우표 모양이 완성됩니다.

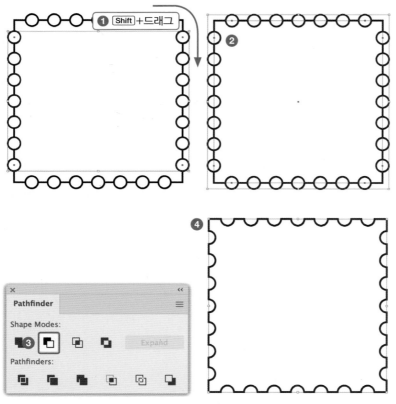

Ai **색상 혼합 기능으로 우표 일러스트 꾸미기**

기본적인 우표 모양을 만들었으니, 이제 적절한 디자인을 배치하여 우표를 완성하면 됩니다. 여기서는 예제 파일로 제공되는 학교 아이콘에 문자를 겹친 후 색상 혼합 기능으로 트렌디한 디자인을 완성해 보겠습니다.

01 우표 모양이 선택된 상태로 ❶ [Color] 패널에서 **Fill: C0/M0/Y5/K5, Stroke: None**으로 설정하여 ❷ 색상을 변경합니다.

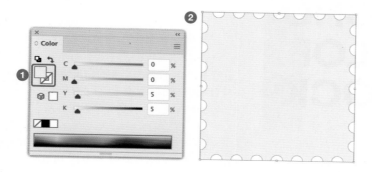

02 ❶ 〈**Selection Tool(V)**〉로 아트보드 바깥의 학교 아이콘을 선택한 후 ❷ ❸ 상단 옵션바에서 [**Horizontal Align Center**], [**Vertical Align Center**] 아이콘을 순서대로 클릭해 아트보드 정중앙으로 정렬하면 ❹ 정중앙에 있던 우표 모양 뒤로 겹쳐집니다. ❺ 곧바로 Ctrl + Shift +]를 눌러 정돈 위치를 맨 앞으로 옮깁니다.

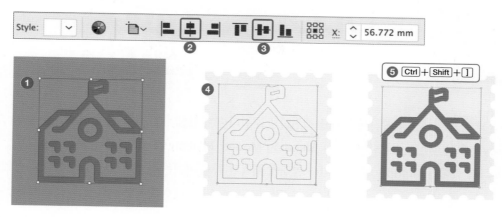

> **TIP** 학교 아이콘을 앞으로 정돈하기 전에 선택이 해제되었다면 Outline 모드(Ctrl + Y)를 실행하여 뒤에 정렬된 학교 아이콘 을 다시 선택할 수 있습니다.

03 문자를 입력하기 위해 ❶ [Character] 패널(Ctrl+T)에서 **글꼴: G마켓 산스/Bold, 크기: 28pt, 행간: 33pt**으로 설정합니다. ❷ 〈Type Tool(T)〉T 을 선택하고, 아트보드 빈 곳을 클릭하여 [SCHOOL OF ROCK]을 3줄로 입력한 후 Ctrl+Enter를 눌러 문자 입력을 마칩니다.

TIP [G마켓 산스]는 무료 글꼴로, 인터넷에서 검색하여 다운로드할 수 있으나, 사용자에 따라 원하는 글꼴을 사용해도 무방합니다.

04 ❶ [Color] 패널에서 **Fill: C0/M100/Y100/K0, Stroke: None**으로 설정하여 문자의 색상을 변경하고, ❷ 직접 드래그하거나 [Align] 패널(Shift+F7) 등을 이용하여 우표 모양과 적절하게 겹치도록 배치합니다. Link [Align] 패널의 간단한 사용 방법은 183쪽을 참고합니다.

05 이제 파란색 학교 아이콘과 빨간색 문자를 적절하게 혼합하면 완성됩니다. ❶ 문자가 선택된 상태로 [Transparency] 패널(Shift+Ctrl+F10)에서 **Blending Modes: Multiply**로 설정합니다. ❷ 문자 오브젝트의 혼합 모드가 곱하기(Multiply)로 바뀌면서 아래에 배치된 학교 아이콘과 겹쳐진 구간의 색상이 변경됩니다.

06 마지막으로 ❶ 〈Rectangle Tool(M)〉을 선택한 후 아트보드 가득 드래그하여 배경을 만들고, ❷ Ctrl +Shift+[]를 눌러 맨 뒤로 정돈하면 완성입니다.

TIP 일러스트레이터는 마지막으로 선택한 오브젝트의 [Fill]과 [Stroke] 등의 스타일을 기억합니다. 마지막 선택한 오브젝트는 빨간색 문자이므로, 사각형도 빨간색으로 그려집니다.

우디 특강 | 색상 혼합 모드 알고 가기

서로 다른 색상의 오브젝트가 서로 겹쳐 있을 때 하나의 오브젝트에 혼합 모드(Blending Modes)를 적용하면 그 아래쪽에 배치된 오브젝트들의 색상과 서로 혼합됩니다.

설정한 옵션 값에 따라 전혀 다른 느낌을 연출할 수 있으므로, 다음과 같이 한국어 버전에서의 옵션 값을 참고하여 각각 적용해 보면서 변화를 파악한 후 사용하는 것이 좋습니다.

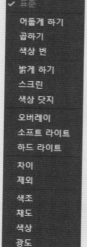

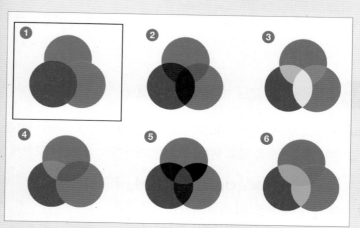

▲ 대표적인 6가지 혼합 모드 설정에 따른 변화 ❶ 원본 ❷ Darken ❸ Lighten ❹ Overlay ❺ Difference ❻ Hue

블렌드 기능으로 입체 느낌의 타이포그래피 완성하기

중간 단계를 자동으로 생성해 주는 블렌드(Blend) 기능을 이용하면 마치 3D 기능을 사용한 것처럼 입체적으로 표현할 수도 있습니다. 블렌드 기능으로 타이포그래피를 입체적으로 표현해 보겠습니다.

결과 미리보기
예제_입체 타이포그래피.ai, 완성_입체 타이포그래피.ai

Ai 블렌드 기능으로 입체감 표현하기

〈Blend Tool(W)〉 을 이용해 블렌드(Blend) 기능을 적용하면 어떠한 오브젝트라도 입체적으로 표현할 수 있습니다. 예제 파일을 열고 문자 모양 오브젝트를 입체적으로 표현해 보겠습니다.

01 메뉴바에서 **[File – Open]**을 선택하여 **[예제_입체 타이포그래피.ai]** 파일을 열면 색상 견본과 문자 모양 오브젝트가 배치되어 있습니다.

02 ⟨Selection Tool(V)⟩ ▶ 로 ❶ 회색 배경과 ❷ [my] ❸ 손 모양을 다중 선택하고 Ctrl + 2 를 눌러 잠금 처리합니다.

> **TIP** 배치되어 있는 문자 모양 오브젝트는 문자를 입력한 후 윤곽선 만들기
> (Ctrl + Shift + O)를 실행하여 문자 속성을 잃은 오브젝트입니다.

03 ❶ 잠금 처리하지 않은 남은 오브젝트([Hello], [Friend])의 범위를 드래그하여 모두 선택합니다. ❷ 메뉴바에서 [Object – Path – Offset Path]를 선택하여 Offset Path 창이 열리면 **Offset: 0.5mm**로 설정한 후 ❸ [OK] 버튼을 클릭하면 ❹ 패스 이동이 실행되어 0.5mm 두꺼운 오브젝트로 복제됩니다.

04 패스 이동한 오브젝트가 선택된 상태에서 그대로 Shift + → 를 여러 번 눌러 그림과 같이 서로 겹치지 않을 정도로 충분히 오른쪽으로 옮깁니다.

> **TIP** 오브젝트가 선택된 상태에서 방향키를 누르면 1px 단위로
> 옮길 수 있으며, Shift 를 누른 채 방향키를 누르면 10px 단위로
> 옮길 수 있습니다.

05 아트보드 빈 곳을 클릭하여 선택을 해제한 후 ❶ [Hello] 오브젝트를 클릭하면 원본과 복제본이 함께 선택됩니다. Ctrl + Shift + G 를 눌러 그룹을 해제합니다. ❷ 아트보드 빈 곳을 클릭하여 모든 선택을 해제한 다음 범위를 드래그하여 원본 [Hello]를 선택한 후 Ctrl + G 를 눌러 그룹으로 묶습니다.

> **TIP** 하나의 오브젝트를 패스 이동으로 복제하면 원본과 복제본이 각각의 오브젝트로 선택됩니다. 하지만 그룹으로 묶여 있는 오브젝트를 패스 이동하면 원본과 복제본까지 하나의 그룹으로 묶입니다. 실습에서 사용한 문자 오브젝트 역시 그룹으로 묶인 상태여서 원본과 복제본이 하나의 그룹으로 묶여져 있습니다.

06 ❶❷❸ 계속해서 원본과 복제본에서 단어별로 선택한 후 Ctrl + G 를 눌러 그룹으로 묶습니다. ❹ 복제본인 [Hello]와 [Friend]를 다중 선택하고 ❺ [Swatches] 패널에서 **Fill: Red**로 설정하여 ❻ 복제본의 색상을 변경합니다.

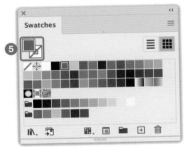

> **TIP** 현재 단계에서 완성할 색상을 적용해도 되지만, 우선은 눈에 띄는 색상으로 변경하여 명확하게 구분하고, 최종 단계에서 색상을 변경하는 순서로 작업을 진행하겠습니다.

07 ① 색상이 변경된 복제본이 선택된 상태로 Shift + ← 를 여러 번 눌러 원본과 겹치게 배치합니다. ② 빈 곳을 클릭하여 선택을 해제한 후 빨간색 [Hello]만 선택한 후 Ctrl + C 를 눌러 복사합니다. ③ Ctrl + B 를 눌러 제자리에서 뒤로 붙여 넣은 후 Shift + ← 를 2번, Shift + ↑ 를 1번 눌러 그림과 같이 배치합니다.

08 ① ② ⟨Blend Tool(W)⟩ 을 선택한 후 2개의 빨간색 [Hello] 오브젝트를 각각 클릭해서 블렌드를 실행하면 ③ 빨간색 [Hello] 2개가 입체적으로 연결됩니다.

> **TIP** ⟨Blend Tool(W)⟩로 연결할 첫 번째 오브젝트로 커서를 옮기면 *가 표시되고, 두 번째 오브젝트로 커서를 옮기면 +가 표시됩니다.

▲ 블렌드 적용

09 ❶ 툴바에서 〈Blend Tool(W)〉을 더블 클릭하여 Blend Options 창이 열리면 **Spacing: Specified Steps/50**으로 설정한 후 ❷ [OK] 버튼을 클릭합니다. ❸ 두 오브젝트 사이가 50개의 오브젝트로 연결되면서 좀 더 자연스러워집니다.

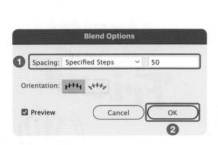

> **TIP** 블렌드(Blend) 기능으로 두 오브젝트를 연결하여 입체감을 표현할 때는 위와 같이 [Specified Steps] 설정에서 개수를 높일수록 자연스러워집니다. 하지만 무작정 개수를 높이면 패스가 지나치게 많아지고 반응 속도를 느리게 할 수 있으므로, 자연스러워 보이는 정도로 적당한 개수를 지정하는 것이 중요합니다. **Link** Blend Options 창의 각 옵션은 341쪽에서 자세히 소개합니다.

10 위와 같은 방법으로 ❶ 빨간색 [Friend] 오브젝트도 복제 및 이동한 후 블렌드 기능으로 연결하고, ❷ ❸ Blend Options 창에서 **Spacing: Specified Steps/50**으로 설정하여 ❹ 입체적으로 표현합니다.

Ai 색상을 변경하여 입체감 극대화하기

입체감을 더욱 극대화하는 방법 중 하나는 적절하게 어울리는 색상으로 변경하는 것입니다. 완성한 입체 타이포그래피에 색상을 변경하여 입체감을 극대화해 보겠습니다.

01 ① Ctrl + Alt + 2 를 눌러 모든 오브젝트를 잠금 해제합니다. ② 〈Selection Tool(V)〉로 회색 배경 오브젝트를 선택한 후 ③ 〈Eyedropper Tool(I)〉 🖉 로 아트보드 바깥쪽에 있는 파란색 견본을 클릭하여 배경에 적용합니다. ④ ⑤ 같은 방법으로 분홍색 견본을 이용하여 my와 손 오브젝트의 색상을 변경합니다.

02 계속해서 기존 검은색 [Hello]와 [Friend]를 다중 선택하고, 흰색 견본을 이용하여 색상을 변경합니다.

03 블렌드 기능이 적용된 빨간색 오브젝트 색상도 변경해 보겠습니다. ① 〈Selection Tool(V)〉로 블렌드된 [Hello]를 더블 클릭하여 편집 모드를 활성화하고, ② 왼쪽(앞쪽)에 있는 [Hello]를 클릭하여 선택합니다. ③ 〈Eyedropper Tool(I)〉로 분홍색 견본을 클릭하여 선택 중인 오브젝트에 적용합니다.

04 ① 같은 방법으로 오른쪽(뒤쪽) [Hello]를 선택하여 파란색으로 변경합니다. ② Esc 를 눌러 편집 모드를 마치면 블렌드 오브젝트의 색상이 변경되어 있습니다. ③ 앞서 과정을 참고하여 블렌드된 [Friend] 오브젝트도 색을 변경합니다.

TIP 블렌드된 두 오브젝트 중 배경과 가까운 뒤쪽 오브젝트를 배경색과 같거나 유사한 색으로 적용함으로써 마치 그레이디언트가 배경까지 이어진 것처럼 표현되어 입체감이 더욱 도드라지게 됩니다. 반대로, 배경과 확연히 구분되는 색을 사용함으로써 경계를 또렷하게 표현하면 또 다른 느낌으로 입체감이 도드라집니다.

▲ 배경과의 색상 차이에 따른 입체감 표현 차이

05 마지막으로 1px의 디테일을 더해 보겠습니다. ❶ 맨 앞쪽에 있는 흰색 [Hello] 오브젝트를 복사한 후 제자리에서 뒤쪽으로 복제하고 오른쪽으로 1px 옮깁니다(Ctrl+C 후 Ctrl+B 후 →). ❷ [Color] 패널 (F6)에서 Fill: C0/M40/Y0/K0, Stroke: None으로 설정하여 색상을 변경하면 ❸ 오브젝트가 살짝 튀어나온 것처럼 표현됩니다.

06 같은 방법으로 흰색 [Friend] 오브젝트도 복제한 후 옮기고 색을 변경하면 완성입니다.

LESSON 08 변형 효과로 입체 그림자 표현하기

지정한 개수만큼 복제본을 만들어 배치할 수 있는 변형 효과를 활용해 긴 그림자 형태로 오브젝트를 구성해 보겠습니다. 이어서 그래픽 스타일로 등록해 놓으면 언제든 편하게 활용할 수 있습니다.

결과 미리보기

완성_긴 그림자.ai

Ai 긴 그림자 표현 후 그래픽 스타일로 등록하기

긴 그림자 스타일을 만들기 위해 견본 도형을 하나 그리고, 변형 효과 기능을 이용해 길게 늘어뜨려 그림자처럼 표현합니다. 이후 다른 오브젝트에 같은 효과를 빠르게 적용하기 위해 그래픽 스타일로 등록합니다.

01 Ctrl+N을 누른 후 ❶ [Print] 탭에서 ❷ **Width: 200mm, Height: 150mm**를 설정하고 ❸ [Create] 버튼을 클릭해 새 작업을 시작합니다. ❹ 〈Star Tool〉 ☆로 아트보드에서 Shift+드래그하여 적당한 크기로 별 모양을 그립니다.

02 ① 〈Selection Tool(V)〉▶을 선택하여 별 오브젝트가 선택되면 [Color] 패널(F6)에서 Fill: C0/M0/Y0/K50, Stroke: None으로 설정하여 ② 색을 변경합니다.

03 긴 그림자 같은 효과를 적용하기 위해 ① 메뉴바에서 [Effect – Distort & Transform – Transform]을 선택하여 Transform Effect 창을 열고, ② Move 영역에서 Horizontal: 0.1mm, Vertical: 0.1mm, ③ Transform Objects: 체크, ④ Copies: 500으로 설정한 후 ⑤ [OK] 버튼을 클릭하면 ⑥ 변형 효과가 적용되어 긴 그림자처럼 표현됩니다.

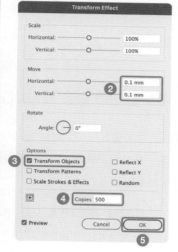
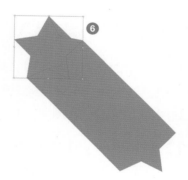

▲ 긴 그림자 적용

> **TIP** 위의 설정은 선택한 별의 사본 500개(Copies: 500)를 가로(Horizontal)와 세로(Vertical) 방향으로 각 0.1mm씩 옮겨서 배치하라는 의미입니다. 이때 패턴이나 효과 등은 변하지 않고, 오직 오브젝트만 변형합니다(Transform Objects).

04 ① [Transparency] 패널(Shift+Ctrl+F10)에서 혼합 모드를 Multiply로 변경하여 다른 오브젝트와 겹치는 부분에서 색상 혼합 효과가 적용되도록 설정합니다. ② [Graphic Styles] 패널(Shift+F5)에서 [New Graphic Style] 아이콘을 클릭해 그래픽 스타일로 등록합니다.

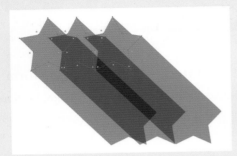

▲ 긴 그림자 스타일을 적용한 여러 오브젝트가 겹쳐지면 겹친 부분에서 색상 혼합 효과가 적용됩니다.

Ai 긴 그림자 스타일 적용하여 입체적으로 표현하기

별 모양에 긴 그림자를 표현하여 스타일로 등록했으니, 이제 실제로 사용할 오브젝트에 스타일을 적용해서 디자인을 완성하면 됩니다. 견본으로 만든 별 오브젝트는 선택한 후 Delete 를 눌러 삭제하고, 여기서는 [긴 그림자]라고 문구를 입력한 후 스타일을 적용해 보겠습니다.

01 ❶ [Character] 패널(Ctrl+T)에서 **글꼴: 배달의민족 도현, 크기: 100pt**로 설정합니다. ❷ 〈Type Tool(T)〉 T 을 선택하고 빈 곳을 클릭하여 [긴그림자]를 입력한 후 Ctrl+Enter 를 눌러 문자 입력을 마칩니다. 입력한 문자는 아트보드 중앙에 배치합니다.

02 문자를 좀 더 자유롭게 디자인하기 위해 ❶ 메뉴바에서 [Type – Create Outlines]를 선택하여 윤곽선 만들기를 실행하고 ❷ Ctrl + Shift + G 를 눌러 그룹을 해제합니다.

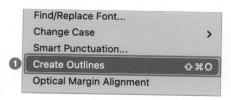

> **TIP** 윤곽선 만들기를 실행하면 문자 모양 오브젝트가 되며, 자동으로 각 문자 모양이 그룹으로 묶입니다. 그러므로 각 문자 모양을 자유롭게 디자인하기 위해서는 그룹을 해제하는 것이 좋습니다. 윤곽선 만들기(Create Outlines)는 Ctrl + Shift + O 를 이용해 실행할 수도 있습니다.

03 스타일을 적용하기 위해 모든 오브젝트가 선택된 상태에서 ❶ Ctrl + C 후 Ctrl + B 를 눌러 제자리에서 뒤로 복제합니다. ❷ [Graphic Styles] 패널에서 앞서 등록한 스타일을 선택하여 ❸ 문자 모양 오브젝트에 긴 그림자 스타일을 적용합니다.

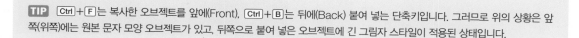

> **TIP** Ctrl + F 는 복사한 오브젝트를 앞에(Front), Ctrl + B 는 뒤에(Back) 붙여 넣는 단축키입니다. 그러므로 위의 상황은 앞쪽(위쪽)에는 원본 문자 모양 오브젝트가 있고, 뒤쪽으로 붙여 넣은 오브젝트에 긴 그림자 스타일이 적용된 상태입니다.

04 효과가 적용된 오브젝트는 [Appearance] 패널(Shift+F6)에서 설정을 변경할 수 있습니다. ❶ [Appearance] 패널에서 적용된 효과인 **Transform**을 클릭합니다. ❷ Transform Effect 창이 열리면 **Copies: 1000**으로 변경하고, ❸ [OK] 버튼을 클릭해 ❹ 그림자 길이가 사본 1000개를 배치한 것만큼 길게 표현합니다.

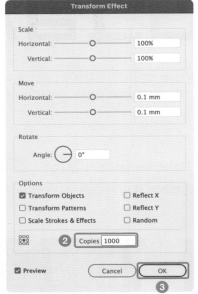

05 배경을 만들기 위해 ❶ 〈Rectangle Tool(M)〉 ▣로 아트보드 크기에 맞춰 드래그하여 직사각형을 그리고, ❷ [Color] 패널에서 **Fill: C0/M50/Y100/K0, Stroke: None**으로 색상을 변경합니다. ❸ Ctrl+Shift+[]을 눌러 배경을 맨 뒤로 정돈합니다.

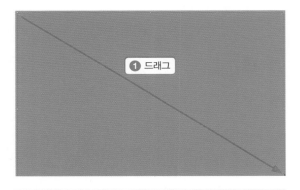

06 ❶〈Selection Tool(V)〉로 검은색 문자 모양 오브젝트를 각각 Shift + 클릭하여 다중 선택합니다. ❷ [Color] 패널에서 **Fill: C0/M20/Y85/K0, Stroke: None**으로 색상을 변경하고, ❸ Ctrl + 2 를 눌러 오브젝트를 잠금 처리합니다.

07 그래픽 스타일이 적용된 오브젝트를 편하게 선택하기 위해 ❶ 직사각형 배경 오브젝트도 잠금 처리합니다(Ctrl + 2). ❷ 범위를 드래그하면 그래픽 스타일이 적용된 오브젝트만 선택됩니다. ❸ [Color] 패널에서 **Fill: C0/M35/Y85/K0, Stroke: None**으로 설정하여 그림자의 색상을 어울리게 변경합니다.

08 마지막으로 클리핑 마스크 기능을 사용하여 그림자의 길이를 조정해 보겠습니다. 그래픽 스타일이 적용된 오브젝트가 선택된 상태로 ❶ Ctrl + G 를 눌러 그룹으로 묶습니다. ❷〈Rectangle Tool(M)〉로 적당한 크기만큼 드래그하여 사각형을 그립니다.

▲ 그룹

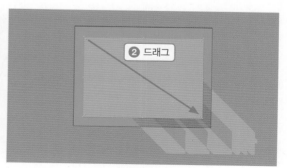

▲ 클리핑 마스크 틀 오브젝트 생성

09 ❶ ❷ [Align] 패널([Shift]+[F7])에서 [Horizontal Align Right]와 [Vertical Align Bottom] 아이콘을 각각 클릭하면 ❸ 사각형이 아트보드에서 오른쪽 아래로 정렬됩니다.

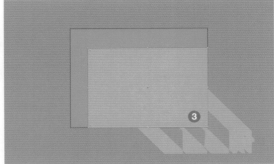

10 ❶ 범위를 드래그하여 잠기지 않은 모든 오브젝트(긴그림자 스타일과 사각형)를 선택합니다. ❷ [Ctrl]+[7]을 눌러 클리핑 마스크를 실행하면 앞에 정돈된 사각형 안에서만 그림자 부분이 표시됩니다. ❸ 이어서 [Ctrl]+[[]를 4번 눌러 스타일이 적용된 오브젝트를 단일 색상이 적용된 문자 모양 오브젝트 아래로 옮기면 완성입니다.

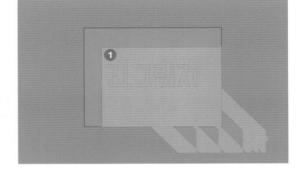

Link 클리핑 마스크에 대한 자세한 설명은 290쪽을 참고합니다.

TIP 완성한 디자인은 Recolor Artwork 기능으로 간편하게 색상 조합을 변경할 수 있습니다.

Link Recolor Artwork 기능은 248쪽에서 자세히 설명합니다.

LESSON 09
흐림 효과를 적용하여 네온사인처럼 표현하기

네온사인 스타일의 핵심은 빛을 표현하는 겁니다. 흐림(Blur) 효과를 이용해 네온사인 스타일을 완성해 보겠습니다. 네온사인은 어두울수록 효과가 더해지므로 배경은 어두운 색으로 합니다.

결과 미리보기
예제_네온사인.ai, 완성_네온사인.ai

Ai 네온사인 표현을 위한 흐림 효과 적용하기

빛이 발하는 듯한 표현의 핵심인 흐림(Blur) 효과를 어떻게 적용하는지 잘 살펴보면서 네온사인 스타일을 표현하기 위한 준비 작업을 진행합니다

01 메뉴바에서 [File – Open]을 선택하여 [예제_네온사인.ai] 파일을 열면 네온사인 스타일을 적용하기 위한 디자인이 배치되어 있습니다.

TIP 실제 네온사인은 유리로 된 얇은 진공관을 사용하기에 네온사인 스타일을 적용할 디자인도 너무 두껍지 않게 사용하면 더욱 진짜처럼 표현할 수 있습니다.

02 배경을 만들기 위해 ❶ 〈Rectangle Tool(M)〉▣로 아트보드 크기만큼 드래그하여 사각형을 그리고, ❷ [Color] 패널(F6)에서 **Fill: C100/M100/Y80/K60, Stroke: None**으로 색상을 변경합니다. ❸ Ctrl +Shift+I를 눌러 사각형을 맨 뒤로 정돈한 후 Ctrl+2를 눌러 잠금 처리합니다.

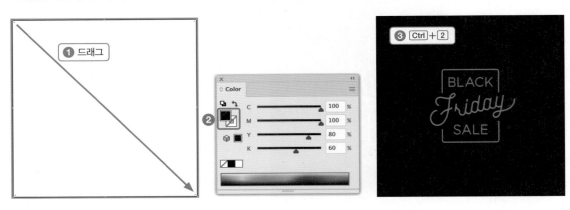

03 ❶ 〈Selection Tool(V)〉▶로 범위를 드래그하여 디자인 오브젝트를 모두 선택하고 ❷ [Color] 패널에서 **Fill: C100/M0/Y0/K0, Stroke: None**으로 설정하여 ❸ 색상을 변경합니다.

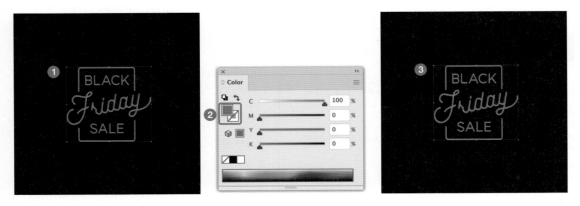

04 네온사인 스타일을 표현하기 위한 디자인 재료를 준비하기 위해 ❶ 디자인이 선택된 상태에서 Ctrl +C 후 Ctrl+B 를 눌러 제자리에서 뒤로 복제한 후 ❷ Shift+→를 여러 번 눌러 그림처럼 적당히 겹치지 않게 옮깁니다. ❸ 뒤로 복제 후 오른쪽으로 옮기는 작업을 반복해 총 7개를 배치합니다.

05 단계별로 흐림 효과를 적용해서 빛이 발산되는 것처럼 표현할 것입니다. 먼저 ❶ 두 번째 디자인을 모두 선택한 후 ❷ 메뉴바에서 [Effect – Blur – Gaussian Blur]를 선택합니다. ❸ Gaussian Blur 창이 열리면 Radius: 2pixels로 설정한 후 ❹ [OK] 버튼을 클릭합니다. ❺ 오브젝트의 색상이 전체적으로 부드럽게 퍼지게 표현됩니다.

TIP 가우시안 흐림(Gaussian Blur) 효과는 흐림 효과 중 색상을 전체적으로 부드럽게 퍼지게 표현하는 것으로 [Radius] 옵션 값이 높을수록 넓고 흐리게 퍼집니다.

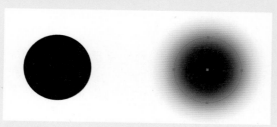

▲ 원본과 [Radius] 옵션 값이 20px일 때의 변화

06 계속하여 ❶ 세 번째 디자인을 선택하고 ❷ 메뉴바에서 [Effect - Gaussian Blur]를 선택합니다. ❸ Gaussian Blur 창이 열리면 **Radius: 4pixels**로 설정한 후 ❹ [OK]를 클릭해 ❺ 좀 더 넓고 부드럽게 퍼지는 가우시안 흐림 효과를 적용합니다.

TIP 메뉴바에서 [Effect]를 선택하면 나타나는 메뉴 중 맨 위에 있는 2개는 마지막에 실행한 효과에 따라 바뀌는 빠른 실행 메뉴입니다. 빠른 실행 메뉴 중 첫 번째(맨 위)는 별도로 옵션 값을 설정하지 않고, 직전에 적용한 옵션과 동일한 설정으로 효과를 적용하고, 두 번째 메뉴는 직전에 사용한 효과를 적용하되 옵션 값을 변경할 수 있는 창이 열립니다.

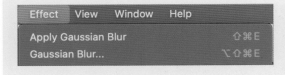

07 앞의 과정을 참고하여 **Radius** 옵션 값을 직전에 설정한 값의 2배씩 높이면서 가우시안 흐림 효과를 적용합니다. 오른쪽으로 갈수록 점점 더 부드럽게 퍼지며, 오른쪽 끝에 있는 디자인은 **Radius: 64pixels**가 적용됩니다. 이로써 기본 재료가 모두 갖춰졌습니다.

▲ (왼쪽부터) 원본 / 2 / 4 / 8 / 16 / 32 / 64pixels 가우시안 흐림 적용

네온사인 스타일로 표현할 디자인 재료들이 준비되었으니 이제 한곳으로 겹치면 네온사인처럼 표현됩니다. 여기에 그치지 않고 요소마다 다른 색상을 적용해서 디자인 완성도를 높여 보겠습니다.

01 그림과 같이 ❶ 두 번째 디자인부터 오른쪽 끝에 있는 디자인까지 포함되도록 범위를 드래그하여 선택한 후 ❷ [Shift]+[←]를 여러 번 눌러 첫 번째 원본 디자인과 두 번째 디자인이 서로 겹치게 배치합니다. ❸ 같은 방법으로 나머지 디자인도 왼쪽으로 옮겨서 원본에 겹치게 배치합니다.

> **TIP** 다소 번거롭게 디자인들을 겹치다 보면 처음부터 원본 디자인을 그룹으로 묶고 복제 배치한 후 정렬(Align) 기능을 이용하는 방법을 생각할 수 있습니다. 하지만 흐림(Blur) 효과 등을 적용한 후 개별 요소를 변형하기 위해 그룹을 해제하면 적용되어 있던 흐림 효과도 함께 해제됩니다.

02 원본부터 복제본까지 총 7개를 하나로 겹쳤습니다. 맨 위에 있는 원본만 선택하기 위해 ❶ 〈Selection Tool(V)〉로 원본의 각 요소를 [Shift]+클릭하여 다중 선택하고, [Ctrl]+[G]를 눌러 그룹으로 묶습니다. ❷ [Color] 패널에서 **Fill: White, Stroke: None**으로 설정하여 ❸ 흰색으로 변경한 원본 디자인 뒤에서 빛이 나는 것처럼 표현됩니다.

03 흰색 원본 디자인이 선택된 상태에서 Ctrl+2를 눌러 잠금 처리합니다. ❶ 〈Selection Tool(V)〉로 범위를 드래그하여 흐림 효과가 적용된 모든 [Friday]를 선택합니다. ❷ [Color] 패널에서 **Fill: C0/M95/Y20/K0, Stroke: None**으로 설정하여 ❸ 분홍색 빛으로 변경합니다.

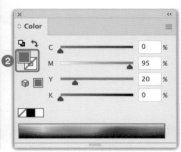

04 마지막으로 테두리 부분의 색상을 변경하겠습니다. ❶ 위쪽 테두리만 포함되도록 범위를 드래그하고, ❷ 아래쪽 테두리만 포함되도록 Shift+드래그하여 흐림 효과가 적용된 모든 테두리 오브젝트를 선택합니다. ❸ [Color] 패널에서 **Fill: C100/M0/Y100/K0, Stroke: None**으로 설정하여 ❹ 녹색 빛으로 변경하면 완성입니다.

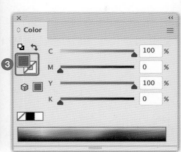

우디 특강 | 흐림 효과와 검은색 배경색

흐림 효과는 아래쪽 오브젝트의 색상에도 영향을 받습니다. 그러므로 이번 실습에서 배경을 [K100](검은색)으로 설정하면 오른쪽과 같이 흐림 효과 표현이 어색해집니다.

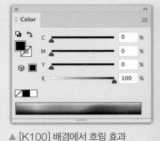

▲ [K100] 배경에서 흐림 효과

그러므로 검은색 배경을 사용하고 싶다면 완전한 검은색인 [C100/M100/Y100/K100]으로 설정해야 합니다.

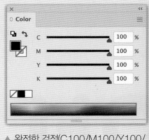

▲ 완전한 검정(C100/M100/Y100/K100) 배경에서 흐림 효과

멀티 라인 레터링 표현하기

여러 개의 선으로 표현된 형태의 문자 디자인을 멀티 라인 레터링이라 합니다. 우선 원하는 형태와 가장 유사한 글꼴을 선택해 뼈대가 될 문자를 입력한 후 도형 오브젝트로 따라 그리고 변형하여 멀티 라인 레터링을 완성해 보겠습니다.

결과 미리보기

완성_멀티 라인 레터링.ai

Ai 원하는 모양으로 레터링 뼈대 만들기

멀티 라인 레터링의 핵심은 하나의 패스에 서로 다른 두께의 여러 [Stroke](선)를 적용하는 것입니다. 여러 개의 선으로 구성하기 전 우선 단일 패스로 구성된 레터링 뼈대부터 만듭니다.

01 Ctrl + N을 눌러 [Print] 탭에서 [A4 210×297mm]를 선택한 후 **Orientation: 가로** 설정으로 새 작업을 시작합니다. ❶ [Character] 패널(Ctrl + T)에서 **글꼴: 배달의민족 주아, 크기: 400pt**로 설정하고, ❷ 〈Type Tool(T)〉 T로 [안녕]을 입력한 후 Ctrl + Enter를 누릅니다.

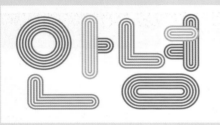

TIP [배달의민족 주아]는 무료 서체로, 인터넷에서 검색하면 쉽게 다운로드하여 설치할 수 있습니다.

02 ❶ [Color] 패널([F6])에서 **Fill: C0/M0/Y0/K30, Stroke: None**으로 설정하여 문자 색을 변경하고, ❷ [Ctrl]+[2]를 눌러 문자를 잠금 처리합니다. 도형 오브젝트(단일 패스)로 따라 그리기 위한 배경 작업이 끝났습니다.

03 ❶ [Color] 패널에서 **Fill: None, Stroke: Black**으로 설정하고, ❷ [Stroke] 패널([Ctrl]+[F10])에서 **Weight: 50pt**로 두껍게 설정합니다. 이제 배경 문자를 따라 그리면 됩니다.

04 ❶ 〈Rectangle Tool(M)〉□을 선택하고, [Shift]+드래그하여 [ㅇ]을 가릴 정도로 정사각형을 그립니다. ❷ 〈Selection Tool(V)〉▶을 선택한 후 라이브 코너 위젯을 최대한 안쪽으로 드래그하여 정원으로 변형합니다.

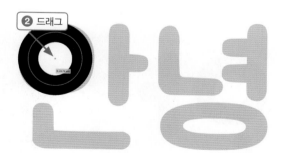

05 ① 〈Line Segment Tool(\)〉 ☑을 선택하고 아래쪽으로 Shift+드래그하여 수직선을 그리고, ② 오른쪽으로 Shift+드래그하여 수평선을 그려 [ㅏ] 부분을 표현합니다.

06 ① 〈Pen Tool(P)〉 ☑을 선택한 후 [ㄴ]에서 왼쪽 위 시작점을 클릭하고, ② 꺾이는 부분에서 Shift+클릭한 후 ③ 오른쪽 끝에서 Shift+클릭하여 [ㄴ]을 표현합니다. 열린 패스로 그리기를 종료하기 위해 Enter를 누릅니다.

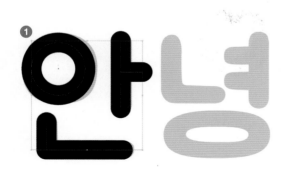

07 ① 〈Selection Tool(V)〉로 범위를 드래그하여 모든 오브젝트를 선택하고, ② [Stroke] 패널(Ctrl +F10)에서 Cap: Round Cap, Corner: Round Join으로 설정합니다. [ㅏ]와 [ㄴ]의 끝과 꺾인 부분이 둥글게 처리됩니다.

08 계속해서 위의 방법을 참고하면서 [녕]도 따라 그립니다. ❶ [ㄴ]은 〈Pen Tool(P)〉을 사용하고, ❷ [ㅕ]는 〈Line Segment Tool(\)〉로 3번에 나눠서 그립니다. ❸ [ㅇ]는 〈Rectangle Tool(M)〉로 직사각형을 그린 후 ❹ 라이브 코너 위젯을 이용해 변형합니다.

09 ❶ Ctrl + Alt + 2 를 눌러 모든 잠금을 해제하면 잠금 해제된 오브젝트만 선택됩니다. ❷ 곧바로 Delete 를 누르면, 배경으로 사용한 [안녕] 문자가 삭제됩니다. ❸ Ctrl + Y 를 눌러 Outline 모드에서 단일 패스를 확인하고, 다시 Ctrl + Y 를 눌러 Preview 모드로 돌아옵니다.

❶ Ctrl + Alt + 2   ❷ Delete

❸ Ctrl + Y

> **TIP** Outline 모드에서도 문자 속성은 Preview 모드에서와 동일하게 표시됩니다. 즉, 위와 같이 Outline 모드에서 패스만 보인다면 문자 속성이 제대로 삭제된 것임을 확인할 수도 있습니다.

Ai 여러 획으로 구성된 멀티 라인 레터링으로 변형하기

완성한 기본 뼈대를 활용해 여러 획으로 표현합니다. 이번 실습의 핵심은 선의 두께를 10pt, 30pt, 50pt처럼 일정한 간격으로 조절하는 것입니다.

01 ❶ 〈Selection Tool(V)〉로 [ㅇ] 오브젝트만 선택하고 ❷ [Appearance] 패널(Shift + F6)에서 Stroke: 50pt로 설정된 옵션을 선택합니다. ❸ 패널에서 [Add New Stroke] 아이콘을 2번 클릭해 총 3개의 [Stroke](선)를 적용하고, ❹ 그림과 같이 옵션 값을 각각 **10pt, 30pt, 50pt**로 변경합니다.

우디 특강 │ 멀티 라인의 원리 파악하기

위 과정에서 서로 다른 두께로 3개의 [Stroke] 옵션을 적용했지만, 아트보드에서는 아무런 변화를 확인하기 어렵습니다. 모두 같은 색으로 설정되어 있기 때문입니다.

다음과 같이 [Appearance] 패널에서 각 [Stroke] 옵션의 색상을 변경해 보면 서로 다른 두께의 획이 겹쳐서 표현된 것을 확인할 수 있습니다. 하지만 Outline 모드(Ctrl + Y)를 보면 여전히 하나의 패스처럼 보입니다. 그러므로 이후 과정에서 모양 확장(Expand Appearance) 후 확장(Expand)을 실행해야 멀티 라인이 완성됩니다.

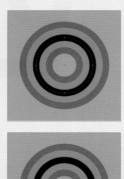

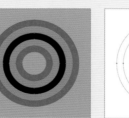

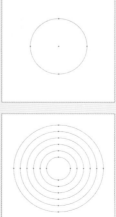

▲ 모양 확장 및 확장 후의 모습

02 ① 획을 추가한 [ㅇ] 오브젝트가 선택된 상태로 [Graphic Styles] 패널(Shift+F5)에서 [New Graphic Style] 아이콘을 클릭해 ② 스타일로 등록합니다. ③ [안녕]을 구성하는 모든 오브젝트를 선택한 후 ④ [Graphic Styles] 패널에서 앞서 등록한 스타일을 선택하여 일괄 적용합니다.

> **TIP** 스타일 등록 과정을 거치지 않고, 처음부터 모든 오브젝트를 일괄 선택한 후 선을 추가해도 됩니다. 하지만 이후 새로운 오브젝트가 추가되거나 바뀔 수 있으므로 위 과정과 같이 하나의 오브젝트에 원하는 스타일을 적용한 후 [Graphic Styles] 패널에 등록해서 사용하는 것이 좋습니다. **Link** [Graphic Styles] 패널과 스타일에 대한 자세한 사용 방법은 312쪽을 참고합니다.

03 이제 선들의 경계를 따라 패스를 확장해야 합니다. 모든 오브젝트가 선택된 상태로 ① 메뉴바에서 [Object – Expand Appearance]를 선택하여 모양을 확장하고 ② 곧바로 메뉴바에서 [Object – Expand]를 선택한 후 ③ [OK] 버튼을 클릭해 오브젝트를 확장합니다.

Link 모양 확장과 오브젝트 확장에 대한 자세한 설명은 98쪽을 참고합니다.

04 ① Outline 모드([Ctrl]+[Y])에서 오브젝트 확장으로 멀티 라인이 표현된 것을 확인하고 다시 Preview 모드로 돌아옵니다. ② [Pathfinder] 패널([Shift]+[Ctrl]+[F9])에서 [Outline] 아이콘을 클릭해 각 영역에서 [Stroke](선)만 남기고, ③ [Stroke] 패널에서 **Weight: 5pt**로 설정하여 ④ 선을 두껍게 표현합니다.

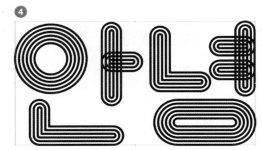

05 ① 〈Shape Builder Tool〉을 선택하고 ② [ㅏ]의 겹치는 가로 영역마다 [Alt]+드래그하여 ③ 정리합니다. ④ [ㅕ]에서는 한쪽은 가로 방향, 한쪽은 세로 방향으로 [Alt]+드래그하여 정리함으로써 입체감을 더합니다.

Link 오브젝트를 병합하거나 지워서 재구성하는 〈Shape Builder Tool〉의 자세한 사용 방법은 314쪽을 참고합니다.

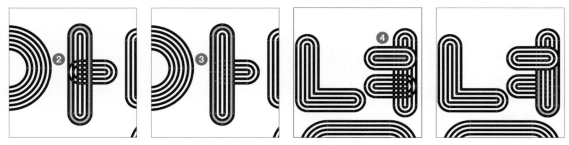

06 패스파인더 기능을 사용하면 오브젝트가 자동으로 그룹 상태입니다. 그러므로 ❶ Ctrl + Shift + G 를 눌러 그룹을 해제한 후 〈Selection Tool(V)〉로 원하는 오브젝트를 선택하고, ❷ [Color] 패널에서 자유롭게 [Stroke] 색상을 변경하면서 ❸ 다채롭게 색상을 적용합니다.

07 마지막으로 각 구간을 확대하여 겹친 오브젝트가 있다면 ❶ 선택한 오브젝트를 앞으로 보내거나(Ctrl +]) 뒤로 보내면서(Ctrl + [ ) 정돈 순서를 조절하여 ❷ 완성합니다.

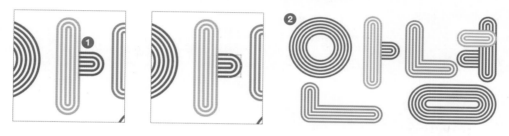

> **TIP** 완성한 멀티 라인 레터링의 선은 모두 5pt 두께입니다. 이 상태에서 오브젝트 크기를 변경하면 선의 두께는 고정된 채 오브젝트 크기만 변경되어 상대적으로 두껍거나 얇아 보일 수 있습니다. 이럴 땐 [Scale Strokes & Effects] 옵션에 체크하면 비율에 따라 선의 두께도 변경할 수 있습니다.
>
> **Link** Scale Strokes & Effects 기능은 101쪽에서 자세히 설명합니다.

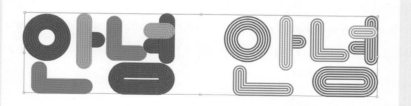

▲ [Scale Strokes & Effects]를 해제한 후 크기를 변경할 때(왼쪽)와 활성화한 후 크기를 변경할 때(오른쪽)

마스킹 테이프 모양으로
패턴 브러시 등록하기

마스킹 테이프는 동일한 무늬가 반복적으로 나타납니다. 그러므로 패턴을 반복해서 표현할 수 있는 패턴 브러시 (Pattern Brush) 기능을 활용하면 손쉽게 완성할 수 있습니다.

결과 미리보기

예제_마스킹 테이프.ai, 완성_마스킹 테이프.ai

Ai 마스킹 테이프를 표현할 견본 디자인하기

패턴 브러시를 사용하여 원하는 위치에서 손쉽게 마스킹 테이프를 표현하기 위해 우선 견본으로 등록할 모양을 디자인해야 합니다. 마스킹 테이프의 몸통과 마스킹 테이프가 찢긴 것처럼 표현한 양쪽 꼬리 부분을 디자인해 보겠습니다.

01 메뉴바에서 [File – Open]을 선택한 후 [예제_마스킹 테이프.ai] 파일을 열면 도형과 디자인 오브젝트들이 배치되어 있습니다. ❶ 〈Selection Tool(V)〉 ▶로 체리 오브젝트를 선택한 후 도형 안으로 Alt+드래그하여 복제 배치하고 자유롭게 회전시킵니다. ❷ 계속해서 체리 오브젝트를 복제하여 사각형 안을 채웁니다.

02 체리 오브젝트가 배치되고 남은 공간은 나뭇잎, 녹색 원, 빨간색 원을 적절하게 복제 배치하여 꾸밉니다.

03 앞서 완성한 사각형 디자인 양 옆으로 실제 마스킹 테이프가 찢긴 것처럼 표현해 보겠습니다. ❶ 〈Selection Tool(V)〉로 하늘색 사각형을 클릭해서 선택하면 속성이 기억됩니다. ❷ 〈Rectangle Tool(M)〉▣로 사각형 오른쪽에서 드래그하여 같은 높이로 직사각형을 그립니다.

04 ❶ 〈Selection Tool(V)〉을 선택한 후 새로 그린 사각형을 왼쪽으로 드래그하면서 Alt + Shift 를 추가로 눌러 수평으로 복제 배치합니다. ❷ Ctrl + Y 를 눌러 Outline 모드를 활성화한 후 〈Pencil Tool(N)〉✏️을 선택하고, ❹ ❺ 그림과 같이 양쪽에서 각각 지그재그 형태로 드래그하여 패스를 생성합니다.

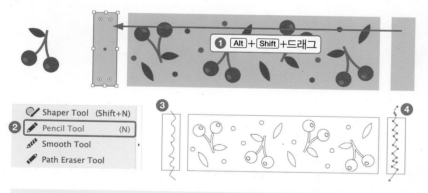

> **TIP** Advanced 모드에서는 〈Shaper Tool〉☑️의 하위 툴에서 〈Pencil Tool(N)〉을 선택하지만, Basic 모드에서는 〈Paintbrush Tool(B)〉✏️의 하위 툴에서 선택할 수 있습니다. **Link** 툴바의 모드 변경은 36쪽을 참고합니다.

05 ❶ 〈Selection Tool(V)〉을 선택한 후 왼쪽에서 범위를 드래그하여 작은 사각형과 지그재그 패스를 선택하고, ❷ 오른쪽 작은 사각형과 지그재그가 선택되도록 Shift+드래그하여 다중 선택합니다. ❸ [Pathfinder] 패널(Shift+Ctrl+F9)에서 [Divide] 아이콘을 클릭해 ❹ 패스를 기준으로 모두 나눕니다.

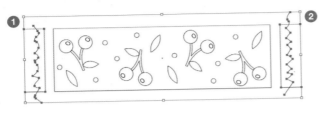

06 Ctrl+Y를 눌러 Preview 모드로 돌아온 후 Ctrl+Shift+G를 눌러 그룹을 해제합니다. 〈Selection Tool(V)〉로 빈 곳을 클릭하여 모든 선택을 해제한 후 ❶ 왼쪽 끝에 있는 오브젝트만 선택하고 Delete를 눌러 지웁니다. ❷ 반대쪽 끝에 있는 오브젝트도 지우면 양쪽 찢긴 표현까지 완성입니다.

Ai 패턴 브러시로 등록 및 시작과 끝 타일 변경하기

완성한 마스킹 테이프의 몸통과 꼬리를 패턴 브러시로 등록해 자유롭게 사용해 보겠습니다. 우선 꼬리 부분을 견본으로 등록하고, 몸통을 패턴 브러시로 등록한 후 패턴 브러시 설정에서 양쪽 끝 타일에 견본으로 등록한 꼬리 디자인을 적용합니다.

01 우선 꼬리부터 견본으로 등록하겠습니다. ❶ 왼쪽 꼬리를 선택한 후 [Swatches] 패널로 드래그하여 ❷ 견본으로 등록합니다. ❸ 같은 방법으로 오른쪽 꼬리도 드래그하여 ❹ 견본으로 등록합니다.

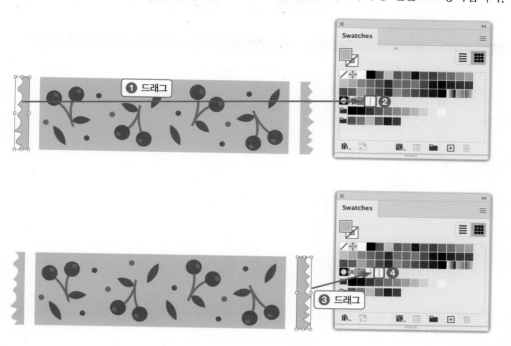

02 이제 몸통을 패턴 브러시로 등록할 차례입니다. ❶ 사각형 몸통 오브젝트를 선택한 후 ❷ [Brushes] 패널([F5])에서 [New Brush] 아이콘을 클릭합니다. ❸ New Brush 창이 열리면 [Pattern Brush]를 선택한 후 ❹ [OK] 버튼을 클릭합니다. Link 패턴 브러시 및 옵션에 대한 자세한 설명은 213쪽을 참고합니다.

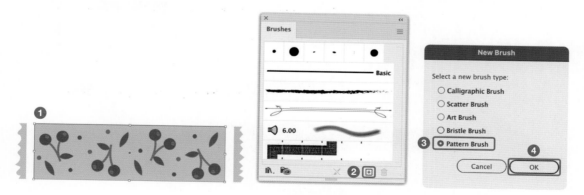

03 Pattern Brush Options 창이 열리면 찢긴 듯한 양쪽 꼬리를 표현하기 위해 ❶ **Start Tile** 옵션을 클릭한 후 ❷ 목록에서 왼쪽 꼬리 견본을 선택하고, ❸ **End Tile** 옵션을 클릭한 후 ❹ 오른쪽 꼬리 견본을 선택합니다. ❺ 미리보기를 확인한 후 [**OK**] 버튼을 클릭하면 패턴 브러시가 등록됩니다.

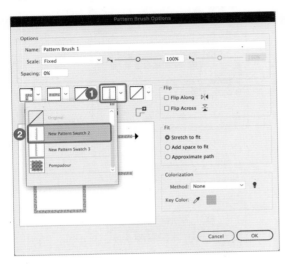
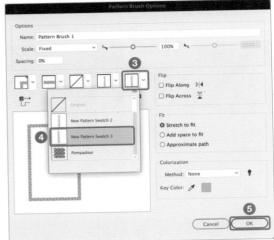

04 이제 등록한 패턴 브러시를 자유롭게 사용하면 됩니다. 〈Paintbrush Tool(B)〉을 선택한 후 자유롭게 드래그하면 몸통과 양쪽 꼬리가 하나로 합쳐진 마스킹 테이프가 그려집니다.

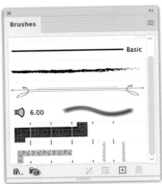

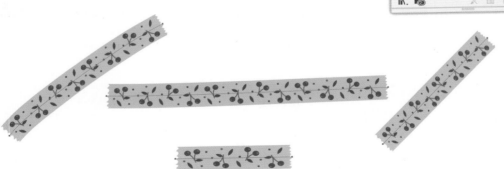

> **TIP** 패턴 브러시는 몸통 부분이 반복되므로, 드래그한 길이가 원본 몸통 길이보다 짧으면 이상한 형태로 변형될 수 있으니 주의가 필요합니다. 또한 〈Paintbrush Tool(B)〉이 아닌 〈Line Segment Tool(\)〉이나 〈Pen Tool(P)〉 등을 이용해 패스를 그린 후 [Brushes] 패널에서 등록한 패턴 브러시를 선택하는 방법으로도 사용할 수 있습니다.

수채화 느낌의 아트 브러시 만들기

붓 터치와 같은 이미지 소스를 아트 브러시(Art Brush)로 만들면 내가 원하는 패스의 모양대로 붓 터치를 표현하여 마치 수채화 같은 효과를 나타낼 수 있습니다. 이번 시간에는 수채화 효과를 만드는 두 가지 방법을 알아보겠습니다.

결과 미리보기

예제_brush_01.png, 예제_brush_02.png, 완성_수채화 효과.ai

Ai 비트맵 이미지를 활용하여 아트 브러시 등록하기

붓 터치처럼 표현된 png 형식의 비트맵 이미지를 불러온 후 본연의 색감과 질감을 그대로 살려 아트 브러시로 등록해서 사용해 보겠습니다.

01 Ctrl+N을 눌러 [Web] 탭에서 [Web-Large 1920×1080px]을 선택하여 새 작업을 시작합니다. ❶ 메뉴바에서 [File – Place]를 선택하여 [예제_brush_01.png] 파일을 가져온 후 그림과 같이 한쪽 구석에서 작게 드래그하여 ❷ 배치합니다.

02 링크 이미지는 곧바로 아트 브러시로 등록할 수 없습니다. 이미지가 선택된 상태로 ❶ 메뉴바에서 [Object – Rasterize]를 선택하여 ❷ Rasterize 창이 열리면 **Color Model: RGB, Resolution: High (300 ppi), Background: Transparent**로 설정한 후 ❸ **[OK]** 버튼을 클릭해 래스터화하면 ❹ 이미지가 일러스트레이터에 포함됩니다.

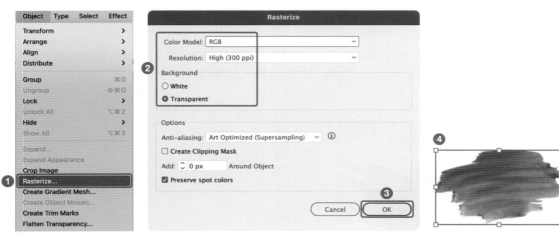

TIP 이미지 래스터화는 흔히 벡터 이미지를 비트맵 이미지로 픽셀화하는 개념입니다. 하지만 여기서는 연결된 상태의 비트맵 이미지를 일반 이미지처럼 인식하여 포함시키는 용도로 사용하였습니다.

Link 일러스트레이터에서 이미지 파일의 연결(Link) 상태와 포함(Embed) 상태는 106쪽에서 자세히 설명합니다.

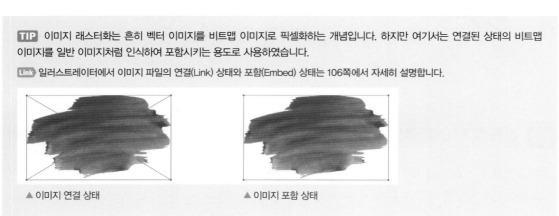

▲ 이미지 연결 상태   ▲ 이미지 포함 상태

03 래스터화한 이미지가 선택된 상태로 ❶ **[Brushes]** 패널(**F5**)에서 **[New Brush]** 아이콘을 클릭합니다. ❷ New Brush 창이 열리면 **[Art Brush]**를 선택한 후 ❸ **[OK]** 버튼을 클릭합니다.

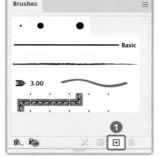

04 ❶ Art Brush Options 창이 열리면 **Stretch to Fit Stroke Length**, ❷ **Direction:** → 으로 설정한 후 ❸ **[OK]** 버튼을 클릭해 ❹ 아트 브러시로 등록합니다.

Link 아트 브러시 및 옵션 설정은 221쪽을 참고합니다.

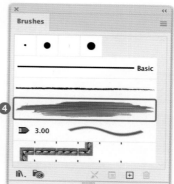

TIP 브러시를 등록할 때 다음과 같은 경고창이 나타나면 [OK]를 클릭해서 넘어갑니다. 고해상도 이미지를 아트 및 패턴 브러시로 등록할 때 성능에 악영향이 있을 수 있으므로 이미지를 최적화한다는 뜻입니다.

05 ❶ 〈**Paintbrush Tool(B)**〉 🖊 로 여러 번 드래그해서 등록한 아트 브러시를 그립니다. 수채화의 농도 변화를 표현하기 위해 앞서 그린 오브젝트를 모두 선택하고 ❷ **[Transparency]** 패널(Shift + Ctrl + F10)에서 **Blending Modes: Normal, Opacity: 70%**로 설정하여 ❸ 결과를 확인합니다.

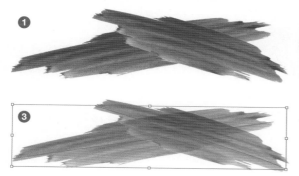
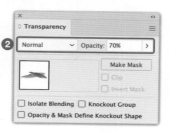

06 ❶ 이번에는 **Blending Modes: Multiply, Opacity: 100%**로 변경하여 ❷ 결과를 확인해 봅니다. ❸ 일러스트레이터는 마지막으로 선택한 스타일을 기억하므로 〈**Paintbrush Tool(B)**〉을 선택하고 추가로 드래그하여 수채화 효과를 표현해 봅니다.

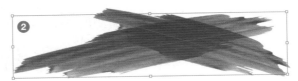

우디 특강 | **비트맵 이미지로 등록한 아트 브러시 특징 살펴보기**

아트 브러시는 기본적으로 [Stroke](선)의 속성을 지니고 있습니다. 그러므로 [Stroke] 패널(Ctrl + F10)에서 [Weight] 옵션을 조절하여 다양한 두께로 표현할 수 있습니다.

또한 실습에서처럼 래스터화(Rasterize)한 비트맵 이미지를 아트 브러시로 등록하면 원본 이미지 본연의 색감과 질감을 그대로 표현할 수 있다는 장점은 있지만, 픽셀로 구성된 이미지이므로 원본보다 확대하면 해상도가 깨지는 단점이 있습니다.

▲ 비트맵 이미지로 등록하여 사용한 아트 브러시는 오브젝트를 키우거나 화면을 확대하면 해상도가 깨집니다.

Ai 벡터 이미지를 활용하여 아트 브러시 등록하기

이번에는 또 다른 붓 터치 느낌의 비트맵 이미지를 가져온 후 그대로 사용하는 것이 아니라 이미지 추적 (Image Trace) 기능으로 벡터 이미지로 변경한 후 아트 브러시로 등록해 보겠습니다.

01 ❶ 메뉴바에서 [File – Place]를 선택해서 [예제_brush_02.png] 파일을 가져온 후 적당한 크기로 드래그해서 배치합니다. ❷ 이미지 추적 후 흰색 영역을 확실하게 구분하기 위해 드래그해서 아트보드 밖으로 옮깁니다.

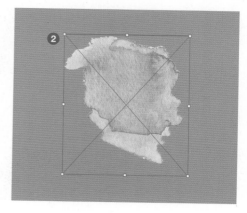

02 ❶ 옵션바에서 [Image Trace] 버튼을 클릭해 이미지 추적을 시작하면 ❷ 이미지가 흰색으로 변합니다. ❸ 옵션바에서 [Image Trace Panel] 아이콘을 클릭해 ❹ [Image Trace] 패널이 열리면 **Preset: 16 Colors**로 설정합니다. ❺ 이미지에 다시 색상이 표현됩니다. <u>Link</u> 이미지 추적 기능은 231쪽을 참고합니다.

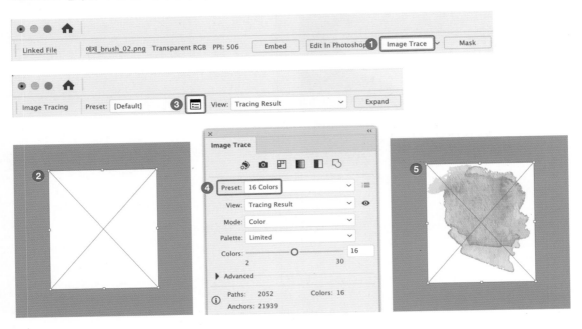

03 사전 설정(Preset) 옵션을 조절하여 붓 터치 이미지가 표현되었으면 ❶ 옵션바에서 [Expand] 버튼을 클릭해 이미지 추적을 확정합니다. ❷ 비트맵 이미지에서 패스가 살아 있는 벡터 이미지로 변경됩니다.

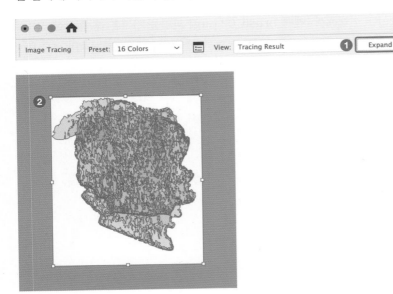

04 이미지에서 흰색 부분을 모두 지우기 위해 ❶ 〈Magic Wand Tool(Y)〉 ✎을 [Magic Wand] 패널에서 **Tolerance: 5**로 설정합니다. 그런 다음 ❷ 이미지에서 흰색 부분을 클릭하면 이미지의 모든 흰색이 선택됩니다. ❸ 그대로 Delete 를 눌러 삭제하여 흰색 부분을 지웁니다.

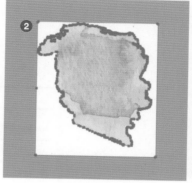

> **TIP** 흰색 부분을 삭제했을 때 위와 다르게 의도하지 않은 부분까지 삭제된다면, 자동 선택 도구의 허용치가 높게 설정되어 있기 때문입니다. 이럴 때는 Ctrl+Z를 눌러 삭제하기 전으로 되돌린 후 [Magic Wand] 패널에서 [Tolerance: 5]로 낮추고 다시 흰색을 선택해서 삭제합니다. 참고로, [Magic Wand] 패널은 〈Magic Wand Tool(Y)〉을 더블 클릭하거나, [Window – Magic Wand] 메뉴를 선택해서 열 수 있습니다.

05 아트 브러시를 등록할 준비가 끝났습니다. ❶ 〈Selection Tool(V)〉 ▶로 붓 터치 느낌의 벡터 이미지를 선택한 후 ❷ [Brushes] 패널에서 [New Brush] 아이콘을 클릭합니다. ❸ New Brush 창이 열리면 [Art Brush]를 선택하고 ❹ [OK] 버튼을 클릭합니다.

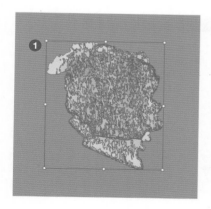

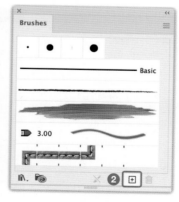

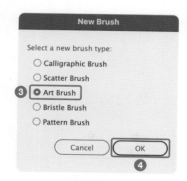

06 ❶ 이어서 Art Brush Options 창이 열리면 그대로 [OK] 버튼을 클릭해 ❷ 아트 브러시로 등록을 마칩니다. ❸ 〈Paintbrush Tool(B)〉을 선택한 후 아트보드에서 자유롭게 드래그하여 아트 브러시로 붓 터치 느낌을 표현해 봅니다. 선 색을 바꿔서 드래그해도 등록한 이미지의 색상 그대로 표현됩니다.

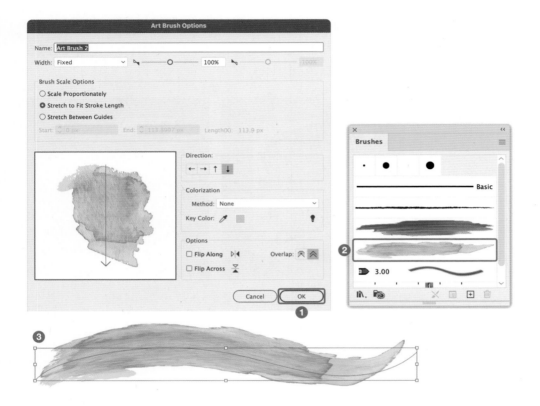

07 ❶ [Brushes] 패널에서 앞서 등록한 아트 브러시를 더블 클릭하여 ❷ Art Brush Options 창이 열리면 **Direction: →, Colorization Method: Hue Shift**로 설정한 후 ❸ [OK] 버튼을 클릭합니다. ❹ 안내 창이 열리면 [Leave Strokes] 버튼을 클릭해 기존의 아트 브러시를 유지한 채 ❺ 새로운 아트 브러시로 추가합니다.

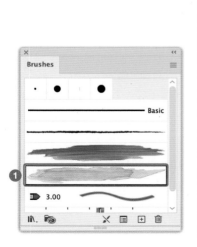

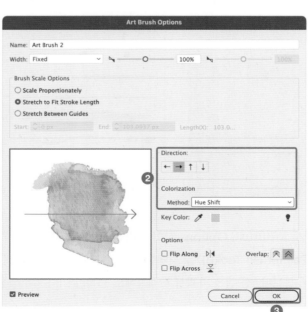

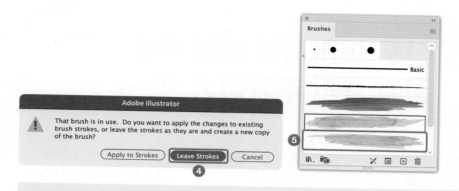

08 ❶ [Brushes] 패널에 새로 추가한 아트 브러시를 선택한 후 ❷ [Color] 패널(F6)에서 [Stroke] 색상을 자유롭게 변경합니다. ❸ 〈Paintbrush Tool(B)〉로 드래그해 보면 선택한 [Stroke] 색상에 따라 아트 브러시의 색상도 다르게 표현됩니다.

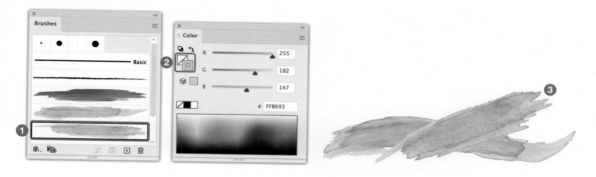

09 끝으로 수채화 느낌을 강조하기 위해 브러시의 패스를 선택한 상태에서 [Transparency] 패널에서 **Blending Mode: Multiply**로 설정하여 겹치는 부분에서 농도가 다르게 표현하면 완성입니다.

LESSON 13

산포 브러시로 이미지에
질감 효과 추가하기

알갱이 같은 작은 점들이 모이면 Grain 질감이 표현됩니다. Grain 질감 효과는 흔히 [Effect – Texture – Grain] 메뉴를 이용한 비트맵 방식과 산포 브러시(Scatter Brush)를 활용한 벡터 방식이 있습니다. 여기서는 산포 브러시를 활용해, 완성한 이미지에 Grain 질감을 표현해 보겠습니다.

결과 미리보기

예제_Grain 질감.ai, 완성_Grain 질감.ai

Ai 도형 오브젝트로 알갱이 입자를 표현하고 브러시로 등록하기

벡터 방식의 Grain 질감 효과를 표현하기 위해 산포 브러시로 등록할 견본부터 만들어야 합니다. 물방울 브러시 도구를 이용하여 알갱이처럼 보이는 여러 개의 점을 그린 후 산포 브러시로 등록해 보겠습니다.

Link 산포 브러시에 대한 자세한 설명은 196쪽을 참고합니다.

01 메뉴바에서 [File – Open]을 선택하여 [예제_Grain 질감.ai] 파일을 열면 디지털 드로잉 이미지가 담겨 있습니다.

02 ❶ 툴바에서 〈**Blob Brush Tool**〉✍을 더블 클릭하여 ❷ Blob Brush Tool Options 창이 열리면
Size: 2pt로 설정한 후 ❸ [OK] 버튼을 클릭합니다.

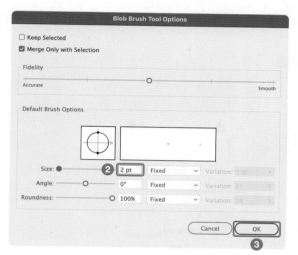

> **TIP** 브러시 크기는 단축키 ⬚와 ⬚를 사용해도 됩니
> 다. ⬚를 연속으로 눌러서 더 이상 작아지지 않으면 1pt
> 입니다. 이 상태에서 ⬚를 한 번 누르면 2pt가 됩니다.

03 ❶ [Color] 패널(F6)에서 **Fill: C0/M80/Y95/K0, Stroke: None**으로 설정한 후 ❷ 아트보드 바깥쪽
에서 그림과 같이 클릭을 반복하여 적당한 간격으로 알갱이를 표현합니다.

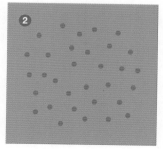

04 ❶ 〈Selection Tool(V)〉▶로 범위를 드래그하여 모든 알갱이를 선택하고 Ctrl+G를 눌러 그룹으로 묶습니다. ❷ [Brushes] 패널(F5)에서 [New Brush] 아이콘을 클릭해 ❸ New Brush 창이 열리면 [Scatter Brush]를 선택하고 ❹ [OK] 버튼을 클릭합니다.

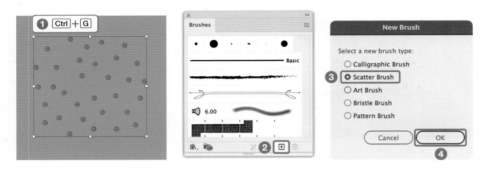

05 ❶ Scatter Brush Options 창이 열리면 나중에 수정할 수 있으므로 그대로 [OK] 버튼을 클릭해 ❷ 산포 브러시(Scatter Brush)로 등록합니다. ❸ 〈Paintbrush Tool(B)〉✏을 선택한 후 자유롭게 드래그하여 등록한 산포 브러시를 사용해 봅니다.

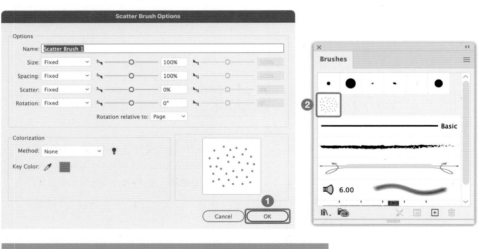

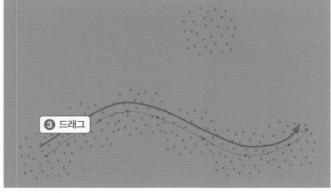

06 자연스러운 질감 표현을 위해 브러시를 변형해 보겠습니다. ❶ [Brushes] 패널에 등록한 산포 브러시를 더블 클릭하여 ❷ Scatter Brush Options 창이 열리면 **Size: Random/70%/100%, Spacing: Random/70%/100%,** ❸ **Colorization Method: Hue Shift**로 설정하고 ❹ **[OK]** 버튼을 클릭합니다. ❺ 안내 창에서 **[Leave Strokes]** 버튼을 클릭해 추가합니다.

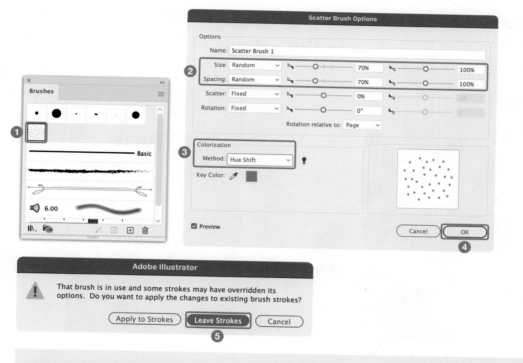

TIP 산포 브러시를 등록할 때 브러시가 표현되는 모양을 미리보기로 확인할 수 없습니다. 그러므로 앞서의 과정처럼 기본 설정으로 등록해서 사용해 본 후 상황에 맞게 적절하게 설정을 변경해서 사용합니다.

Link Scatter Brush Options 창 옵션은 205쪽을 참고합니다.

07 다시 〈**Paintbrush Tool(B)**〉로 자유롭게 드래그해 보면 알갱이의 크기(Size)와 간격(Spacing)이 지정한 범위 내에서 임의로 표현되며, 선 색을 변경하면 산포 브러시의 색상도 변경됩니다.

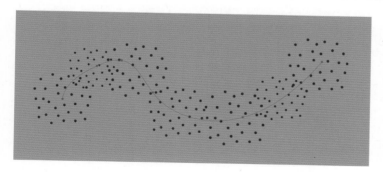

Ai 이미지에 덧칠하여 질감 표현하기

앞서 등록한 산포 브러시를 디지털 드로잉 위에 덧칠하면 됩니다. 이때 무작정 드래그하는 것이 아니라 원하는 영역에서만 표시될 수 있도록 오브젝트를 선택한 후 작업하는 방법을 살펴보겠습니다.

01 ❶ 아트보드에 있는 드로잉 이미지에서 그림과 같이 미역의 잎 부분을 클릭해서 선택합니다. ❷ 툴바에서 아래쪽에 있는 그리기 모드 중 세 번째에 있는 [Draw Inside]를 클릭합니다. ❸ 선택 표시가 그림과 같이 바뀌면서 내부 그리기 모드가 활성화됩니다.

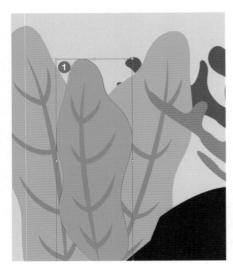

우디 특강 | **그리기 모드 알고 가기**

일러스트레이터의 기본 설정은 표준 그리기(Draw Normal) 모드입니다. 이 상태에서는 브러시 등을 이용해 원하는 위치에서 자유롭게 드래그해서 그림을 그릴 수 있습니다. 하지만 정교한 작업이 필요하다면 다음과 같이 모드를 변경해서 사용합니다.

- **배경 그리기(Draw Behind) 모드:** 드래그하면 선택 중인 오브젝트 뒤로 정돈된 채 그려집니다.
- **내부 그리기(Draw Inside) 모드:** 선택 중인 오브젝트 안쪽으로만 그려집니다. 단일 오브젝트를 선택했을 때만 사용할 수 있으며, 클리핑 마스크와도 유사합니다. 오브젝트를 더블 클릭하면 안쪽에 그려진 오브젝트도 선택할 수 있습니다. 또한 단축키 Shift+D를 눌러 빠르게 내부 그리기 모드로 전환할 수 있습니다.

▲ Draw Normal   ▲ Draw Behind   ▲ Draw Inside

02 툴바에서 선택 중인 오브젝트의 색상을 확인할 수 있습니다. ❶ **[Fill]** 섬네일을 더블 클릭하여 ❷ Color Picker 창이 열리면 **#D69136**으로 살짝 어두운 톤으로 설정하고 ❸ **[OK]** 버튼을 클릭합니다.

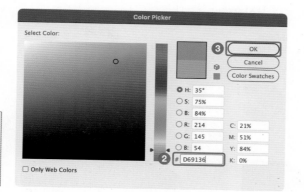

> **TIP** 오브젝트를 선택한 후 [Draw Inside] 모드를 활성화했다면, 이후에 변경하는 색상은 [Draw Inside]를 적용한 오브젝트의 색상이 변경되는 게 아니라 다음으로 추가될 오브젝트의 색상입니다. 즉, Grain 효과를 표현할 산포 브러시의 색상을 미리 적용한 것입니다.

03 ❶ 〈**Paintbrush Tool(B)**〉을 선택하고 내부 그리기 모드인 미역의 오른쪽 잎 부분을 드래그하여 산포 브러시를 사용합니다. ❷ 반복해서 드래그하면서 오른쪽 끝에서 중심부로 갈수록 알갱이 밀도가 적게 표현한 후 ❸ 툴바에서 **[Draw Normal]** 아이콘을 클릭해 표준 그리기 모드로 돌아옵니다.

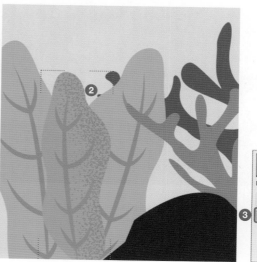

> **TIP** 〈Paintbrush Tool(B)〉은 [Stroke](선)로 표현됩니다. 그러므로 [Fill](면) 색상만 지정한 후 드래그해서 사용하면 자동으로 [Fill] 색상이 [Stroke] 색상으로 전환됩니다.

04 ❶ 계속해서 작은 말미잘을 선택한 후 ❷ 내부 그리기 모드를 활성화합니다. ❸ [Stroke] 색상을 선택한 이미지보다 살짝 어두운 톤으로 설정한 후 산포 브러시로 드래그하여 질감을 표현하고 ❹ [Draw Normal] 아이콘을 클릭해 표준 그리기 모드로 돌아옵니다.

05 오브젝트를 선택한 후 내부 그리기 모드를 활성화하고 [Stroke] 색상을 어두운 톤으로 변경한 후 산포 브러시로 드래그하는 과정을 반복하여 나머지 오브젝트에도 질감을 표현합니다. 드로잉에 질감을 추가하니 한층 더 자연스러운 결과물이 완성되었습니다.

LESSON 14

오브젝트를 3D 오브젝트로 변경하기

일러스트레이터 2022 버전부터는 [Effect – 3D and Materials] 메뉴가 추가되면서 완전히 새로운 3D 기능이 도입되었으며, 이전 버전에 있던 3D 기능도 [Effect – 3D and Materials – 3D(Classic)] 메뉴에서 여전히 사용할 수 있습니다. 여기서는 새로운 3D 기능을 이용해 2D 오브젝트를 3D로 만들어 보겠습니다.

결과 미리보기

예제_3D 오브젝트.ai, 완성_3D 오브젝트.ai

Ai 새로운 3D 기능 적용하기

예전의 일러스트레이터 3D 기능은 벡터 기반의 비교적 간단한 형태만 만들 수 있었다면 일러스트레이터 2022 버전부터는 더욱 사실적인 형태를 표현할 수 있는 비트맵 방식으로 3D 기능이 강화되었습니다.

01 메뉴바에서 [File – Open]을 선택해서 **[예제_3D 오브젝트.ai]** 파일을 열면 김밥을 표현한 디자인이 담겨 있습니다. ❶ 우선 회색 배경을 선택한 후 Ctrl + 2 를 눌러 잠금 처리하고, ❷ 첫 번째 김밥에서 범위를 드래그하여 다중 선택한 후 Ctrl + G 를 눌러 그룹으로 묶습니다.

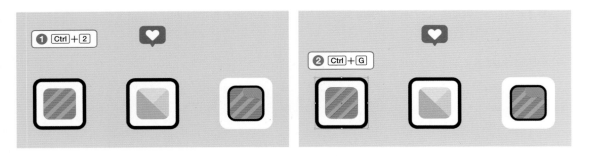

02 선택한 오브젝트를 3D로 표현하기 위해 ❶ 메뉴바에서 [Effect – 3D and Materials – Extrude & Bevel]을 선택하여 [3D and Materials] 패널을 엽니다. ❷ **3D Type: Inflate, Depth: 25mm, Volume: 70%**로 오브젝트의 깊이(Depth) 및 볼륨감(Volume)을 조절하고 ❸ 아트보드에서 실시간 설정 결과를 확인합니다.

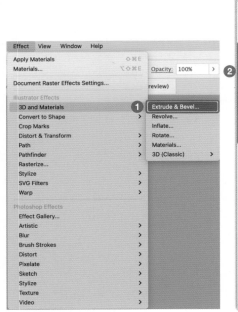

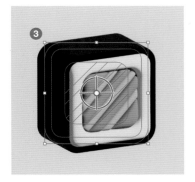

03 이어서 오브젝트를 회전시키기 위해 **①** Rotation 영역에서 **Presets: Isometric Top**으로 설정하여 등각 상단으로 회전시키고 **②** 아트보드에서 실시간 설정 결과를 확인합니다.

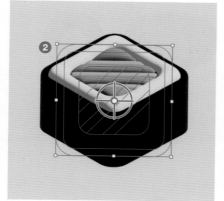

> **TIP** Rotation 영역이 닫혀 있으면 이름 부분을 눌러 펼친 후 설정합니다. 이때 위와 같이 [Presets] 옵션을 이용해도 되지만, 그 아래쪽에 있는 X, Y, Z 축 슬라이더를 이용하거나 아트보드에서 직접 중심 축을 드래그해서 회전시킬 수도 있습니다.

우디 특강 | **3D and Materials의 하위 메뉴와 3D and Materials 패널**

[Effect – 3D and Materials] 메뉴를 선택해 보면 다음과 같은 하위 메뉴가 나타납니다. 이 중에서 이전 버전에서 사용하던 3D 표현 기능인 [3D(Classic)] 메뉴를 제외한 나머지 어떤 메뉴를 선택하든 똑같은 [3D and Materials] 패널이 열리지만, 표시되는 탭이나 설정에 차이가 있습니다.

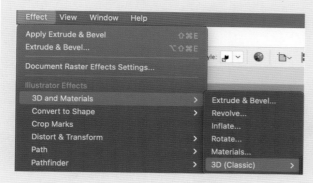

▲ [Effect – 3D and Materials]의 하위 메뉴들

[Extrude & Bevel] 메뉴 선택 시 열리는 [3D and Materials] 패널 ▶

앞의 메뉴 중 위에서부터 3개의 메뉴는 3D로 표현하는 방법을 선택하는 것으로 각각 다음과 같이 서로 다른 방식으로 3D 오브젝트를 표현합니다.

- **Extrude & Bevel(입체화와 경사):** 오브젝트에 깊이감을 추가하여 입체로 표현하며, 선택하면 [3D Type: Extrude] 설정으로 [3D and Materials] 패널이 열립니다.
- **Revolve(축 중심 회전):** 평면 오브젝트를 회전시켜 입체로 표현합니다. 선택하면 [3D Type: Revolve] 설정으로 [3D and Materials] 패널이 열립니다.
- **Inflate(부풀리기):** 오브젝트에 깊이감과 볼륨감을 추가하여 입체로 표현합니다. 선택하면 [3D Type: Inflate] 설정으로 [3D and Materials] 패널이 열립니다.

▲ 왼쪽부터 Plane(평면), Extrude(입체화), Revolve(축 중심 회전), Inflate(부풀리기)

다음으로 [Rotate]와 [Materials]는 각각 회전과 재질을 설정하는 메뉴입니다.

- **Rotate(회전):** 3D로 표현한 오브젝트를 회전시키는 방법 및 각도를 설정하는 메뉴로, Rotate 영역이 활성화된 채 [3D and Materials] 패널이 열립니다. 직접 X, Y, Z 축을 변경해도 되지만, [Presets] 옵션을 이용하면 편하게 다양한 방향 으로 회전시킬 수 있습니다.

▲ [Presets] 옵션을 이용한 다양한 오브젝트 회전

- **Materials(재질):** 3D 오브젝트에 그래픽 재질을 표현할 수 있는 메뉴입니다. [Materials] 탭이 활성화된 채 [3D and Materials] 패널이 열리며 다음과 같이 다양한 재질을 선택해서 적용할 수 있습니다.

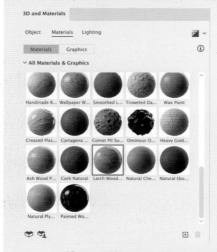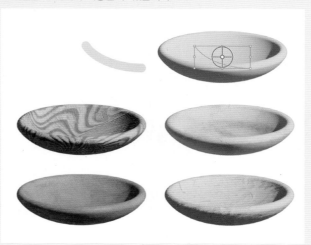

▲ Revolve(축 중심 회전) 방식으로 만든 입체 오브젝트에 적용한 다양한 재질감

앞과 같이 어느 메뉴를 이용하든 [3D and Materials] 패널을 열고 원하는 방법으로 3D 오브젝트를 표현할 수 있습니다. 단, [Effect – 3D and Materials]의 하위 메뉴를 이용하여 3D 오브젝트로 표현한 이후에는 [Effect – 3D and Materials] 메뉴의 하위 메뉴를 선택해서 [3D and Materials] 패널을 열 수 없습니다.

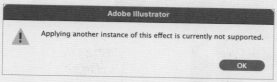

▲ 상단의 메뉴를 통해 3D를 적용하고 다시 메뉴를 선택했을 때 나타나는 경고 창

그러므로, 3D 오브젝트를 완성한 후 추가로 설정을 변경할 때는 해당 오브젝트를 선택하고, 메뉴바에서 [Windows – 3D and Materials]를 선택하여 [3D and Materials] 패널을 열고 옵션을 변경하거나, [Appearance] 패널의 [3D and Materials] 제목을 클릭하여 나타나는 [3D and Materials] 패널에서 옵션을 변경할 수 있습니다.

▲ Window – 3D and Materials

▲ Appearance 패널

04 깊이와 방향을 조절하여 입체 오브젝트를 만든 후에는 좀 더 자연스럽게 표현하기 위해 렌더링을 진행합니다. ❶ [**3D and Materials**] 패널에서 오른쪽 위에 있는 [**Render with Ray Tracing**] 아이콘을 클릭해 렌더링을 진행하면 ❷ 좀 더 자연스러운 입체 오브젝트가 됩니다.

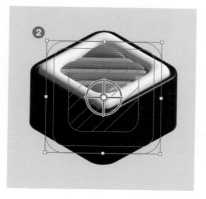

Ray Tracing 기능은 현실처럼 자연스럽게 표현하는 3D 그래픽 렌더링 기법으로, 가상의 광선이 물체 표면에 반사되는 경로를 추적하여 빛이 반사되는 각각의 점들을 계산해 픽셀로 구현하는 기술입니다. 컴퓨터 사양에 따라 프로그램이 느려질 수 있으므로 가장 마지막 단계에서 적용하는 것이 좋습니다.

▲ Ray Tracing 적용 전

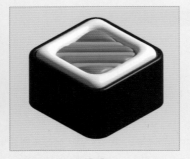

▲ Ray Tracing 적용 후

05 계속해서 ❶ [3D and Materials] 패널의 [Materials] 탭을 클릭한 후 ❷ **Roughness: 0.1**로 표면의 거친 정도를 살짝 낮춥니다. ❸ 표면이 좀 더 반짝이는 느낌으로 표현됩니다.

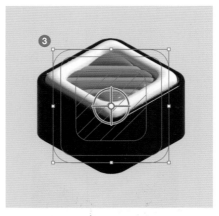

3D 입체 표현 도중에 [3D and Materials] 패널을 닫아 버렸다면, 메뉴바에서 [Window – 3D and Materials]를 선택하여 다시 열고 옵션을 설정합니다.

06 ❶ [Lighting] 탭을 클릭하고, ❷ Shadows 영역에서 어두운 영역을 활성화한 후 ❸ 기본 설정으로 표현된 그림자를 확인하고, **Height: 60°, Softness: 70%**로 그림자의 높이나 부드러운 정도를 조절하여 ❹ 은은한 느낌의 그림자를 추가하여 3D 표현을 완료합니다.

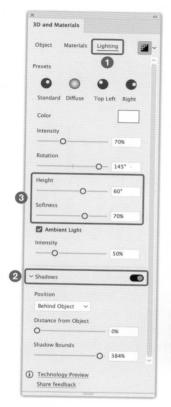

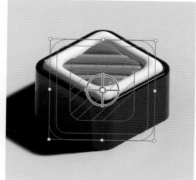

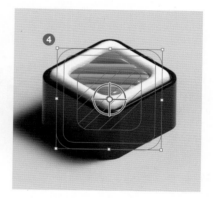

07 나머지 오브젝트는 좀 더 편리하게 입체로 표현할 수 있습니다. ❶ 완성한 첫 번째 오브젝트가 선택된 상태로, ❷ [Graphic Styles] 패널([Shift]+[F5])에서 [New Graphic Style] 아이콘을 클릭해 ❸ 그래픽 스타일을 등록합니다.

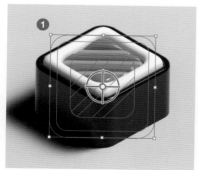

▲ Graphic Style 등록

08 ❶ 두 번째 오브젝트에서 범위를 드래그해서 다중 선택한 후 Ctrl + G 를 눌러 그룹으로 묶고 ❷ [Graphic Styles] 패널에서 등록한 스타일을 선택하여 ❸ 입체 오브젝트로 변경합니다. ❹ 마찬가지로 세 번째 오브젝트도 그룹으로 묶고, 스타일을 적용하여 입체로 변경합니다.

TIP 그래픽 스타일을 적용할 오브젝트는 그룹 여부에 따라 다른 결과가 나타날 수 있으므로, 오브젝트 다중 선택 후 그룹으로 묶는 과정을 빼먹지 않도록 주의합니다.

TIP [Graphic Styles] 패널에서 스타일을 적용한 후 포함된 효과를 확인하고 싶다면 [Appearance] 패널(Shift + F6)을 이용합니다. 또한 [Appearance] 패널에서 적용된 효과를 누르면 해당 패널을 열 수도 있습니다.

메인 오브젝트를 입체로 변경했으니, 배경에 있는 나머지 오브젝트도 어울리게 입체로 변경하고, 문자를 활용하여 배경 디자인을 완성해 보겠습니다.

01 남아 있는 하트 오브젝트부터 입체로 변경하겠습니다. ❶ 〈Selection Tool(V)〉▶로 범위를 드래그하여 하트 오브젝트를 다중 선택하고, Ctrl+G를 눌러 그룹으로 묶습니다. ❷ [3D and Materials] 패널을 열고 [Extrude]를 클릭하여 ❸ 입체로 변경합니다.

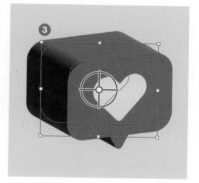

> **TIP** [3D and Materials] 패널이 열려 있다면 [Effect – 3D and Materials] 메뉴를 이용하지 않더라도 위와 같이 오브젝트를 선택한 후 [3D and Materials] 패널에서 바로 입체로 변경할 수 있습니다.

02 계속해서 **❶ Depth: 2mm**로 설정하여 깊이를 조절합니다. **❷ Bevel** 영역을 펼친 후 **❸ Bevel Shape: Round**로 설정하여 **❹** 둥근 경사를 표현합니다.

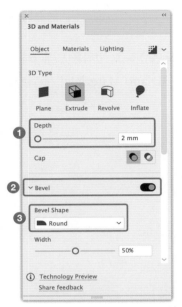

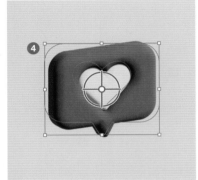

03 **❶** Rotation 영역을 펼친 후 **Presets: Front**로 설정하여 정면을 향하도록 회전시키고, **❷** [Render with Ray Tracing] 아이콘을 클릭해 렌더링을 진행합니다. **❸** 입체로 표현한 하트 오브젝트를 드래그하여 그림과 같이 배치합니다.

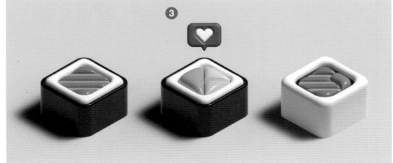

04 배경을 꾸미기 위해 ❶ Ctrl+Alt+2를 눌러 모든 잠금을 해제하고, ❷ 해제된 오브젝트(배경)가 선택된 상태로 [Color] 패널에서 **Fill: C0/M50/Y100/K0, Stroke: None**으로 설정하여 ❸ 배경색을 변경합니다.

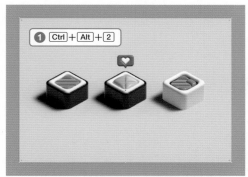
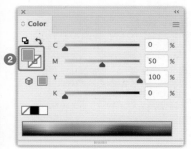

05 문자를 입력하기 위해 ❶ [Character] 패널(Ctrl+T)에서 **글꼴: G마켓 산스/Bold, 크기: 200pt, 행간: 200pt**로 설정합니다. ❷ ⟨Type Tool(T)⟩ T을 선택한 후 아트보드 빈 곳을 클릭하여 [냠]을 입력한 다음 드래그하여 선택합니다.

06 [냠]을 드래그해서 선택한 상태에서 Ctrl+C를 눌러 복사한 후 Ctrl+V를 여러 번 눌러서 그림과 같이 3줄로 입력한 후 Ctrl+Enter를 눌러 문자 입력을 마칩니다.

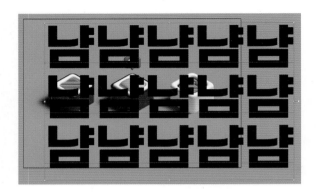

07 ❶ [Color] 패널에서 **Fill: C0/M30/Y100/K0, Stroke: None**으로 문자 색을 변경합니다. ❷ 문자를 드래그하여 아트보드 중앙에 배치하고, Ctrl+Shift+[(맨 뒤로 보내기)를 누른 후 Ctrl+](앞으로 가져오기)를 눌러 맨 뒤에서 배경보다 앞으로 문자를 정돈하면 완성입니다.

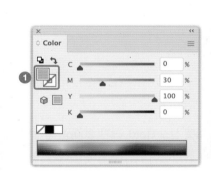
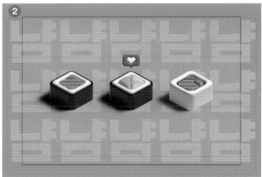

> **TIP** 위와 같이 완성한 디자인을 jpg와 같은 이미지 파일로 저장하면 자동으로 아트보드 내의 오브젝트만 저장됩니다. 또한, 메뉴바에서 [View – Trim View]를 선택하여 일시적으로 아트보드 밖의 오브젝트를 가릴 수도 있습니다. 참고로 Trim View 기능은 일러스트레이터 2019 버전부터 생긴 기능입니다. **Link** jpg와 같은 이미지 파일로 저장하는 방법은 64쪽을 참고합니다.

▲ [Trim View] 메뉴를 선택한 결과

LESSON 15

디자인을 실물에 적용해 보는 목업 만들기

목업(Mock-up)은 UI/UX 디자인 분야에서 주로 사용하는 용어로, 실제 결과물이 제작되기 전에 디자인을 이용해 실제처럼 표현해 보는 것을 의미합니다. 이러한 목업은 보통 포토샵을 이용하지만 간단한 형태는 일러스트레이터에서도 만들 수 있습니다.

결과 미리보기

예제_스크린샷_01.png, 예제_스크린샷_02.png, 완성_스마트폰 목업.ai

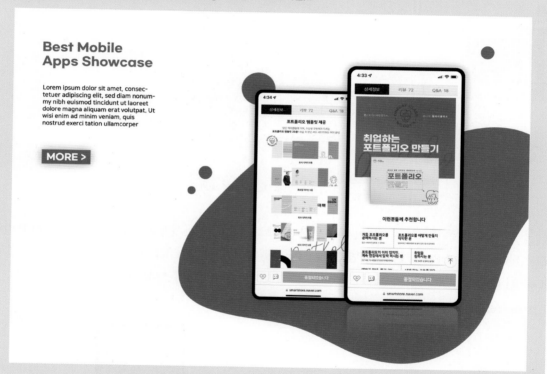

Ai 도형을 이용한 스마트폰 목업 만들기

도형 오브젝트를 이용해 간단하게 스마트폰의 틀을 만들고, 클리핑 마스크(Clipping Mask) 기능으로 스마트폰 캡처 이미지를 틀 안에 배치하여 목업을 완성해 보겠습니다.

01 Ctrl+N을 눌러 [Print] 탭에서 [A4: 210×297mm]를 선택한 후 세부 정보에서 **Orientation: 가로**로 변경합니다. Advanced Options 영역을 펼친 후 **Color Mode: RGB Color**로 설정하고 [Create] 버튼을 클릭해 새 작업을 시작합니다.

> **TIP** 이번 실습은 웹용 디자인이지만, 출력과 유사한 크기나 해상도를 사용하기 위해 위와 같이 설정했습니다.

02 ❶ 메뉴바에서 [File – Place]를 선택하여 [예제_스크린샷_01.png] 파일을 가져온 후 아트보드 오른쪽에서 적당하게 드래그하여 스마트폰 화면 이미지를 배치합니다. ❷ [Color] 패널(F6)에서 **Fill: #FF0000, Stroke: None**으로 설정하고, ❸ ⟨Rectangle Tool(M)⟩□을 선택한 후 이미지 크기에 맞게 드래그하여 사각형을 그립니다.

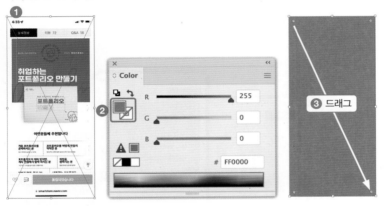

03 빨간 사각형은 스마트폰 화면이 배치될 영역이므로, ❶ 메뉴바에서 [Object – Path – Offset Path]를 선택하여 Offset Path 창이 열리면 **Offset: 2mm**로 설정한 후 ❷ [OK] 버튼을 클릭합니다. ❸ 곧바로 [Color] 패널에서 **Fill: Black, Stroke: None**으로 설정하면 ❹ 검은색의 스마트폰 틀이 표현됩니다.

> **Link** Offset Path 기능은 86쪽을 참고합니다.

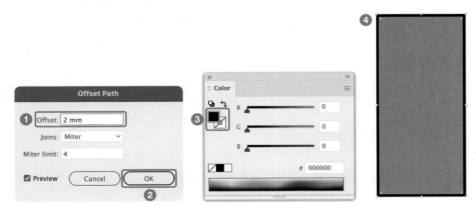

04 ① 〈Selection Tool(V)〉 ▶로 검은색 오브젝트를 선택하고 ② [Transform] 패널(Shift + F8)에서 **Corner Radius: 5mm**로 설정하여 모퉁이를 둥글게 변형합니다. ③ 이어서 **빨간색 사각형**을 선택한 후 ④ [Transform] 패널에서 **Corner Radius: 3.5mm**로 설정하여 스마트폰의 외형을 표현합니다.

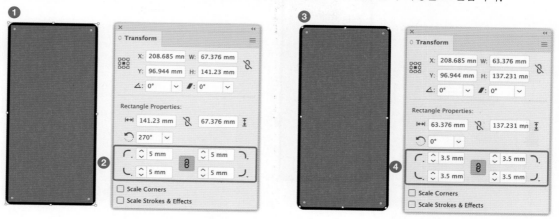

05 스마트폰의 그림자를 추가하기 위해 ① 검은색 사각형을 선택하고 Ctrl + C 후 Ctrl + B 를 눌러 뒤로 정돈되도록 복제합니다. ② 메뉴바에서 [Effect – Blur – Gaussian Blur]를 선택하여 Gaussian Blur 창이 열리면 **Radius: 30pixels**로 설정한 후 ③ [OK] 버튼을 클릭해 ④ 맨 뒤에 정돈된 사각형에 가우시안 흐림 효과를 적용합니다.

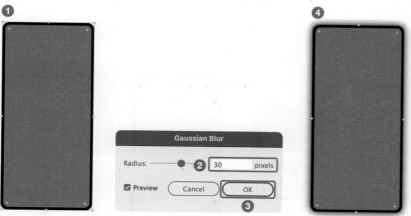

06 가우시안 흐림(Gaussian Blur) 효과로 만든 그림자 효과가 너무 진하므로, ❶ [Transparency] 패널([Shift]+[Ctrl]+[F10])에서 **Opacity: 30%**로 불투명도를 조절하면 ❷ 그림자의 농도가 적절하게 표현됩니다.

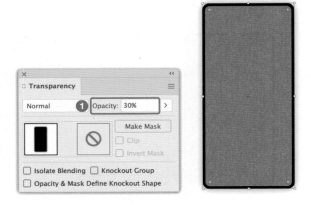

07 ❶ [Ctrl]+[Y]를 눌러 Outline 모드를 실행합니다. ❷ 맨 뒤에 있는 캡처 이미지의 테두리를 클릭해서 선택하고 왼쪽으로 드래그해서 옮깁니다. 다시 [Ctrl]+[Y]를 눌러 Preview 모드로 돌아옵니다. ❸ 스마트폰 외형 오브젝트를 모두 선택한 후 아트보드 바깥쪽으로 [Alt]+드래그하여 복제 배치합니다.

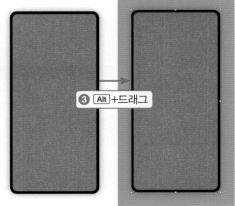

08 ❶ 캡처 이미지와 빨간색 사각형을 다중 선택한 후 Ctrl+Shift+]를 눌러 맨 앞으로 정돈합니다.
❷ 캡처 이미지를 선택해서 빨간색 사각형에 겹치도록 옮긴 후 빨간색 사각형을 Shift+클릭하여 다시 캡처
이미지와 빨간색 사각형을 다중 선택합니다.

09 ❶ Ctrl+7을 눌러 클리핑 마스크를 실행합니다. ❷ 빨간 사각형 영역에 캡처 이미지가 나타나면 더
블 클릭하여 편집 모드를 실행하고 캡처 이미지를 클릭해서 선택한 후 테두리 조절점을 Alt+Shift+드래
그하여 중앙점과 비율을 유지한 채 크기를 키웁니다. Esc를 눌러 편집 모드를 종료합니다.

> **TIP** 겹쳐 있는 오브젝트를 다중 선택한 후 클리핑 마스크를 실행
> 하면 앞에 정돈된 오브젝트(틀)의 [Fill] 영역에 뒤에 정돈된 오브젝트
> 가 표시됩니다. 클리핑 마스크 실행 단축키는 Ctrl+7이고, 해제는
> Ctrl+Alt+7입니다.

Ai 오브젝트 마스크 기능으로 반사 효과 표현하기

오브젝트 마스크(Mask)를 활용하여 스마트폰 목업이 투명하게 비치는 듯한 반사 효과를 표현해 보겠습니
다. 클리핑 마스크와 달리 마스크 기능은 오브젝트의 특정 구간만 지우거나 표시되게 할 수 있습니다.

01 ❶ 〈Selection Tool(V)〉로 범위를 드래그하여 모든 목업 오브젝트를 선택한 후 Ctrl + G 를 눌러 그룹으로 묶습니다. ❷ 그룹 오브젝트를 아래쪽으로 Shift + Alt +드래그해서 수직으로 복제 배치합니다.

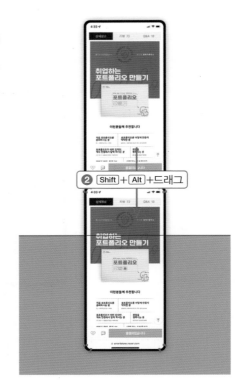

02 ❶ 툴바에서 〈Reflect Tool(O)〉▷◁을 더블 클릭하여 Reflect 창이 열리면 **Axis: Horizontal**로 설정하고 ❷ [OK] 버튼을 클릭합니다 ❸ 복제된 목업이 상하 반전됩니다.

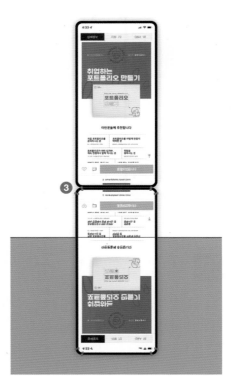

TIP 〈Reflect Tool(O)〉은 〈Rotate Tool(R)〉의 하위 툴입니다.

03 〈Selection Tool(V)〉로 아트보드 빈 곳을 클릭하여 모든 선택을 해제합니다. ❶ [Swatches] 패널에서 [White, Black] 그레이디언트 견본을 선택하여 [Fill] 속성을 그레이디언트로 설정합니다. ❷ 〈Rectangle Tool(M)〉을 선택한 후 그림과 같이 원본 오브젝트의 왼쪽 아래에서 드래그하여 그러데이션 사각형을 그립니다.

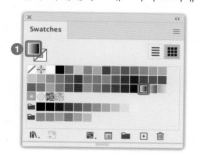

❷ 드래그

04 ❶ 〈Selection Tool(V)〉로 그러데이션 사각형과 복제된 목업을 다중 선택합니다. ❷ [Transparency] 패널에서 [Make Mask] 버튼을 클릭해 마스크 기능을 실행하면 ❸ 그러데이션 사각형과 겹친 부분만 목업이 표시되고 나머지 부분은 가려집니다. ❹ [Transparency] 패널을 보면 마스크 섬네일이 표시됩니다.

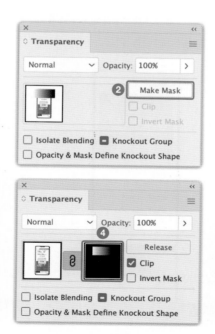

우디 특강 | 마스크 기능 알고 가기

마스크(Mask) 기능은 클리핑 마스크와 유사하게 서로 겹친 오브젝트에서 앞에 있는 오브젝트가 마스크가 되어 해당 영역에서만 아래에 있는 오브젝트가 표시되고 나머지 부분은 가려집니다. 하지만 클리핑 마스크와 달리 마스크 기능은 마스크 영역 내에서도 특정 구간만 지우거나 나타나게 할 수 있다는 차이가 있습니다.

마스크 영역 내에서 오브젝트가 나타나는 정도는 마스크의 색상에 따라 달라집니다. 마스크가 흰색이면 오브젝트가 온전하게 표시되고, 검은색이면 가려집니다. 또한 마스크가 흰색에 가까울수록 또렷하고, 검은색에 가까울수록 희미하게 표시됩니다. 그러므로 실습처럼 그러데이션을 마스크로 사용하면 서서히 지워지거나 서서히 나타나게 표현할 수 있습니다. 즉, 검은색은 지우고 흰색은 살리는 개념입니다.

 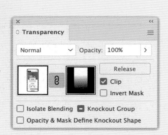

▲ 세로 방향 흰색/검은색 그러데이션 사각형으로 마스크 기능을 실행했을 때

05 ❶ [Transparency] 패널에서 마스크 섬네일을 클릭해 마스크 모드를 실행합니다. ❷ 〈Gradient Tool(G)〉■을 선택하여 그레이디언트 슬라이더가 나타나면 ❸ 그림과 같이 위에서 아래로 길게 드래그하여 그러데이션 설정을 변경하면 반사된 것처럼 표현됩니다.

06 ❶ [Transparency] 패널에서 이미지 섬네일을 선택하여 일반 모드로 돌아옵니다. ❷ 마스크 적용 오브젝트가 선택된 상태에서 Ctrl + Shift + [를 눌러 맨 뒤로 정돈하고, [를 눌러 원본 오브젝트와 살짝 겹치면 자연스러운 반사 효과가 나타납니다.

![Ai] **목업을 배치할 페이지 디자인하기**

스마트폰 목업은 완성되었습니다. 하지만 여기서 그치지 않고, 목업을 활용하여 완벽한 하나의 페이지를 구성해 보겠습니다.

01 ❶ 메뉴바에서 [File – Place]를 선택하여 [예제_스크린샷_02.png] 파일을 가져온 후 아트보드 바깥쪽에 복제해 두었던 스마트폰 외형 오브젝트 옆에 드래그하여 배치합니다. ❷ 빨간색 사각형을 선택한 후 Ctrl + Shift + [를 눌러 맨 앞으로 정돈합니다.

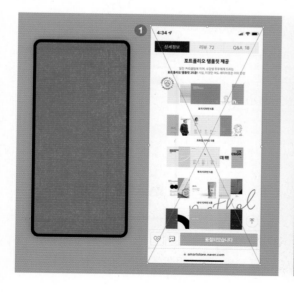

02 ❶ 캡처 이미지를 드래그하여 스마트폰 외형과 겹치게 배치하고, 빨간 사각형과 캡처 이미지를 다중 선택합니다. ❷ Ctrl+7을 눌러 클리핑 마스크를 실행한 후 ❸ 더블 클릭하여 편집 모드에서 이미지 크기를 조절한 후 Esc를 눌러 편집 모드를 마칩니다.

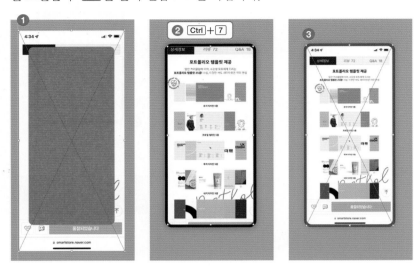

03 ❶ 메뉴바에서 [Edit – Preferences - General](Ctrl+K)을 선택하여 Preferences 창을 열고, **Scale Corners: 체크, Scale Strokes & Effects: 체크**로 설정한 후 ❷ [OK] 버튼을 클릭합니다. ❸ 새로운 목업을 기존 목업 옆으로 옮기고, Shift를 누른 채 조절점을 드래그하여 크기를 살짝 줄입니다. 이어서 Ctrl+Shift+[를 눌러 맨 뒤로 정돈합니다.

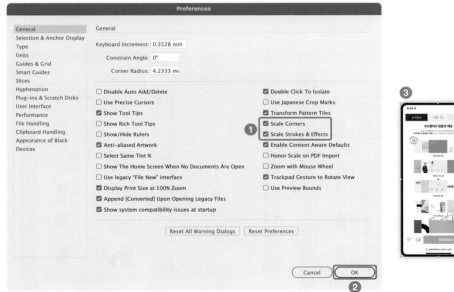

TIP 오브젝트에 Stroke, Round 또는 Blur와 같이 효과가 적용된 경우에 크기를 변경하면 본래의 적용 값이 그대로 유지되어 형태가 다소 이상하게 보일 수 있습니다. 이럴 땐 Preferences 창의 [Scale Corners], [Scale Strokes & Effects]에 체크함으로써 크기에 따라 옵션 값을 유동적으로 변경하여 어색한 형태를 방지할 수 있습니다.

Link [Scale Strokes & Effects]에 대한 설명은 101쪽을 참고합니다.

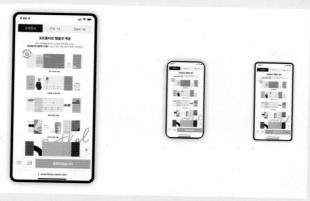

▲ 원본과 크기 변경에 따른 옵션 체크 전과 후의 차이

04 〈Selection Tool(V)〉로 빈 곳을 클릭하여 모든 선택을 해제합니다. ❶ 〈Eyedropper Tool(I)〉 🖊 로 목업의 보라색 부분을 클릭해서 색을 추출합니다. ❷ 〈Blob Brush Tool〉 🖌 을 선택하고]를 눌러 브러시 크기를 키운 후 다음과 같이 목업 아래쪽과 일부 겹칠 정도 드래그하여 영역을 표시합니다.

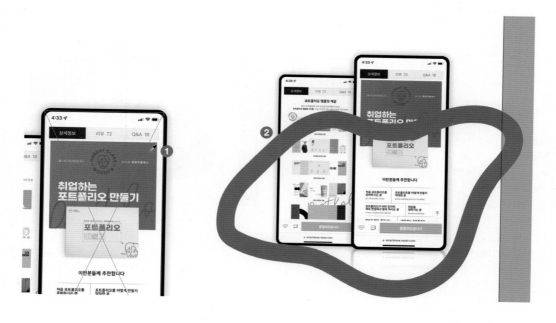

05 ❶ 〈Direct Selection Tool(A)〉▷로 곡선 안쪽 임의의 고정점이 포함되도록 안쪽 빈 영역부터 범위를 드래그하여 선택합니다. ❷ Delete 를 2번 누르면 안쪽에 있던 모든 고정점이 삭제되면서 [Fill](면)로 채워집니다.

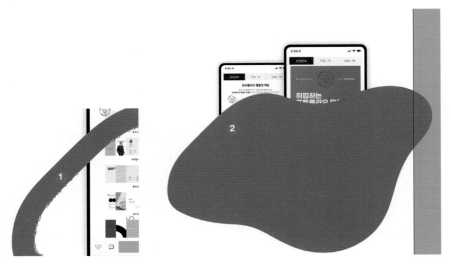

06 곡선의 울퉁불퉁한 부분을 살짝 매끄럽게 처리하기 위해 ❶ 〈Selection Tool(V)〉로 곡선 오브젝트를 선택한 후 ❷ 〈Smooth Tool〉✐을 선택합니다. ❸ 오브젝트에서 매끄럽게 처리할 테두리를 드래그하고 Ctrl + Shift + [를 눌러 맨 뒤로 정돈합니다.

Link 〈Smooth Tool〉의 더 자세한 사용 요령은 191쪽을 참고합니다.

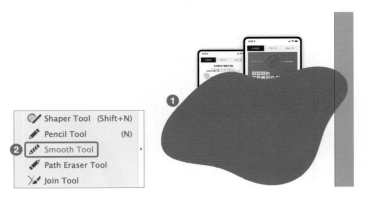

07 ❶ [Character] 패널([Ctrl]+[T])에서 원하는 글꼴을 선택하고, **크기: 20pt, 행간: 24pt**로 설정합니다. ❷ 〈Type Tool(T)〉[T]로 목업 왼쪽 빈 곳을 클릭하여 페이지의 제목을 입력하고 [Ctrl]+[Enter]를 누릅니다. ❸ 문자가 선택된 상태에서 〈Eyedropper Tool(I)〉로 보라색 부분을 클릭하여 문자에도 적용합니다.

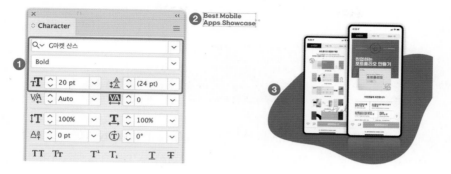

08 〈Selection Tool(V)〉로 빈 곳을 클릭하여 모든 선택을 해제한 후 ❶ [Character] 패널에서 글꼴을 변경하고 **크기: 10pt, 행간: 12pt**로 설정합니다. ❷ 〈Type Tool(T)〉로 제목 아래에서 범위를 드래그하여 문자 상자를 그리면 자동으로 임의의 문자가 채워집니다. 내용을 수정하거나 그대로 유지한 채 [Ctrl]+[Enter]를 누릅니다. **Link** 문자를 입력하는 두 가지 방법은 79쪽을 참고합니다.

09 ❶ 〈Rectangle Tool(M)〉을 선택하고 문자 아래쪽을 클릭하여 Rectangle 창이 열리면 **Width: 28mm, Height: 8.5mm**로 설정한 후 ❷ [OK] 버튼을 클릭합니다. ❸ 사각형이 그려지면 ❹ 〈Eyedropper Tool(I)〉로 보라색 부분을 클릭하여 추출한 색으로 적용합니다.

10 〈Selection Tool(V)〉로 보라색 사각형의 위치를 적절하게 조정한 후 ❶ `Ctrl`+`C` 후 `Ctrl`+`B`를 눌러 뒤로 정돈된 상태로 복제합니다. ❷ 메뉴바에서 [Effect – Apply Gaussian Blur]를 선택하여 ❸ 목업 디자인 시 사용했던 가우시안 흐림 효과를 동일하게 적용합니다.

11 흐림 효과의 농도를 줄이기 위해 ❶ [Transparency] 패널(`Shift`+`F8`)에서 **Opacity: 50%**로 설정합니다. ❷ 〈Type Tool(T)〉을 이용해 적합한 문구를 입력한 후 그림과 같이 보라색 사각형 위에 배치하여 버튼을 표현합니다.

12 ❶ 〈Rectangle Tool(M)〉을 이용하여 적당한 크기로 정원을 그리고 `Ctrl`+`Shift`+`]`를 눌러 맨 뒤로 정돈합니다. 정원을 목업 왼쪽 위에서 살짝 겹치도록 배치하고 ❷ 〈Eyedropper Tool(I)〉로 보라색을 추출하여 적용합니다. ❸ 정원을 복제 배치하고 크기를 조절하여 페이지 디자인을 완성합니다.

실무에서 진짜 쓰는
일러스트레이터
디자인

새로운 매장을 오픈한다면 그에 따라 다양한 준비가 필요하지만,
디자인도 빠질 수 없는 준비 사항일 겁니다. 대표적으로, 상호나 로고 디자인을 준비해야 하며,
매장 홍보를 위한 다양한 광고 디자인이 필요할 겁니다. 지금까지 배운 내용만 제대로 숙지한다면
이런 디자인 정도는 간단하게 완성할 수 있을 것입니다. 브랜딩의 시작인 로고 디자인부터
포스터까지 직접 디자인해 보겠습니다.

브랜딩의 시작,
로고 디자인

누군가를 만나면 첫인상이 기억에 오래 남는 것처럼 잘 만든 로고는 매장의 첫인상을 결정하는 중요한 역할을 합니다. 디저트 카페를 주제로 브랜딩의 시작이라고 할 수 있는 로고를 디자인해 보겠습니다.

결과 미리보기
예제_Sketch.jpg, 완성_WDNC_logo.ai

Ai 그리드 활용하여 심볼 스케치 따라 그리기

디지털 로고를 완성하기 전 아날로그 방식으로 사용할 심볼 이미지나 레이아웃 등을 스케치해 보면서 아이디어를 떠올리는 방법은 매우 유용합니다. 이번에 만들 로고는 케이크 매장에서 사용할 것으로, 조각 케이크 모양의 심볼 스케치를 가져와서 따라 그립니다. 이때 그리드를 이용하면 더욱 효과적입니다.

01 ❶ Ctrl+N을 눌러 [Print] 탭에서 ❷ [A4 210×297mm]를 선택하고, ❸ **Orientation: 가로**를 설정한 후 ❹ [Create]를 클릭해 새 작업을 시작합니다. ❺ 메뉴바에서 [File – Place]를 선택하여 [예제_Sketch.jpg] 파일을 가져온 후 적당한 크기로 드래그하여 스케치 이미지를 배치합니다. Ctrl+2를 눌러 이미지를 잠금 처리합니다.

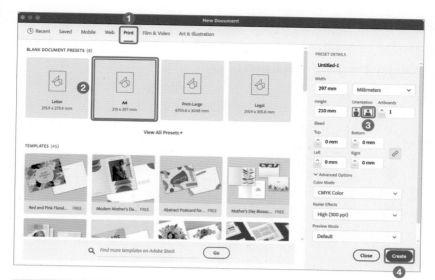

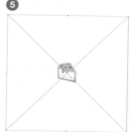

02 그리드 작업부터 시작하겠습니다. ❶ [Swatches] 패널에서 **Fill: None, Stroke: Red**로, ❷ [Stroke] 패널(Ctrl + F10)에서 **Weight: 0.3pt**로 설정합니다. ❸ ⟨Line Segment Tool(\)⟩ /을 선택하고 그림과 같이 케이크 이미지의 양쪽 끝에서 Shift + 드래그하여 직선을 그립니다.

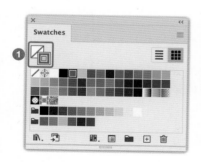

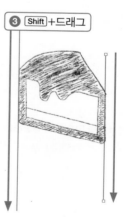

03 계속하여 ① 〈Line Segment Tool(\)〉로 드래그하여 케이크 밑면에 그리드를 그립니다. ② 밑면에 그린 사선을 Ctrl+C 후 Ctrl+F로 복제하고, ↑를 누르거나 선택한 후 드래그하여 위쪽 경계 부분에 배치합니다. ③ 사선을 하나 더 복제하여 그림과 같이 배치합니다.

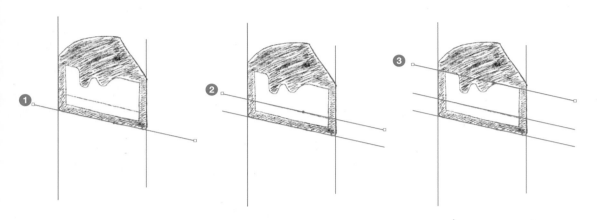

04 ① 〈Line Segment Tool(\)〉로 드래그하여 조각의 반대쪽 사선을 그리고, ② 〈Ellipse Tool(L)〉◯을 선택하여 조각 케이크의 호 부분과 겹치도록 원을 그립니다.

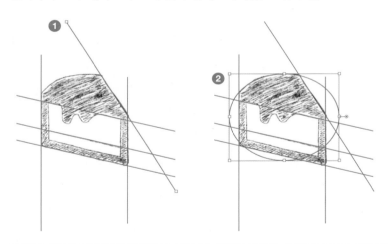

> **TIP** 대략적인 비율을 맞추는 게 중요하므로, 100% 정확하게 일치할 필요는 없지만, 최대한 유사하게 맞춰서 그리드를 표시하고, 맞지 않는 부분은 〈Selection Tool(V)〉로 선택한 후 옮기거나 테두리 상자의 조절점을 이용하여 변형합니다.

05 계속해서 안쪽 두께 부분에 그리드를 완성하겠습니다. ❶ 〈Selection Tool(V)〉▶로 왼쪽 끝에 있는 직선을 복제한 후 ⊟를 눌러 안쪽으로 배치합니다. ❷ 같은 방법으로 오른쪽 끝에 있는 직선을 복제한 후 ⊟를 눌러 안쪽으로 배치합니다. ❸ 이어서 밑면에 있는 사선을 복제한 후 ⊡를 눌러 안쪽으로 배치합니다.

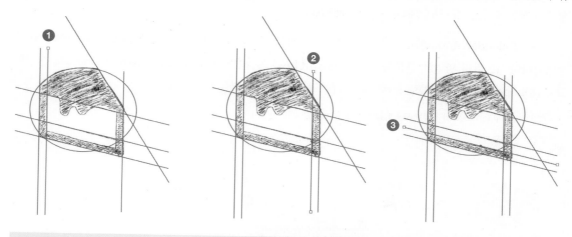

> **TIP** 처음 스케치 이미지를 가져올 때 드래그한 크기에 따라 케이크의 두께가 달라집니다. 그러므로 가장 바깥쪽에 있는 그리드를 복제한 후 방향키를 이용하여 같은 거리만큼 안쪽으로 옮기면 일정한 두께로 표현할 수 있습니다.

06 마지막으로 흘러내리는 부분은 ❶ 〈Pencil Tool(N)〉✏을 선택하고, ❷ 스케치를 따라 드래그하여 곡선 패스를 그립니다. 다소 어색한 부분이 있으면 ❸ 〈Smooth Tool〉✐을 선택한 후 ❹ 곡선을 따라 여러 번 드래그하여 매끄럽게 정리합니다.

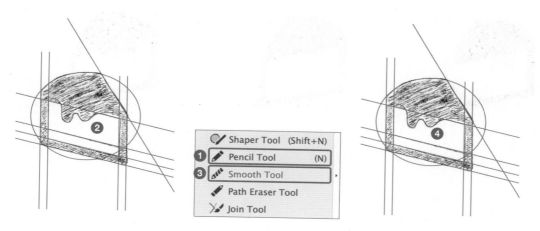

완성된 그리드에서 닫힌 구간을 [Fill]로 추출하기 위해선 여러 오브젝트를 병합하거나 제외하여 새로운 도형을 구성할 수 있는 도구인 〈Shape Builder Tool〉을 사용합니다.

01 ❶ 〈Selection Tool(V)〉로 범위를 드래그하여 모든 그리드를 선택한 후 〈Shape Builder Tool〉✐을 선택합니다. ❷ 합친 영역을 구분하기 위해 [Swatches] 패널에서 Fill: Black, Stroke: None으로 설정하고 ❸ 〈Shape Builder Tool〉로 드래그하여 케이크의 모양대로 면을 병합합니다.

> **Link** 〈Shape Builder Tool〉의 자세한 사용 방법은 314쪽을 참고합니다.

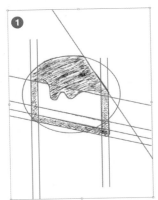

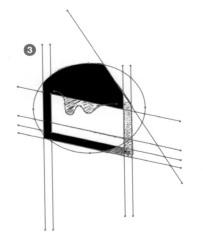
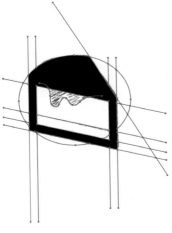
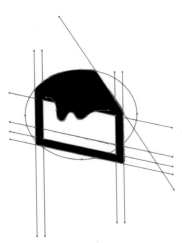

02 이번에는 안쪽 단면을 면으로 추출하고 구분하기 위해 ❶ [Swatches] 패널에서 임의의 색으로 변경하고 〈Shape Builder Tool〉로 아래쪽 단면을 클릭합니다. ❷ 이어서 또 다른 색으로 변경한 후 위쪽 단면을 클릭하여 각각 면으로 추출합니다.

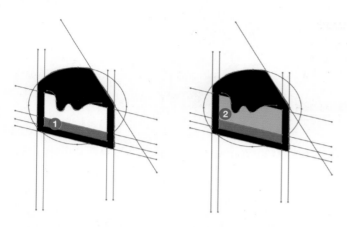

03 〈Selection Tool(V)〉을 선택한 후 빈 곳을 클릭하여 모든 선택을 해제하고 ❶ 그리드에서 추출한 3개의 면을 각각 Shift+클릭하여 다중 선택합니다. ❷ 면들을 선택한 상태에서 오른쪽으로 드래그하여 옮기고 ❸ [Swatches] 패널에서 Stroke: None으로 설정하여 ❹ 빨간색 테두리를 없앱니다.

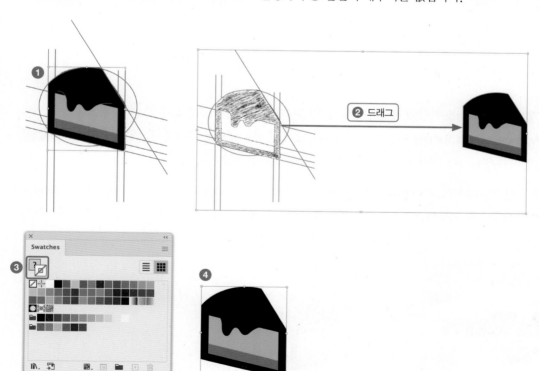

04 벡터 오브젝트로 구성된 케이크 심볼에서 ❶ 검은색 면만 선택한 후 ❷ [Color] 패널(F6)에서 **Fill: C15/M85/Y100/K0**으로 설정하여 색을 변경합니다.

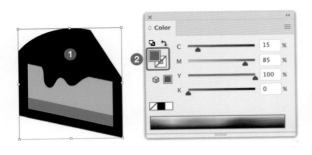 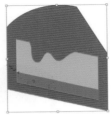

05 계속하여 ❶ 아래쪽 단면만 선택한 후 **Fill: C10/M30/Y60/K0**으로 변경하고, ❷ 위쪽 단면만 선택한 후 **Fill: White**로 변경하면 케이크 심볼이 완성됩니다.

> **TIP** 디자인을 할 때는 요소를 넣는 것보다 빼는 것이 더 힘듭니다. 마찬가지로 여러 색상을 더하기보다는 한 색상 계열을 중점적으로 사용해야 오래 봐도 질리지 않는 결과물을 만들 수 있습니다. 멀리서 얼핏 봤을 때 하나의 포인트 색상만 보이는 것처럼 표현할수록 좋습니다.

Ai 패스를 따라 흐르는 문자 입력하기

패스만 있다면 그 모양을 따라 문자를 입력할 수 있습니다. 여러 문자 입력 도구 중 패스 위에 문자를 입력하는 〈Type on a Path Tool〉을 이용해 보겠습니다. 완성된 심볼 주변에 문자가 배치될 경로를 따라 패스를 그리고, 문자를 입력하여 '문자 + 심볼' 조합의 로고를 완성해 보겠습니다.

01 모든 선택을 해제한 후 ❶ [Swatches] 패널에서 **Fill: None, Stroke: Red**로 설정합니다. ❷ 〈Ellipse Tool(L)〉을 선택한 후 심볼이 포함되도록 넉넉하게 Shift+드래그하여 정원을 그리고 심볼이 중앙에 오도록 배치합니다.

 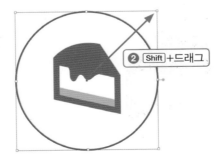

02 ❶ [Character] 패널([Ctrl]+[T])에서 원하는 글꼴과 적당한 크기를 설정한 후 ❷ 툴바에서 ⟨Type Tool(T)⟩의 하위 도구인 ⟨Type on a Path Tool⟩✎을 선택합니다. ❸ 앞서 그린 정원의 테두리 패스를 클릭하면 ❹ 패스상의 문자 입력 상태가 되면서 임의의 문자가 나타납니다.

▲ Type on a Path

TIP 기본 ⟨Type Tool(T)⟩[T]을 선택한 후 [Alt]를 누른 채 패스를 클릭해도 패스상의 문자 입력 상태를 실행할 수 있습니다.

03 임의의 문자가 입력되어 블록으로 지정된 상태에서 ❶ 로고에 사용할 문구를 입력하고 [Ctrl]+[Enter]를 눌러 문자 입력을 마칩니다. ❷ [Paragraph] 패널([Alt]+[Ctrl]+[T])에서 [Align center] 아이콘을 클릭해 가운데로 정렬합니다.

04 ❶ ⟨Selection Tool(V)⟩ ▶로 패스상의 문자 오브젝트를 선택하면 위치나 방향을 변경할 수 있는 조절점이 표시됩니다. ❷ ㅗ 모양으로 표시된 조절점을 드래그하여 ❸ 문자가 위쪽 중앙에 배치되도록 조절합니다.

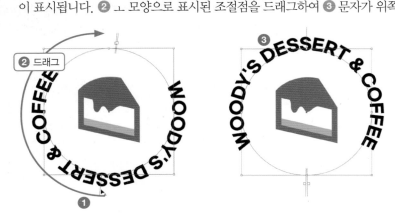

우디 특강 │ **패스상의 문자 위치와 방향 변경하기**

⟨Type on a Path Tool⟩을 이용하여 패스상의 문자를 입력한 후 ⟨Selection Tool(V)⟩로 선택하면 다음과 같이 문장의 양쪽 끝에 시작점과 끝점이 있고, 가운데에는 문자의 위치나 방향을 변경할 수 있는 조절점이 표시됩니다.

▲ 패스상의 문자 입력 후 선택한 상태에서 표시되는 두 종류의 조절점

먼저 ㅗ 형태의 방향 조절점을 좌우로 드래그하면 위치를 변경할 수 있으며, 상하로 드래그하면 패스를 기준으로 안쪽에 입력할지 바깥쪽에 입력할지를 결정할 수 있습니다.

▲ 위치 및 방향 조절점

다음으로 문자 양쪽 끝에 표시되는 시작점과 끝점은 각각 좌우로 드래그하여 위치를 변경할 수 있습니다. 특히 끝점을 시작점과 가깝게 옮겨서 모든 문자가 표시될 공간이 없으면 빨간색 +로 표시됩니다.

▲ 문자의 시작점과 끝점

05 ❶ [Character] 패널에서 크기를 1pt 혹은 소수점 단위로 조금씩 높이면서 ❷ 원 가득 문자가 채워지도록 문자 크기를 조절합니다. ❸ ⟨Eyedropper Tool(I)⟩ 🖋을 선택한 후 심볼의 주황색 부분을 클릭하여 문자에도 같은 색상을 적용합니다.

06 ❶ ⟨Selection Tool(V)⟩로 범위를 드래그하여 완성한 로고를 다중 선택한 후 아트보드 밖으로 [Alt]+드래그하여 복제본을 만들어 이후 수정에 대비합니다. ❷ 원본에서 패스상의 문자만 선택한 후 ❸ 메뉴바에서 [Type – Create Outlines]를 선택해서 윤곽선 만들기를 실행하면 최종 로고가 완성됩니다.

❶ [Alt]+드래그

> **TIP** 문자에서 윤곽선 만들기(Create Outlines)를 실행하면 문자 속성을 잃고 문자 모양의 오브젝트가 됩니다. 그러므로 [Character] 패널에서 글꼴이나 크기 등을 변경할 수 없습니다. 하지만 완성 결과를 다른 곳에 전달할 때 해당 컴퓨터에 디자인 중 사용한 글꼴이 없어도 글꼴로 인해 디자인이 변형되는 문제에 대비할 수 있습니다.

로고를 활용한
깔끔한 명함 디자인

로고를 만들었으면 지속적이고 일관된 브랜딩을 위해서 로고를 적극 활용하여 디자인하는 것이 좋습니다. 앞서 디자인한 로고와 기본 명함 가이드 파일을 이용하여 명함을 디자인하고, 인쇄 의뢰를 위해 인쇄용 파일을 만드는 과정까지 살펴보겠습니다.

결과 미리보기

예제_명함 가이드.ai, 완성_WDNC_card.ai

Ai 꼭 필요한 정보만 담은 양면 명함 디자인하기

명함은 작은 영역에서 연락처 등의 정보를 제공하므로 가독성에 특히 신경을 써야 합니다. 여기서는 꼭 필요한 정보만 담아서 가독성을 높이는 방법으로 명함의 앞면과 뒷면을 각각 디자인해 보겠습니다.

01 메뉴바에서 [File – Open]을 선택하여 [예제_명함 가이드.ai] 파일을 엽니다. 아트보드에는 86×50mm 크기로 명함을 디자인할 수 있도록 기본 안내선이 표시되어 있으며, 아래쪽으로 우디가 알려 주는 명함 디자인 작업의 주의 사항도 작성되어 있습니다.

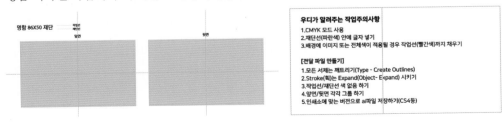

TIP [예제_명함 가이드.ai] 파일에서 [Layers] 패널을 확인해 보면 작업선과 재단선이 있는 [Guide] 레이어와 디자인을 배치할 [Design] 레이어로 분리되어 있습니다. 따라서 디자인을 시작할 때는 [Design] 레이어를 선택하고 진행합니다.

우디 특강 | **작업선과 재단선 그리고 작업 주의 사항**

명함과 같은 작은 크기의 인쇄물은 실제로 종이가 잘리는 선인 '재단선'과 인쇄가 밀리는 등의 오차 범위를 고려한 '작업선'이 필요합니다. 예제로 제공하는 가이드 파일에서 파란색으로 표시된 재단선은 실제 명함 크기인 86×50mm이며, 빨간색으로 표시된 작업선은 재단선 기준 너비와 높이에 2mm를 더한 88×52mm입니다.

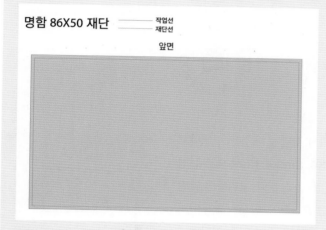

위와 같이 작업선과 재단선이 주어진 상황일 때 중요한 정보는 재단 오차가 발생하더라도 잘리지 않고 모두 표시되도록 재단선에서 넉넉하게 안쪽으로 배치하는 것이 좋고, 배경은 작업선까지 배치해야 합니다. 그래야만 재단 오차로 재단선보다 바깥쪽으로 잘리더라도 배경이나 이미지의 잘림 없이 제대로 표시됩니다.

02 완성한 로고를 활용하기 위해 ❶ 메뉴바에서 [File – Open]을 선택하여 [**완성_WDNC_logo.ai**] 파일을 열고 ❷ 로고 오브젝트를 다중 선택한 후 Ctrl+C 를 눌러 복사합니다.

× 예제_명함 가이드.ai @ 66.67 % (CMYK/Preview)   ❶ 완성_WDNC_logo.ai @ 100 % (CMYK/Preview)

03 ❶ 상단 탭에서 가이드 파일 탭을 클릭해서 이동한 후 [Layers] 패널(F7)에서 디자인이 배치된 [Design] 레이어를 선택합니다. ❷ 이어서 Ctrl+V를 눌러 로고를 붙여 넣습니다.

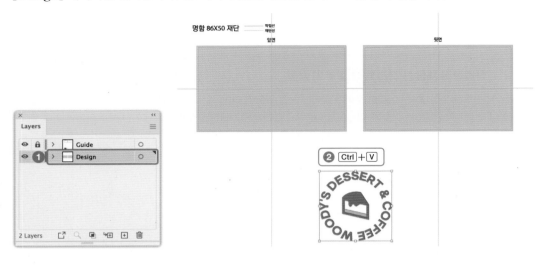

04 ❶ 〈Selection Tool(V)〉▶로 앞면의 회색 사각형 배경을 선택하고 ❷ [Color] 패널(F6)에서 Fill: C5/M7/Y10/K0, Stroke: None으로 설정 하여 배경을 변경합니다. ❸ 이어서 Ctrl+2를 눌러 잠금 처리하면 앞면 배경 작업이 끝납니다. ❹ 앞서 붙여 넣은 로고 오브젝트를 선택하여 미리 설정되어 있는 안내선을 참고하여 앞면 배경 중앙에 배치하고, 적당하게 크기를 조절합니다.

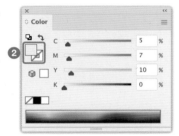

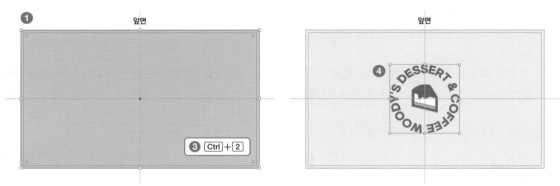

> **TIP** 미리 표시해 놓은 하늘색 안내선은 오브젝트 등을 배치할 때 활용하며, 실제 인쇄 시에는 나타나지 않습니다. 화면에서도 가리고 싶다면 단축키 Ctrl+;를 이용하면 편리합니다.

05 이번에는 실제 정보가 담길 뒷면을 디자인합니다. ❶ 뒷면의 회색 배경을 선택한 후 ❷ [Color] 패널에서 **Fill: C15/M85/Y100/K0, Stroke: None**으로 설정하여 색상을 변경하고 ❸ Ctrl+2를 눌러 잠금 처리합니다.

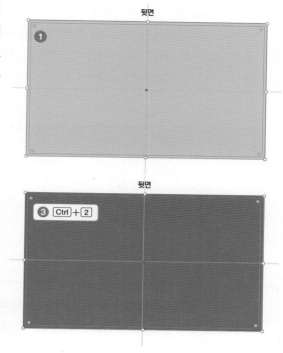

06 ❶ [Character] 패널(Ctrl+T)에서 글꼴을 선택한 후 **크기: 8pt, 행간: 14pt** 정도로 설정합니다. ❷ ⟨Type Tool(T)⟩ T 을 선택하고, 안내선 기준 오른쪽 아래 영역에서 재단선 안쪽으로 연락처와 주소를 2줄로 입력한 후 Ctrl+Enter를 누릅니다. ❸ ⟨Eyedropper Tool(I)⟩ ✐ 을 선택한 후 앞면의 배경을 클릭하여 문자에도 같은 색을 적용합니다.

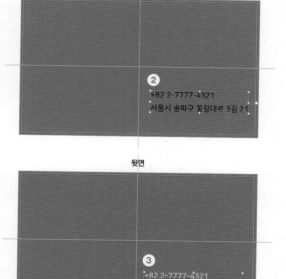

> **TIP** 글꼴은 자유롭게 선택해도 되지만, 가독성이 떨어지는 글꼴은 피하는 것이 좋습니다. 또한 연락처나 주소 이외에 추가할 내용이 있다면 같은 영역에 입력하면 됩니다.

07 ❶ [Character] 패널에서 **크기: 11pt**로 변경하고 ❷ ⟨Type Tool(T)⟩
로 적당한 위치를 클릭하여 이름을 입력합니다. ❸ ⟨Eyedropper Tool(I)⟩
을 사용하여 앞면의 배경과 같은 색으로 변경하고, ⟨Selection Tool(V)⟩로
드래그하여 개인 정보 위쪽으로 배치합니다.

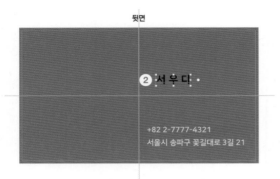

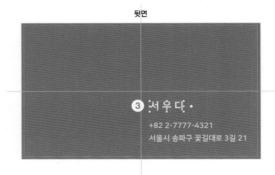

우디 특강 │ 명함 디자인에서 자주 사용하는 문자 크기

명함을 디자인할 때 문자 크기는 정보를 전달한다
는 점에서 가독성을 최우선으로 고려해야 하지만,
전체적인 균형감도 무시할 수 없는 부분입니다. 아
래 소개한 크기는 명함 디자인에서 보편적으로 사
용되는 문자 크기이지만 정답은 없으므로, 참고 정
도로 활용하면 됩니다.

- **직책:** 6pt
- **이름:** 11pt
- **개인 정보:** 8pt

---

08 명함 왼쪽 위에 로고의 흐르는 문자만 넣어 보겠습니다. ❶ Ctrl + ; 을 눌러 안내선을 숨긴 후
⟨Selection Tool(V)⟩로 앞면에 있는 로고에서 흐르는 문자만 선택합니다. ❷ 뒷면에서 왼쪽 위로 Alt +드래
그하여 흐르는 문자를 복제 배치합니다.

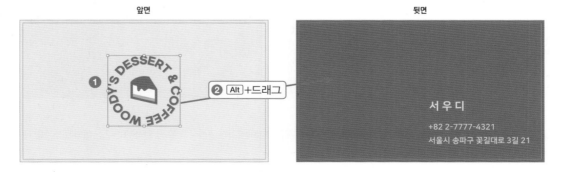

09 ❶ ⟨Eyedropper Tool(I)⟩을 이용해 흐르는 문자의 색상을 앞면 배경과 같게 변경하고, ❷ ⟨Selection Tool(V)⟩을 선택하여 테두리 상자가 표시되면 Shift +드래그하여 비율을 유지한 채 크기를 키우고, 작업선 밖으로 문자가 일부 빠져나가서 잘리도록 배치합니다.

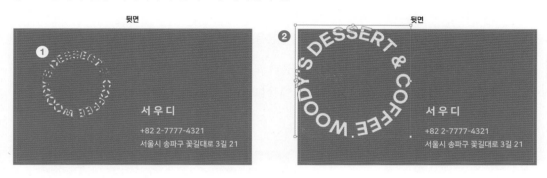

10 ❶ ⟨Rectangle Tool(M)⟩▨을 선택하고 그림과 같이 왼쪽 위 작업선 모퉁이부터 드래그하여 흐르는 문자가 모두 가려질 크기로 사각형을 그립니다. ❷ 흐르는 문자와 사각형을 다중 선택한 후 Ctrl + 7 을 눌러 클리핑 마스크를 실행하여 사각형 바깥으로 빠져나간 부분을 가립니다.

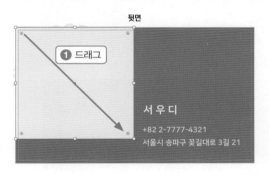
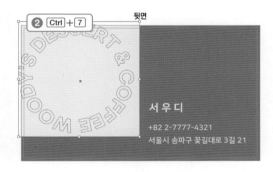

명함 디자인을 완성한 후 그대로 인쇄소에 제작을 의뢰하면 글꼴 유무, 작업선, 재단선 처리 등의 문제로 작업이 늦어질 수 있습니다. 그러므로 최종 제작 의뢰를 위해 몇 가지 추가 작업을 진행해야 합니다. 무엇보다 추후개인 정보만 변경해서 활용하기 위해 `Ctrl`+`S`를 눌러 원본을 저장한 후 인쇄용 파일 만들기를 진행합니다.

01 원본 파일을 저장했다면 ❶ `Ctrl`+`Alt`+`2`를 눌러 모든 오브젝트를 잠금 해제한 후 `Ctrl`+`A`를 눌러 모든 오브젝트를 선택합니다. ❷ 그런 다음 메뉴바에서 **[Type – Create Outlines]**를 선택해 모든 문자에서 윤곽선 만들기를 실행합니다.

▲ 모든 오브젝트 선택

TIP 작업선, 재단선, 안내 문구 등 디자인 참고용으로 사용되는 요소가 배치되어있는 [Guide] 레이어는 잠금 처리되어 있습니다. 그러므로 `Ctrl`+`A`를 눌러 전체선택을 실행해도 [Guide] 레이어에 있는 오브젝트는 선택되지 않습니다.

02 계속하여 모든 오브젝트가 선택된 상태로 메뉴바에서 **[Object – Expand]**를 선택해서 모든 오브젝트를 **[Fill]**(면) 상태로 변형합니다.

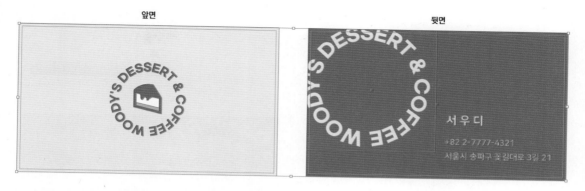

TIP [Stroke](선) 상태의 오브젝트는 크기를 변경할 때 두께가 달라질 수 있습니다. 그러므로 확장(Expand) 기능을 실행하여 [Fill](면)로 변형합니다.

03 ❶ **[Layers]** 패널에서 **[Guide]** 레이어의 자물쇠 모양 **[잠금]** 항목을 클릭하여 잠금을 해제하고, ❷ **[Design]** 레이어에서 **[잠금]** 항목을 클릭하여 잠금 처리합니다. ❸ 아트보드에서 〈**Selection Tool(V)**〉로 범위를 드래그하여 앞면과 뒷면의 작업선과 재단선을 모두 선택합니다.

04 ❶ [Color] 패널에서 **Stroke: None**으로 설정하여 ❷ 작업선과 재단선의 [Stroke] 색상을 모두 없앱니다.

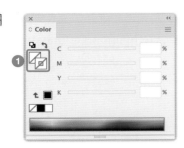

앞면

뒷면

05 ❶ [Layers] 패널에서 [Design] 레이어의 잠금을 해제합니다.
❷ ⟨Selection Tool(V)⟩로 범위를 드래그하여 앞면의 모든 오브젝트를 선택한 후 Ctrl + G 를 눌러 그룹으로 묶습니다. ❸ 마찬가지로 뒷면의 오브젝트도 모두 선택한 후 그룹으로 묶습니다.

앞면

뒷면

앞면

③ Ctrl + G   뒷면

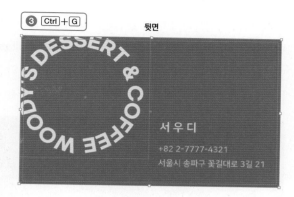

서 우 디

+82 2-7777-4321

서울시 송파구 꽃길대로 3길 21

우디 특강 | 인쇄용 파일 준비를 위한 두 가지 필수 작업

작업선과 재단선의 색 없음(None) 처리

명함 가이드 파일에 표시되어 있는 작업선과 재단선은 디자인 편의를 위한 일종의 안내선이지만, 실재하는 오브젝트입니다. 즉, 인쇄를 진행하면 빨간색 혹은 파란색으로 설정해 놓은 작업선과 재단선이 인쇄되어 나타납니다. 그러므로 최종 인쇄 전에 색 없음으로 처리하는 것입니다.

이때 주의할 것은 작업선과 재단선 오브젝트를 삭제하는 것이 아니라 색 없음(None) 처리한다는 것입니다. 색 없음 처리는 패스는 유지한 채 Preview 모드에서 보이지 않게 하는 것이므로, 인쇄소에서는 작업선과 재단선의 패스를 활용하여 디자인 판을 옮기고, 재단하는 작업을 진행합니다.

앞면

뒷면

서 우 디

+82 2-7777-4321

서울시 송파구 꽃길대로 3길 21

▲ 색 없음 처리 후에도 Outline 모드에서 작업선과 재단선의 패스를 확인할 수 있습니다.

앞면과 뒷면을 각각 그룹으로 묶는 이유

명함 인쇄를 의뢰하면 인쇄소에서는 아트보드에 있는 디자인을 그대로 인쇄하는 것이 아닙니다. 인쇄소마다 사용하는 아트보드가 따로 있으므로, 전달한 디자인을 옮겨서 사용합니다. 이때 일부 오브젝트가 누락되는 것을 방지하기 위해 앞면과 뒷면을 각각 그룹으로 묶어서 전달하는 것이 좋습니다.

06 모든 작업을 마쳤다면 ❶ Ctrl+Shift+S를 눌러 다른 이름으로 저장할 수 있는 Save As 창이 열리면 원하는 파일명을 입력하고 ❷ **Format: Adobe Illustrator (ai)**로 파일 형식을 지정한 후 ❸ **[저장]** 버튼을 클릭합니다. ❹ 이어서 Illustrator Options 창이 열리면 **Version: Illustrator CS6**으로 설정한 후 ❺ **[OK]** 버튼을 클릭해 최종 저장하면 끝입니다.

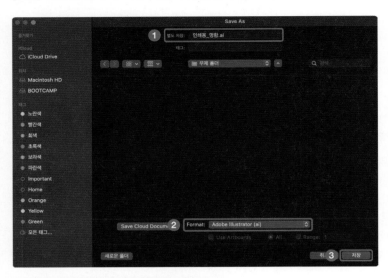

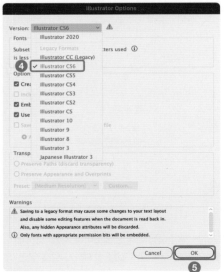

TIP 인쇄소에서 최신 버전을 사용하지 않을 수 있으므로, 최종 인쇄용 파일은 하위 버전으로 저장하는 것이 좋습니다. 가장 좋은 방법은 사전에 인쇄소에 문의하여 사용 중인 버전을 확인하는 것입니다. 이렇게 완성한 인쇄용 파일을 인쇄소에 전달하고 기다리면 됩니다.

LESSON 03

입간판으로 사용할
엑스 배너 디자인

거치대를 이용하여 행사장이나 상점 앞에 입간판으로 많이 사용되는 엑스 배너를 디자인해 보겠습니다. 제작 업체에 따라 비규격으로 제작할 수도 있지만, 흔히 사용하는 규격은 600×1800mm입니다.

결과 미리보기

완성_WDNC_X배너.ai

괜찮아
케잌은
살안쪄

오픈 기념 전 메뉴

10% 할인

Ai 기본 레이아웃 디자인하기

현수막이나 배너처럼 대형 출력물을 디자인할 때 실제 크기로 작업하면 프로그램이 느려지거나 최종 결과물의 용량이 매우 커서 제작할 때 번거로울 수 있습니다. 그러므로 실제 크기의 1/10로 작업한 후 실제 인쇄할 때 10배로 키워서 출력하는 방식으로 진행합니다.

01 ① Ctrl + N을 눌러 [Print] 탭에서 ② **Width: 60mm, Height: 180mm**로 설정하여 ③ 새 작업을 시작합니다. ④ [Color] 패널(F6)에서 **Fill: C5/M7/Y10/K0, Stroke: None**으로 설정한 후 ⑤ 〈**Rectangle Tool(M)**〉 ▣로 아트보드에 딱 맞게 드래그하여 사각형을 그리고 Ctrl + 2를 눌러 잠금 처리하면 배경이 완성됩니다.

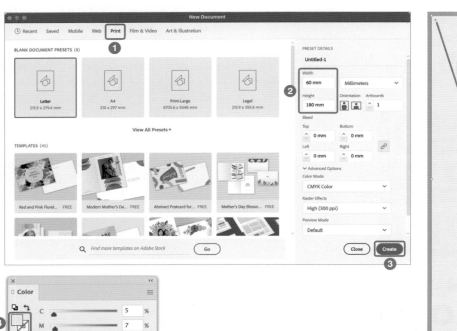

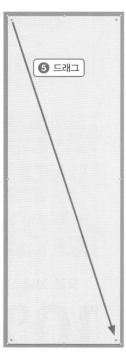

> **TIP** 엑스 배너의 일반적인 규격은 가로 600mm, 세로 1800mm입니다. 그러므로 1/10인 가로 60mm, 세로 180mm로 아트보드를 만들었습니다.

02 ① Ctrl + O를 눌러 [완성_WDNC_logo.ai] 파일을 열고, 완성된 로고를 다중 선택한 후 그룹으로 묶고(Ctrl + G) 복사합니다(Ctrl + C). ② 배너 디자인 작업 창으로 돌아와 로고를 붙여 넣고 Ctrl + V, 적당한 크기로 조절하여 그림과 같이 위쪽 중앙에 배치합니다.

> **TIP** 아트보드를 기준으로 오브젝트를 빠르게 정렬하고 싶다면 [Align] 패널(Shift + F7)에서 [Align To: Artboard]를 선택해 정렬 기준을 아트보드로 설정한 후 원하는 정렬 아이콘을 클릭합니다.

03 시선을 끌 수 있는 메인 카피를 추가하기 위해 ① [Character] 패널(Ctrl + T)에서 **글꼴: G마켓 산스/Bold, 크기: 50pt, 행간: 50pt**로 설정합니다. ② 〈Type Tool(T)〉 T 을 이용하여 [괜찮아 케익은 살안쪄]를 3줄로 입력하고 Ctrl + Enter를 눌러 입력을 마칩니다. ③ 〈Eyedropper Tool(I)〉 🖋 을 선택한 후 로고의 주황색을 클릭하여 같은 색으로 변경합니다.

04 ❶ 〈Type Tool(T)〉로 [오픈 기념 전 메뉴]를 입력한 후 ❷ [Character] 패널에서 **크기: 13pt**로 변경합니다. ❸ 〈Type Tool(T)〉이 선택된 상태에서 Shift +클릭하여 세로 문자 입력을 실행한 후 [할인]을 입력하고 Ctrl + Enter 를 누릅니다.

TIP 〈Type Tool(T)〉이 선택된 상태에서 Shift 를 누르고 있으면 〈Vertical Type Tool〉이 활성화됩니다. 그 상태에서 원하는 위치를 클릭하거나 드래그하면 세로로 문자를 입력할 수 있습니다.

T Type Tool	(T)
Area Type Tool	
Type on a Path Tool	
▪ ↓T Vertical Type Tool	▸
Vertical Area Type Tool	
Vertical Type on a Path Tool	
Touch Type Tool	(Shift+T)

05 ❶ ⟨Type Tool(T)⟩로 [10%]를 입력한 후 [Character] 패널에서 **크기: 55pt**로 설정합니다. ❷ ⟨Selection Tool(V)⟩▶로 드래그하거나 선택한 후 방향키를 이용하여 문자들의 배치를 정리합니다.

Ai **심볼과 도형을 활용하여 배너 꾸미기**

배너와 같은 큰 인쇄물은 문자로 전달하는 메시지가 강한 디자인 중 하나입니다. 그러므로 여러 문자 중 가장 핵심이 되는 문자를 집중적으로 꾸민다면 더욱 효과적으로 메시지를 전달할 수 있습니다. 여기서는 할인을 의미하는 '10%'를 강조해 보겠습니다.

01 모든 선택을 해제한 후 ❶ [Color] 패널에서 **Fill: C10/M30/Y60/K0, Stroke: None**으로 설정합니다. ❷ ⟨Rectangle Tool(M)⟩을 선택한 후 그림과 같이 [10%] 길이에 맞춰 드래그하여 사각형을 그립니다.

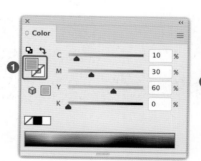

02 ❶ ❷ ⟨Pencil Tool(N)⟩ ✏️을 선택하고 그림과 같이 사각형 양쪽 끝에 살짝 겹치도록 지그재그 형태로 패스를 그립니다. ❸ ⟨Selection Tool(V)⟩로 사각형과 양쪽 지그재그 패스를 선택한 후 ❹ [Pathfinder] 패널([Shift]+[Ctrl]+[F9])에서 [Divide] 아이콘을 클릭합니다.

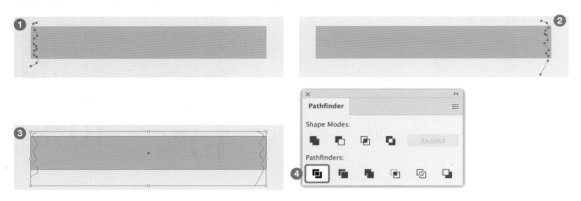

03 ❶ 패스를 따라 오브젝트가 잘리면 [Ctrl]+[Shift]+[G]를 눌러 그룹을 해제합니다. ❷ ❸ ⟨Selection Tool(V)⟩로 양쪽 끝에 잘린 조각을 각각 선택한 후 [Delete]를 눌러 지웁니다.

04 ❶ 양쪽이 잘린 사각형 오브젝트를 그림과 같이 배치한 후 ❷ [Ctrl]+[[]를 눌러 한 단계 뒤로 정돈하면 [10%]에 밑줄을 친 것처럼 표현됩니다.

05 배너의 아래쪽을 채우기 위해 ❶ 맨 위의 그룹으로 묶인 로고를 더블 클릭합니다. ❷ 그룹 편집 상태가 되면 범위를 드래그하여 케이크 심볼만 다중 선택한 후 복사하고(Ctrl+C) 편집을 마칩니다(Esc). ❸ 케이크 심볼을 붙여 넣고(Ctrl+V) ❹ 그림과 같이 크기를 조절하고, 아트보드 밖으로 살짝 삐져 나가도록 배치합니다.

06 ❶ 〈Rectangle Tool(M)〉을 선택한 후 아트보드 왼쪽 아래에서 오른쪽 위로 드래그하여 케이크 심볼이 모두 가려지도록 사각형을 그립니다. ❷ 케이크 심볼과 사각형을 다중 선택한 후 Ctrl+7을 눌러 클리핑 마스크를 실행하면 아트보드 바깥으로 빠져나간 부분이 가려지면서 완성입니다.

TIP 배너, 현수막과 같은 대형 인쇄물은 명함처럼 작업선이나 재단선을 별도로 만들지 않아도 됩니다. 일반적으로 인쇄 시 밀림 현상의 오차 범위가 1mm 내외이며, 이 정도 범위는 대형 인쇄물에서 크게 눈에 띄지 않기 때문입니다.

Link 배너 제작 의뢰를 위한 인쇄소 전달 파일은 119쪽을 참고하여 완성합니다.

LESSON 04

단순하지만 명료한 A4 크기 메뉴판 디자인

메뉴판은 메뉴의 종류나 가격 정보를 쉽게 파악할 수 있어야 함은 기본이고, 정보가 변경됐을 때 손쉽게 수정하거나 인쇄할 수 있다면 더할 나위 없을 겁니다. 가정에서도 프린터를 이용하여 손쉽게 인쇄할 수 있는 A4 크기를 활용하고, 메뉴가 많아도 한 장에 배치할 수 있는 레이아웃으로 디자인해 보겠습니다.

결과 미리보기

예제_아이콘.ai, 예제_메뉴 내용.txt, 완성_WDNC_메뉴판.ai

MENU

DESSERT

메뉴	가격	메뉴	가격
우디'S 수제 치즈 케이크 BEST	6.0	제주 녹차 케이크	6.0
진한 친즈향이 가득한 우디스 수제 치즈 케이크		제주의 푸른 밤이 떠오르는 진한 녹차 케이크	
초코 생크림 케이크	5.5	뉴욕 치즈 케이크	6.0
카카오 90% 초코로 만든 생크림 케이크		한 입 먹는 순간 뉴욕	
당근 케이크	5.5	크림치즈 베이글	5.0
제주 당근을 사용한 유기농 케이크		크림치즈의 달콤함과 고소함이 느껴지는 베이글	
그린티 쇼콜라 케이크	5.0	앙버터	5.0
진득한 맛이 예술인 그린티 쇼콜라		한입 앙! 먹으면 느껴지는 진한 팥앙금	
딸기 가득 케이크	6.0	홍콩 와플	6.0
밖에도 딸기 안에도 딸기 딸기 딸기		각종 과일과 생크림이 풍성한 홍콩식 와플	

COFFEE

메뉴	HOT / ICE	NON-COFFEE	HOT / ICE
아메리카노	4.0 / 4.5	잉글쉬 밀크티 BEST	6.0 / 6.5
직접 로스팅한 진한 아메리카노		홍차의 쌉싸름한 맛을 더한 우디스 대표티	
카페 라떼	5.0 / 5.5	유기농 허브차	5.0 / 5.5
락토프리 우유를 사용한 라떼		루이보스 / 잉글리쉬 블랙퍼스트	
카페 모카	5.0 / 5.5	그린티 라떼	5.0 / 5.5
달달함과 차가운 생크림이 가득한 카페 모카		그린티 풍미가 가득한 라떼	
바닐라 크림 라떼 BEST	6.0 / 6.5	수박 쥬스(여름 메뉴)	6.0
우디스를 대표하는 바닐라 크림 라떼		어떠한 첨가물을 넣지 않은 수박 100% 쥬스	
아인슈페너	6.0 / 6.5	망고 에이드	6.0
진한 커피와 휘핑크림의 조화		망고와 톡쏘는 에이드의 조화	
흑임자 라떼	5.0 / 5.5		
흑임자와 에스프레소의 만남			

WOODY'S DESSERT & COFFEE

Ai 메뉴 정보 변경을 고려한 메뉴판 템플릿 만들기

메뉴판과 같이 많은 문자 요소를 배치해야 하는 디자인은 모든 내용을 바로 입력하지 않고, 우선 기본 구성과 크기, 정렬 방식 등의 레이아웃을 고려하여 템플릿을 만들어 놓고 이후 제대로 된 내용으로 변경하는 것이 좋습니다.

01 ❶ Ctrl + N 을 눌러 [Print] 탭에서 ❷ [A4 210×297mm]를 선택하고 ❸ [Create] 버튼을 클릭해 새 작업을 시작합니다. ❹ [Color] 패널(F6)에서 **Fill: C5/M7/Y10/K0, Stroke: None**으로 설정하고, ❺ 〈Rectangle Tool(M)〉 로 드래그하여 아트보드에 딱 맞는 사각형을 그린 후 ❻ Ctrl + 2 를 눌러 잠금 처리합니다.

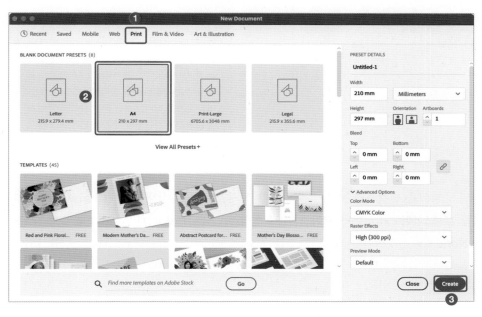

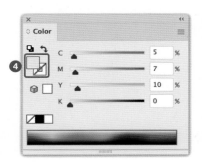

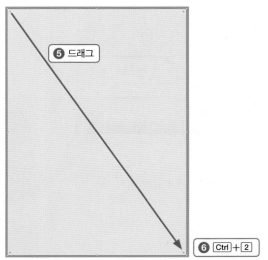

02 템플릿을 만들려면 메뉴판에 배치될 전체 내용을 확인할 필요가 있습니다. 예제 파일 중 ❶ [예제_메뉴 내용.txt]을 찾아 더블 클릭해서 메뉴판에 들어갈 항목을 확인합니다. 메뉴명 중 가장 긴 [우디'S 수제 치즈 케이크]를 드래그하여 복사하고(Ctrl + C), ❷ 일러스트레이터로 돌아와 붙여 넣습니다(Ctrl + V).

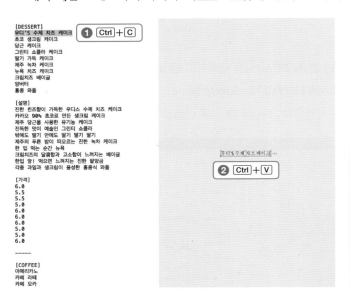

TIP 메뉴 내용을 보면 Dessert가 10가지, Coffee가 6가지, Non-Coffee가 5가지입니다. 따라서 최소 21가지 메뉴가 A4 크기에 담길 수 있는 레이아웃을 생각해야 합니다. 또한 메뉴명 등을 배치할 때는 문단 사이의 여백 등을 고려하기 위해 길이가 가장 긴 것을 기준으로 작업합니다.

03 우선 메뉴명의 스타일을 변경하겠습니다. 붙여 넣은 문자가 선택된 상태로 ❶ [Character] 패널 (Ctrl + T)에서 **글꼴: 나눔스퀘어/ExtraBold, 크기: 11pt**로 설정하고, ❷ [Color] 패널에서 **Fill: C15/M85/Y100/K0, Stroke: None**으로 설정합니다.

TIP [나눔스퀘어]는 네이버에서 배포하는 무료 글꼴입니다.

04 이제 카테고리별로 배치될 메뉴의 개수를 고려하며 배치해야 합니다. ❶ 〈Type Tool(T)〉 T 로 붙여 넣은 메뉴명을 드래그하여 선택한 뒤 복사하고(Ctrl + C), ❷ Enter 를 눌러 줄 바꿈하면서 붙여 넣어서 (Ctrl + V) 5줄로 만들고 Ctrl + Enter 를 눌러 문자 편집을 마칩니다.

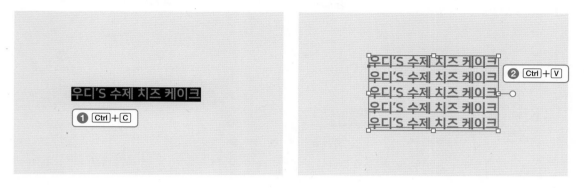

05 문자 상자가 선택된 상태에서 Alt + ↑ 를 여러 번 누르면서 적당하게 행간을 조절하고, 그림과 같이 배경을 기준으로 왼쪽 위에 카테고리명이 배치될 공간을 비우고 배치합니다. 실습에서는 **행간: 60pt**로 설정 했습니다.

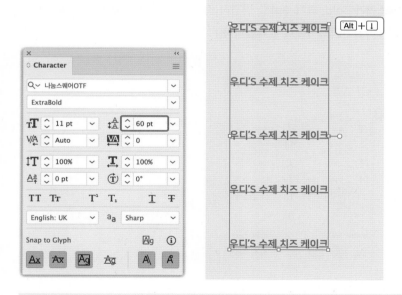

TIP 문자가 선택된 상태에서 Alt 와 함께 ↑ 또는 ↑ 를 누르면 행간을 2pt 단위로 조절할 수 있고, ← 또는 → 를 누르면 자 간을 20pt 단위로 조절할 수 있습니다.

06 가격 영역을 만들기 위해 ❶ 문자 상자가 선택된 상태에서 오른쪽으로 Alt+Shift+드래그하면서 복제 배치한 후 ❷ [Paragraph] 패널(Ctrl+Alt+T)에서 [Align right] 아이콘을 클릭해 오른쪽으로 정렬합니다. ❸ 이어서 [예제_메뉴 내용.txt] 파일에서 가장 긴 가격을 한 세트 복사해서 붙여 넣고, 메뉴명처럼 5줄로 입력합니다.

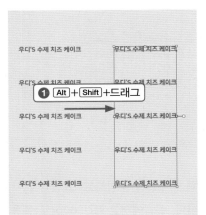

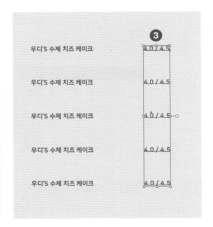

07 메뉴 설명 영역을 만들기 위해 ❶ 메뉴명 문자 상자를 살짝 아래로 Alt+드래그해서 복제 배치한 후 ❷ [Character] 패널에서 **글꼴: 나눔스퀘어/Bold, 크기: 9pt**로 변경하고, ❸ [예제_메뉴 내용.txt] 파일에서 가장 긴 설명을 복사해서 붙여 넣은 후 마찬가지로 5줄로 입력합니다.

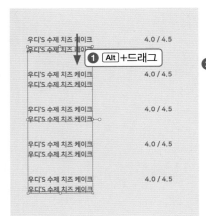

08 이제 완성된 하나의 메뉴판 세트(메뉴명, 가격, 설명)를 영역별로 복제 배치하겠습니다([Alt]+드래그). ❶ 우선 메뉴판 세트를 다중 선택한 후 오른쪽으로 복제 배치합니다. ❷ 그런 다음 2개의 세트를 다중 선택한 후 아래로 복제 배치합니다. 이때 카테고리명이 배치될 영역을 남겨 둡니다.

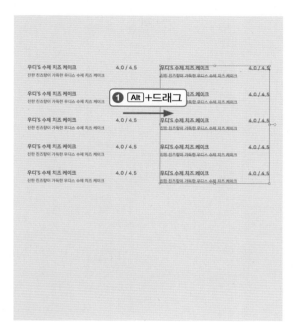

09 카테고리명을 입력하기 위해 우선 모든 선택을 해제합니다. ❶ [Character] 패널에서 **글꼴: G 마켓 산스/Bold, 크기: 11pt**로 설정하고, ❷ 〈Type Tool(T)〉로 [M E N U]를 입력한 후 아트보드 위에서 중간에 배치합니다. ❸ ❹ ❺ 같은 스타일로 [DESSERT], [COFFEE], [NON-COFFEE]을 입력해 그림과 같이 배치합니다.

TIP 각 카테고리명 앞에는 이후 아이콘 이미지를 배치할 예정입니다.

10 ❶ [MENU]와 3개의 카테고리명을 모두 선택한 후 ❷ [Color] 패널에서 **Fill: C15/M85/Y100/K0, Stroke: None**으로 설정하여 메뉴판 템플릿 만들기를 마칩니다.

TIP 브랜딩을 위해서 일괄된 색상을 사용하는 것도 중요합니다. 이처럼 특정 프로젝트나 디자인 작업 중 자주 사용하는 색상이 있다면 [Swatches] 패널에 등록해 놓고 사용하면 편리합니다. **Link** [Swatches] 패널에 색상을 등록하는 방법은 91쪽을 참고합니다.

Ai 실제 메뉴 내용으로 변경 후 디자인을 더해서 메뉴판 완성하기

이제 완성한 템플릿을 이용하여 실제 메뉴명과 가격 등으로 정보를 변경합니다. 단순히 문자만 있는 것보다는 간단한 아이콘과 같은 이미지를 배치하여 심미성을 높이는 것도 좋습니다.

01 ❶ [예제_메뉴 내용.txt] 파일에서 우선 DESSERT 분류의 메뉴 중 위의 5가지만 드래그한 후 복사합니다(Ctrl+C). ❷ 템플릿에서 왼쪽 위에 있는 첫 번째 문자 상자를 더블 클릭하여 문자 편집 모드를 활성화하고, ❸ Ctrl+A(전체 선택) 후 Ctrl+V(붙여 넣기)를 눌러 문자를 교체합니다. Ctrl+Enter를 눌러 문자 편집을 마칩니다.

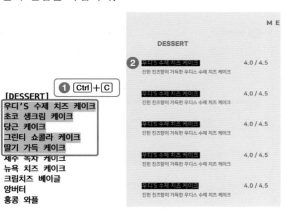

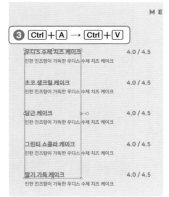

02 같은 방법으로 [예제_메뉴 내용.txt] 파일에서 앞서 교체한 ❶ ❷ 5가지 메뉴에 해당하는 가격과 설명도 교체합니다. 이어서 남은 3개의 문자 상자에서도 같은 방법으로 내용을 교체하면 기본 메뉴판 구성이 끝납니다.

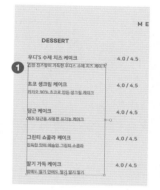
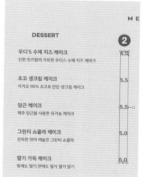

03 이제부터는 꾸미기 작업입니다. 우선 카테고리 구분을 위해 ❶ [Color] 패널에서 **Fill: None, Stroke: C10/M30/Y60/K0**으로 설정합니다. ❷ 〈**Line Segment Tool(\)**〉 을 이용하여 그림과 같이 첫 번째 카테고리명 오른쪽에서 가격표 끝까지 맞춰 [Shift]+드래그하여 직선을 그립니다. ❸ ❹ 나머지 카테고리에서도 직선으로 구분해 줍니다.

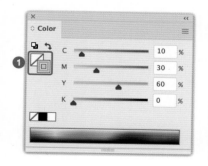

MENU

DESSERT

우디'S 수제 치즈 케이크 진한 진쯔함이 가득한 우디스 수제 치즈 케이크	6.0	제주 녹차 케이크 제주의 푸른 밤이 띠오르는 진한 녹차 케이크	6.0
초코 생크림 케이크 카카오 90% 초코로 만든 생크림 케이크	5.5	뉴욕 치즈 케이크 한 입 먹는 순간 뉴욕	6.0
당근 케이크 제주 당근을 사용한 유기농 케이크	5.5	크림치즈 베이글 크림치즈의 달콤함과 고소함이 느껴지는 베이글	5.0
그린티 쇼콜라 케이크 진득한 맛의 매술인 그린티 쇼콜라	5.0	앙버터 한입 앙! 먹으면 느껴지는 진한 팥앙금	5.0
딸기 가득 케이크 밖에도 딸기 안에도 딸기 딸기 딸기	6.0	홍콩 와플 각종 과일과 생크림이 풍성한 홍콩식 와플	6.0

③ COFFEE　　　　　　　　　　　**④ NON-COFFEE**

아메리카노 직접 로스팅한 진한 아메리카노	4.0 / 4.5	잉글리쉬 밀크티 홍차의 씁쓰름한 맛을 더한 우디스 대표티	6.0 / 6.5
카페 라떼 락토프리 우유를 사용한 라떼	5.0 / 5.5	유기농 허브차 루이보스 / 잉글리쉬 블랙퍼스트	5.0 / 5.5
카페 모카 달달함과 차가운 생크림이 가득한 카페 모카	5.0 / 5.5	그린티 라떼 그린티 풍미가 가득한 라떼	5.0 / 5.5
바닐라 크림 라떼 우디스를 대표하는 바닐라 크림 라떼	6.0 / 6.5	수박 쥬스(여름 메뉴) 어떠한 첨가물을 넣지 않은 수박 100% 쥬스	6.0
아인슈페너 진한 커피와 휘핑크림의 조화	6.0 / 6.5	망고 에이드 망고와 톡쏘는 에이드의 조화	6.0
흑임자 라떼 흑임자와 에스프레소의 만남	5.0 / 5.5		

04 ❶ Ctrl+O를 눌러 [예제_아이콘.ai] 파일을 열면 카테고리를 꾸밀 아이콘이 있습니다. 모두 선택해서 복사한 후 ❷ ❸ ❹ 작업 중인 아트보드에 붙여 넣고, 각 아이콘을 카테고리명 왼쪽에 배치합니다.

MENU

② DESSERT

우디'S 수제 치즈 케이크 진한 진쯔함이 가득한 우디스 수제 치즈 케이크	6.0	제주 녹차 케이크 제주의 푸른 밤이 띠오르는 진한 녹차 케이크	6.0
초코 생크림 케이크 카카오 90% 초코로 만든 생크림 케이크	5.5	뉴욕 치즈 케이크 한 입 먹는 순간 뉴욕	6.0
당근 케이크 제주 당근을 사용한 유기농 케이크	5.5	크림치즈 베이글 크림치즈의 달콤함과 고소함이 느껴지는 베이글	5.0
그린티 쇼콜라 케이크 진득한 맛의 매술인 그린티 쇼콜라	5.0	앙버터 한입 앙! 먹으면 느껴지는 진한 팥앙금	5.0
딸기 가득 케이크 밖에도 딸기 안에도 딸기 딸기 딸기	6.0	홍콩 와플 각종 과일과 생크림이 풍성한 홍콩식 와플	6.0

③ COFFEE　　　　　　　　　　　**④ NON-COFFEE**

아메리카노 직접 로스팅한 진한 아메리카노	4.0 / 4.5	잉글리쉬 밀크티 홍차의 씁쓰름한 맛을 더한 우디스 대표티	6.0 / 6.5
카페 라떼 락토프리 우유를 사용한 라떼	5.0 / 5.5	유기농 허브차 루이보스 / 잉글리쉬 블랙퍼스트	5.0 / 5.5
카페 모카 달달함과 차가운 생크림이 가득한 카페 모카	5.0 / 5.5	그린티 라떼 그린티 풍미가 가득한 라떼	5.0 / 5.5
바닐라 크림 라떼 우디스를 대표하는 바닐라 크림 라떼	6.0 / 6.5	수박 쥬스(여름 메뉴) 어떠한 첨가물을 넣지 않은 수박 100% 쥬스	6.0
아인슈페너 진한 커피와 휘핑크림의 조화	6.0 / 6.5	망고 에이드 망고와 톡쏘는 에이드의 조화	6.0
흑임자 라떼 흑임자와 에스프레소의 만남	5.0 / 5.5		

05 ❶ [MENU]와 카테고리명을 좀 더 강조하기 위해 다중 선택하고 Ctrl+C 후 Ctrl+B 를 눌러 제자리에서 뒤로 복제합니다. ❷ ◻를 2번, ◻를 2번 눌러 원본과 살짝 간격을 띄우고, ❸ [Color] 패널에서 Fill: C10/M30/Y60/K0, Stroke: None 으로 설정하면 ❹ 마치 그림자처럼 처리되어 강조됩니다.

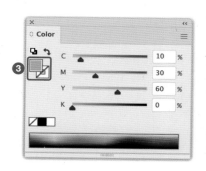

06 차가운 음료와 따뜻한 음료를 구분하기 위해 ❶ [Character] 패널에서 **글꼴: 나눔스퀘어/ExtraBold, 크기: 9pt**로 설정합니다. ❷ 〈Type Tool(T)〉을 이용해 [HOT / ICE]를 입력한 후 그림과 같이 배치하고, ❸ [Color] 패널에서 **Fill: C10/M30/Y60/K0, Stroke: None**으로 설정합니다. ❹ 이어서 오른쪽으로 드래그 하면서 [Alt]+[Shift]를 눌러 복제 배치합니다.

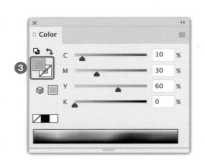

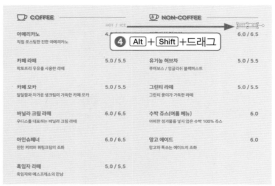

07 ❶ 〈Ellipse Tool(L)〉로 타원을 그린 후 **Fill: None, Stroke: C15/M88/Y100/K0**으로 설정합니다. ❷ 〈Type Tool(T)〉로 [BEST]를 입력한 후 **글꼴: G마켓 산스/Bold, 크기: 6pt, Fill: C15/M88/Y100/K0, Stroke: None**으로 설정하고 타원 안에 배치합니다. ❸ 타원과 문자를 다중 선택한 후 복제하여 카테고리별 대표 메뉴명 옆에 배치합니다.

케이크	5.0
인 그린티 쇼콜라	
|크	6.0
도 딸기 딸기 딸기	

케이크	5.0
인 그린티 쇼콜라	
|크	6.0
도 딸기 딸기 딸기	

08 마지막으로 ❶ [완성_WDNC_logo.ai] 파일을 열고(Ctrl+O), 로고를 복사합니다. ❷ 로고를 붙여 넣은 후 그림과 같이 크기와 위치를 조절하면 메뉴판 디자인이 완성됩니다.

❶ Ctrl+C

❷ Ctrl+V

TIP 프린터가 연결되어 있다면, 곧바로 Ctrl+P를 눌러 Print 창을 열고 인쇄해서 사용하면 됩니다. 만약 프린터가 없다면 문자 등을 윤곽선으로 처리한 후 인쇄소에 제작을 의뢰합니다. Link 인쇄용 파일 만들기는 119쪽을 참고합니다.

LESSON 05

매장을 꾸며 줄 포스터 디자인

브랜딩을 위한 디자인 프로젝트의 마지막으로 매장 내부를 장식하거나, 추후 이벤트 등을 알리는 용도로 변형해서 사용할 수 있는 포스터를 디자인해 보겠습니다. 넓은 매장을 꾸미면서 동시에 브랜드를 알려야 하므로, 어느 정도 크기가 있는 가로 420mm, 세로 594mm(A2, A4의 4배 크기)로 디자인을 시작하겠습니다.

결과 미리보기

완성_WDNC_포스터.ai

Ai 디자인 통일성을 유지하면서 기본 오브젝트 배치하기

우선 전체적으로 메인 오브젝트와 간단한 배경 처리 정도로 레이아웃 작업을 진행합니다. 이때 지금까지 사용한 색상과 로고 등을 활용하여 전체적인 디자인의 통일성을 유지합니다.

01 ❶ Ctrl + N 을 눌러 [Print] 탭에서 ❷ **Width: 420mm, Height: 594mm**로 설정하고 ❸ [Create]를 클릭해 새 작업을 시작합니다. ❹ [Color] 패널(F6)에서 **Fill: C5/M7/Y10/K0, Stroke: None**으로 설정한 후 ❺ 〈**Rectangle Tool(M)**〉 로 아트보드에 딱 맞게 드래그하여 사각형을 그리고, ❻ Ctrl + 2 를 눌러 잠금 처리하면 배경이 완성됩니다.

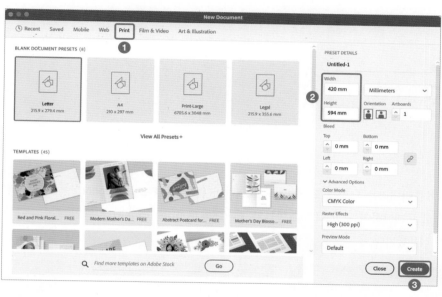

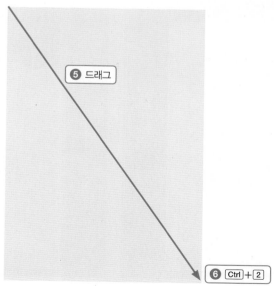

❺ 드래그

❻ Ctrl + 2

02 ❶ Ctrl + O 를 눌러 [**완성_WDNC_logo.ai**] 파일을 열어 로고를 복사합니다(Ctrl + C). ❷ 앞서 만든 배경으로 돌아와 로고를 붙여 넣고(Ctrl + V), 그림과 같이 크기를 조절하여 배경 중앙에서 아래쪽에 배치합니다.

03 로고처럼 케이크가 흘러내리는 느낌을 포스터에도 표현하기 위해 ❶ 〈Pencil Tool(N)〉 🖊로 그림과 같이 흘러내리는 느낌으로 드래그하여 닫힌 패스를 만들고, ❷ 〈Eyedropper Tool(I)〉 🖋로 로고의 주황색 부분을 클릭해서 패스에 적용합니다.

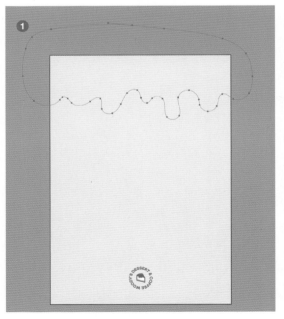
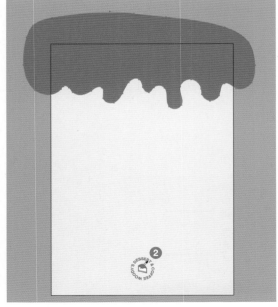

04 ❶ 〈Smooth Tool〉 🖊 을 이용해 흘러내리는 듯한 패스를 여러 번 드래그하여 매끄럽게 처리합니다. ❷ 〈Rectangle Tool(M)〉로 배경 내에서 흘러내리는 오브젝트가 모두 가려질 정도로 드래그해서 사각형을 그리고, ❸ 사각형과 흘러내리는 듯한 패스를 다중 선택한 후 ❹ Ctrl + 7 을 눌러 클리핑 마스크를 실행합니다.

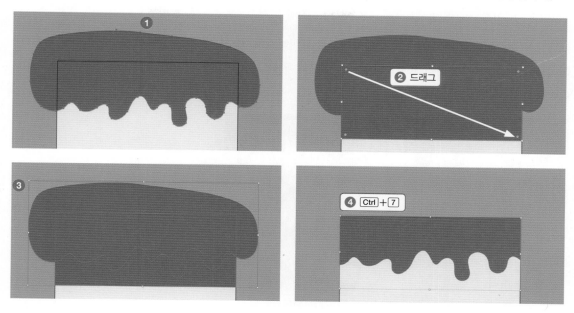

05 ❶ [Character] 패널(Ctrl + T)에서 **글꼴: G마켓 산스/Bold, 크기: 260pt, 행간: 310pt**로 설정합니다. ❷ 〈Type Tool(T)〉 T 로 메인 오브젝트가 될 [CAKE CAKE CAKE]를 3줄로 입력한 후 Ctrl + Enter 를 눌러 문자 입력을 마칩니다. ❸ 입력한 메인 오브젝트 문자를 그림처럼 포스터 중앙에 배치하고, 〈Eyedropper Tool(I)〉로 로고에 있는 주황색으로 변경용합니다.

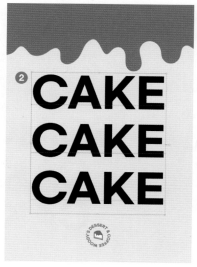

포스터의 기본 레이아웃 구성을 마쳤으니, 이제 가장 강조할 요소를 부각시키면서 세부적인 디자인 작업을 진행합니다. 여기서는 메인 오브젝트인 [CAKE] 문자를 입체적으로 표현하는 방법으로 강조합니다.

01 Offset Path 기능으로 문자를 입체적으로 표현하기 위해서는 문자를 윤곽선으로 만들어야 합니다. ❶ 〈Selection Tool(V)〉 ▶로 [CAKE] 문자를 선택한 후 ❷ Ctrl + Shift + O 를 눌러 윤곽선 만들기(Create Outlines)를 실행합니다.

02 ❶ 이어서 메뉴바에서 [Object – Path – Offset Path]를 선택한 후 Offset Path 창이 열리면 **Offset: 3mm**로 설정하고 ❷ [OK] 버튼을 클릭 합니다 ❸ 문자 오브젝트가 3mm 커진 채 복제되면 곧바로 Shift + ← 를 여러 번 눌러 그림처럼 겹치지 않게 옮깁니다.

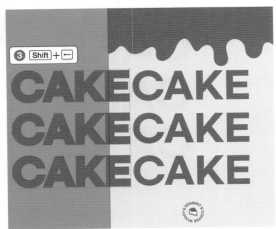

03 ❶ 〈Selection Tool(V)〉로 빈 곳을 클릭하여 모든 선택을 해제한 다음 문자 오브젝트 중 하나를 선택하면 원본과 복제본이 그룹으로 묶여 같이 선택됩니다. 그대로 Ctrl +Shift+G를 눌러 그룹을 해제합니다. ❷ 범위를 드래그하여 복제된 문자 오브젝트를 모두 선택하고 Ctrl+G를 눌러 그룹으로 묶습니다. ❸ 마찬가지로 원본도 선택한 후 그룹으로 묶습니다.

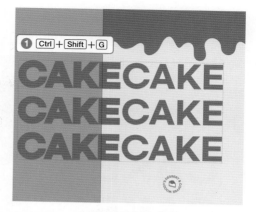

04 ❶ Offset Path 기능으로 복제한 문자를 선택하고 ❷ Shift+→를 여러 번 눌러 처음 위치로 되돌립니다. 이어서 ❸ 〈Eyedropper Tool(I)〉로 배경을 클릭하여 배경과 같은 색으로 변경합니다.

05 ❶ 〈Selection Tool(V)〉로 원본 문자 오브젝트를 선택하고, Ctrl + C 후 Ctrl + B 를 눌러 제자리에서 뒤로 복제합니다. ❷ Shift + ─ 을 3번, Shift + ↓ 를 3번을 눌러 복제한 문자 오브젝트를 왼쪽 아래로 옮기고, ❸ Ctrl + ↑ 를 눌러 한 단계 뒤로 정돈 순서를 변경하면 색다른 느낌으로 입체감이 표현됩니다.

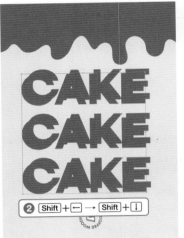

TIP 위에서 완성한 입체 오브젝트에는 맨 앞에 원본 문자가 정돈되어 있고, 맨 뒤에 마지막으로 복제한 주황색 문자 오브젝트가 정돈되어 있으며, 중간에는 Offset Path 기능으로 복제한 후 배경색으로 적용한 오브젝트가 배치되어 있습니다.

06 이제 주변 빈 공간을 꾸며 보겠습니다. ❶ 로고에서 흐르는 문자 오브젝트만 Alt + 드래그하여 복제 배치하고 크기를 키웁니다. ❷ 〈Eyedropper Tool(I)〉로 케이크 심볼에 있는 베이지 색상을 추출하여 적용하고 ❸ Ctrl + Shift + ↑ (맨 뒤로) 후 Ctrl + ↑ (한 단계 앞으로)를 눌러 배경 앞에 정돈합니다.

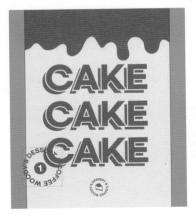

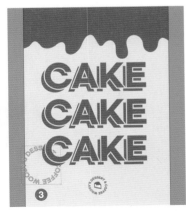

07 ❶ 흐르는 문자 오브젝트를 오른쪽 위로 [Alt]+드래그하여 복제 배치하고, 그림과 같이 크기와 위치를 조절합니다. ❷ ❸ ⟨Rectangle Tool(M)⟩로 아트보드 내에서 흐르는 문자를 가리도록 드래그하여 2개의 사각형을 그립니다.

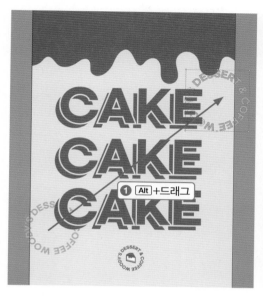
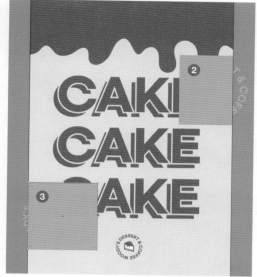

08 ❶ 왼쪽 아래에 있는 사각형과 흐르는 문자를 다중 선택한 후 [Ctrl]+[7]을 눌러 클리핑 마스크를 실행합니다. ❷ 마찬가지로 오른쪽 위에 있는 사각형과 흐르는 문자를 다중 선택한 후 클리핑 마스크를 실행합니다.

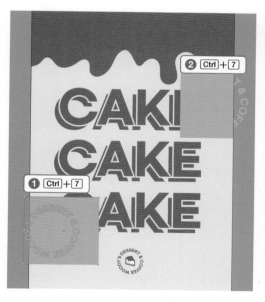
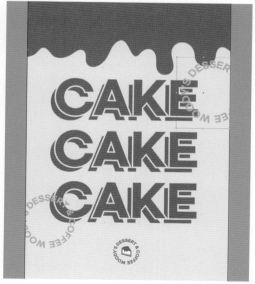

09 사각형이 맨 앞쪽에 정돈되어 있었으므로, 클리핑 마스크 실행 후 결과도 맨 앞으로 정돈되어 있습니다. 클리핑 마스크가 적용된 2개의 흐르는 문자 오브젝트를 다중 선택하고, Ctrl + Shift + [후 Ctrl +] 를 눌러 배경 바로 앞으로 정돈하면 완성입니다.

TIP A2 크기의 포스터는 가정에서 출력하기에 다소 무리가 있습니다. 그러므로 인쇄용 파일로 만들어 인쇄소에 제작 의뢰하는 것이 좋습니다.

찾아보기

숫자

3D and Materials **51, 399**

A

Actual Size **70**

ai **28**

Align **49**

Anchor **156**

Appearance **50, 100**

Application Frame **45**

Art Brush Options **221**

Artboard Tool **43, 66**

Artboards **51**

B

Behance **21**

Bitmap **24**

Bleed **33**

Blend Tool **42, 337**

Blending Modes **345**

Blob Brush Tool **39, 190, 329**

Bounding Box **75**

Brushes **47**

C

Character **48**

clipping mask **290**

CMYK **25**

Color **47**

Color Guide **48**

Color Mode **33**

Control **45**

Corner Radius **84**

Curvature Tool **38**

D

Default Fill and Stroke **43**

Direct Selection Tool **37, 142**

Divide **169**

Document Info **51**

DPI **27**

Drawing Mode **44**

E

Edit Toolbar **44**

Ellipse Tool **39**

Embed **108**

Envelope Distort **280**

Eraser Tool **40**

Expand **98**

Expand Appearance **99**

Export **64**

Export for Screens **327**

Eyedropper Tool **41**

F

Fill **89**

Fit Artboard in Window **70**

Flaticon **20**

Freeform Gradient **304**

G

Gaussian Blur **363**

gif **29**

Global **92**

Gradient **50, 93**

Gradient Tool **41**

Graphic Styles **50, 313**

Grid **78**

Group Selection Tool **37**

Guides **77**

H I

Hand Tool **43**

Home Screen **32**

Image Trace **52, 234**

J L

jpg **29**

Lasso Tool **37**

Layers **46, 103**

Line Segment Tool **38**

Link **107**

Links **52**

Live Paint Bucket **41**

Lorem ipsum **79**

M O

Magic Wand Tool **37, 229**

Make with Warp **267**

Mask **413**

Minus Front **170**

Offset Pat **86**

Orientation **33**

Outline **72**

P

Package **117**

Paintbrush Tool **39, 190**

Paragraph **48**

Path **156**

Pathfinder **48**

Pattern **283**

Pattern Brush Options **213**

pdf **29**

Pen Tool **38. 158**

Pencil Tool **39**

Pinterest **20**

Pixabay **20**

Place **106**

png **29**

Polygon Tool **39. 152**

PPI **27**

Presentation Mode **73**

Preset **33**

Preview **72**

Properties **46**

psd **28**

Pucker & Bloat **307**

R

Radial Gradient **134**

Raster Effects **34**

Recolor Artwork **257**

Rectangle Tool **39. 84**

Reflect Tool **40. 150**

Resolution **27**

RGB **25**

Rotate Tool **40. 184**

Rulers **77**

S

Save **60**

Scale Strokes & Effects **101**

Scale Tool **40**

Scatter Brush Options **205**

Screen Mode **74**

Selection Tool **37. 83**

Shape Builder Tool **41. 314**

Show Options **44**

Slice Tool **43**

Smart Guide **76**

Smart Object **111**

Smooth Tool **39**

Snap **78**

Star Tool **39. 137**

Stroke **49. 89**

Swap Fill and Stroke **43**

Swatches **46. 90**

Symbol Sprayer Tool **42. 309**

Symbols **47**

T

Tool **36**

Transform **49**

Transform Again **185**

Transparency **50**

Transparency Grid **76**

Trim View **73**

Type Tool **38, 79, 255**

U V

Unite **173**

Unsplash **19**

Vector **24**

Version **63**

View **72**

W Z

Warp **264**

Workspace **52**

Zig Zag **252**

Zoom Tool **43. 70**

ㄱ

가우시안 흐림 **363**

가이드 라인 **77**

격자 **78**

고정점 **156**

그래픽 스타일 **312**

그레이디언트 **93**

그리기 모드 **394**

그리드 시스템 **318**

글로벌 색상 **92**

ㄴ ㄷ

눈금자 **77**

눈누 **19**

다각형 도구 **152**

단축키 **114**

도형 구성 도구 **314**

드리블 **21**

ㄹ

라이브 업데이트 **109**

라이브 코너 **84. 147**

라이브 페인트 통 도구 **241. 245**

라이브러리 **112**

레이어 **103**

레터링 **368**

로고 **424**

로렘 입숨 **79**

롤스토리디자인연구소 **21**

ㅁ

마스크 413

메뉴판 452

명함 434

모퉁이점 160

목업 409

문자 도구 255

문자 상자 80

물방울 브러시 222

물방울 브러시 도구 225

ㅂ

반사 도구 150

방향선 157

벡터 24

브러시 도구 190

블렌드 337

비트맵 24

ㅅ

산포 브러시 202, 390

색 공간 26

색상 모드 33

색상 변경 90

선분 156

선택 199

스마트 가이드 76

심볼 분무기 도구 309

ㅇ

아트 브러시 215, 381

아트보드 66

아트워크 색상 변경 256

안내선 77

엑스 배너 445

오브젝트 83, 154

워크스페이스 52

이미지 추적 231

인쇄용 파일 119, 440

ㅈ

작업 화면 밝기 35

작업선 435

잠금 176

재단선 435

저장 60

지그재그 252

ㅋ ㅌ

캘리그래피 258

클리핑 마스크 290

타이포그래피 346

테두리 상자 75

투명 격자 76

툴바 36

ㅍ

패스 156

패스 이동 86

패스상의 문자 432

패스파인더 167

패키지 저장 116

패턴 282

패턴 브러시 208, 376

펜 도구 158

포스터 464

ㅎ

해상도 27

핸들 157

혼합 모드 345

홈 화면 32

확대 69

확장 98

회전 도구 184